一流投資家が人生で一番大切にしていること

RICHER, WISER, HAPPIER

HOW THE WORLD'S GREATEST INVESTORS WIN IN MARKETS AND LIFE

WILLIAM GREEN

ウィリアム・グリーン

依田光江訳

早川書房

一流投資家が人生で一番大切にしていること

RICHER, WISER, HAPPIER
How the World's Greatest Investors Win in Markets and Life
by
William Green

Translated by
Mitsue Yoda
First published 2023 in Japan by
Hayakawa Publishing, Inc.
This book is published in Japan by
arrangement with
Levine Greenberg Rostan Literary Agency
through The English Agency (Japan) Ltd.

装幀／albireo
カバーイラスト／カチナツミ

ローレン、ヘンリー、マデレーン、マリリンに

目次

※訳者による注は小さめの〔　〕で示した。

序　章　投資家は何を考えているのか

四半世紀のあいだ、私は投資に取り憑かれてきた。まさかこうなるとは思っていなかった。経営学や経済学の講義を受けたことはないし、数字を扱う才能もなければ、秘教のような会計の謎は解けるどころか設問の意味すらわからない。英文学の学位を取得してオックスフォード大学を卒業したあとは、雑誌に小説の書評記事を書いたり、詐欺師や殺人者の犯人像をまとめたりしていた。作家として文学界で名をあげる夢を見ていた私にとって、ウォール街は金《かね》のことしか考えない下品な輩《やから》が群がる賭博場にすぎなかった。毎朝届くニューヨーク・タイムズ紙を手にとっても、経済・金融欄には目もくれなかった。

だが一九九五年に小金が入ったことで事情が変わる。弟と共同所有していたアパートを売った金の半分を投資に回すことにしたのだ。ささやかなこの元手をなんとか増やしたいと思い、私は突然、株やファンドの本を読みあさりはじめた。このことが、イギリスでティーンエイジャーだった一九八〇年代に一時期暴れまわっていた私のギャンブル魂をよみがえらせた。イートン校の生徒だった一五歳の私は、気だるい夏の午後に学校を抜けだしてはウィンザー城の近くにある地元の私設馬券売り場で何時間も過ごし、級友がクリケットのボールを打ったりボートを漕いだりしているあいだに馬に賭けていた。ボリス・ジョンソンやウィリアム皇太子など、イートン校の六世紀分の先輩たちと同じように洗練された英国紳士になるはずだったのに、私はマイク・スミスという偽名を使って違法な賭け用口座をもつまでになっていた。

競馬に興味をもったのは、レースがおもしろかったからでも馬の気高い姿に惹《ひ》かれたからでもなく、働かずに楽に金を稼ぎたかったから。競馬への取り組み方は真剣そのもので、馬やコースについて綿密な情報を書きとめ、色分けしたインクを使って自分の勝ち負けが一目でわかるようにした。一六歳の誕生日が悲惨な日になったのは、馬の格付け情報〈タイムフォーム〉の購読権をプレゼントにねだり、両親との大喧嘩が勃発したからだ。そのときの私は大金持ちになれる道を塞ごうとする両親に腹が立ってしかたなかった。だが直後にひどい負けが続き、競馬からきれいさっぱり手を引くことになる。

それから一〇年後、小金を得て株やファンドの本を読んだ私は、株式市場にもすばらしいスリルがあることを知った。しかも勝つ確率がはるかに高い。株は、人より深く考えさえすれば金をつかめる完璧な方法だと思った。もちろん、何からどう始めればいいのかわからないことだらけだったが、私には切り札があった。ジャーナリストなのだから、優れた投資家たちにインタビューすればいい。私がこれから分けいろうとしている世界の奥義に心ゆくまで浸ることができる。

以来ずっと、フォーブスやマネー、フォーチュン、タイム誌に載せる記事のために投資界のレジェンドたちにインタビューしつづけ、いまも私を魅了してやまない同じ疑問の答えを探しつづけた——ごくわずかな人だけが長期的に市場を打ち負かし、莫大な富を築けるのは、彼らにどのような原則が、プロセス、洞察力、習慣、性格があるからなのか？　より切実で身近な問いとして、こうした規格外の大物を研究し、彼らの勝利の方程式をリバースエンジニアリングにかけることで、私に――そしてあなたにも――どんな利益があるだろうか？　この問いこそが本書の中核だ。

うれしいことに、私の出会った投資家の多くは魅力にあふれ、すばらしく個性的だった。私はバハマに飛び、カリブ海に浮かぶ夢のリゾート、ライフォード・ケイに住む二〇世紀最高のグローバルな個別銘柄投資家《ストックピッカー》、サー・ジョン・テンプルトンと一日を一緒に過ごした。ヒューストンでは、「スフィンクス」の異名をもつエジプトの謎めいた大富豪、ファエズ・サロフィムへの謁見がかなった。彼のオフィスは、エル・グレコやウィレム・デ・クーニングの絵画や、シリアの教会から取り寄せた五世紀の作と聞くモザイクの床で飾られていた。通称ハクトウワシのマーク・メビウスは、苦境に陥った中東の大富豪が手放した、金箔やイグアナの皮を貼った調度品で飾りたてられたガルフストリーム・ジェットで、開発途上国を飛びまわっていた。業績不振のCEOを次々と恐怖に陥れるうちに、「ウォール街最恐の嫌われ者」と呼ばれるようになった、ポロを楽しむ億万長者マイケル・プライスにもインタビューした。一九三〇年代にドイツからスイス、ローザンヌへ逃れる緊迫の道中、十代の妹を迎えにいったヘルムート・フリードレンダーは、「紳士は帽子なしでは旅に出ないもの」とわざわざ店に立ち寄って帽子を買ったような人物だった。シャトー・ペトリュスを愛飲し、貴重な中世の書物を集め、コーヒーの先物からエンパイア・ステート・ビルまであらゆるものを売り買いしていた。九十代の彼は私に言った。「騒々しい人生だったよ」

このうえなく貴重な勉強だった。現在六兆二〇〇〇億ドルを運用するバンガード社を設立したインデックスファンドの象徴《アイコン》、ジャック・ボーグル(1)は、自身の師であり〝英雄〟でもある投資信託のパイオニア、ウォルター・モーガンから学んだ投資の基礎知識を語ってくれた。「夢中になるな、リスクをとりすぎるな、コストは低く抑えよ」。さらに、「群衆はいつもまちがう」とも。第五章にもあるとおり、ボーグルは投資家として成功するために「偉大である必要はない」と力説する。

フィデリティ・インベストメンツ社の有名なファンド・マネジャー、ピーター・リンチは、誰よりも懸命に働いて市場に勝ってきたと話してくれた。同時に彼は、市場の予測不可能性と投資家がもつべき謙虚さについても指摘する。「学校なら、AやBの成績をもらうことはたくさんある。だが株式市場ではFを食らうことが多い。一〇回のうち六、七回が合っていれば上出来だ」。リンチは自分がしでかした最初の失敗を振りかえった。「映画『俺たちに明日はない』の影響で」女性のファッションががらりと変わり、好調だったアパレル企業の在庫が突然「がらくた」になってしまったのだという。フィデリティ社を巨大企業に育てあげた大富豪のネッド・ジョンソンは、笑いながらリンチに言った。「きみはすべてを正しくやったよ。新しいことはこうして、思いがけないところからやってくる」

九・一一のショック状態のなか、金融市場が大恐慌以来となる最悪の週に打ちのめされていたころ私は、S&P500指数〔上場企業約五〇〇社の株価をもとに算出するアメリカの代表的な株価指数〕を一五年連続で上回るという前代未聞の記録を更新中だったビル・ミラー(2)をボルチモアに訪ねた。数日間を一緒に過ごし、購入理由のひとつが五〇キロある愛犬のアイリッシュ・ウルフハウンドと遠出することだった、彼のプライベートジェットにも乗せてもらった。景気は低迷し、アフガニスタンはきな臭く、彼のファンドはピーク時から四〇パーセント下落していた。だがミラーはリラックスしていて明るく、叩き売り状態だった株に冷静に何億ドルも投資した。それらの株はまもなく急騰する。

ある日の午前、ミラーがオフィスに状況確認の電話を入れたとき、私は彼のそばにいた。電話の向こうのアナリストは、ミラーが株を買ったばかりのAES社がひどい業績を発表したと伝えてきた。株価は買値の半分になり、前場で五〇〇〇万ドルの損失が出たというのだ。だがミラーは、悪いニュースを聞いた投資家が過剰反応しただけだろうと判断し、即座に賭け金を倍にした。私に、投資とは勝ち目を計算しつづけるプロセスなのだと説明してくれた。「すべては確率だ。確実なものなどないんだ」

世代を代表するストックピッカーのビル・ルエインにも会った。ウォーレン・バフェットが一九六九年に自身の投資組合を閉じたときに、後任として推薦したのがルエインだった。二〇〇五年に亡くなるまで、ルエインの〈セコイアファンド〉は驚異的な利益をあげつづける。ほとんどインタビューに応じることのなかったルエインは私に、アルバート・ヘッチンガーという「大スター」から一九五〇年代に学んだ四つの指針についてじっくりと語ってくれた。「このシンプルなルールは、かたときも忘れないよりどころだった」とルエインは言った。「私の投資哲学の広い範囲を支える基礎となっている。私が人に与えられる最高のアドバイスだと思う」

まず警告から始まる。「第一に、借金で株を買ってはいけない」。ルエインはレバレッジを使って「六〇〇ドルを何倍にもした」ことが何度もある。その後、「市場が壊れて」大打撃を受け、全部売り払って「ほぼ振りだしに戻った」のだという。「借りた金で投資しているときには合理的な行動をとれなくなる」と彼は学んだ。

第二に、「相場の勢い《モメンタム》には気をつけろ」。つまり、「市場が狂躁《きょうそう》状態になっているのを見たら」、それは群衆がパニックになっているか、めちゃくちゃな値付けの株に突進しているかのどちらかだから、慎重のうえにも慎重になるべきだということだ。

第三は、「市場の予測を当てにしてはいけない」。「市場がどうなるかは誰にも予測できないとわかっている。たいせつなのは、有望なアイデアを見つけて、割安な企業に投資すること」

第四の原則は、ルエインにとっていちばん重要な、「どこよりも徹底的に調査したうえで、少数の銘柄に投資する」ことだ。「七つから八つほどの有望なアイデアについて、できるだけ多くの知識を集める。本当に安いものを見つけたら、資金の一五パーセントほどを投入してみる」。ただし一般の投資家には、成功へのより安全な道がある。「大半の人は、インデックスファンドを利用したほうがよい結果となるはずだ」とルエインは言った。だが、市場に積極的に勝とうとする投資家にとっては、集中投資こそが最も賢明な方法だと彼は考える。「私はピーター・リンチ以外に、多くの銘柄に投資して高い成果をあげた投資家を知らない」

二〇〇一年に話した時点では、ルエインはセコイアファンドの資産の三五パーセントがひとつの銘柄への投資だと言っていた——バークシャー・ハサウェイ社だ。そのころはドットコム・ブームのあおりを受けて人気が落ち、会長兼CEOのウォーレン・バフェットは勘が鈍ったと批判されていた。だがルエインの目にはほかの人には見えない、「国でいちばん賢い人物」が運営している、大きな成長の可能性をもった、「投資に値する会社」というバークシャーの姿が見えていた。

そのころ私には、傑出した投資家というものは一匹狼の考え方をする人たちだということがわかってきた。彼らは、従来の常識に疑問をもち、覆すことを怖れない。彼らが利益を得られるのは、市場には合理的でなく、厳密でなく、客観的でない考え方をする人たちがいて、そうした人たちが誤解やまちがいを犯すからだ。そもそも私が著名な投資家たちを研究しようと思いたったのも、彼らが、金持ちになる方法だけでなく、考え方や意思決定の仕方を改善する方法を教えてくれるからだった。

　知力を駆使するほど投資の見返りが大きくなるので、投資家という職業は多くの優秀な人を惹きつけてきた。だが、教授や政治家、評論家などとはちがい、まちがった判断をすれば壊滅的な損をかぶる職業でもある。優秀な投資家が先入観をもたず、実用主義者であり、自身の思考を研ぎ澄ませる道を熱心に探しつづけるのは、このようなリスクがあるからなのだろう。

　このマインドセットを体現しているのが、バフェットのおそろしく賢いパートナー、チャーリー・マンガーだ。マンガーはかつて「何がうまくいって、何がうまくいかないのか、そしてその理由を私は追求する」と言った。本書の中心人物のひとりとして何度も登場するマンガーは、よりよい思考法を求めて世界中を歩きまわり、数学、生物学、行動心理学などさまざまな分野から分析ツールのアイデアを借用してきた。彼が手本《ロールモデル》とするのは、チャールズ・ダーウィン、アルバート・アインシュタイン、ベンジャミン・フランクリン、一九世紀の代数学者カール・グスタフ・ヤコビたちだ。「すでに没した多くの先人たちから多くのことを学んだ」とマンガーは私に言う。「学ぶべき知性が故人のなかに多くあることをいつも感じていた」

　私は、優れた投資家とは、哲学者の特殊型——実践的な哲学者——だと考えるようになった。王道の哲学者を魅了する、「この椅子は存在するのか？」のような難解なパズルを解こうとはしない。「未来がわからないとすれば、未来についての賢明な意思決定をどう下せばいいのか？」のような現実に差し迫った問題を解くための、経済学者のジョン・メイナード・ケインズがいうところの「世俗の知恵」を求めている。経済史、神経科学、文学、ストア派哲学、仏教、スポーツ、習慣化の科学、瞑想《めいそう》など、助けになるものはなんでも取りいれる。「何が有効なのか」を、自由にのびのびと探究する彼らの姿は、市場だけでなく人生のあらゆる場面で成功したい私たちにとっての強力なロールモデルとなる。

有能な投資家像を思いえがくためのもうひとつの方法は、熟練のゲームプレイヤーになぞらえることだ。一流の資産運用者《マネーマネジャー》の多くが、遊びと実益を兼ねてトランプゲームに興じるのは偶然ではない。テンプルトンは、大恐慌時代にポーカーで稼いだ金を大学の学費に充てていた。バフェットとマンガーはブリッジに熱中している。億万長者のファンド王、マリオ・ガベリは、ブロンクス出身の貧しい少年だったころ、高級ゴルフクラブのキャディとしてラウンドする合間にトランプで稼いでいたそうだ。「こっちは一一歳か一二歳だったから、誰もが軽く勝てると思っていた」と彼は振りかえる。ピーター・リンチも高校、大学、軍隊とポーカーをプレイしていて、「確率とのつきあい方を教えてくれるポーカーやブリッジを学ぶほうが、株式市場の本を大量に読むよりも有効だ」と語った。

私も理解しはじめた。投資も人生も、「成功の確率を最大化する目標を意識的かつ一貫性をもって追いつづけなければならないゲーム」なのだと。ルールには揺れがあり、結果も不確かだが、それでも、ゲームには賢い遊び方とまずい遊び方があることを知っておくといい。偶然のゲームに夢中になっていたデイモン・ラニアンはかつて「人生はすべて六対五の勝負」と書いた。* そうかもしれない。だが私が惹かれるのは、テンプルトン、ボーグル、ルエイン、バフェット、マンガー、ミラーなど、これからの章で学ぶ巨人たちが、自分に有利なオッズを引きよせる方法を編みだしたことだ。私の使命はその方法をみなさんに伝えることだ。

投資の歴史上、最高のゲームプレイヤー、エド・ソープ(3)のことを考えてみよう。ソープはヘッジファンド・マネジャーになるまえ、ブラックジャックでカジノに勝つための独創的なスキームを考案し、ギャンブル界に永遠にその名を残している。エッグベネディクトとカプチーノの朝食を三時間かけてとりながら話してくれたところによると、彼は、「プレイヤーがディーラーより有利になることは数学的に不可能」という「常識」を受けいれなかった。カードカウンティング〔カードゲームで場に出たカードを記憶する手法〕の生みの親であるソープは、あるカードが「伏せられている残りのカードにはない」「もう自分の手札に加えることはできない」状況の確率の変化を計算することで、自分を有利

---

* ラニアンの代表的な短篇小説に、ミュージカル『ガイズ&ドールズ』のモチーフとなった ***"The Idyll of Miss Sarah Brown"*** (ミス・サラ・ブラウンのロマンス) がある。派手な賭け方をする主人公のギャンブラー、通称スカイは、父親から自信過剰の危うさを戒められる——すべての投資家が胸に刻むべき警告だ。父親は言う。「息子よ、どんなに遠くへ旅しても、どんなに賢くなっても、これだけはけっして忘れてはいけない。いつかどこかで、ある男がおまえのところにやってきて、封が破られていない真新しい一組のトランプを見せ、スペードのジャックがここから飛びだして、おまえの耳にリンゴ汁を吹きかけるかどうか賭けないか、と誘うだろう。だが、息子よ、乗ってはいけない。乗ったら最後、おまえの耳は確実にリンゴ汁だらけになるからだ」〔起こるはずのないことが起こる戒め〕

にしていった。たとえば、エースがたくさん残っている山札は、エースが入っていない山札よりも勝つ確率が高くなる。自分に有利なときに大きめに賭け、店側に有利なときには少なめに賭けた。一回ごとで見ればごくわずかな確率の差がやがて圧倒的なちがいをもたらした。こうして彼は、運任せの敗者のゲームを、儲かる「数学のゲーム」に変えたのだ。

ソープは次に、ルーレットでカジノに勝つ方法を考えだした。彼とパートナーのクロード・シャノンは、おそらく人類初のウェアラブル・コンピューターを開発した。ソープの靴のなかにスイッチを仕込んでおき、足の親指で操作する。このコンピューターはタバコの箱ほどの大きさで、「ボールとローターの位置と速度を正確に測定」することができ、ボールがどのポケットに入るかを予測した。ルーレットでは三八個のポケットにボールが着地する確率はどれも同じなので、誰にとっても腕の振るいようがなく、昔から素人の遊びだとされてきた。「だが、蓄えた知識に測定方法を足しあわせることで、何が起こるかを少し高い確率で把握できるようになった」とソープは言った。「毎回当てられるわけではないが、ただの運任せよりは多少ましな予測ができる。つまり、幸運を願うしかなかったゲームを、自分たちが優位に立てるゲームに変えたのだ。その優位性を得るために、情報を取りこんでいった」

カジノの経営者以外にとって、ソープの破壊的な天才性はじつに魅力的だ。彼を熱くさせたのは、金儲けではなく、専門家たちが解けないと主張する「おもしろい問題」を自分が解く喜びだった。

「これが真実だとおおぜいが言っていても、私には特別な意味はない。自分で考える必要があるし、とりわけ、たいせつな問題については自分で考えて、自分で解決の道を探さなければならない。エビデンスを見つける。常識とされてきたことを疑う」

ソープの冒険が示すのは、暮らしの金銭面を向上させるために重要なのは、自分に不利な勝負を避けるということだ。「有利でないギャンブルははじめからやらない」。同じ原則がギャンブル以外にも当てはまり、そうすることで現実の問題に正面から向きあい、賢く対処できるようになる。例をあげよう。技術に関する知識が乏しかったり、企業を評価するのに必要な金融上のスキルがなかったりするのなら、技術関連の個別銘柄を自力で選びたいという誘惑に負けてはいけない。さもないと、運命の女神がいつかほほえんでくれると妄想したまま、ルーレット台のまえで破滅していく人になる。債券の運用を中心に約一四〇〇億ドルの資産を管理する、冷徹な合理的思考の億万長者、ジェフリー・ガンドラックが私に言ったように、「希望は戦術ではない」のだ。

無邪気な投資家たちに不利に働く、もうひとつのよくある過ちは、凡庸なファンド・マネジャーや証券会社、ファイナンシャル・アドバイザーに、彼らの能力に見合わない多額の手数料を支払うことだ。「売買手数料だの顧問料だの、あらゆる種類の料金を言われるがままに支払うのは、流れに逆らって泳いでいるようなものだ」とソープは言う。「これらの費用を払わなければ、その分、流れに乗りやすくなる」。であれば、一般投資家が長期的に勝つための確率をあげるには、手数料の低いインデックスファンドを買って保有しつづけることが手っ取り早い方法ということになる。「自分では何も動かなくていいのに、別の方法をとっている人たちのたぶん八〇パーセントには勝てるだろう」。S&P500のような株価指数は、「アメリカ経済の拡大によって、おそらくは、長期的に見ればあがる」とソープはつけ加えた。だから、カジノのギャンブラーとはちがい、最小限のコストだけ負担してあとは市場の上昇気流に乗るだけで「自動的に勝ちを手にする」ことができる。

一方、ソープのヘッジファンドは、プロ以外には「あまり理解されない」難解な投資機会に集中することで、二〇年間にわたって一度も四半期の成績で負けることなく、株価指数を凌駕《りょうが》してきた。たとえば彼は、ずばぬけた数学力を駆使して、ワラントやオプション取引、転換社債をきわめて精密に評価できる。本書に登場するハワード・マークスやジョエル・グリーンブラットなどの大物投資家たちも、金融市場で軽視されたり嫌われたりしている分野に特化することで、ソープと同様のアドバンテージを得ている。これから見ていくように、勝つためにはさまざまな方法があるが、どの方法でもなんらかのかたちで優位性をもつ必要がある。優位性があるかどうかを判断するにはどうすればよいかとソープに尋ねたところ、不安をあおるような答えが返ってきた。「自分に優位性があると信じる合理的な理由がないかぎり、おそらく優位性はない」

二五年前に投資の旅が始まったとき、私は経済的に自由になりたかったし、誰にも責任を問われない立場にあこがれていた。秘密の暗号を解いたように見える著名投資家たちは魔法のようにまぶしかった。だが、いまになって気づいたのは、彼ら一人ひとりがどんなふうに考えていたのか、なぜ勝てたのかを理解することは、投資でも職場でも個人の生活でもさまざまな場面で生かせる人生の知恵を得るということだった。

たとえば、幸せで成功した人生を送る確率をどうすれば最大にできるかと質問したとき、ソープは健康とフィットネスの話をつうじて彼独特のアプローチを説明してくれた。八四歳の年齢よりも二〇歳は若く見えた彼は、「遺伝的には、誰にでもすでにカードが配られている。それを偶然ととらえることはできる。だが、そのカードをどう使うかの選択は自分に委ねられている」と言った。タバコを喫《す》わない、年に一度は健康診断を受ける、予防接種を適切に受ける、定期的に運動する、などの選択をするのは自分なのだ。三十代のころのソープは体力がなく、五〇〇メートルも進まないうちにジョギングの息があがってしまう状態だった。あるとき、毎週土曜日に一マイル（一・六キロ）走ると決心した。しだいに距離が延び、ついにはフルマラソンを二一回完走するまでになった。いまでも週に二回はパーソナルトレーナーの指導を受け、週に四回は三マイルのウォーキングをおこなっている。ただ、誰かにサイクリングを始めないかと勧められたときには、「自転車の走行距離一億マイルあたりの死亡数」を割りだし、「リスクが高すぎる」として却下した。

ソープと再会した二〇二〇年六月は、アメリカだけですでに一〇万人以上の死者を出したパンデミックに世界は襲われていた。世界中の死亡率データを分析していた彼は、とくに、ウイルスが原因と思われる「原因不明の死」に注目し、祖父が亡くなった一九一八年のスペイン風邪の大流行に照らしたうえで、真の致死率を独自に計算した。その結果、アメリカでまだひとりの死者も出ていなかった二月初旬の段階で、今後一二カ月間で国内の二〇万人から五〇万人の命が新型コロナウイルスによって失われると予測していた。

一般人はもちろん、国のリーダーたちも脅威の大きさを認識していない時期だったが、ソープの精密な分析をもとに家族はいち早く対策を講じることができた。「慎重に、マスクを含むさまざまな物資の備蓄を始めた。世間が事態の深刻さに気づき、店の棚から物が消えたのはそれから一カ月後のことだった」。政府が国家非常事態を宣言する三週間前、ソープはカリフォルニア州ラグナビーチの自宅で自主的に隔離生活を始め、妻以外の誰とも会うのをやめている。「むやみにこわがっても意味はない」と私に言ったが、一方で彼はリスクを理解し、生存の確率を高める行動をためらわなかった。私がこれまでに会った人物のなかで、自分の「死ぬ確率」を実際に計算した人はソープだけかもしれない。*

事実や数字、確率、リスクとリターンのあいだのトレードオフを冷静に見きわめ、「なんとしても大惨事は避ける」ことを優先する彼の思考習慣は、賢明な投資家の多くが長寿と繁栄を謳歌《おうか》できる理由のひとつを説明している。ソープが言うように、「どの状況下でも当てはまる合理性」を私たちは行動の指針にすべきだ。たとえば彼は、「感情的になっているとき」にはまちがった判断をしやすいことを承知しているので、誰かに「いらついたり怒ったり」したときには、一歩下がって自分に問いかける。「おまえは実際に何をわかっている？」「おまえの感情は正当なものか？」冷静に分析した結果、自分の負の感情が正当ではなかったことに気づくこともしばしばある。「私たちは結論を急ぐべきでないときに急ぎすぎるきらいがある。判断を保留することは、合理的な行動の重要な要素であると思う」

こうしたことすべてから私は、投資界の本物の巨人たちの行動を知ることが、私たちをより豊かに、より賢く、より幸せにしてくれると確信するに至った〔本書の原題は、*"Richer, Wiser, Happier"*〕。彼らは、成功の確率を最大限に高める方法をさまざまに見つけ、市場でも人生でも勝ちにつなげている。本書をつうじて、彼らの勝ち方を読者のみなさんに伝えたい。

彼らの話には「確率」「勝ち目」がよく登場する。行動を決めるのに効果的な判断材料であり、時間管理にしろ、思考するのに適した落ち着いた環境の構築にしろ、その他、つきあう人と避けたい人の線引き、先入観や見落としを防ぐ工夫、失敗から学んでそれを繰りかえさない習慣、ストレスや困難の乗りこえ方、正直さと誠実さのとらえ方、金の使い方と手放し方、金を超えた意味のある人生を築くための試みなど、彼らの行動のすべてに行きわたっている。

この本を執筆するにあたり、遠い昔におこなった世界の偉大な投資家へのインタビューをかなり引用している。だが、それとは別に、新たにロサンゼルス、ロンドン、オマハ、ムンバイなど世界のさまざまな場所で、四〇人以上の投資家に数百時間をかけてインタビューした。本書に登場する投資家は、何百万人もの人たちのために何兆ドルもの金を管理してきた。私の願いは、傑出した投資家の姿があなたの人生に新しい知見を与え、より豊かにしてくれることだ。きっとかなうと思う。

＊　ソープはCOVID - 19で自分が死ぬ確率をどのように見積もったのだろうか？　「無作為に選んだ八七歳の男性がこのウイルスに感染した場合、死亡する確率は約二〇パーセント」だそうだ。「だが、私のリスクはそれより低い。八七歳の男性の多くはほかに大きな健康問題を抱えているが、私にはそれがないからだ。持病もない。しかも私はあらゆることに気をつけている。年齢の割には体力もある。だから、このウイルスに殺される確率は二〜四パーセントだと見積もった。だがこれにしたってまだ相当高い」

第一章　ウォーレン・バフェットの模倣者
――堂々と他者の知恵で成功する

賢明な者はつねに、偉大な先人たちが踏み固めた道をたどり、傑出した人物の模倣に努めるべきだ。たとえおのれの能力は及ばずとも、せめてその香りだけでも身に移るように。

――ニッコロ・マキャベッリ

他人が編みだした最高の技を自分のものにしようとするのは有効な方法だと思います。ただ座って自分ですべてを考えだそうとしても、うまくはいかないでしょう。人はそんなに賢くはないのです。

――チャーリー・マンガー

クリスマスの日の朝七時。スモッグで覆われたムンバイの空に朝日がのぼり、モニッシュ・パブライがミニバンに乗りこむ。私たちはこれから、ダードラー・ナガル・ハベーリーと呼ばれる地区へ向かってインドの西海岸沿いを何時間も走る。ときおり運転手はトラックやバスのあいだを曲芸のようにすり抜け、人の肝を冷やす。クラクションが全方向から鳴りひびくなか、私は目をつぶって歯を食いしばる。アメリカの大学へ進むまでインドで暮らしていたパブライは穏やかにほほえみ、あぶない場面でも冷静さを失わない。ただし、その彼も認める。「インドで事故に遭う確率は高い」

窓の外には見たことのない光景が次々と現れて目が離せない。あるときは、でっぷりした男がやせ細った女の頭の上にれんがをいくつも積んで運ばせようとしている脇を通りすぎた。田舎道に入ると、ずんぐりした草ぼうぼうの小屋がいくつも見える。あまりに粗末で遠い世紀の遺物のようだ。ようやく目的地に着く。村のＪＮＶスィルバーサー高校だ。

世代を代表する投資家のひとり、モニッシュ・パブライがカリフォルニア州アーバインの自宅からはるばるここまでやって来たのは、この高校に通う十代の女子生徒四〇人に会うためだ。パブライが設立した、インドの貧困層で才能のある子どもたちに教育の機会を提供する、財団〈ダクシャナ[1]〉のプログラムの一環として女子生徒たちはここで学んでいる。授業料免除で二年間学び、超難関のインド工科大学（ＩＩＴ）を受験するのだ。ＩＩＴとは工学系の名門大学の総称で、卒業生はマイクロソフトやグーグルなど名だたる企業へ就職していく。

ＩＩＴの受験者は年によっては一〇〇万人を超え、合格を手にするのは二パーセントもいない。だがダクシャナはその厚い壁を打破した。一二年間で二一四六人のダクシャナ奨学生がＩＩＴ入学を果たし、六二パーセントの合格率をあげたのだ。サンスクリット語で「贈り物」を意味するダクシャナの役割を、パブライはインド社会で最も恵まれない階層の人たちの生活向上を助けることにあると考える。ダクシャナで学ぶ子どもたちの大半は、一日二ドル未満で暮らす貧しい農村家庭の出身だ。多くがカースト下位に属し、なかには長年にわたり差別を受けてきた「アンタッチャブル」層の者もいる。

パブライがダクシャナの教室を訪ねるときには、雰囲気をほぐすためにいつも同じ数学の問題を出す。正解した生徒はこれまで全員がＩＩＴに合格しているので、優秀な者を見定めることもできる。誰も解けないような難問で、パブライもスィルバーサー高校の生徒のなかに解ける者がいなくても仕方がないと思う。それでも、教室前方の黒板にチョークで問題を書いていく。「nは素数で、$n \geqq 5$である。n^2-1がつねに24で割りきれることを証明せよ」。そうして、薄っぺらいプラスチック製の椅子にもたれ、生徒たちが必死に答えを導きだそうとするのを見守る。* この派手で人目を惹く人物──長身でがっしりした体格、薄い頭髪に立派な口ひげをたくわえ、ダクシャナのロゴ入りスウェットシャツとピンクのジーンズというい で立ちの投資家──は生徒たちにどう映っているのだろう。

一〇分が経過して、パブライが声をかける。「解けそうな人はいるかな？」アリーサという一五歳の女の子が声をあげる。「サー、筋道だけなのですが」。おずおずとして自信がない様子だが、パブライは教室のまえへ来て解答を見せるように言う。アリーサは白い紙を渡すと、パブライのまえで下を向き、おとなしく判定を待つ。頭上の壁には、ぎごちない英語でこんな意味の標語が掲げられている。「自分を信じるかぎり、何物にも誇りを奪われることはない」

「正解だ」パブライが言う。アリーサと握手をすると、解答をみんなに説明するよう促す。のちにパブライから聞いたところでは、それはＩＩＴの入試で上位二〇〇人に入れるほどのじつにエレガント

＊　パブライが出した問題の正解は？　私には永遠にたどり着けない秘境。

な解き方だった。パブライはアリーサに「合格確実だ」と伝える。「あとはしっかり勉強を続けることだよ」。クラスが終わってから私は、彼女がインドでも最貧地区のひとつであるオディシャ州ガンジャム地区で育ち、「社会的および教育的に後進な諸階級」と政府が位置づける層の出身だと知る。まえに通っていた学校では、彼女は八〇人の生徒のなかでトップの成績だった。

パブライが写真を一緒に撮ろうとアリーサを誘う。「きみはきっと、ぼくのことを忘れるだろうな」といたずらっぽく言う。「でもそのとき、ぼくはこう言おう。『昔、一緒に写真を撮りましたよ！』ってね」。生徒たちがおもしろがって笑いだす横で、私は泣きそうになる。目のまえで何かの魔法が起こるのを見た。貧しい世界から出てきた子どもが、自身と家族を豊かな世界へと導く知力のあることをいまここで証明したのだ。育ってきた境遇とこれまでの困難を考えれば、奇跡と言っていい。

そのあとの時間、生徒たちはパブライに質問を次々と浴びせる。最後に、みなが訊きたかったことをひとりが思いきって訊く。「サー、どうやって、そんなにお金持ちになれたのですか？」

パブライは笑って言う。「お金を増やす方法があるんだよ」

どう説明しようか迷いながら話しだす。「私には尊敬する人物がいて、名前をウォーレン・バフェットと言う。聞いたことのある人は？」誰も手をあげない。きょとんとした顔ばかりがまえを向いている。そこでパブライは、自分の一八歳の娘モマチが高校卒業後の夏休みのアルバイトで四八〇〇ドルを稼いだ話を始める。その金をパブライは、娘のための年金口座に投資した。このささやかな貯金が毎年一五パーセントの複利で六〇年間増えていったらどうなるか、パブライは生徒たちに訊いてみる。「五年ごとに額は二倍になる。ということは、二倍を一二回繰りかえすよね」。パブライは言う。

「人生も倍々で大きくなる」

一分後に生徒たちは計算を終えた。モマチが七八歳になる六〇年後には、貯金の四八〇〇ドルは二〇〇〇万ドルにもなっている。数学的に起こる現実のとてつもない力に、教室は驚嘆の空気に包まれる。「複利について、もう忘れないね？」パブライが尋ねる。インドの貧しい村からやってきた四〇人が声をそろえる。「はい、サー！」

一〇〇万ドルを一〇億ドルに変えるには

モニッシュ・パブライ自身もウォーレン・バフェットを昔から知っていたわけではない。インドの質素な家庭で育ち、投資もウォール街も巨額金融取引も、何も知らなかった。一九六四年に生まれ、最初の一〇年は、両親が月二〇ドルで借りたボンベイ（現在のムンバイ）郊外の狭い貸間で生活した。そののち家族はニューデリー、ドバイへと移る。

個性豊かな家族だった。パブライの祖父はゴギア・パシャという著名な手品師で、神秘的なエジプト人を装って世界中を回っていた。パブライも少年のころに祖父のステージに立ったことがあり、卵を掲げる係だった。父親のオム・パブライは起業家で、儲かるネタを見つけて会社を立ちあげる才能には恵まれたが、会社を潰さずに維持する才能には恵まれなかった。宝石工場を経営したり、ラジオ局をつくったり、手品道具を郵送で売ったりした。息子と同じく、父親も底抜けの楽天家だった。だが事業は決定的に資本不足で、借金まみれだった。

「両親がすべてを失うのを、何回も見た」とパブライは言う。「すべてを失うというのは、明日の食べ物を買う金がない、家賃も払えないということだ。あんなことは二度と経験したくないが、両親は動じなかった。ふたりから学んだいちばん大きな教えは、どんなときでもあわてないということ。父はよく言っていた。『岩の上に素っ裸で放りだされたって、おれは新しい仕事を始める』とね」

パブライは学校の勉強は得意ではなかった。成績が六五人中、六二位だったこともあり、自信をもてないでいた。ところが九年生のときに受けたIQテストで人生が変わる。「テストの担当者のところへ結果を訊きにいったら、『きみのIQは少なくとも一八〇はある。まだ力を出しきれていないだけだね』と言われた。走りだすためのムチを入れられた感じがした。特大のターニングポイントだった。才能があるかどうかなんて、誰かに言ってもらわないと気づかないものだ」

高校を卒業すると、パブライはアメリカへ渡り、サウスカロライナ州のクレムソン大学へ進んだ。そこで初めて株式市場を知る。投資の授業を受け、仮想の投資の課題では期末試験までに平均一〇六パーセントという抜群の運用成績をあげた。担任の教授は、専攻をコンピューター工学から金融に変えるようパブライを説得しようとした。「まったく耳を貸さなかった。当時の私には、金融のクラスにいるやつらは頭が悪いとしか思えなかった。何の知識もありゃしない。授業もあまりに簡単で、機械工学クラスの十分の一しか手応えがない。そんなクラスであの負け組たちとなぜ一緒にいなきゃいけない？」

大学を出たパブライは、通信機器大手のテラブス社で数年働いたあと、一九九〇年にクレジットカードで七万ドルを借り、自分の確定拠出年金（４０１ｋ）からも三万ドルを出して、テクノロジー系コンサルティング会社トランステックを起業した。これほどの大きなリスクを人はなかなかとれないものだが、パブライにはギャンブル魂があった。実際、彼はラスベガスのブラックジャックで危ない橋を渡ったことがあるそうで、飛行機での移動中、武勇伝を事細かに話してくれた。彼の作戦は、金融学の博士号をもつギャンブラーが考案した「確実性は高いがきわめて退屈な」策をディーラーの目を盗んでしつこく実行することだ。一〇〇万ドルを稼いでカジノから出禁を食らうところまでゲームプランに入れていた。二〇二〇年には、元手の三〇〇〇ドルを一五万ドルに増やし、「ある小さいケチなカジノ」から永久追放された。

トランステック社は成功して一六〇人を雇用するまでになり、一九九四年にはパブライの蓄えは一〇〇万ドルに到達する。人生で初めて、投資に使える金を得たのだ。この年、パブライはヒースロー空港での待ち時間に『ピーター・リンチの株で勝つ』（ダイヤモンド社）を手にとった。それを読んで初めてバフェットを知る。このバークシャー・ハサウェイ社の会長兼ＣＥＯが、二〇歳のときから四四年間にわたって年平均三一パーセントのリターンを出しつづけている事実に衝撃を受ける。バフェットに金を預けて複利で運用していたら、一九五〇年の一ドルが一九九四年には一四万四五二三ドルになっていたということだ。パブライはこのとき当然の結論に達した――バフェットはそこらの「頭が悪い」やつらとはちがう。

パブライは子ども時代に、チェスを発明したとされるインド人の民話を聞いたことがあった。その男がチェスを王様に献上したところ、王様はたいそう喜んで褒美を与えようとした。そこで男は、チェス盤の一ます目に米を一つぶ、二ます目に二つぶ、三ます目に四つぶ、といった具合に最後の六四ます目まで置いたときの合計した分をもらいたいと申しでた。算数が苦手な王様はこれを承諾した。算数が苦手でないパブライによれば、これによって王様は男に対し、一八四四京六七四四兆七三七億九五五万一六一五つぶの米、現在の価値で約三〇〇兆ドルを与えなければならなくなった。パブライはこの話を思いだし、バフェットが複利の技を完璧にものにしていることを瞬時に理解した。バフェットは四四年のうちに資金を一八回倍増させ、世界一の金持ちになる寸前まで来ていた。

パブライは考えた。バフェットがどうやって株を選んでいるかがもしわかり、その勝ち方を真似できたらどうだろう。かくして、一〇〇万ドルを一〇億ドルに変えるパブライの「三〇年ゲーム」が始まった。パブライは言う。「金持ちになりたいからじゃない。ゲームに勝ちたいんだ。そこはウォーレンとまったく同じだ。ベストを尽くし、自分こそが最も優れていること、しかもルールにのっとって正々堂々と勝負して勝ったのだということを、結果を通して証明したかった」

パブライがたどった億万長者への道は、投資だけでなく人生のあらゆる場面において役立つことを教えてくれる。すでにあるものをわざわざ一からつくりなおす、たとえば市場の微妙なアノマリー〔合理的に説明できない現象〕を活用するためのアルゴリズムを新たに考える、というようなことはしない。それよりもパブライは、業界で最も腕の立つ人物を見つけ、なぜ成功しているかを分析し、その手法を細部まで徹底して真似る。パブライはこれを「クローニング」(2)と呼ぶ。「モデル化」「物真似」「複製」と言いかえることもできるだろう。呼び方はなんでもいい。立派だとか高尚だとか称えられることよりも勝ちにこだわる者が使う技なのだ。(3)

バフェットを、そしてのちには彼の博識の相棒チャーリー・マンガーをもクローニングすることで、パブライは現代の傑出した投資家に数えられるまでになった。彼の旗艦ヘッジファンドは、S&P500指数が一五九パーセントのリターンだった二〇〇〇年から二〇一八年のあいだに、一二〇四パーセントという驚異的な数字を達成した。彼が運用を始めた一九九九年七月に、もしあなたが彼に一〇万ドルを投資していたら、二〇一八年三月三一日には一八二万六五〇〇ドル（手数料・経費控除後）に膨れあがっていたということだ。*

とはいえ、投資家として、慈善家としてのパブライの成功はすべて、他人から借りたアイデアを下敷きにして築いたものだ。「私はずうずうしい模倣者でね」と彼は言う。「私の人生のすべてがクローニングだ。自分で考えだしたものはひとつもない」。彼は意識的に、計画的に、そしてむしろ喜び勇んで、バフェットやマンガーたちの思考から投資の極意を得ようとした。それだけではない。事業をどう運営し、ミスを防ぎ、ブランドを確立し、金を社会に還元し、人間関係を育み、自分の時間を

＊　彼の最初のファンド〈パブライ・インベストメント・ファンド1〉の一九九九年発足時に投資して、二〇一八年三月三一日まで運用を続けたと仮定した場合の数字。パブライは当初、損失を出した場合には穴埋めをすると投資家たちに保証していた。だが、これは気前がよすぎると考えなおし、いったんファンドを閉じて二〇〇二年に〈パブライ・インベストメント・ファンド2〉と統合した。注目したいのは、彼のファンドのリターンが激しく変動することだ。たとえば二〇二〇年前半に一五・一パーセントの損失を出しているが、ファンドの発足時からの伸びは、S&P500の二一八・四パーセントに対し、六七一・三パーセントにもなる。彼の強みのひとつは、心臓が縮むようなこうした変動にも動じないことだ。

組みたて、幸せな人生を築くかまでの見識を得ようとしていた。

　パブライの徹底したクローニングを見ていると、肯定・否定の両面から疑問が次々と湧いてくる。独創性はもてはやされすぎていないか？　新しいものをつくろうともがくより、知恵があって機転も利く者がこしらえたものを真似るほうに注力したほうがよくないか？　クローニングが強力な成功戦略になるのなら、なぜもっと実践されないのか？　クローニングに落とし穴はないのか？　そして、どうやったらうしろめたく思わずにクローニングで成功できるだろうか？

　この七年間、私はパブライと一緒にたっぷり時間を過ごした。ネブラスカ州オマハでのバークシャー・ハサウェイの株主総会に何回も同行したし、カリフォルニアの彼の事務所でインタビューをおこなったし、五日間のインド旅行では、ラージャスターン州コーターからムンバイに向かう夜行列車の二段ベッドにそれぞれ寝たし、彼の地元の韓国レストランから州都ジャイプルの道路脇の露店まで、ふたりで食べすぎるほど食べた。

　長い時間をともにするうち私は、パブライがただならぬエネルギーを注いで他人の成功戦略をリバースエンジニアリングし、模倣し、ときには改良も加えるさまに驚き、高く評価するようになった。パブライほど執拗にクローニングをする者を私はほかに知らない。模倣の技をここまで極めると、逆説的だが、不思議にも独創的にさえ見えてくる。彼の考え方に私は計り知れない影響を受けた。じつのところ、本書のおもな目的は、「クローニングするに値するアイデア」をみなさんに伝えることにあるのだから。

投資の法則

パブライはいったん何かに興味をもつと、猛烈な勢いで取り組む。ウォーレン・バフェットに関しては入手できる資料が無数にあった。バークシャーの株主に宛てた数十年分の手紙や、ロジャー・ローウェンスタインが著した『ビジネスは人なり　投資は価値なり　ウォーレン・バフェット』（総合法令出版）などの先駆的な本もあった。パブライはすべてをむさぼり読んだ。オマハでのバークシャーの株主総会へも二〇年以上、毎年欠かさず詣《もう》でてきた。

最終的にはパブライはバフェットと個人的な関係を築くに至る。さらにバフェットをつうじてマンガーとも友人となり、ロサンゼルスにある彼の自宅へ食事に招かれたり、彼のクラブでブリッジに興じたりするようになった。だが、そうなるまえの初期、パブライはすべての知識を読書から得た。読めば読むほど、バフェットがマンガーの力を借りながら、「物理法則と同じくらい根源的」な「投資の法則」なるものを打ちたてていることを確信した。

バフェットの投資の流儀は「きわめてシンプル」かつ「きわめて骨太」なので、これ以外の投資法は考えられないとパブライは感じた。だが、ほかのファンド・マネジャーの手法を調べると、バフェットの法則をまるで守っていないことに驚いた。「重力を信じない物理学者ばっかり。信じようと信じまいと地面に引っぱられちまうのに！」

パブライの目には、ファンド・マネジャーのほとんどが株を多くもちすぎ、金をかけすぎ、頻繁に売買しすぎていた。「彼らの投資信託は二〇〇やら一〇〇〇やらの持ち高《ポジション》を抱えこんでいる。二〇〇社すべての株価が二倍になるわけないのに。抱えている銘柄を見ると、利益の三〇倍で売買していたりする。つまり、ぼられてるんだ」

かつてパブライが読んだ、経営理論の権威として知られるトム・ピーターズの著書に、ある訓話が紹介されていた。道路をはさんで二軒のガソリンスタンドがあり、一方はフロントガラスを無料で拭くなどのサービスで繁盛し、もう一方は、必要最低限のことしかしない。何が起こるか？　後者の客は当然、よりよい方のスタンドへ流れる。パブライは、客を取られるがままのスタンドに唖然とする。自分が実践しているより優れた方法が目のまえにあったら、それを単純に真似するほど簡単なことはないはずなのに。

「人間のＤＮＡには、よいアイデアを簡単に取りいれるのをためらわせる、おかしなものが組みこまれているようだね」とパブライは言う。「私がはるか昔に学んだのは、業界の内と外の世界をつねに観察して、誰かがうまいことをやっていたら、とにかく同じようにやってみるということだ」。あたりまえすぎて陳腐に聞こえるかもしれない。だがこの習慣こそが、パブライの成功の決め手だった。

パブライはウォーレン・バフェットの熱狂的な信者として、「ウォーレンにそうすべきだと言われたとおりに」投資すると決めた。バフェットが年平均三一パーセントの利益をあげていたことから、平均二六パーセントはむずかしくないと単純に考えた。この利率だと、自分の一〇〇万ドルは三年ごとに倍になり、三〇年後に一〇億ドルになる。この目標を胸に刻むために、車のナンバープレートは「ＣＯＭＬＢ２６」〔複利を意味するcompoundのうちのpoundを、重量の単位pound（ポンド）にかけて、その重量表記ＬＢに換えたもの〕とした。かりに目標を大きく下回ったとしても、まだよい結果を期待できる。たとえば年率一六パーセントだったとすると、一〇〇万ドルは八五八五万ドルになる。複利効果のすごさだ。

パブライは、ウォートンやコロンビアなどの名だたるビジネススクールのMBAも、証券アナリストの認定資格ももっていない。ウォール街で働いたこともない。けれどもバフェットが唱える方法を正確になぞれば、この「オマハの賢人」から学ばない大ばか者たちを出しぬいて人生というゲームに勝てると考えていた。「勝てるゲームを私はやりたい」とパブライは言う。「では、どうやって勝つのか？　勝つためのルールどおりにやればいい。しかも都合のいいことに周りのプレイヤーはルールすらわかっていない」

パブライが見たところ、バフェットの銘柄選びは、「割安株投資《バリュー》の父」ベンジャミン・グレアムから学んだ三つの理念が土台となっていた。グレアムはコロンビア大学のビジネススクールでバフェットを教え、のちに自らの投資会社で彼を雇っている。グレアムは第一に、株を買うときには、投機のためのたんなる株券ではなく、成長の可能性のある企業の一部を買う意識をもつことだと唱えた。

第二に、株式市場は「投票数を数える機械」であって「価値を測る機械」ではないととらえ、株価が企業の本質的な価値を反映しないことはよくあると指摘した。著書『賢明なる投資家』（パンローリング）*に、市場には躁うつ的な性質があり、「やたら強気になったり弱気になったりして行きすぎ

＊　一九四九年初版の『賢明なる投資家』をバフェットは「投資について書かれた本のなかで最良の本」と称賛する。この優れた著者グレアムについては、本書の第四章で詳しく述べる。

ることがある」ことを知っておいたほうがいいと書いている。

第三に、自分が控えめに見積もった価値よりも、さらにずっと低い価格で取引されている株を買うことだと説いた。その株価と企業の本質的価値との差をグレアムは「安全域」と呼ぶ。

ところで、これら三つの理念は現場ではどのようなふるまいを指すのだろうか。市場はむらっ気があり乱高下しやすいというグレアムの指摘は示唆に富む。バフェットやマンガーのような投資の達人にとって、駆け引きの要《かなめ》は、市場の狂気からは一歩引き、醒めた目で市場を観察し、マンガーが呼ぶ「オッズのずれた賭け」が見つかるまで待つことだ。**あれこれと動いてもいいことはない。投資とはたいてい、損をするより儲ける確率がはるかに高くなるレアな瞬間まで待てるかどうかが物を言うのだ。**バフェットのことばにもある。「やたらにバットを振りまわさず、これだと思うボールを待ちなさい。ただ、ファンド・マネジャーの仕事でやっかいなのは、周囲から『さっさと打て、のろま！』とどなられつづけることだ」

バフェットは周りの騒ぎに踊らされることなく、何年もじっくり待つことができる。たとえば一九七〇年から七二年、浮かれた投資家たちが株価を異常な水準まで押しあげた時期に彼はほとんど株を買わなかった。七三年に株価が暴落すると、彼はワシントン・ポストの株を大量に買いこみ、その後四〇年間も保有した。いまでは古典となっているエッセイ「グレアム・ドッド村のスーパー投資家たち」のなかでバフェットは、市場はワシントン・ポストの価値を八〇〇〇万ドルと見なしていたと述べ、さらにこう続けた。「一〇人いる投資家の誰にでも四億ドルで売却できる価値のある資産だった。八三〇〇万ドルの企業を八〇〇〇万ドルで買ってはいけない。もっと大きな余裕を確保するのだ。橋を架けるときには、走る車両の重量が一万ポンドしかなくても、三万ポンドの負荷に耐えられるようにつくる。このシンプルな原理は投資にも当てはまる」

　過敏に動く現代では、目を光らせつつも急がず、時機が来たときのみ決定的な行動に出るこの戦略の優秀さを理解できる人は少ない。これまで出会ったなかで最も賢い人物とパブライが評する九〇歳超のマンガーは、この戦略を実践しているひとりだ。マンガーはかつて言った。「川の横でヤスをもって立つのと同じだ。ほとんどの時間は何もしない。脂の乗った大きなサケが泳いできたら、ヤスを突きたてる。そしてまた何もしない。次にサケが現れるのは半年先かもしれない」

　このような意識で仕事をするファンド・マネジャーはまれだ。パブライによれば、ファンド・マネジャーのほとんどは「少額を数多く、頻繁に投資する」。問題は、それらの投資の一つひとつを正当化できる有力な機会はめったにないことだ。そこでパブライは、ふたりの師匠にならい、うまそうな大ぶりのサケがやってくるまで待つほうを選んだ。アーバインの事務所で会ったとき、彼は言った。「投資でいちばん求められるスキルは忍耐だよ。ひたすら忍耐」。二〇〇八年に株価が大暴落したときにはパブライも二カ月で一〇の投資をしたが、もっとふつうのとき、たとえば二〇一一年にはふたつ、二〇一二年には三つしか株を買わず、二〇一三年には何も買っていない。

　パブライのオフショア・ヘッジファンドは二〇一八年時点で、充分に安いと思われるものがなかったためにアメリカ株をひとつも扱っていなかった。少し考えてみてほしい。アメリカの主要市場に上場している約三七〇〇の企業のなかに、パブライはただのひとつも魅力的な銘柄を見つけられなかったのだ。高値に見えるアメリカ株では満足せず、よりよい獲物がありそうなインドや中国、韓国の市場へヤスを向けることにした。マンガーはよく言っている。魚を獲るにはルールがふたつある。その一、「魚のいる場所でやれ」。その二、「ルールその一を忘れるな」。

二〇二〇年春、COVID‐19（新型コロナウイルス）は投資家たちを恐怖に陥れ、アメリカ市場は暴落した。店舗は無期限の休業を強いられ、ロックダウンで人々は自宅待機となり、小売業界は大打撃を受けた。先がまったく見えないなかで立ちゆかなくなった企業のひとつに、不動産投資信託業のセリテージ・グロース・プロパティーズがあり、テナントの多くが賃料を支払えなくなっていた。「市場はこうした短期的なざわつきや痛みを嫌う」とパブライは言う。彼はこの不況に乗じてセリテージの株式を破格の安値で一三パーセント取得した。社会の不安が薄れ、セリテージの本当の資産価値に周りが気づけば、最終的に一〇倍の儲けが出るだろうと考えている。*

がまんにがまんを重ね、銘柄を厳選するこのやり方を実践するのは、バフェットやマンガー、パブライだけではない。こうしたエリートたちと名を並べる偉大な投資家に、カナダの優秀なファンド・マネジャー、フランシス・チョウがいる。二〇一四年に初めて取材したとき、チョウは資産の三〇パーセントを現金で保有し、何年も目立った投資をしていなかった。「買えるようなものがほとんどないときには、どれほど慎重になってもなりすぎることはない」と彼は言った。「無理をしない。じっとがまん。そのうち買いどきはやってくる」。そしてこう警告した。「いつも市場に張りついていようとするのは、ぼんくらのやることだ。いずれ手ひどく負ける」

買わないままでどのくらいいられます？　「ああ、一〇年は待てる。いや、もっとかな」。そのあいだ彼が何をするかと言えば、興味があるがまだ安くはなっていない株を勉強したり、ゴルフ練習場へ行ったり、一日に二〇〇ページから四〇〇ページの読書をしたりする。市場で日々繰りひろげられる狂騒から心理的に距離を置くコツは、自分を当事者ではなく第三者だと思うことだと言う。

パブライもチョウと同様に、ほとんど動かないというこの潔《いさぎよ》い投資法を遂行するための生活を組みたててきた。アーバインの事務所を訪ねたとき、彼は半袖シャツに短パン、スニーカー姿だった。アドレナリンを出しまくっているブローカーというより、海岸をぶらぶらしようとする避暑客のようだ。かつてバフェットが小さな黒い手帳を開いて予定のない真っ白いページをパブライに見せてくれたように、パブライも予定をほとんど入れずにおおかたの時間を読書や企業研究に充てる。会議も電話の予定もいっさいない、というのが事務所での典型的な一日だ。哲学者ブレーズ・パスカルの名言が気に入っている。「人類が抱える問題のすべては、ひとりでじっと座っていられないことに起因する」

「問題は、大きな機械は仕事をしていないときでも止まっていられない」ことだとパブライは指摘する。彼の考えでは、バークシャー・ハサウェイの株主たちが莫大な利益を得られたのは、バフェットがオンライン・ブリッジに熱中していたからだ。そうやって気を散らさないと、「ごく自然に動いてしまおうとする人間の性癖」に抗えないのだ。パブライもオンライン・ブリッジを楽しむほか、自転

＊　パブライは、バフェットの不動産投資を「ほぼ完璧」と評価し、そのポートフォリオにセリテージが含まれていることについても喜ばしく思っている。「バフェットのやり方だけでなく、彼の投資先の五分の一か六分の一もクローニングしている」そうだ。ここで私の秘密を打ちあけよう。バフェットをクローニングするパブライをクローニングして、コロナ禍のさなかに私もセリテージに投資した。

車に乗ったりラケットボールをしたりしてエネルギーを発散させる。市場で何も買うものがなく、売る理由もないときには、慈善事業にいっそう力を注いだりもする。パブライは、自分の投資チームがたったひとり、つまり自分自身しかいなくてよかったと言う。「他人がチームに加わったとたん、彼らはすぐさま動いて何かをしたがり、それに振りまわされることになる」からだ。行動欲求は、ほとんどの分野では歓迎されることだ。だがバフェットが一九九八年の年次総会で次のように言っている。「私たちが報酬を手にするのは、行動したことに対してではなく、正しい判断をしたことに対してなのです」

一匹狼で人間嫌いの気《け》があるパブライは、ひとりで部屋にこもり、値付けのずれた《ミスプライス》株をたまに買うという、儲かるけれどもほかの人はあまりやらない手法にぴったりの人間だった。かつてテック企業を経営していたときに、産業心理学の専門家ふたりに性格診断をしてもらったそうだ。その結果、自分がおおぜいの人間を管理する仕事には笑ってしまうほど向いていないことがわかったと言う。「泣き言ばかりのはなたれたちをなだめ、世話して育てる、そんなやっかいをしょいこむリーダーなんぞにはなれない」。彼にとって投資は、自分ひとりが結果の責任を負う三次元のチェスをプレイするようなものなのだ。

しない決断ができる

一九九五年、パブライは最初の投資先のひとつに、インドの小さなテクノロジー企業だったサティヤム・コンピューター・サービスを選んだ。同じ業界にいた経験から、会社の事業をよく知っていたし、「格安」でもあった。五年後の二〇〇〇年、株価は一四〇倍になってパブライを驚かせる。だがその時点での株価は過大評価だと感じたので、株を売って一五〇万ドルの利益を得た。まもなく、九〇年代終わりから続いていたＩＴバブルが崩壊し、株価は八〇パーセント以上下がった。この幸運を喜び、パブライは自分をフォレスト・ガンプにたとえる。映画のなかで「果物の会社」――アップルコンピューター――に投資したフォレストも、タイミングに恵まれて富を得たからだ。

パブライは運と才覚によって五年も経たないうちに一〇〇万ドルを一〇〇〇万ドルに変えた。まだ学び足りないと感じたパブライはバフェットに手紙を書き、彼のもとでただでいいから働かせてほしいと申しでた。バフェットからは、「自分の時間をどう使うのが最適かじっくり考えてきました。そしてわかったのは、ひとりでやるとじつにうまくいくということです」と断られる。そこでパブライは次の手を打つことにした。パブライの助言のおかげで株で成功した友人たちが、金の運用を任せたいと言っていた。一九九九年、八人から九〇万ドルを集め、自分も一〇万ドルを出資して投資組合を設立した。約一年後にトランステック社を六〇〇万ドルで売却し、投資のみに集中できる体勢をととのえた。

パブライが師と仰ぐバフェットの投資組合は、一九五六年から六九年にかけてめざましい運用実績をあげている。そこでパブライはごく自然に、バフェットの組合が用いた手法のすべてを細かいところまでクローニングすることにした。たとえばバフェットは、年間の管理手数料をゼロとして、年間六パーセントの「ハードル」を超えた利益については、その二五パーセントを報酬として得るとした。

つまり、リターンが六パーセントかそれを下回ったら一銭ももらわない代わりに、大きな利益をあげたら、たっぷり報酬をもらう。パブライもこれと同じ報酬体系を採用したのは、出資者との利害が一致することこそ「まっとうな仕事のあり方」だと納得したからだ*。

　この報酬体系はバフェットも自身で考えたのではなく、偶然にも、一九二〇年代にこれを使っていた前出のグレアムから借りたものだった。クローニングの利点を知るバフェットはこう言っていた。「他人から学ぶときには、あまり考えすぎないほうがいい。自分が最高と思ったものをそのまま使わせてもらうことだ」。むずかしいのは、手当たり次第にクローニングするのではなく、いかに最高のものを選びだし、残りを捨てる決断ができるかどうかだ。たとえば、グレアムは分散投資に重きを置いたが、バフェットは割安な企業に集中投資することで富を築いた。これはだいじな点だ。バフェットはグレアムの手法を遠慮なく借りたうえで、それを自分のやり方に合うように変え、磨きをかけたのだ。

　パブライはバフェットにならって、少数の企業に集中投資するポートフォリオを構築した。一〇の銘柄でも自分にとっては充分な分散だと彼は考えた。投資先を絞りこむ分、思いきり選り好みもできる。パブライはたいてい一分もかけずに数百の銘柄に目を通し、ほぼ何も買わない†。このスピーディな選別の達人がバフェットだ。「バフェットはその株を買わない理由はあるかとまず考える。理由が浮かんだ瞬間に買わない決断をする」とパブライは言う。バフェットのことばにもある。「成功する人と大成功する人のちがいは、大成功する人はほぼすべてに対してしない決断ができる」

　パブライはバフェットから、株を効率的に選別するためのシンプルでわかりやすい基準をいくつか学んだ。第一に、バフェットの「主要な掟《おきて》」のひとつ、事業内容が「自分が理解できる範囲《サークル・オブ・コンピテンス》」に収まる企業に絞って投資することだ。投資先を検討するとき、パブライはまず「この企業を私は本当に理解しているだろうか」と自問する。理解の輪《サークル》の中心近くにあるか、輪の際《きわ》にあるか、輪の外かを見きわめるのだ。

第二に、「安全域」を充分に確保できるほど、実際の価値よりずっと安く買える企業かどうか。パブライは、未来を正確に予測できるという幻想を抱かせるかのような、凝ったエクセルの表をつくっ

＊　一般的なヘッジファンドは、年二パーセントの管理費に加え、成功報酬として利益の二〇パーセントを取る。パブライはこれを「勝っても負けても、運営側は損をしない」報酬体系だと言う。ファンドが一〇パーセントの利益をあげても、出資者は六・四パーセント分しか受けとれない（手数料控除後）。このように運用経費の割合が高いと、長期的にはヘッジファンドの投資家を市場の動きについていけなくしてしまう。一方、パブライのファンドでは一〇パーセントの利益があがれば、出資者は九パーセント分を得られる。二〇〇八～〇九年の金融危機のあと数年間、パブライは報酬がゼロだった。当時の彼は私にこう言っていた。「ここのところは空気と水と、ピーナッツで暮らしている。そろそろ羊肉とカレーがほしい頃合いだね」。祝祭は二〇一七年にやってきた。彼の旗艦ファンドは九二・二パーセントの利益を叩きだし、彼は四〇〇〇万ドル以上の報酬を得たのだった。

†　パブライはどこから投資に関する知識を得るのだろうか。バフェットのほか、テッド・ウェシュラー、セス・クラーマン、デイビッド・アインホーンといった一流の投資家たちのポートフォリオを分析し、知識を拝借している。彼らの保有銘柄（アメリカの大手機関投資家が四半期ごとに届けでる投資先明細「フォーム13」でわかる）の上位三、四位あたりまでをざっと見て、なぜこれらの企業を選んだのかを考える。明らかに成長性がなさそうなゼネラルモーターズに、ウェシュラーやアインホーンはなぜ投資しているのか。六週間かけて綿密に調べた結果、パブライは理由を理解した。その結果、彼は自動車株、なかでもフィアット・クライスラーに投資しておおいに稼いだ。

たりはしない。頭をほとんど使わなくてもよいくらい激安の投資をするのだ。一ドルの資産を五〇セント未満で買うような。「はっきりした目安があってね、株価が短期間、まあ二、三年のうちに確実に二倍になると思えなければ、私は興味をもたない」

第三は、バフェットがマンガーの影響を受けて、たんに安い企業ではなく、良質な企業に投資するように少しずつ切りかえていった姿勢だ。企業は何よりも、長期的に競争力を維持し、正直で有能なCEOによって経営されなければならない。安価な株を買うことにこだわっていたグレアムが自動車保険大手のガイコ社に投資して人生最大の利益を得たことを、パブライはマンガーから指摘された。たしかにそうだとパブライは言う。「安く買ったから儲けたんじゃない。すばらしい企業だったから儲かったんだ」

第四に、企業の財務諸表は単純明快でなければいけない。バフェットがいみじくも言っていた。「財務諸表が難解なときの理由はただひとつ、作成者が理解してほしくないからだ」。企業が現在どのくらいの利益をあげ、将来どのくらいを見込めるかを簡単に把握できないなら、バフェットはその資料を「むずかしすぎる《Ｔｏｏ Ｈａｒｄ》」箱に放りこむ。パブライは、バフェットの机の上に文字どおり「Ｔｏｏ Ｈａｒｄ」のラベルが貼られた箱があるのを写真に撮ったことがある。ときどきこの写真を見て、複雑なものに魅入られないための戒めにするのだ。破綻もしくは株価が地に落ちたエンロンやバリアント・ファーマシューティカルズにパブライが手を出さなかったのは、この掟を守っていたからだった。

パブライにとって投資で成功する秘訣のひとつは、むずかしすぎるものはなんでも避けることだ。株主の権利を尊重しないロシアやジンバブエのような国での投資は迷わず見送る。スタートアップや新規公開株（ＩＰＯ）も、過剰な宣伝や期待感に市場が支配されて安い買い物ができないので避ける。空売りもしたことがない。アップサイドは最大でも（株価がゼロまで落ちたら）一〇〇パーセントだが、株価があがったときのダウンサイドは無限だからだ。「そんな賭けになぜ手を出す？」彼はまた、特定の企業を動かす重要なミクロの要因のいくつかには注意を向けるが、マクロ経済の果てしなく複雑な理論はほぼ無視する。要するに、シンプルさが最上位に来るのだ。

ここで取りあげた基本原則はどれも骨太で、パブライには有効に働いた。だが注目すべきは、このなかに彼独自の考えはひとつもないということだ。投資実績を積むうえで土台となった主要な考えはすべてバフェットから――あるいはマンガーから――模倣したものだ。このように書くと、私自身どこかうしろめたい気持ちになる。パブライがよそからもってきた考えを並べて、斬新な、または深みのある話などできるものだろうか。だが、まさにこれこそがポイントなのだ。パブライの強みは、人に模倣者と思われることをまったく気にかけないところにある。彼が気にかけるのは、何が使えるか、ということだけだった。

ある晩、アーバインの韓国料理店で夕食を一緒にとりながら、私はパブライに、どうしてもっと多くの人が彼のように体系的にクローニングしないのだろうと訊いてみる。「危険な激辛ビーフ」という名の料理を噛むあいだを縫って彼は答える。「みんな格好つけたがるんだよね。プライドが高いというか。でも偉大な模倣者《クローナー》を目指すのなら、そんなものは捨てなくちゃ」

師匠と弟子と、六五万ドルのランチ

パブライが真似た投資戦略は夢のようにうまくいった。彼がパブライ・ファンドを立ちあげた一九九九年七月は、（あとから見れば）ITバブルが弾けようとしていて、投資家になるには危険な時期だった。その後の八年間、アメリカの指標のなかで最も成績がよかったダウ平均株価ですら年率四・六パーセントのリターンがやっとだったのに対し、パブライの成績は年率二九・四パーセント（手数料控除後）だった。メディアは彼を「スーパースター」「次のウォーレン・バフェット」「アーバインの賢人」などと褒めそやした。彼の管理する資産は六億ドルにまで膨れあがった。「自分はまちがえようがない」と思っていたそうだ。

パブライは、不透明感のせいで割安になっている株を次々と買って成績を伸ばしていった。たとえば、二〇〇一年九月一一日のアメリカ同時多発テロ後、航空会社の多くが航空機の発注をキャンセルするなかで、ブラジルの航空機メーカー〈エンブラエル〉に投資した。短期的なショックにとらわれた投資家たちは、エンブラエルの優れた製品と安い製造コスト、一流の経営、貸借対照表上にある充分な現金という長期的な好材料を見落とした。パブライは二〇〇一年に一株あたり一二ドルで買い、二〇〇五年に最後の株を三〇ドルで売った。

同じような例として二〇〇二年、石油タンカーのリース料が暴落したあとに、北欧の海運会社〈フロントライン〉に投資している。株は五・九〇ドルまで下落していたが、パブライはその清算価値は一株あたり一一ドルはあると見込んだ。供給の制約によってリース料はいずれ元に戻るだろうし、そのあいだフロントライン社は船舶を一隻ずつ売りながら、資金の逼迫《ひっぱく》をしのげるはずだと彼は考えた。エンブラエル社のときと同じように、投資家たちは先が見えずに腰が引けていた。しかしパブライにとって値上がり期待の大きさは、値下がりリスクをゆうに超えていた。この種の賭けをパブライは、「表が出ればぼくの勝ち、裏が出ればきみの負け」をもじって、「表が出ればぼくの勝ち、裏が出てもちょい負け程度」と表現していた。数カ月足らずで彼は五五パーセントのリターンをものにした。

二〇〇五年には特殊鋼を製造する〈イプスコ・スティール〉に大きく賭けた。これも頭を使わなくてもよいほど簡単な銘柄だった。パブライが一株四四ドルほどで買ったとき、会社は会計上、一株あたり一五ドルの余裕資金をもっていた。彼の見込みでは、会社はその後二年間、毎年一三ドルの余裕資金を生み、二年後には一株あたり四一ドルになることが期待できた。株の売買価格は四四ドルだが、余裕資金に照らせば、イプスコのすべての工場や資産を一株あたりたった三ドルで買うようなものだった。二年後以降がどうなるかは予測がつかなかったが、あまりに安い株なので大損をするリスクは小さいと踏んだ。二〇〇七年に株を売ったとき、投資した二四七〇万ドルは八七二〇万ドルにもなっていた。二六カ月でじつに二五三パーセントのリターンを得たのだ。

　最近は、市場を上回る投資実績を長期間にわたって実現するのは不可能だとあたりまえのように言われる。だがパブライは、バフェットとマンガーのおかげで、市場よりよい成績をあげる戦略をものにした。これまで見てきたように、重要な原則を理解してクローニングするのは、そうむずかしくはない。**忍耐をもって厳しく選別し、買わない決断ができる。市場の気まぐれな上下の振れを活用する。企業の本質価値よりはるかに安い株を買う。「自分が理解できる範囲《サークル・オブ・コンピテンス》」に収まる企業に投資する。**むずかしすぎるものは避ける。値下がりリスクのわりに値上がり期待が甚大な、値付けのずれた株を少数選んで投資する。だがこれらの原則を一種の信仰のようにかたくなに守っているのは、パブライのほかにほぼ見当たらない。パブライは不思議がる。「誰もやろうとしないんだ。ここにいるインド人の男くらいしか」

パブライは師に感謝を直接伝えたいと考えた。そこで二〇〇七年七月、親しいガイ・スピアとふたりで、バフェットと「パワーランチ」をともにする慈善オークションに参加した。* スピアはチューリヒを拠点とするヘッジファンド・マネジャーで、パブライと同じくバフェットに心酔していた。ふたりは六五万一〇〇ドルで昼食会の権利を勝ちとった。金はホームレスを支援する慈善団体のグライド財団へ寄付される。ただパブライは、これを「グル・ダクシナ」の一種のように考えていた。グル・ダクシナはヒンドゥー教のことばで、教育を授けてくれた霊的指導者への寄進を指す。

二〇〇八年六月二五日、パブライはついに師に面会する。三人は、マンハッタンにあるステーキ店〈スミス&ウォレンスキー〉の奥にある板張りの壁に囲まれた席で三時間を過ごした。パブライは妻のハリナ、娘のモンスーンとモマチを同伴し、娘ふたりはバフェットの両隣に座った。† スピアは妻ローリーを連れてきた。バフェットは陽気で祖父のようにやさしくふるまい、子どもたちにプレゼントの包みを渡してくれた。中身のひとつは、バフェットの絵が描かれたチョコレート菓子M&Mだった。昼食会は、バフェットの気に入りの企業(ガイコ社)から、彼が一番会いたい人(「人類史上おそらく最も賢い」サー・アイザック・ニュートンか、知性とはあまり関係ない理由でソフィア・ローレンのどちらか)まで、さまざまな話題で盛りあがった。

昼食会の場で、パブライはふたつの忘れがたい教えを得た。ひとつは、いかに投資するか。もうひとつは、いかに生きるか。ひとつ目の話は、パブライのこの質問から始まった。「リック・ゲリンはあれからどうしたのですか?」ゲリンのすばらしい投資実績について、バフェットは「グレアム・ドッド村のスーパー投資家たち」で触れていたのだ。バフェットはパブライとスピアに、「急いで金持ちになろうとした」ゲリンは証券担保融資を受けてレバレッジ取引をしていたことを話した。バフェットによると、一九七三年から七四年の相場下落でゲリンは大損を出し、追証《おいしょう》を請求される事態になった。その結果、ゲリンは株を(バフェットに)安値で手放すしかなくなったのだという。そのときの株はのちに莫大な財産となった。‡

これとは対照的に、バフェットは、自分とマンガーはけっして急がなかったと話した。壊滅的なまちがいを最小限にとどめ、何十年と複利運用を続けていけば、大きな富を築けるとふたりとも確信していた。バフェットは、ステーキとハッシュポテト、チェリーコークをまえにして言った。「平均よ

＊　情報開示として述べておくと、スピアは私にとってもとくに親しい友人だ。私は彼のヘッジ・ファンド〈アクアマリン〉で二〇年間投資してきた。過去何回か、ファンドの年次報告の編集に携わったほか、彼の投資会社の取締役会で顧問も務めている。また、彼の著書『勘違いエリートが真のバリュー投資家になるまでの物語』(パンローリング)の執筆も手伝った。つまり私はスピアにきわめて近い距離にいて、公平な観察者とは言えない。

†　のちに、パブライは離婚している。

‡　一九七三年に四二パーセント、七四年に三四・四パーセントもの損をゲリンが出したことで、彼の出資者たちは生きた心地がしなかっただろう。それでも、一九年間にわたるリターン(手数料控除後)を均せば二三・六パーセントあった。

りほんの少しでも上の投資成績を出していたら、稼ぎ以上に金を使わないかぎり、生涯、金持ちでいるほかない」。パブライの頭には、レバレッジ取引のこわさと短気が起こした悲劇が「焼印を押される」ように刻みこまれた。彼は言う。「もうそれだけで、昼食会に出かけた意味は充分にあった」

だがパブライにとって最も深く心に残ったのは、バフェットが自分自身に忠実であることだった。自身の性格や信条、好みから少しもぶれずに生きていた。昼食会でバフェットは、彼とマンガーがいつも「心の内にある採点表」で自身を評価していると話した。他人にどう思われているかを気にするより、自身の厳しい基準を自分が満たしているかどうかを気にするのだという。内なる採点表と外部の採点表のどちらに従って生きているかを確かめるひとつの方法は、自分の胸に手を当ててこう問うことだそうだ。「自分のことが大嫌いだが、世間では好人物だと思われていたいか、世間では嫌われても自分のことを大好きでいたいか」

バフェットは、子どもっぽい食事（おもにハンバーガーや菓子、コカ・コーラからなる）から事業経営まで、生活のあらゆることを自身の好みに合わせている。たとえば、バークシャー・ハサウェイの分散型の企業構造にしても、利益の最大化のために採用しているのではないと明言する。さまざまな事業について自分は口出しせず、それぞれのCEOの裁量に委ねるという方式が自分の性格に合っていて好都合だったからだ。同じように、彼は毎日の予定を自分で管理し、読書や黙考のための時間がもてなくなるような依頼はほぼすべて断って、空白の多い、すっきりしたスケジュールで動いている。さらに彼は、自分が好感をもっている人物、あるいは尊敬する人物とだけ仕事をするように心がけている。株を選ぶときも、流行《はや》りの割高な銘柄群には目もくれず、いつも自分のやり方を貫いてきた。

昼食会での会話は、パブライとスピアにその後も長く影響を与えた。二〇一四年五月、私は彼らと一緒にバークシャーの年次総会に出席した。翌日、私たちはバークシャーの子会社ネットジェッツからスピアが借りあげたプライベートジェットでオマハからニューヨークへ飛んだ。ふたりはバフェットとマンガーと朝食をともにしたばかりで有頂天だった。機上での話題は、内なる採点表に従って生きる話に集中した。パブライの考えは、「たぶん地球上の九九パーセントの人は外の世界にどう見られるかを考えている」だった。反対の考えをもつ人はごく少なく、パブライはその考えを美しい詩のように表現した。「世界がどう思おうと、くそくらえ」

パブライとスピアは、内なる採点表をもつ人を思いつくままにあげはじめた。イエス・キリスト、マハトマ・ガンジー、ネルソン・マンデラ、マーガレット・サッチャー、スティーブ・ジョブズ、そして超一流の投資家としてバフェットやマンガー、テッド・ウェシュラー、李录《リールゥ》、ビル・ミラー、ニック・スリープ（彼については第六章で取りあげる）といった面々。パブライは指摘した。「みんな内なる採点表をもっていたからこそ、頂点を極めることができたんだ」

自分の立てたルールにパブライほど厳然と従う人物を、私はほかに知らない。バフェットという手本を得て、彼は自分の性格に合った生き方をするという思いを強くした。彼の典型的な一日は、まず朝遅くに起きて、とくに予定を決めずに午前一〇時を過ぎてから事務所に現れる。一一時ごろに助手がメールを印刷した紙の束をもってくるので、簡単な返事を紙に直接走り書きしていく。これはマンガーからクローニングした習慣だ。そしてバフェットやマンガーと同様に、読書に時間をたっぷり費やす。午後はだいたい堂々と昼寝をして、それから読書に戻って夜遅くまで過ごす。

　このようにパブライはできるだけ巣ごもりして過ごそうとする。投資を検討している企業のCEOと会わないのは、売りこみがうまいほど信用できなくなるからだ*。この方針はベン・グレアムからクローニングした。自分の出資者たちとも、年次総会を除いては話さないようにしている。出資を検討してくれている人たちとも会わない。「社交とか人づきあいとか、そういうわけのわからない儀式にはちっとも興味がないからね」

　こうした態度が人を怒らせようと、何百万ドルもの年間手数料を取りそこねようと、パブライはいっこうに気にしない。「マンガーは金持ちでいたいなんて思っていない。彼が本当にだいじにしているのは、自由な立場でいられることだ。私も全面的に同意する。金があるということは、自分のやりたいことをやりたいようにできる力をもつということ。これが何よりだいじなんだ」

　人間関係についても、遠慮のない、はっきりとした考えがある。昼食会でバフェットは「自分より優れている人とつきあいなさい。自分を高めるしかなくなるから」と言ったそうだ。このアドバイスにパブライは愚直に従うので、周りの者はたいへんだ。「初めての人と会ったら、あとで品定めをする。『この人物とつきあって、自分は向上するか、しないか』とね」。しないのなら、「その人物とはつきあわない」。同じように、誰かとのランチミーティングに臨んだら、自分に「楽しめたか？」と訊く。楽しくなかったら、「その人物とは二度と昼食をともにしないだろう」。そして、こうつけ加える。「この嗅覚テストに合格する人はほとんどいない」

　人との駆け引きがパブライは得意ではなく、誠実さのほうがよりたいせつだと考える。九〇年代終わりに読んだデヴィッド・R・ホーキンズの『パワーか、フォースか』（ナチュラルスピリット）が、「自分がいま信じていることの大部分をなしている」とパブライは言う。(4) ホーキンズによれば、「本当のパワー」とは正直さ、思いやり、そして他者の人生をよくしようとする献身などの特性からもたらされる。こうしたよい特性は無意識のうちに人に影響を与え、その人を「強くする」。一方、不正直さや怖れ、恥は人を「弱くする」。パブライはホーキンズから学んだ多くのことのなかで、とくに次の教訓を指針として刻んだ。「人に嘘をついたまま逃げきることはできない」。そして「これはあたりまえのようでいて、奥深い意味を含んでいると思う」と言った。

二〇〇八年から〇九年の金融危機で、パブライの超集中投資ファンドは約六七パーセント下がった。そのあとは急回復をしたものの、二〇〇九年当時の年次総会で彼は出資者のまえで説明した。「失敗のほとんどは、私が愚かだったことが原因です。市場の問題ではありません」。株価が暴落した〈デルタ・フィナンシャル〉や〈シアーズ・ホールディングス〉などの銘柄分析で犯した、いくつかの「たわけた」しくじりを彼は強調した。投資家たちはほとんど誰もパブライから離れようとはしなかった。そして得がたい教訓が残った。「できるかぎり事実を追求すること。そうすれば大きな見返りがある」

実際、パブライにインタビューをしていて気持ちがいいのは、自分がどう評価されるかに頓着せず、

＊ ただし例外もあって、インドのような発展途上の市場で投資するときには、経営トップを信用できるかどうか直接会って判断することにしている。

どんな質問にも率直に答えてくれるからだ。試しに私は一度、彼の純資産の額も含め、ぶしつけな質問をメールでしたことがある。返信はこうだった。「二〇一七年一一月三〇日時点の純資産は一億五四〇〇万ドル」。この数字に入っていないものを説明する詳細なデータも添えてあった。正直さに対する強い信念が伝わってきた。

原則に忠実でぶれない姿勢は、パブライの最も秀でた点だと私は思う。「ほかの人にはわからない真実と出会ったら、けっして手放してはいけない」と彼は言う。「人類がわかっていない真実を自分が手にしたのなら、ものすごいアドバンテージだ。みんなは『パワーか、フォースか』の〝本当のパワー〟が何かを知らないんだからね」

世のなかには、シンプルなようで深い意味をもった考えがある。自分を頭がいいと思っている人は、そのような考えをシンプルさゆえに過小評価しがちで、複雑なものにとかく興味をもちたがる。究極の現実主義者であるパブライは、彼らと同じ罠にはかからない。「複利はとてもシンプルな考えだ。クローニングもそう。正直に話すこともそう。だが、数少ないこうした力のある考えを、迷いなくひたすら実践しつづければ、累積効果は無敵だ」

残念ながら、たいていの人は、使えそうな方法を見つけると中途半端に手を出してやめてしまう。パブライは嫌悪を隠さない。「こうした輩《やから》は、ちょっと聞いただけですぐ言う。『ああ、なるほど。はいはいはい。ほうほう。あとでちょっとやってみますよ』。だが、そんなのでうまくいくわけがない。やるなら一万パーセントの力でやる。それができないなら、はじめから手を出してはいけない！」

パブライは一九世紀のヒンドゥー教の賢人スワミ・ヴィヴェーカーナンダの名をあげ、私たちは彼の姿勢をクローニングすべきだと言う。その賢人は弟子たちに告げた。「ひとつの考えをまず選びなさい。生涯にわたってそれに取り組みなさい。それについて考え、夢に描き、糧《かて》にしなさい。自分の脳、筋肉、神経、そのほか身体のあらゆる部分をその考えで満たし、ほかの考えが入りこまないようにしなさい。これこそが成就への道です＊」

インドの誘拐業の都で

パブライの資産が膨らむにつれ、うれしい悩みが生まれた。これだけの金をどうしよう？　再びパブライは、バフェットからヒントを得ようとした。バフェットは、自分の幸せは自身が築いた富とはほとんど関係がないと、長いあいだ繰り返し口にしている。私がバークシャーの年次総会にパブライとスピアとともに出席したときも、バフェットが聴衆にこう話していたのを憶えている。「もし自宅を六軒も八軒も買っていたら、私の人生はもっとまずいものになったでしょう。幸福との結びつきはないのです」

＊　おわかりと思うが、スワミ・ヴィヴェーカーナンダの訓戒は、投資で栄光をつかむためのものではない。ヨーガ行者を目指して修行する者たちに対し、どのように精神の高みに到達するのかを説いている。それは「さまざまなことをかじるだけ」の習慣をきっぱりと捨てて、ひとつの目標に集中することだった。「成就するには、並外れた忍耐力と、並外れた意志の力が必要だ。『私は海の水を飲み干す』と不屈の魂は言う。『私の意のままに山々は崩れるだろう』とも。これほどの集中力と意志をもって懸命に努力すれば、目標は達成されるだろう」

パブライは禁欲主義者とはちょっと違う。何千ドルもするオーダーメイドの靴を買ったことがあるし、ふだんから青いコンバーチブルのフェラーリを乗りまわしている──フェラーリ社の株でホームランを飛ばしたのだから、ふさわしい褒美だろう。だが快楽を追いもとめた先に幸せがあるとは思っていない。巨万の富を娘たちに遺すことにも慎重だ。バフェットの助言どおり、子どもに遺すのは本人がやりたいことをなんでもできるくらいが理想で、何もしないで生きていけるほど多くてはいけないと考えている。莫大な資産の大部分を社会に還元すると宣言済みのバフェットを見て、パブライも「社会還元することをクローニング」すると決めた。

まずパブライは自身に尋ねてみた。「もし自分がきょう死ぬとしたら、どんな目的や団体のために資産を遺したいだろうか」。彼は慈善事業についても、一ドルごとに何を達成したかがわかるような明確な尺度をつくり、効率的な運営をしたがった。これという事業になかなか出会えずにいたが、二〇〇六年、ある記事に目がとまり、インドの農村でアーナンド・クマールという数学教師が、毎年高校を卒業した貧しい子どもたち三〇人に住まいを提供し無料で教えていることを知った。この「スーパー30プログラム」のもとで子どもたちはＩＩＴ入学を目指し、すばらしい成績を出していた。

パブライは一目でこのプログラムの長所をつかんだ。たいして金がかからない、才能ある十代の子どもたちに貧困から抜けだして人生を変えられるような機会を与える、結果が測定可能。パブライはクマールにメールを送り、事業拡大のための資金を提供すると申し出た。しかしクマールはプログラムを大きくすることに否定的だった。パブライはあきらめず、のちの人生を決める決断をした。「現地へ行って、見てこよう」

インドのビハール州には「インドの誘拐業の都」との悪名があり、成功したヘッジファンド・マネジャーにとって魅力的とは言いがたい土地だ。そこでパブライは、ニューデリーの警備会社からボディーガードをふたり雇って同行させることにした。ひとりはインド国家治安警備隊（通称ブラック・キャッツ）の元隊員、つまり対テロ作戦のスペシャリストで、「ハイジャック機に突入して犯人を排除する訓練も受け、寝ていても三秒後には敵を斃《たお》す腕前」だったそうだ。元隊員は銃を携帯するため飛行機に搭乗できず、列車でビハール州へ入った。あとになって、クマールもパブライの安全のために四人のボディーガードを雇っていたことがわかった。

ビハール州は、盗人がときには線路もはがしてスクラップにして売るような、危険で荒廃した場所だった。パブライが現地で下した評価は――「天気最低、インフラ最低、ホテル最低」。本人は一つ星ホテルでも快適に過ごせる境地に達したいと願っているが、残念ながらそこにはまだ至っていない。それでも、滞在には不便な思いもあったにせよ、壁もない小屋を借りて子どもたちを教えるクマールと出会った日のことをパブライは忘れない。クマールの知性と情熱、そして教える才能の豊かさに衝撃を受けた。「何億人にひとりいるかいないかの人物だ」

クマールは結局パブライの資金提供を受けようとしなかったため、パブライはスーパー30プログラムを複製し、規模を拡大する許可をもらうことにした。バフェットの投資法を模倣した経験から、クローニングの力は熟知している。ならば、慈善活動にも同じ手法を用いるべきだと考えた。クマールは快諾し、パブライは仕事に取りかかった。

クマールの名声で彼のプログラムには何千人もの応募があった。そこからとくに優秀な子どもをクマールが一人ひとり選んでいく。パブライのほうはこのむずかしい選考作業を、優秀な生徒が集まる六〇〇近くの寄宿学校を網羅した政府系ネットワークと組むことで解決した。寄宿学校では毎年、地方の貧しい子どもたちが何万人も教育を受けていた。このなかの何百人かの「最も有望な生徒」を対象に、パブライのダクシャナ財団は奨学金を授け、IIT受験に向けて数学と物理、化学を二年間教えることにした。「ここで必死になって勉強しないかぎり、子どもたちは何も得ずに村に戻るしかない。一回かぎりのチャンスだ」

この慈善事業の強みは、多くの子どもたちの人生を、少ない金で変えられる点だ。二〇〇八年にダクシャナが負担した総額は奨学生ひとりにつき三九一三ドルで、三四パーセントの生徒がIIT合格を果たした。二〇一六年にはさらに効率があがり、ひとりあたりの負担額は二六四九ドルに減った一方で、合格率は驚異の八五パーセントに達した。さらにすばらしいのは、インド政府が寄宿学校とIITに多額の助成金を出していることだ。パブライの計算では、ダクシャナが生徒ひとりに一ドル負担するごとに、政府は一〇〇〇ドル以上を負担している。つまり彼は効率的なレバレッジ投資により、投下資本に対して莫大な社会的利益をあげているのだ。*

二〇〇八年の昼食会を控え、パブライはバフェットにダクシャナの初年度の年次報告書を送った。これを見ていたく感心したバフェットは、財団の活動をマンガーやビル・ゲイツにも紹介した。さらにフォックステレビのインタビューで、パブライについて「投資と同じくらい慈善活動についてよく考えている。私は彼を高く評価している」と話した。厚かましい模倣者《クローナー》と自称する弟子が、師匠に称賛されたのだ。「あれを聞いたとき、いますぐ天国に行ってもいいと思った」

以来、ダクシャヤナの成長に弾みがついた。二〇一八年にはインド国内の八カ所で計一〇〇〇人以上の生徒たちを教えた。そのなかには、投げ売りされていた土地をパブライが買って整備した、広さ約四五ヘクタールのキャンパス〈ダクシャナ・バレー〉も含まれる。すべて完成すれば、ここだけで二六〇〇人が学べる規模だ。同時に、ダクシャナはIIT以外にもターゲットを広げ、いまでは貧困層の子どもたち数百人の医大受験もサポートしている。二〇一九年だけで、ダクシャナの奨学生一六四人が医大に合格し、六四パーセントの合格率を達成した。これらの取り組みはすべて、ダクシャナのCEO、元砲兵将校のラム・シャーマ大佐が年俸一ルピーで進めている。†

つまり、数学教師アーナンド・クマールのプログラムのささやかな複製から始まったものが、巨大な事業へと姿を変えたのだ。本物のクローニングは、上っ面だけを真似するよりはるかに多くを成しとげられるとわかる。ダクシャナの例で言えば、パブライは小さな枠組みで成功していたプログラムを借りて、一大産業の規模に育てあげた。シャーマ大佐は言う。「（パブライの）成功の理由は、細部をおろそかにしないことだ。断言できる」‡

ダクシャナ・バレーをパブライと訪れたとき、私は財団が誇る卒業生アショク・タラパトラと会っ

＊　二〇一八年末までに、パブライ家は計二七〇〇万ドル超をダクシャナに寄贈した。外部の高額寄付者には、プレム・ワトサ（フェアファックス・ファイナンシャル・ホールディングスのCEOで、IITの卒業生）や、インドで二番目の金持ちとされるラダキシャン・ダマニがいる。情報開示として述べておくと、私もダクシャナに数千ドルを寄付した。

†　大佐は私が出会ったなかでとくに尊敬すべき人物で、娘を亡くした経験が彼をいっそう強い使命感に突き動かしている。「神はひとりの子を私から召しあげ、一〇〇〇人の子を私に預けた」とかつて私に話してくれた。

た。彼は、ハイデラバードのスラム街にある、家賃が月六ドルの小屋で育ったそうだ。父は仕立て屋で収入は月百ドル。家の造りは最低レベルで、玄関にドアはなく、代わりにピンクのカーテンが下がっていた。石綿の屋根からはよく雨漏りがした。パブライが娘のモンスーンと一緒に、その家にタラパトラを訪ねたとき、テーブルがないため、母親からチャイと菓子を椅子の上で供されたそうだ。

だがタラパトラは優秀な生徒だった。IITの入試に四七万一〇〇〇人中六三位という、ダクシャナの奨学生として過去最高の成績で楽々と合格した。インド工科大学ボンベイ校でコンピューター科学と工学技術を学ぶと、グーグルに入社して収入一〇万ドル以上の職を得た。ロンドン勤務を経てカリフォルニアの本社へ移り、いまはソフトウェア・エンジニアとして働いている。「彼はすごい速さで昇進の階段を駆けあがっている」とパブライが言う。グーグルに入って一年もしないうちに、タラパトラは両親のために、寝室ふたつに台所、エアコン、そして雨漏りのしない屋根があるアパートの部屋を買った。

彼の輝かしい旅はそこで終わりではない。彼の友人であり助言者《メンター》でもあるパブライの影響で、タラパトラは少しずつ投資に興味をもつようになった。パブライは彼に投資に関する本を勧め、バークシャー・ハサウェイの年次総会へも彼をよく連れていく。私はオマハでふたりの姿を眺めながら、パブライがタラパトラの人生に与えた影響を考える。ひとりの人間が、値付けのずれた株の投資に秀でていたことが、こんなにも世のなかに幸せをもたらしていることにうっとりとする。そんななか、タルムード〔ユダヤ教における宗教的典範〕の格言が頭に浮かんだ。「ひとりの命を救うことは、全世界を救うに等しい」

だがパブライはいつもの率直さで、自分が正義の救世主か何かであるような見方を笑いとばす。ムンバイの街なかでタクシーに揺られながら、こう言うのだ。「人生に意味なんてないと感じたら、どうする？　ほかの人の人生が台無しにならないようにする。地球を自分がいたときよりましな場所にする。子どもをしっかり育てる。あとは全部ゲームだ。気にしない」

モニッシュ・パブライから学んだこと

パブライとたくさん話すうち、私はクローニングの力について、そしてそれを自分の人生にどう生かすかについてますます考えるようになった。アーバインから帰る飛行機のなかで、「モニッシュ（パブライ）から学んだこと」と題して備忘録も書きとめた。それはふたつの問いから始まる。「世のなかにある成功習慣で私がクローニングすべきものは何か。そして誰をクローニングすべきか」。ノンフィクション作家である私からすれば、たとえばマイケル・ルイスやマルコム・グラッドウェル、オリバー・サックスといった敬服すべき書き手による本をリバースエンジニアリングするのも理に適

‡‡　ガイ・スピアは本書の草稿を読んで、このあたりの数段落について懸念を伝えてきた。「パブライのクローニングに対する姿勢には『適当になぞる感じ』などはまったくないのに、『厚かましい模倣者《クローナー》』という表現を使うと、パブライが正しいことをクローニングしようと一心不乱に取り組んできた経緯が読者にうまく伝わらないのではないか。まあ、この本に出てくるような人たちはみな、穏やかな見た目とは裏腹に、目的のために一心不乱に取り組む気質があるわけだけど」

った方法だろう。*

　パブライの人生、そして彼から何を学ぶべきかを考えたとき、とりわけ強く胸に響く原則がいくつかあった。私は備忘録にこう書いた。

一　クローニングは徹底的に。
二　自分より優れた人とつきあう。
三　人生はゲームと思おう。生きのこり競争でも死を賭けた闘いでもない。
四　自分に正直に。したくないこと、自分が正しいと思わないことはしない。
五　内なる採点表に従う。周りがどう思うかを気にしない。外部の評価にとらわれない。

　最後に、パブライがよく引きあいに出すマンガーのことばを私は書きつけた。「シンプルな考えを取りいれ、真剣に取り組む」。学んだすべてのなかで、最後のこれが最もだいじかもしれない。よくあることだが、私たちは影響力のある主義や習慣を知ると、まず興味をもち、試しに軽くやってみたあとは、すぐ忘れてしまう。だがパブライは没頭する。指針とする。これこそが私がクローニングすべき習慣だ。

　ただし、目指すのは、誰かの考えをむやみに信奉することではない。その考えに宿っている精神を自分の価値観に合うように実践する工夫が必要だ。たとえば、「隠しごとをせずに正直であること」にパブライはこだわるが、可能なかぎり人に親切にしよう、とか、思いやりをもとう、でもいいのではないかと感じた。ある特定の美徳を一心に、妥協せず追求するパブライの習慣にはたしかに力があるが、みなが同じ美徳を追求しなくてもいい。

さらに、クローニングは自身の能力と性格に合ったやり方がいちばんうまくいくと私は思う。パブライとスピアは、どこの企業に投資するかについてよく意見を交わす。これもバフェットとマンガーからクローニングした習慣だ。結果的にふたりは同じ株を数多くもっている。だがスピアの取引量はパブライに比べればはるかに少ない。彼のほうがずっと慎重で、パブライほどの自信はもっていないからだ。スピアは自分で言っている。「モニッシュほどの肝っ玉はないんでね」

二〇一五年、パブライはファンドの資産の半分をたったふたつの銘柄に集中投資していた。フィア

＊ 私はオリバー・サックスの自叙伝『道程』（早川書房）を読んで、彼の著作もまたクローニングの結果であることがわかった。神経科医として患者たちの興味深い症例について書いたサックスは、ソビエト連邦の神経心理学者アレクサンドル・ルリヤが著した一九六八年出版の『偉大な記憶力の物語』（岩波書店）を読んだ記憶が頭に残っていた。無限の記憶力をもつ患者の症例を詳述したその本は「私の人生の方向性を変え、だいじにする対象を変えた」とサックスは書いている。「『レナードの朝』（早川書房）だけでなく、私がそのあと書いたすべての本にとって、ひとつの模範となった」。ルリヤの本を読むと、ルリヤ自身もクローニングしていたことがわかり、私はうれしくなった。扱った症例を紹介するなかでルリヤは、「ウォルター・ペイターが一八八七年に書いた『想像の肖像』（筑摩書房刊『ウォルター・ペイター全集1』などに収録）にならおうとした」と書いている。調べはじめたら、ビジネスも含めさまざまな分野でクローニングの実践者がいることがわかった。たとえば、ウォルマートがなぜ成功したかについてマンガーはこう書いている。「創業者のサム・ウォルトンは、新しいことはほとんどやっていない。ただ、別の人間が実践してうまくいったことをすべて真似た――ほかの誰よりも熱心に、忠実に。だからほかの人たちを軽々と追い越していった」

ット・クライスラーとゼネラルモーターズのワラント債だ。スピアも自分の資産の四分の一をそのふたつに投資していたが、パブライの集中ぶりは「見ていてハラハラする」ほどで、気づかぬうちに友人が傲慢《ごうまん》で自信過剰になったのかと心配だった。別のヘッジファンド・マネジャーも、パブライが自動車業界にそこまで重きを置くのは「ありえないほどクレイジー」だと警告した。しかしフィアット株の急騰とともにパブライは資金を六年のうちに七倍に増やした。同じ路線を突きすすみ、二〇一八年には、オフショア・ファンドの資産の七〇パーセントを二銘柄につぎこんだ──おそれを知らない攻めの投資に出た結果、その年に四二パーセントもの損を出した。スピアは私に言ったものだ。「冴えているのか、ばかなのか、境界線がどこにあるのかわからない」

パブライの「超集中」型の手法は、「四つの銘柄があれば、じょうずに分散されたポートフォリオはできる」と言っていたマンガーの影響を受けている。しかし読者のみなさんや私がパブライを真似るのは、彼ほどの胆力と分析能力をもちあわせていないかぎり、大損害への道を猛進することになるだろう。二〇〇八年から〇九年の金融危機でファンドの資産が三分の一になったとき、ストレスにどう耐えたのかと訊いたら、彼は答えた。「ストレスなんてないよ。妻だって、そのとき問題が起こっていることに気づきさえしなかった」。逆に、この危機のなかで買った株があまりに割安だったので、彼は「絶頂感」を味わったと言う。

心理的に見て、物事を深く考えすぎないところがまたパブライの強みになっている。彼は私に話したことがある。「墓標には、こう書いてもらいたい。『彼はゲームが好きだった──とくに勝てるとわかっているゲームが』。クローニングはひとつのゲームだ。ブラックジャックもゲームだ。ブリッジも。ダクシャナもゲームだ。もちろん株式市場もゲームだ。すべてがゲーム、すべてが勝ち筋を読めるかどうかにかかっている」

パブライにとって驚きだったのは、他人の戦略を学び、最高の手法をつねに拝借すれば、こうしたゲームからいとも簡単にうま味を得られたことだ。「じつは、どれもむずかしいことじゃない」。彼は愉快そうに笑った。「バラさないでくれよ。秘密だからな!」

第二章　孤独をいとわない
――群れない勇気をもった孤高の変わり者が市場に勝つ

多数派とちがうことをしないかぎり、飛びぬけた成果を出すことはできない。
――サー・ジョン・テンプルトン

二〇年以上前、カリブ海の島国バハマの海岸を歩いていた私は、奇妙な光景に出くわした。(1)長袖のシャツに、両耳の覆いと庇《ひさし》のついた変な帽子をかぶった年配の男性が、首まで海につかっていた。顔には日よけクリームがたっぷりと塗りたくられている。見ているのに気づかれないよう、私はとっさにヤシの木の陰に隠れた。それからの数分間、男性は両腕と両足を上げ下げしながら、水の抵抗に逆らって歩いていた。彼が毎日四五分間、この運動を続けていることをあとで知った。

この人物こそ、二〇世紀でおそらく最も偉大な国際的投資家、サー・ジョン・テンプルトンだった。私は彼に取材するためにニューヨークからバハマを訪れていた。彼の居宅は緑豊かなゲーテッド・コミュニティ〔塀で囲み、住民以外の敷地内の出入りを制限した街〕のライフォード・ケイ・クラブにあり、ここにはモナコのレーニエ三世・前大公やイスラム教ニザール派の指導者アーガー・ハーン四世、俳優のショーン・コネリーらも住んだことがある。私の記憶が正しければ、取材は翌日のはずだった。

私がバハマに来られたのは、インターネットの出現で出版業界が大打撃を受けるまえ、儲かっていた雑誌が全費用をもってくれて、エキゾチックな場所で伝説的な人物の話を聞くという、ジャーナリストにとって胸躍るような出張旅行のオファーが来たからだ。

テンプルトンは華々しい投資実績の持ち主だった。一九五四年に彼が設立したテンプルトン・グロース・ファンドは三八年間にわたり年平均一四・五パーセントのリターンをあげた。当時もし一〇万ドルを投資していたら一七〇〇万ドルを超えていた計算になる。一九一二年にテネシー州の小さな田舎町に生まれたテンプルトンは、ゼロから始めて億万長者になった。どうやってそれを成しとげたのか、その錬金術から何を学ぶべきかを私は知りたいと思った。

当時八五歳だったテンプルトンは投資の世界では大御所で、私はなんとなく賢人のような風貌を思いえがいていた。おかしな帽子をかぶって打ち寄せる波のなかを行進するという姿は、想定外すぎて強烈な第一印象となったが、これは彼の健康法なのだとあとで知り、偉大な人物についての貴重な洞察を得た。テンプルトンは、ゴージャスな環境にいながら金をかけずに効率的に運動する方法を編みだしていた。人に変わり者と思われようとまったく意に介さない、この無頓着ぶりこそ、彼の成功には欠かせないものだった。

投資会社リッパー・アドバイザリー・サービシズの会長マイケル・リッパーはかつて私に、テンプルトン、ジョージ・ソロス、ウォーレン・バフェットには重要な特性が共通すると言った。「孤独をいとわないところだ。周りから賢いと思われないようなふるまいを平気でできるところも。大半の人にはない、揺るぎない信念があるのだ」

「孤独をいとわない」というリッパーのことばは、長いあいだ私の頭に残っていた。優れた投資家とほかの人とのちがいがひとことで伝わってくる。彼らは古いしきたりを壊し、まわりに順応しない異端者であり、人とはちがう目で世界を見てわが道を歩む——投資の手法だけでなく、どう考え、どう生きるかにおいても。

ファンド・マネジャーとしてこの四半世紀のあいだ、市場をはるかに上回る投資実績をあげているカナダ人のフランソワ・ロションは、おもしろい意見をもっている。よく知られているように、人間の遺伝情報は長い時間をかけて生存という最大の目的に向けて進化してきた。少なくとも二〇万年前には、私たちは集団生活のほうが安全だという教訓を得た。ロションによると、この無意識下の本能は危機に瀕すると、ほぼ否応なしに発動する。たとえば、株価が急落すると、平均的な投資家は周囲のパニックを見て、本能的にみなと同じように株を売って、安全な現金に換えようとする。集団に追随する者は直観に反する事実、つまりいまこそが安売りされている株を買う完璧なタイミングかもしれない、とは思わない。

「ところが、集団行動の遺伝子をもたない人たちもいるようなのだ」とロションは言う。「彼らには、みんなと同じように動かなくちゃ、という意識がない。自分の頭で考えられる人たちだからこそ、優れた投資家になれる」。銘柄選びの才能を財源にして美術品収集に熱中しているロションは、芸術家や作家、起業家にも、集団行動の遺伝子をもち合わせていない人が多いと感じている。

ロションの持論は立証できるものではないが、最強の投資家たちには人とはちがう脳の回路があって、それが金融で有利に働くのではと思わせる逸話的な証拠はいくらでもある。この話題では匿名を希望したある著名な投資家は、大成功している仲間たちの多くには「アスペルガーっぽいところ」があり、ほとんど全員が「感情に流されない」と言った。* 周囲があきれるような、ありきたりではない賭けをするには、「感情に流されないのは強みだ」と指摘する。また、アスペルガー症候群のような発達上の事情を抱える人たちは「別の強みをもつことがあり、それが数字の感覚であることも多い。感情に流されず計算が得意なのは、投資では最強の組み合わせ」なのだ。

非常に成功している別のファンド・マネジャーにもこの話をしてみた。ずばぬけた数学の能力があるが、社交はひどく苦手な人物だ。彼はこんな話をしてくれた。「幼かったころ、両親は私が自閉症を患っているか、アスペルガーの気質があるのではと考えた。最終的にはちがうという結論に達したようだが。あるいは、少なくとも大きな支障があるほどではなかった。だから、ええ、もしかすると私は少しばかり自閉症かもしれないし、ちがうかもしれない」。そして、子ども時代に抱えたひどいトラウマの影響もあって、自分の感情と「距離を置く」ようになったと振りかえった。「なので、もしあなたが、私をサイコな臆病者だと感じるなら、あながちまちがいじゃないかも」

この話題について鋭い視点から語るのはクリストファー・デービスだ。一九六九年に父親が立ちあげた投資会社デービス・アドバイザーズで約二五〇億ドルの資産を運用している。彼は、巨大な成功

＊　アスペルガー症候群――高機能自閉症のひとつで、ナチスに協力して子どもの安楽死を支持したとされる小児科医にちなんで名づけられた――など、診断で下されるさまざまなレッテルについて激しい議論があることは知っておくべきだ。ここで私は、偉大な投資家に対して素人の診断を披露したいのではなく、彼らの多くが気質的に有利なものを備えている可能性を指摘したいだけであることを注記しておく。

を収めている投資家たちの特異な性格を観察するのに適した立場にいる。まず、バフェットやマンガー、メイソン・ホーキンス、ビル・ミラーなどの著名な投資家たちと友人関係にある。さらに、彼の祖父（シェルビー・カロム・デービス）と父親（シェルビー・M・C・デービス）がともに、株式市場で巨万の富を築いた伝説的な投資家なのだ。(2)

「優れた投資家に必要な特性は、周りの考えに不必要に振りまわされないことだ」とデービスは言う。「振りまわされないためには、周りがどう思っているかに気づかないのがいちばん簡単。気づかず、気にもしなければ、より楽に優れた投資家になれる」。だから、「優れた投資家によくある特性として、感情的知性が低い」ことをあげ、最強の投資家たちの多くが、「周りと絆を深め」、「家族生活で温かい愛情」を育むのに苦労していると彼は言う。

デービスの話によると、企業のCEOたちには投資家とは対照的な心理学的特性が見られる。CEOは、周りに共感し、彼らの考えを理解し、彼らに影響を与えられる高い感情的知性が求められる。だが、逆張りをする投資家が「自分の判断を周りがどう思うかをつねに気遣っていたら、破滅する」。さらに彼が言うには、CEOの多くは若いころにチームスポーツを経験するか、チームのキャプテンや社交クラブのリーダーを務めている。投資家たちは？　デービスによれば、「だいたいにおいて」個人競技をしている。「ランニングやテニス、ゴルフ、水泳あたり。アメフトやラクロスといったものはあまり聞かない」

現在八十代のデービスの父親は、世代を代表する投資の巨人と称されていた。ニューヨーク・ベンチャー・ファンドでファンド・マネジャーを二八年間務め、一〇万ドルの投資を三八〇万ドルにした人物だ。では息子の目に、父親の心理学的特性はどう映っていたのだろうか。「父はとにかく単独行動を好んだ。チームスポーツをやるとか、社交クラブのリーダーに就くとか、非営利の活動を仕切るとか、まったく想像できない。つねに情報を求め、人に厳しい質問を浴びせて、年次報告書を読むばかりだった。孤独な仕事ぶり、というか、電話をしているか、年次報告書や四半期報告書の山のまえにいるか、どちらかしかしないような人だった」

デービスの話で思い出したのは、モニッシュ・パブライが無報酬で働きたいと申しでたのを、バフェットがやんわりと断った話だ。「……そしてわかったのは、ひとりでやるとじつにうまくいくということです」。たしかにバフェットは、オマハの事務所にこもってブラインドをおろし、年次報告書を嬉々として読むことで知られる。

ただし、こうした話とは別に、例外や微妙にちがう逸話もたくさんある。優れた投資家がそろって人とちがう気質を抱えているとか、孤独な人生を送っているとか、決まって離婚するなどと（とはいえ、離婚した大物投資家はたしかに多く、マンガーやミラー、パブライ、ビル・アックマン、カール・アイカーン、デイビッド・アインホーンほか、多数いる）言うつもりはない。それは誇張にすぎる。変わった癖や奇抜さを病的と見なすのもばかげている。

ただし、このような断り書きや免責条項を書いてもなお、本書に登場する投資家全員が、集団行動をしない自由な発想をする人たちであるのはたしかだと思う。黙ってみなが従ってきた慣習を無視できるという、まれな素質が備わっている。社会的に受けいれられたり認められたりするより、正しくあることや勝利することのほうをずっと重視するのだ。

ファースト・イーグル・インベストメント・マネジメントで一〇〇〇億ドル超を運用するマシュー・マクレナンは、自分の仕事をこう説明する。「来る日も来る日も、世のなかがどう動いているのかを、下から見上げたり上から見下ろしたりして、なんとかつかもうとし、大多数が暗黙のうちに了解している見方とはちがう切り口から全体像を組みたてようとする。要するにわれわれは、世界をちがうプリズムで見ることに対して金をもらっているのだ」

市場に勝つ唯一の方法は、市場の流れから外れることだ。それは文字どおり、知的にも気質的にも並外れている人間にぴったりの仕事だ。だから、頭のきれる偏屈者に有利なゲームなのはおそらく当然だろう。私の知る範囲では、サー・ジョン・テンプルトンほど頭がきれて偏屈な人物はいなかった。

割安株投資《バリュー》をグローバルに展開したパイオニアのテンプルトンは、現代の投資家にも参考になる一連の原則と実践手法をひとりで編みだした。だが、彼が二〇〇八年に九五歳で亡くなってから時間が経ったいま振りかえると、彼の人生が伝える最も貴重な教訓を私はつかみそこねていたと思うのだ。

異端者が誕生するまで

私がテンプルトンと会ったのは一九九八年の秋だった。八六歳の誕生日を数週間後に控えたそのときも、彼は自宅から車ですぐのナッソー〔バハマの首都〕の事務所に毎日出勤していた。その事務所で彼は過ぎさりし時代の優雅な物腰で私を迎え、ふたりの一日は始まった。「私の時間はあなたの自由です」と、おだやかな南部なまりで彼は言った。「あなたが必要とするだけ、ここにいますから」

淡い黄色のスポーツジャケットに開襟《かいきん》シャツ、ベルトを通していない灰色のズボンに彼は身を包んでいた。小柄で痩せていて日焼けした様子は、実年齢より一五歳は若く見える。事務所には、多彩な表彰品がずらりと飾られていた。三五年間にわたって投資信託で最高の運用実績をあげつづけたことを称える賞状、アメリカ公共放送ＰＢＳでルイ・ルーカイザーがホストを務めた番組「ウォール・ストリート・ウィーク」の殿堂入りを記念するトロフィー、壁一面を埋めつくすさまざまな名誉学位の学位記、信仰している宗教の「今年の信仰者」に選ばれたときの記念品、「積極思考《ポジティブシンキング》」を説いたノーマン・Ｖ・ピールから賞を贈られたときの楯《たて》。

テンプルトンはニューヨークで働いたあと、一九六〇年代に当時はイギリス領だったバハマへ移住した。そのときにアメリカのパスポートを手放し、イギリスの市民権を得て、ライフォード・ケイに家を建てた。バハマを選んだ理由のひとつは、テネシー州ウィンチェスターの敬虔なクリスチャンの家庭に育った彼の、篤《あつ》い信仰心にある。「バハマは人口あたりの教会の数が世界でいちばん多く、穏やかで調和のとれた場所なのです」

ライフォード・ケイ・クラブという会員制コミュニティにも惹かれた。「入会審査の担当部署がよくやってくれていて、本当にすばらしい人たちがクラブに集まっています。魅力ある人たちと時間を過ごすのは楽しいことです」。会員のひとり、コモディティ投資家で億万長者のジョゼフ・ルイスについて話してくれた。「女王のクルーザーを除けば、これまで見てきたなかで最も豪勢なクルーザーをもっています。巨大です。彼はひとりを好みますが、一緒にいたいと感じさせるタイプの人です。派手なところがありません。パーティで何回か会いました。彼はクルーザーか家で静かに投資をしています」

クラブには専用の波止場やテニスコート、ビーチに面したゴルフ場がある。しかしテンプルトンは、ぜいたくな遊びには興じなかった。「ゴルフだ、クルージングだと出かけるお仲間も多いです。でも私としては、自分が何かの役に立つほうがはるかに重要だと考えています。娯楽の追求が賢明とは思えないのです。神が人間を創造したのには深い意味があったはずです。ひとつ、はっきりと言えるのは、意義のある仕事で忙しくしているときのほうが、暇なときよりも幸せを感じるということです」

彼は「リタイア」についても明確な考えがあり、心身を「弱らせる」危険なことだととらえている。彼に言わせれば、六五歳で一律にリタイアするというのはまちがいであって、能力があるのに「人の役に立とうとする意欲を失い、社会のお荷物になってしまう人たちを次々と生みだす」制度なのだ。それを聞いて初めて私は、上品な口調や優雅な物腰とは裏腹に、倫理面に妥協を許さない彼の姿勢を知った。

たとえ周りの人が遊んで暮らしていようと目もくれず、テンプルトンはいまがいちばん忙しいと言っていた。自分の投資会社は何年かまえに数億ドルで売却済みで、一九九八年当時は、慈善事業に注力し、自身の慈善団体の資金を監督したり、自らの財産を運用したり、著書〝*Worldwide Laws of Life*〟（世界に見る人生の法則）などを執筆したりすることに時間を費やしていた。巨額の金を稼ぐ才能は健在で、それについてはあとで取りあげるが、本人が情熱を傾ける先は、自身が「心の豊かさ」と呼ぶものを広めるほうへ移っていた。

ちょっと変わった宗教的運動の面もあった。たとえば、テンプルトンは数多くの慈善活動のひとつとして、祈りはつうじるのかということを科学的に究明するために、ハーバード大学医学大学院やほかの施設に数百万ドルの資金援助をしている。解きあかしたい疑問が彼にはたくさんあって、一部を嬉々として教えてくれた。祈ってもらった人はそうでない人より病から早く快復するのか？　祈りは、病気にかかっている本人がしないとつうじないのか、それともほかの人が祈ってもいいのか？　ほかの人が祈る場合、相手の胸に手を置かないといけないのか？　祈るときは、ガンに消えてほしいと願うのか、それとも神が消してくださるようにと願うのか？

　祈りの分析以外に、寛大さや謙虚さ、誠実さ、愛情などの美徳がもたらす恩恵に関する研究にも資金を出していた[3]。また、「いかにして科学は神についてより多くを解明するか」に関する講義を大学に設けるための資金援助もおこなっている。さらに、自身の名を冠した「宗教における進歩のためのテンプルトン賞」を創設し（のちに「スピリチュアルな実在に関する研究と発見の進展のためのテンプルトン賞」と改称）、「人類の目的と究極の現実に対する展望を広げること」に貢献した「精神界の起業家」に賞金を授与している。こうした天上の問題は、世俗の問題よりもずっと重要だと強調するために、彼はこの賞金がノーベル賞のそれをつねに上回るように設定した。最近の受賞者が受けとった額は一一〇万ポンド（約一四〇万ドル）だった。

　これらはすべて、テンプルトンの「精神世界に関する情報を一〇〇倍に増やす」運動の一環だった。とはいえ、すべての人が称賛するような活動ではなかった。一方では科学者たちが、宗教の原理の効果を実験で測ろうとする彼の考えに困惑したし、もう一方では宗教界の保守的な人たちが、自分たちの信仰を彼が自由な発想で探究しようとするのを毛嫌いした。テンプルトンは、最近出会った「上品なご婦人」から、聖書に出てくるノアの方舟と大洪水についてどう思うか訊かれたそうだ。彼は「よくできた寓話ですが、そのままの事実ではないでしょう」と答えた。相手は憤慨して言い放った。「では、あなたはクリスチャンではありません」

まわりから「変人」と思われているのではと、ぶしつけにも訊いてみたら、彼は答えた。「ええ、もちろん。けれども私は平均的なかたがたよりも自信をもっていると思います」。この特性も、彼の投資家としての成功にやはり貢献しているのだと私は気づいた。本人もそれを認める。「自ら危険を冒すときには、自信と勇気が必要です。投資の現場で私はそうでしたし、いまも精神世界の活動にあたってそうしています」

彼のこうした姿勢は、親から受けた、当時の趨勢《すうせい》とはちがった教育のおかげだそうだ。「子どものころ、母も父も、あれをやれとか、それはやってはいけないとか言ったことはありません。自分でなんでもできるようになるには、自信と、人に頼らない意思をもつべきだと親は考えていました。ああ、あれはなんてすばらしい教育だったのでしょう。最高の贈り物ですよ、自分の力でやらねばいけないのですからね(4)」

あるとき、テンプルトンはドライブ旅行で両親から案内役を任された。まだ少年だった彼は地図を誤読し、まちがった方向へ親に運転させてしまった。一、二時間経っても誰もまちがいを指摘しなかった。彼が自分で気づくまで、両親とも待ったのだ。子どもの自主性を何より尊ぶ子育て法には危険な面もある。テンプルトンが八歳くらいのとき、狩猟用の銃がほしいという彼の頼みを両親は受けいれた。花火をつくるための火薬や、チョウを殺すビンに入れるシアン化合物も認めている。

テンプルトンは、自立の精神を備えていることに大きな誇りをもっていた。学校で一一年間オールAを取りつづけ、一九三〇年にイェール大学へ進学した。父親は弁護士で実業家だったが、大恐慌で財産を失い、テンプルトンが一年生の終わりを迎えるころ、学費を「一ドルさえも」支払えなくなったと手紙を送ってきた。テンプルトンはバイトをかけもちし、イェール大学から奨学金を得たほかに、ポーカーで稼いだ金も足しにした。同時に必死に勉強もして、三年生の終わりには学年トップになる。

投資家を志したのは大学在学中だった。数学と、方法論に沿って整然と問題を解くのが得意だったからでもあるし、自分の家族は失ってしまった経済的安定を多くの人が手にできるようにする、人の役に立つ仕事だと思えたからでもある。当時のアメリカでは、一般的によいと考えられていた投資先は国内の資産だった。しかしテンプルトンはすでに、そのような狭い考えは「ふつうの感覚に反する。株や債券を買うのなら、ひとつの国にかぎるのでなく世界のいろんな地域を見るほうがずっと賢い」と考えていた。

イェール大学を卒業したあと、ローズ奨学生としてオックスフォード大学で二年間学んだ。経営学を学びたかったが、正統な学科ではないとして担当教授に却下された。「経営学のことを口にしたら、ごみくずを勉強したいとでも言ったかのような、変な目で見られました」。仕方なく法律を学んだ。時間が空いたときにビジネス書を読んだ。投資に関する本は当時一冊しか見当たらなかった。

大恐慌のさなか、株式市場は毒まみれの荒れ野のようだった。一九二九年一〇月から一九三二年七月までにダウ工業平均株価は八九パーセントも落ちた。この災難のなかで、がれきから掘出物を見つけようという金銭的余裕や気力をもっている者はほとんどいなかった。だが、周りが投資をこわがって逃げていっても、テンプルトンはくじけなかった。世のなかが暗く重たい空気に沈んでいたこの時期に、彼は将来につながる重要なことを自問した。「どうしたら株をその価値の何分の一かの値段で買えるだろう」。到達した答えはこうだった。「みながあわてて売ろうとしているときほど、株価が異常に安くなるときはない」

テンプルトンはテネシーで、貧苦にあえぐ農民たちが土地をただ同然で売るのをじかに目にしたことがあり、教訓が刻みこまれていた。「人が必死になって売ろうとしているときこそ、買いどきだ」。彼はのちに、恐怖や絶望にみなが取りつかれているこうした瞬間を「悲観の極地」と呼んだ。

そのころテンプルトンは、いずれ投資するかもしれない外国市場について学びたいと考えていて、機会をつかまえては海外へ旅に出た。オックスフォード大学を卒業すると、寝袋と一回分の洋服の替え、ガイドブック四冊、そして聖書を携え、七カ月間で二七カ国をまわった。ドイツでは、ナチスがプロパガンダに利用した一九三六年ベルリンオリンピックの会期中だった。東ヨーロッパのほか、エジプトやパレスチナを訪ね、インドや日本、中国へも足を延ばした。危険を冒してまで海外へ行こうとするアメリカ人はほとんどいない時代、テンプルトンは、彼ほど知的好奇心のない投資家たちにすでに情報で優位に立とうとしていた。

一九三七年にアメリカへ帰国したのちに結婚し、ウォール街にある証券会社フェナー・アンド・ビーンで三カ月働いて、石油探索会社へ移った。一九三九年には三万ドルが貯まった。投資を取り巻く状況は、初心者はもちろん手だれの投資家にとっても、これ以上ないほど悪かった。アメリカは不景気とデフレ、大量失業の渦中にあった。一九二九年のピーク時に三八一ドルに達したダウ平均は、一九三九年にはまだ低迷したままで一五〇ドルを下回っていた。何より悪いことに、世界には戦争の足音が迫っていた。

　逆から見れば、株式市場の経験がまったくない、二〇歳をいくらか過ぎた程度の南部の青年が、同時代の誰よりも賢く冷静沈着であることを証明するには、完璧なときだったのだ。

世紀の賭け

　一九三九年九月、ナチス・ドイツがポーランドに侵攻した。その後数カ月のあいだにノルウェー、オランダ、ベルギーを降伏させる。続いて、翌年五月にフランスに侵攻すると、ダウ平均は安値を更新して一一二ドルまで落ちた。いつイギリス諸島も攻めこまれるかわからない恐怖で、イギリス市場も四カ月足らずのうちに約四〇パーセント下落した。ウィンストン・チャーチルは一九四〇年についてのちに、「英国全体とイングランドの長い歴史のなかでも最も輝かしく、最も悲惨な年」と評した。(5)

　世界がまさに崖っぷちでよろめいているときに、知恵のある投資家はどう動くべきか。従来の考えなら、ここは撤退が賢明と唱えるのかもしれない。株価が安値を更新しつづけ、市場が混乱をきわめているときには、現金や金、土地など守りの資産で安全を確保するのがしかるべき対応だ。だが、テンプルトンは常識どおりに動く人間ではなかった。

　ドイツのポーランド侵攻を見て、彼は世界大戦はもはや止めようがなく、アメリカもいずれ戦うことになると考えた。ここで彼がほかとちがったのは、この事態に冷徹に、論理的に反応した点だ。テンプルトンは私に言った。「あのとき私は考えました。あらゆる製品の需要が高いときがあるとすれば、それは戦時中だと。これから世界大戦が始まるのなら、どんな企業が繁盛するだろう、とね」

テンプルトンが出した結論は、「おそらく九〇パーセント」のアメリカ企業は「戦時中は需要が増え、競合は減るだろう」だった。軍事支出が急増し、経済が再生して雇用も増えれば、弱りきった企業さえ復活の見込みが出てくる。多くの企業が大恐慌に打ちのめされ息絶える寸前だったが、だからこそ運命が急転換すれば、その株価はとんでもないことになる。生まれ変わった企業は、そこまで打撃を受けていなかったほかの企業を追い越すかもしれない。適者生存ならぬ「不適者」生存の時代が来るのだ。

では、この鋭い洞察を最もうまく生かすには、どうすればよいか。

テンプルトンはウォール・ストリート・ジャーナル紙を広げ、「おそろしい恐慌」を経験して株価が一ドルかそれ以下に落ちこんだ一〇四のアメリカ企業を選びだした。数日後、証券会社フェナー・アンド・ビーンで働いていたときに上司だった株式仲買人《ブローカー》に電話して、これらの銘柄に一〇〇ドルずつ投資したいと伝えた。「元上司は電話を返してきて、『誰もしないような注文だが、そのとおり受けよう。ただし三七の企業はすでに倒産しかかっているので除外した』と言いました。私は『いいえ、除外しないでください。復活するかもしれませんから』と答えました」

驚くほど大胆な賭けだった。だがテンプルトンは自分の判断に絶対の自信があり、元上司に頼みこんで一万ドルを借り*、投資の元手に加えたほどだった。将来が絶望的にしか見えない時代だった。だが、株価には不吉なニュースがすでにたっぷりと反映され、テンプルトンは、情勢は自分にとって明らかに有利だと思えた。「あたりまえに計算をして、行けると踏みました」

　あたりまえの計算どおりにうまくいった例が、大恐慌で破綻するまでは世界最大級の鉄道会社だったミズーリ・パシフィック鉄道だ。黄金時代には、一株あたり七ドルの年間配当を永続的に支払う優先株を発行していた。だが破綻後には配当は支払われず、優先株も一株一〇〇ドルから一二セントほどまで激しく下落した。

　人の心理からすれば、株主を丸焦げにした赤字企業に思いいれをもつのはむずかしい。だがテンプルトンは、八〇〇株のミズーリ・パシフィックの株を一〇〇ドルで買った。**バフェットやマンガーと同じように彼もまた、見返りとリスクが不釣り合いな、値付けのまちがった株の真価を冷静に測った。**「儲ける可能性のほうが、損をする可能性よりはるかに大きかった」とテンプルトンは言った。「もちろん、一〇〇ドルを失うこともありえます。けれども、一〇〇ドルを失わないのであれば、おそらく大儲けするのです」

　彼は正しかった。鉄道会社は戦時中に息を吹きかえし、株価が一二セントから五ドルへ急騰したところで、彼は現金に換えた。唯一悔やんだのが、早く売りすぎたことだ。「買った株が四〇倍に値上がりしたので、あまりにうれしくてこれで充分だと思ってしまったんですね。ばかでした。その後の四年で一〇五ドルまであがったんですよ」

　もちろん、このような賭けにはたんなる計算以上のものが必要だ。新興市場の著名な投資家でテン

＊　現在の価値で、だいたい一八万三〇〇〇ドルにあたる。

プルトンとも長年働いたことがあるマーク・モビウスは、かつて私にこう話した。悲観の極地でテンプルトンが株を買ったのは、「気丈な性格とすさまじい決断力の持ち主だった」からこそだ。マークが言うように、「周りは燃えさかる火のなかから逃げだす人ばかり」だったのだ。

特筆すべきは、世界が戦争に向かうなかでテンプルトンが一〇四の悪評高い銘柄に投資する勇気をもっていた点だけではない。そのあとも、ニュースがますます深刻になっていくなかで、株を手放さずにいる勇気があった点だ。一九四一年一二月、日本軍が真珠湾を攻撃し、アメリカが参戦した。一九四二年にはドイツがヨーロッパのほぼ全域を占領した。深い絶望感から株式市場は大きく値崩れし、一九四二年四月、ダウは九二ドルの大底を打つ。

バートン・ビッグスは話題を呼んだ良書『富・戦争・叡智』（日本経済新聞出版）のなかで、一九四二年にニューヨーク州生命保険協会が実際に、保険会社がポートフォリオに株をもつことを「不適切な投資」として禁じたと指摘している。当時は「本来なら先を見通す力があったはずの人たちまでみな弱気だった」と書いている。

それでもテンプルトンは強気で押した。「専門家と言われる人のほとんどがまちがっていると私は確信していました」。また、揺るぎない信仰に基づき、世界は混沌からいずれ抜けだすことを疑わなかった。状況が最悪だったときでさえ、「落ちこんだり絶望したりはしませんでした」とテンプルトンは言う。

天は彼にやさしくほほえんだ。一九四二年春、連合国軍に運が向きはじめ、アメリカ経済が復調してくると、株価の下落は止まり、上昇に転じる。テンプルトンが投資した、かつては足蹴にされていた銘柄は高騰した。嵐のような五年間を経て、テンプルトンはついにそれらを手放した。「現金に換えたら、一〇四あったうち一〇〇の銘柄で利益が出て、元金はだいたい五倍になりました」

戦時中のテンプルトンの賭けは、歴史上ほとんど例がないほど大胆で先見の明がある投資だったのではないか。まさに知力と胆力の勝利だった。彼自身も初めて遭遇する事態だったわけだが、経済史や金融市場、人間の性質を深く理解し、極度の悲観はいずれ天井知らずの楽観にとって代わられるとわかっていた。時代が闇に包まれていようと陽はまたのぼることを、彼はけっして忘れなかった。

群れない投資家のための六つの原則

テンプルトンの事務所で数時間話したあと、彼の運転で自宅へ向かった。南北戦争前の南部に見られた様式の、白い円柱をもつ堂々たる邸宅だ。海とゴルフコースを望む、静かで穏やかな場所にある。ここに移り住んでからウォール街の投資家たちと心理的に距離を置きやすくなり、投資のパフォーマンスがあがったとテンプルトンは繰りかえし言った。越してきた当初、ウォール・ストリート・ジャーナル紙は数日遅れでしか届かないことがよくあり、長期的投資家にとってはむしろ都合がよかった。

邸内には古風な調度品がしつらえられていた。居間には木製のロッキングチェアや銀の燭台、書棚には『キリスト伝』やヘンリー・ワーズワース・ロングフェローの詩集などの革表紙の本があった。二階の書斎で指し示された絵画には、一九八七年にバッキンガム宮殿でイギリス女王エリザベス二世から慈善活動の功績によりナイトの爵位を授かった日の彼の姿が描かれていた。こんなにたくさんの賞を受けてどんな気持ちかを訊いてみた。「ゲームに勝つような感じですかな。私も人間ですからね。今年、二二個目の名誉学位を贈られて、私もそんなにばかじゃないようだと思いました」

私たちは居間に座った。テンプルトンが紅茶をすすっていたマグには、FBIの「忠誠、勇気、誠実」という標語入りの紋章が描かれていた。テンプルトンは投資のキャリアから会得した、自身が最もだいじだと考える教訓を教えてくれた。このときの会話と電話による補足取材で、彼はどんな投資家にも役に立つだろうと考える六つの原則をあげた。

以下に示す原則は、投資の賢人が六〇年以上にわたる実経験と熟考をとおして得た英知だ。ここで注目すべきなのは、どの原則もクローニングによるものではない点だ。ほかの投資家でもちがう分野の人でも、影響を受けた人はいるかと聞くと、テンプルトンは答えた。「ひとりもいません。頼ってみようと思う人に私は会ったことがありません」。ご両親は？　「それもちがいます」

第一にテンプルトンがあげたのは、自分の感情に用心すること。「投資で感情的になり、道をまちがえてしまう人が多いのです。大儲けをして楽観的になり脇が甘くなったときと、大損をして悲観的になり何に対しても慎重になりすぎたときがあぶない」。ファンド・マネジャー時代の彼の重要な仕事がこれだった。「顧客が感情的にならないように助言をしていました。感情的にならなかったのが、私が成功した大きな要因です」

しかも彼は、感情の落とし穴をただ避けただけではなく、ほかの投資家の不安定な感情を利用した。むだに弱気になっている投資家から買い、むだに強気になっている投資家に売ったのだ。「周囲が意気消沈して売っているときに買い、周囲が躍起になって買っているときに売るのは、たしかにむずかしい。けれど、もしこれができれば大きな見返りがあります」

テンプルトンにとって、どの職業に就くか、どの銘柄を買うか、どこに住むかなど、どのような決断をするにしても、分析を経るのがあたりまえのことだった。ライフォード・ケイへ居を移すまえも、もちろんそうしている。何枚かの紙を用意し、それぞれのいちばん上に候補地の名前を書き、候補地ごとに利点を書きだした。この話をしながら、彼は言いそえた。「けっして感情では決めませんでしたよ」

第二の原則は、自分の無知に用心すること。「こちらのほうが感情より重要な問題かもしれません。ほんのわずかな情報を頼りに買い物をする人が多すぎます。自分が何を買おうとしているのかを本当にはわかっていない」。どんな投資取引にも役立つふたつのポイントを憶えておいて損はない。「一、最も情報を集めた者こそ勝利に近づく。二、そのためには研究と勉強を欠かすべからず」

テンプルトンは、自分が成功できたのは、才能よりも勤勉だったことのほうが大きいと言う。もう一本電話をかける、もうひとつ会議をこなす、もうひとつ出張して調査するなど、「つねにもうひと踏ん張り」すると決意していたそうだ。生涯にわたって学びつづけることも決めていた。「若いころは、投資について書かれているものはなんでも読もうとしたし、それはいまも続けています。年齢は八〇を超えましたが、投資家として毎年知識を増やしていきたい」

テンプルトンは、アマチュアもプロも、投資で実績を出すのは簡単だと勘違いしてはいけないと論す。「プロでさえ、優れた結果を出せる人は限られています。ですから、投資をするにはまず自問することです。自分はプロより経験も知識ももっているか？　もっていないのなら、自分で手を出してはいけません。プロを使いなさい。専門家よりうまくやれるなどとうぬぼれてはいけません」
第三は、自分はまちがうことを見越して広く投資を分散すること。テンプルトンの計算によると、彼はキャリアのなかで少なくとも五〇万件の株取引をした。顧客にどの株の売買を勧めたかの詳細な記録も長年つけてあって、それを見直したところ、都合の悪い事実が浮かびあがった。助言の約三分の一は「賢明とは真逆の内容だった」のだ。投資はじつにむずかしく、すでに名をあげた投資家であっても、どんなにがんばっても自分が三分の二以上の確率で正しくはなれないと心得ておくべきだと言う。

教訓は? うぬぼれを戒め、リスクにさらされる度合いを抑えるのだ。「どれほどすばらしい専門家であっても、そのひとりに全資産を預けてはいけない。ひとつの業種や、ひとつの国に全資産をつぎこまない。人の頭のよさには限りがあるのだから、分散するのが賢いやり方なのです」。平均的な投資家は、市場のちがう分野にそれぞれ強みのある投資信託を少なくとも五つもつべきだとテンプルトンは話した。また、ファンド・マネジャーの長期の実績を調べることにも意味はあるが、過去の成績がいくらよくてもそれが今後も続く保証にはならないとも言った。あらためて、自分の知識の限界に謙虚でなければならない。「どの専門家がよいか自分にはわかると過信してはいけません」

第四の原則は、投資で成功するには忍耐強くなければいけないこと。彼が第二次大戦勃発の際にアメリカ企業の株を買ったとき、その安さはわかっていても、市場が同じ認識をもつまでにどれだけ時間がかかるかは予想がつかなかった。彼が秀でていたのは、その洞察力だけでなく、予想どおりに物事が進展するまでのつらい時間を耐える覚悟があった点だ。

忍耐はするだけの価値がある。テンプルトンは得意の計算によっても、その裏づけを得ていた。例として、一六二六年にマンハッタン島を二四ドルでオランダ移民に売った先住民族の話を聞かせてくれた。* 先住民族がこのわずかな売上金をかりに年率八パーセントで運用していたら、「マンハッタンのすべてのビルも含めた、島全体の現在の総価値をはるかに超える富」を手にしていただろうと。テンプルトンは、これを重要な金融の原則を示す究極の例だと考えている。「投資できわめてよい結果を出すには、忍耐さえあればいい」。彼は投資家たちの「ほとんど全員」が「せっかちすぎる」と警告し、「年が変わるたびにファンドから別のファンドへ飛びうつる人たちは、調べた結果ではなく感情で判断している」とつけ加えた。

第五にテンプルトンがあげた原則は、掘出物を見つけるいちばんよい方法は、過去五年間で最もひどい成績の資産について調べ、悪い原因が一時的なのか永続的なのかを見きわめることだ。ほとんどの人は、評価の高い株や債券であれ、急成長している国であれ、すでによい成績を出していて投資家たちに人気のある商品に自然と惹かれる。だが、その値に明るい未来がすでに織りこまれているのなら、それはおそらくお人好し向きの賭けだ。

集団と群れない孤高の投資家テンプルトンは、逆の方向から考えていた。「どのあたりがいちばん見通しが悪そうか」。そうした暗がりにこそ、最も心をそそる掘出物がある。集団の悲観がその価格

＊　この取引の実際の詳細ははっきりしない。推測の根拠となったのは一六二六年に書かれたオランダ商人の手紙で、そこには当時の差別意識もそのままにこう書かれていた。「彼らは野蛮人からマンハッテ島を六〇ギルダーで買いとった」

に反映されているからだ。世界中を見渡して、窮地にある業界や市場の株を吟味し、「自分の考える価値と比べて、どれがいちばん割安か？」と絶えず自問する。それが彼の逆張り戦略だった。

私たちが会っていたころ、一九九七年のアジア金融危機は、タイ、インドネシア、韓国などに深刻な爪痕を残していた。最も打撃を受けた投資会社を探すとしたら、最有力候補は、一九九七年に約六五パーセントの損を出したマシューズ・コリア・ファンドだろう。このファンドは不幸にも、金融機関の貸し渋りや通貨の下落、企業の過剰な借入金に七転八倒していた国に投資を集中していた。

テンプルトンは一九九七年末、韓国株は将来予想される業績に比べて世界で最も安くなっていると踏んだ。韓国株の株価収益率（ＰＥＲ）は一九九七年六月の二〇倍以上から一二月には一〇倍まで落ちこんでいた。投資家たちの恐怖と嫌悪を示す、大ざっぱだが参考になる目安だった。それでも、この激しい流動性危機が過ぎされば、韓国がそれまでの力強い経済成長を再び見せると考えるのは理に適っていた。そこでテンプルトンはマシューズ・コリア・ファンドに一〇〇〇万ドルを投資し、単独の筆頭株主になった。彼は私に言った。「心理的、対社会的な観点から、これ以上悪くなりようのない状況でした」

このことばに胸を躍らせて飛びこんでいく投資家はふつうはいない。だが、みなが大挙して逃げていく韓国市場へ入っていった彼の明晰《めいせき》な論理と独立した精神について知ってほしいと思う。テンプルトンが予測したとおり、危機はつかの間のことだった。一九九九年六月、ブルームバーグ・ニュースは、マシューズ・コリア・ファンドが前年に二六六パーセント値上がりし、五三〇七ある株式ファンドのランキングで最高の成績を出したと伝えた。聖書にある「あとの者は先になり、先の者はあとになる」〔マタイによる福音書〕のとおりだった。

第六の原則は、投資家としてとくにだいじなのは、流行を追わないということ。一九八〇年代に、テンプルトン財団出版部が名著『狂気とバブル』（パンローリング）を再版した。一八四一年にチャールズ・マッケイによって書かれたこの本は、チューリップ・バブルや南海泡沫《ほうまつ》事件など、狂気に飲まれた大衆の愚行の歴史を伝える。テンプルトンは前書きで、投機をめぐる狂気への対処法として、「投資家として集団妄想に取りつかれないためには、先行きではなく価値に注目すべきです」と記した。

たとえば、ある企業の過去五年間の株価を、一株あたりの売上高や純資産、平均純利益と照らしあわせるなど、各種の具体的な評価基準を調べて、あくまで現実を見据えるようにと彼は説いた。「投資の基本的な価値」を「批評的に分析」することが、「群衆の狂気」から身を守る盾だという。

取材でテンプルトンに会っていたとき、アメリカの株式市場は上げ相場が八年続き、陶酔しきった投資家たちはＩＴ企業の株を見境なく買いあさっていた。世のなかは明らかに熱狂のさなかにあると思った私は、この見立てをテンプルトンに確かめたかった。そう簡単には答えを得られなかった。

取材のはじめのほうで、彼は「楽観が極みに達したときが、利益を確定するときだ」と言った。だが、いまがまさにそのときかと私が繰りかえし尋ねても、彼ははぐらかすのだ。とうとう、彼はぴしゃりと言い放った。「そんな質問はばかのすることです。いいですね？　いつがそのときだなんて、誰も知りません。あなたが当てるかもしれないし、プロがそれよりほんの少しいい確率で当てるかもしれない。それでも、どの市場がこれから上昇するか下落するかと思いをめぐらしてしまうのが、人間の弱いところです。それがわかった人などいままでいないのに」

私は頭を引っぱたかれたように感じた。市場を予測したがるのはばかのすることというテンプルトンの意見は大づかみでは理解できる。だが、アメリカ株が永久に高評価を維持するわけはなく、いずれ痛い目に遭うことは、テンプルトンももちろんわかっていたはずだ。いつ音楽が鳴りやむかは予測不可能だったが、そうなったらどうなるかについては、かなり予測できる。いまにして思えば、彼は、自身がこれこそ「本物だ」として身を捧げていた慈善活動に私があまり興味を示さなかったことに腹を立てていたのかもしれない。だいじな覚書を残しておく——業界で崇拝される人物が、同時に「変人」で知られる場合には、質問は熟考してからすること。

そのときは知らなかったのだが、テンプルトンは、ＩＴバブルが弾けたときに儲ける見事な作戦を企てていた。どう成功したかを説明しよう。

当時は、さまざまな無節操な投資会社がインターネット企業の株式を次々と上場させては大儲けをしていた。ウォール街の販売マシンは暴走状態で、世間知らずか強欲か無謀な投資家なら喜んで買うだろうと、あまり信用できないくずのような株を過剰に宣伝して売りまくっていた。典型的な投機の狂気が渦巻いていた。いまはお祭り騒ぎだが、いずれ大事故が起こる。テンプルトンは、この悲喜劇が涙で終わると知っていた。何しろ彼はふだんから、「This time is different（今回はちがう）」の四つの単語こそ、最も高い代償を払わされることばだと警告していたのだから。

テンプルトンがとった行動は、過大評価がはなはだしかったネット関連の株のうち、新規公開してから価格が三倍に高騰した八四の銘柄に狙いを定めることだった。新規公開後は「ロックアップ」期間となり、一般的には六カ月が設定され、そのあいだ従業員は持ち株を売ることを禁じられる。テンプルトンは、これらのインサイダーたちは陶酔が冷めるまえに金に換えたい一心で、ロックアップが終わりしだい株を捨てにかかると推測した。インサイダーたちがなだれを打って逃げだしたとき、暴落は始まるだろう。

そこでテンプルトンは、この八四の銘柄はロックアップ期間が切れしだい急落すると賭けて「空売り」したのだ。彼の姪の娘でファンド・マネジャーのローレン・テンプルトンは、テンプルトンが各銘柄に二二〇万ドルずつ、合計約一億八五〇〇万ドルを投じたと話した。

テンプルトンの空売り戦略は夢のようにうまくいった。(6) 二〇〇〇年三月にＩＴバブルが弾けたとき、彼は数カ月で九〇〇〇万ドルの利益を手にしていた。数年後、エコノミスト誌が歴史上とくに偉大な金融取引を特集したときに、彼の「巧妙な」計画が「圧倒的大差で『私もそれを思いつけばよかった』賞に輝いた」と称えた。

八十代も後半にいた人がこの華麗な策略を考えだしたことに私は驚嘆するしかない。しかも時間の流れのなかで美しい対称性を描いている。一九三九年、未来には苦痛と損失しかないとおおぜいの投資家が錯覚していることにテンプルトンは気づいた。一九九九年、未来には快楽と利益しかないとおおぜいの投資家が錯覚していることにテンプルトンは気づいたのだ。どちらにおいても、彼は自分の洞察力のほうを信じた。一九三九年、彼は群衆が嫌った株の詰めあわせを買った。そして一九九九年、彼は群衆が熱愛した株の詰めあわせを空売りした。ふたつの鮮やかな投資劇は互いの写し鏡であり、そのあいだには六〇年の時が流れていた。

内なる王国を支配する

ここで打ち明けておきたいことがある。じつのところ、私はサー・ジョン・テンプルトンをあまり好きになれなかった。もちろん、彼に会えてうれしかったし、私のために時間を割いてくれたことはありがたかった。ただ、私は彼のなかに冷たく厳格なものを感じ、心が落ち着かなかった。

著書〝*Wisdom from World Religions*〟（世界の宗教の教え）で、テンプルトンは「無条件の愛」や寛大さ、謙虚さ、慈悲心などの美徳について多くのページを費やしている[7]。だが、彼のなかの温かくて思いやりのある一面の隣には、厳しくて険しい一面があった。私が車のなかでも取材を続けられるようにと、彼は親切に空港まで車で送ってくれた。だが空港に着いてひとりになった私は、彼に抱いたもやもやとした印象を手元のメモにこう書きつけていた。「不思議なくらいに淡々としていて厳格で、堅苦しい。物腰はやわらかいが頑固。びっくりするほど意志が強い。本人は寛容で人の話を聞くと言うが、独断的で過激なところがある」

ウィリアム・プロクターが著した伝記〝*The Templeton Touch*〟（テンプルトンの流儀）のなかで、テンプルトンが資金を出したオックスフォード大学テンプルトン・カレッジで学部長だったローリー・ナイトが、彼の人となりを回想している。「厳しい人でした」とナイトは振りかえる。「誰にでも愛想よくふるまう神学生のような、柔和な人ではありませんでした。いえ、けっして失礼なところはありませんし、真の紳士です。ただ、敢えて言えば、彼はいつも、いい意味で人に対する要求が厳しかった。周りの者に高くて厳しい期待をかけ、最大限の力を発揮させようとしていました」

　彼が立派なのは、自身に対してもまた特別に厳しかったことだ。たとえば、貯蓄と消費に対する考え方もそうだ。「学生の身分を終えたあと、結婚相手も私も本当に金がなかった。そこで私たちは、一ドル稼いだら、五〇セントは必ず貯めることにしたのです」。天文学的な額の資産をもつようになったあとも、金に関する規律をゆるめるつもりはまったくなかった。同業者の多くがプライベートジェットで飛びまわっていても、エコノミークラスに乗っていた。「広い座席にむだ遣いするより、もっと賢く自分の金を使っています。浪費をいいと思ったことなどありません」

　テンプルトンがファンド・マネジャーとして名を馳せていたとき、彼がむだ紙をホチキスでとめてメモ帳にしていた習慣を、部下たちはひそかに笑っていたそうだ。その後の人生でも、彼は韓国の自動車メーカーであるキアの大衆車に乗り、節約生活を楽しんでいた。テンプルトンの友人で、信仰に基づいて投資をする人たちのアドバイザーでもあるゲアリー・ムーアは、私にこんな軽口を言った。「ジョン（テンプルトン）は、いわゆるカルバン主義者だから、金を儲けても、その金で享楽《きょうらく》に走らなければよいと考えている」。テンプルトンがいかに倹約にとらわれていたかを考えれば、彼が割安の株を専門に買っていたのもうなずける。

　テンプルトンは借金を信用せず、車にしても家にしても、いつも現金で購入した。投資のために金を借りたのは、戦時中の一回だけだと言っていた。支払い能力以上の債務を抱えた人たちが、大恐慌でいとも簡単に破滅していったのを目の当たりにした彼は、金の規律を守るのは美徳だと考えている。彼の事務所を去るとき、駐車場で見知らぬ男が彼に近寄り、電気代を払う金を恵んでほしいと言った。

テンプルトンは五〇ドルを渡し、今後いっさい自分に金を無心しないと約束させた。車に乗ってから、いつもこのように対応するわけを説明してくれた。「金が足りなくなる人間は、その先も金を貯められない。そして金をどこかで手に入れると、その場所にまた戻ってくるのです」

金に対して注意深いのは、信仰に基づき、人間は神の富を「一時的に預かって管理している」にすぎないと考えているからでもあった。自分のファンド会社でも、祈りを捧げてから会議を始めるようにしていたし、精神と物質的な成功は強くつながっていると考えていた。「精神の世界をだいじにしていれば、豊かになる可能性はとても高くなります。収入の一〇分の一を慈善事業に一〇年間差しだし〔かつてヨーロッパではキリスト教区民が収入の一割を教会へ寄進した。いまでも一部で献金の習わしがある〕、裕福で幸せにならなかった一家に出会ったことがありません。一〇分の一献金は、この世で最高の投資と言えるでしょう」。さらに彼は自分用に「新しいかたち」の「スーパー一〇分の一献金」をつくり出していた。「自分に一ドル使うごとに、一〇ドル寄付するようにしています」

彼は時間管理についても同じように厳格だった。テンプルトンのファンドの販売担当だったジョン・ガルブレイスは思いだす。「ジョンは世間話をしない。彼との用事が終わったと思った瞬間に、彼はほかの仕事を始めていた」。ゲアリー・ムーアもつけ足す。「ジョンと初めて会う約束をしたとき、『ここに四時二分に来るように。四時一三分にほかの予定があるので』と言われた」

一分もむだにしないために、テンプルトンは一度にふたつのことをする習慣を身につけていた。自宅での取材中も質問に答えながら私のために本の重要な箇所に下線を引いていたし、運転しながら祈りを捧げていた。時間は絶対に厳守で、つねに会議の一〇分前に姿を現した。ぐずぐずするのを嫌悪した。テレビや映画（とくに「節操のない娯楽系」）などの気晴らしをよしとせず、企業関連の書類や「霊感を高めてくれる」本を読むほうを好んだ。彼によれば、家でごろごろするのは「ある種の盗み」であり、怠惰は「ゆっくりとした自殺みたいなもの」だった。

自分に厳しすぎないかと私が問うと、彼は答えた。「自制心があると言ってほしいですね。もっと自制できるようになりたいといつも努力してきましたし、ほかの人たちもそうであってほしいと心から思います」

容赦ない自己規律は金と時間だけに向かったのではない。心の管理にもこだわった。自著のなかで「思考の制御」を何回も取りあげている。(8) 日々の生活で、「生産的な考え」と、愛情や感謝の祈り、奉仕などの「有益な感情」、さらに「自分や他者のなかにある無限の徳」を見つめることに集中するよう自分を鍛えた。

テンプルトンは、怒りや疑い、心配、罪の意識、怖れ、憎しみ、嫉妬などの負の考えや感情を心から排除することにも力を注いだ。彼が心がけているのは、負の考えがもし湧いたら「私の人生がよいものに恵まれていることに感謝します」という気持ちと置き換えることだ。困難にぶつかったときには、「これは私を祝福するためにある」などとことばにすればいいと言う。また彼は、人生の「高い目標」にとって役に立たない「漫然として節操のない考え」をすべて根絶しようと努めた。テンプルトンが言うには、私たちは「自分の力を何に注ぎたいか」を決めることで自分の人生をかたちづくる力をもっている。「なぜなら、力を注いだものは発展していくからです」*

心を制御するという決意は、テンプルトンが何度か味わったつらい時期を耐えるのに必要だった。

一九五一年、休暇でバミューダ諸島を旅行したときに、妻のジュディスをバイク事故で亡くした。彼は三八歳の寡夫として突然、ひとりで三人の子どもの面倒を見ることになった。ややもすれば心を病むような苦しい思いを彼は「心の外に締めだし」て、この時期を乗りこえた。一九五八年には、クリスチャン・サイエンス〔アメリカの宗教家が一九世紀後半に創設したキリスト教系の新派〕の信者で、心と祈りがもつ力を同じように信じるアイリーンと再婚する。

私は疑《うたぐ》り深いジャーナリストなので、「積極思考《ポジティブシンキング》」や「思考の制御」といったことばが出てくると、つい眉に唾をつけて聞くところが当時はあった（いまはちがう）。祈りや赦《ゆる》しなどの宗教的行為が実際に有益なのか科学的に調べるというテンプルトンの目標に対しても、狭量な私はまじめに取りあわなかった。恥ずかしいことだが、私は自分の偏見によって、独善的で否定的になっていた。決めつけずに、もっと彼を知ろうとすべきだった。

テンプルトンが思考や感情を制御しようと奮闘していたときに、積極思考や祈りを重んじる習慣はおおいに支えになっただろうと、いまになって私は理解する。誰も見向きもしないような銘柄を敢えて選ぶ投資家として、その強靭《きょうじん》な精神力は大きな強みだったのだ。

それに比べて、私の心は救いようがなくさまよっていて、怖れや疑い、後悔、欲、焦り、嫉妬、そして悲観などの感情に嵌《は》まりやすかった。そのような感情はどれも、合理的な投資の判断をするじゃまになるだけだ。

自著にテンプルトンは書いた。「外の世界でうまく生きるには、自分のなかの世界でうまく生きることが重要です。友人や仕事仲間、機会、仕事、外の世界の人生経験は、自分の内側で起こっていることの反映なのです」。テンプルトンは、自分のなかの世界を制御した。当時は手厳しく独善的に見えて、私はなかなか素直に彼から学べなかった。しかし二〇年が経ち、彼の内面の強さと鉄の意志に、私はいま畏敬の念を抱いている。そして、彼の自制心の半分でも自分がもてたらと思う。

いま思うに、テンプルトンは市場を制しただけではなかった。自分自身をも制したのだ。自分の時間、金、健康、思考、感情も含めた人生のすべての面に、彼は責任を負い、おろそかにしなかった。そのためには並外れた自己規律が必要だった。私たちは必ずしも自己規律を称賛しない。時代遅れでかび臭い美徳なのかもしれない。だがテンプルトンは、究極の自己規律をもって、勝利した。パブライがマンガーから学んだ「シンプルな考えを取りいれ、真剣に取り組む」のひとつの実践だ。

投資も人生も、あまりにたくさんのことが起こって、自分の思いどおりにはならないものだ。テンプルトンも、第二次大戦で連合国側が勝つと確信はできなかった。妻が若くして命を落とすとは夢にも思わなかった。だが、自分の思いどおりにできるものは、思いどおりにした。

投資家として彼は自分を厳しく律しながら、株を評価し、ライバルの上をいく情報を集め、集団の好みがどうであれ大胆に自分の判断を下すことに集中した。精神と感情の平静を保つために最大限の努力もした。結果を操ることはできなくても、彼は自分をコントロールすることができていた。この

＊　テンプルトンの伝記のなかに、彼の姪の娘ローレン・テンプルトンが大叔父について語ったことが記されている。「とても厳しい規律を自分に課して、非生産的な考えをひとつも頭に入れないようにしていました。非生産的な考えがあるとわかったら必ず『それが出てきた無の世界に追いかえす』と私に話したことがあります」

内なるゲームが何よりも重要であることを、私は二〇年前にテンプルトンから学ぶ機会があったのに、学びそびれてしまった。

第三章　すべては変化する

——予測できない未来にどう臨む？　ハワード・マークスに訊け

すべては変化する。このことは、どのような存在にあっても基本的な真実です。この真実を誰も否定できませんし、またブッダのすべての教えは、この中に凝縮されているともいえます。[1]

——鈴木俊隆《しゅんりゅう》『禅マインド　ビギナーズ・マインド』（サンガ）

ハワード・マークスはペンシルベニア大学の学部生だったときに、美術の実技の履修を申しこんだ。経営を専攻する学生としては奇異な選択だったが、子どものころから美術の成績がよかった。「初回の授業に出たら、講師が入ってくるなり教室を見渡して言った。『人数が多すぎるな。減らさないといけない。ひとりずつ名前と専攻を言いなさい』。で、私は言った。『ハワード・マークス。ウォートン校経営学部です』。すると、『よし、きみがまず抜けなさい。出ていって』と言われた」

楽園から追放されたマークスは、別の副専攻科目を探さなければならなかった。そして図らずも日本文学、日本美術、日本文化に恋をした。日本の仏教の授業では、禅の概念である無常を学んだ。*マンハッタンのミッドタウンにそびえる高層ビルの三四階の角に構えたオフィスで、マークスはこの日本古来の考えが自分の人生と哲学にどんな影響を与えたかを話しはじめる。「変化は避けられないもの。変わらないのは無常であること、それだけだ。環境は変化するという事実を私たちは受けいれなければならない。環境は自分の思いどおりにはならないのだから、自分のほうが合わせるしかない。変化を覚悟し、変化とともに生きるのだ」

マークスは、自然も経済も、市場も産業も企業も、そして私たちの人生も、すべてが流動的なのだと認識している。これは投資家にとって決定的に都合の悪い話だ。変化しつづける情勢とどうなるかわからない将来に大金を賭ける仕事をしているのだから。不安定で不確実な世のなかで、どうしたら賢い決断を下せるのだろうか。名高い投資家ビル・ミラーもかつて私に言った。「世界は変わる。これが市場の最大の問題だ」

この問題は投資の世界だけではなく、私たちの生活全般にも及ぶ。フランスの哲学者ミシェル・ド・モンテーニュは書いている。「われわれも、われわれの判断も、死すべきすべてのものも、絶えず流転する。判断するものも、されるものも変化しつづけるのだから、確実に定まるものは何ひとつない」。一五七〇年代に彼が記したこの一節を私が読んでみせると、著名なフランス人投資家フランソワ・マリー・ウォジックは歓喜した。絶えず変化し、たしかなことを何も証明できない世界で、自身の判断を（あるいは誰の判断でも）買いかぶらないよう用心している彼は言う。「ぼくには三つの原則がある。疑う、疑う、疑う」

仏教の教えの中心にある流動性の問題は、思慮深い投資家たちの頭を長く悩ませてきた。メリーランド州ボルチモアに自身の名前を冠した投資会社を設立したT・ロウ・プライス†は、一九三七年に「変化――投資家にとって唯一確実なこと」と題した小論文を書いた(2)。当時の地政学的な危険を見きわめようとしたプライスは、ヒトラーの台頭に触れて、「ドイツは領土を広げるだろう。できれば平和的な手段であってほしいが」と大胆な予測を立てた。その二年後、ドイツはポーランドに侵攻し、世界を六年続く大戦へ引きずりこむ。すべてが変わったが、どう変わるのかは、プライスも誰も的確に予測できなかった。

ハワード・マークスは、終戦から数カ月後の一九四六年に生まれ、ニューヨークのクイーンズで育った。世のなかの流れは比較的ゆるやかで、大きな刺激もないように感じた。彼は若いころを振りかえりながら言う。「漫画本はずっと一〇セントのままだった。世界は安定した場所で、毎日何かが起こりはしても背景は変わらないと誰もが思っていた。いまや世界は信じられないスピードで気まぐれに変化しつづけている。同じままのものはもう存在せず、同じであるつもりで人生を歩んできた人たちはとまどうばかりだ」

ビジネスの世界では、単調さや不動性は選択肢にない。ダーウィンの唱える生きのこりと覇権を賭けた競争につねにさらされ、さまざまな企業が興亡を繰りかえし、技術革命のたびに勢力図が塗りかえられていく。私がジャーナリストとして長年働いた世界的な出版大手タイム社は消滅してしまった。一九九〇年代に入社したとき、あまりに贅沢で快適な職場はまるで社員を腐らせていく墓場、「ベル

＊　禅の著名な指導者である鈴木俊隆老師は「諸行無常」という日本語を使い、「すべては変化する《エブリシング・イズ・チェンジング》」の意味だと説明した。

†　「成長投資の父」と呼ばれるプライスがその会社を設立したのは一九三七年だった。現在は一兆ドル以上の資産をもつ、グローバルな巨大企業になっている。

ベット製の棺《ひつぎ》」のようだと呼ばれていた。その後、会社は経営難に陥り、二〇一八年、「成功する農業」や「フルーツ、ガーデン、ホーム」などのテーマの雑誌を発行してきたメディア大手メレディス社に買収された。メレディスはタイムを廃車同然に解体し、各部門をスクラップにして切り売りした。

株式市場は上昇するのか、下落するのか。経済は成長するのか、停滞するのか。投資家は、未来に関するむずかしい問いに、明確な答えを切望する。投資は「未来を予測する」ことですべてが成りたっているとマークスは言う。どんな資産を分析するときでも、将来期待できる利益や評価を考慮して現在の価格を見積もるのだ。人生のほかの分野でも同じだ。「私たちは未来に対処しなければならない。どこで暮らすか、どんな仕事をするか、誰と結婚するかを決め、子どもが何人ほしいかも考えておかなければいけない」。だが世のなかの変化がますます速くなり、きょうと明日ではまったく情勢が違ってしまうなら、どう備えればどんな未来に対しても機敏に動けるというのだろうか。

投資(と人生)の決断をするとき、ほとんどの人は、聞きかじりの論理や先入観、直観、感情、未来への漠然とした甘い夢または不安をごた混ぜにした、頼りない根拠を基にする。私もこれまで深く考えずに、気まぐれやら行き詰まり感を晴らしたいやらの理由で、国から国へと住む場所を変えてきた。

対照的に、マークスは統制のとれた冷静な思考に熟達しており、投資の世界で誰もが認める巨人のひとりと目されるようになった。オークツリー・キャピタル・マネジメント社の共同会長として、一二〇〇億ドルの資産を運用する。オークツリー社は、オルタナティブ(代替)投資の先駆者として、ディストレスト債やハイイールド債、転換社債、商業用不動産、「未開拓の可能性がある企業への経営権の取得を伴う出資」などを専門に扱う。顧客には、七〇のアメリカ大手の年金基金、何百もの基金や財団、多数の世界最大級の政府系ファンドなどが並ぶ。

オークツリー社の莫大な利益と輝かしい評判によって、マークスは富豪になった。フォーブス誌は、彼の純資産を二二億ドルと見積もる。かつてはカリフォルニア州マリブに七五〇〇万ドルの土地をもち、その後マンハッタンに五二五〇万ドルの居室を購入した。だが彼を魅了しているのは金ではなく思考だ。マークスは独創的な考えの持ち主で、リスクやランダム性、循環性、投資の心理のほか、彼の言う「予想だにしない災難」などのテーマをとことん考えてきた(3)。

マークスは社の投資戦略を統括するが、九五〇人ほどいる従業員の誰からも報告を受けずにすむように業務を組みたてた。投資先を選定する日々の業務も人に任せ、自身は自由に読書し、思索にふけ、執筆している。彼が半世紀以上も書きためてきた記録には、金融のきわめて貴重な知恵が詰まっている。ウォーレン・バフェットはかつて、「自分のメールボックスにハワード・マークスから何かが届いていたら、真っ先に開けて読む。そこにはいつも学ぶものがある」と書いた。マークスはこれらの記録を、投資家必読の書『投資で一番大切な20の教え』（日本経済新聞出版）にまとめた(4)。

直接会うと、マークスはきわめて明晰な教授のような雰囲気があり、彼の話のなかには「反証可能な想定は」「自己の神話においては」といった言いまわしが交じる。会話では自然と先生役を引きうけていて、ときおりグラフを描いてみせたり、C・ジャクソン・グレイソンの〝*Decisions Under Uncertainty*〟（不確実な状況下の決断）など、読みこんだ秘伝の本の一節を暗唱してみせたりする。自分の考えを相手と分かちあい、「勉強になった。考えたこともなかった」と言われるのが大きな喜びだと言う。

私たちは何を知りえて何を知りえないのか、未来を予測できると妄信するのでなく未来にどう備えるべきかを、マークスほど考えてきた人は投資の世界にいないと私は思う。私はときに、合理的な決断を次から次に迫られ、うろたえて放りだしたくなるときがある。さまざまな要素がきわめて複雑に作用し、自分はほとんど結果を左右できないのに、どうやったら賢い行動をとれるというのだろう。しかし、金融の哲人王とも言えるマークスは、この靄《もや》のなかを進んでいくための深い知見と実用的な戦略を教えてくれる。

第一に幸運であれ、第二に謙虚であれ

安定していて頼りになるものが何ひとつなく、いつ何が起きてもおかしくない世のなかで、安全に進むための第一のルールは、自分の限界と弱さに正直に向きあうことだ。古代アテナイの悲劇詩人エウリピデスが二五〇〇年近くまえに警告している。「最初に遭遇した事故で破滅するかもしれないのに、どうして自分を偉大だと思えるだろう」。賢人モンテーニュは、この一文を自分の城にある書斎の梁《はり》に刻んだ(5)。

自尊心と傲慢がいかに危険かをよく知っているマークスは、自分のオフィスの壁に、荒波にもまれる木造帆船を描いた何世紀もまえの絵画を掛けている。購入したのは二〇〇一年だった。ITバブルが弾けて、無鉄砲な投機家たちが数々の岩に打ちくだかれたころだ。その絵は、自分たちより強く手

に負えないものの破壊力に無傷でいられる人間はいないことを思いださせてくれる。ウイルスが突然世界を混沌に放りこんだ二〇二〇年、私たちはその教訓を再び心に刻むことになった。

「パンデミックは誰のレーダー網にも引っかかっていなかったのに、私たちの人生にとって決定的な出来事となった」とマークスは言う。「それだけでも、世のなかは何が起こるかわからないと思い知るべきだ。ときには、何が起こりうるかさえ私たちは知らない」

一九八七年に出版された『虚栄の篝火《かがりび》』（文藝春秋）で、トム・ウルフは、年数百万ドルのボーナスを稼ぐ敏腕ディーラーを「全宇宙の支配者」と表現した。しかし、マークスが言うには、「自分を宇宙の支配者と思うなんてまともじゃない。私たちはみな小さな歯車にすぎず、宇宙は人間と関係なく動いている。そこに自分をうまく填《は》めて順応するしかない」。

経済や市場の行方を大胆に予測する、ある富豪について彼の意見を求めると、マークスは「頭の切れる」人物だと認めつつ、「彼が自分で思うほど本当に頭がよいかどうかは、いずれわかるだろう。なぜなら、実際より頭がいいと思いこむ人には問題が起こるからだ。彼が自分は頭がいいと思っていなければいいのに、と私は思うことがある」。

うぬぼれを戒めるひとつの方法として、マークスは自分がどんなに運に恵まれたかを忘れないようにしている。成功のさまざまな要因を探るマルコム・グラッドウェルの『天才！』（講談社）を読んだマークスは、自分が現在に至るまでどれだけの運に助けられたかを書きだしてみた。

まず、「人口統計上の運」に恵まれ、戦後の黄金期初期のアメリカで、白人の中流階級の家庭に生まれた。[*] 家族に大学を出た者はいなかったが、両親は教育熱心で、百科事典を買いそろえ、大学進学を勧めてくれた。高校の成績は平凡だったのにペンシルベニア大学ウォートン校の学部課程に入れたのは運がよかったからだと思っている。そのウォートンで経営の世界を知ったおかげで、それまで考えていた会計の仕事に就くのをやめた。第二志望だった州立大学へ進学していたら、ウォール街のリクルーターに対し、ウォートンほどの箔《はく》はつかなかっただろう。

私はかつて自分が受けたインタビューで、マークスの名をあげ、高いIQの持ち主であることもまちがいなく成功の一因だろうと話したことがある。すると本人からなんとも謙虚なメールが届いた。「自分がどんなに恵まれているかに気づいていない人は、知力はたんに運によるという事実を見すごしている。高いIQをもつのに値する人間だから高いIQを与えられたわけではないのです」

ウォートン校を卒業したマークスは、ハーバード大学のMBAに出願したが、（バフェットと同様に）不合格だった。運が尽きた？　とんでもない。代わりにマークスは一九六七年、金融理論で革命を起こしていたシカゴ大学の経営大学院へ進んだ。ここで生まれた「シカゴ学派」は当時、資産の価格は投資家が入手できる情報すべてを反映して正確に決まるとする効率的市場仮説を打ちだしていた。この仮説に照らし、市場につねに勝つことはできないという考えが有力になり、投資家は低費用で市場と同等のリターンが望めるインデックスファンドに投資すべきだと提唱されるようになる。諸経費控除後も市場を上回る成績を達成するのがどれだけたいへんかを考えると、後述するようにインデックスはまぎれもなく賢い選択だ。マークスも「ほとんどの人は、ほとんどの金をインデックス投資に回すべきだ」と言っている。

市場の効率性に関する説明を教授から受けて、マークスは、禅宗の「悟り」に近いものを金融の世界で得た。儲けようと躍起になっている幾多の投資家たちが「割安の株を見つければただちに買い占める」という説は筋が通っていた。「普遍の真実とまでは言えない」としつつも、「明らかに割安なものがあるのに誰も気づかないでいると考えるよりは、ずっと理に適っている」と話す。

効率的市場仮説が「きわめて説得力のある概念」であることをマークスは認める。それでも、学術的な仮説と現実のあいだには大きな隔たりがあり、だからこそ彼は自身や顧客のために何十億ドルも稼いでこられた。彼が昔から好むジョークがある。金融論の教授と学生がシカゴ大のキャンパス内を歩いている。学生が立ちどまって声をあげる。「見てください！　五ドル札が地面に落ちています！」教授は答える。「五ドル札のはずはあるまい。もしそうなら、誰かがとっくに拾っておる」。教授が立ちさったあと、学生はそれを拾いあげ、ビールを買う。マークスは偶然にも、ハーバード大学経営大学院の図書館で五ドル札を拾ったことがあり、それをたたんで財布の中に入れている。仮説の限界を忘れずにいるためだ。

学術的な議論を学ぶうちに、マークスはシンプルだが人生を変える教訓を引きだした。投資家とし

＊　ウォーレン・バフェットも同じように、一九三〇年のアメリカに生まれて「卵巣の宝くじ」に当たったとよく言う。モニッシュ・パブライとガイ・スピアとの昼食会の席で彼は、ビル・ゲイツと中国へ旅したときに、中国の青年が小舟を次々と岸へ引っぱりあげる姿を目にしたことを話した。自分ではどうにもできない生まれあわせによって、この青年には多くの機会が閉ざされていると思い、バフェットは胸を衝《つ》かれたそうだ。もし自身が中国に生まれていたら、当時は中国語に訳されていなかったベンジャミン・グレアムの著書を読むことはできず、投資家としてのキャリアもなかっただろうとつけ加えた。

ての価値をあげたいのなら、最も効率のよい市場は避けて、より非効率的な市場に専念すべきだと。「市場が研究され、注目され、受けいれられ、広がっていくほど、掘出物の株は見つけようとしても出てこなくなる」。たとえば、アメリカの大企業のなかに並外れて割安な株がほとんどないのは、主流の市場では、目先が利いてやる気のあるおおぜいのファンド・マネジャーが、値付けのずれた株がもしあっても「すぐにさらって」いくからだ。大型株に投資したい人は、この効率的な市場を長期に上回れる可能性は低いことを受けいれ、S&P500と連動するインデックスファンドで投資するのが賢明だろう。

これとは反対に、より人気《ひとけ》のない池――おそろしげで、情報が不透明な経営不振企業の社債など、ほとんどの投資家が敬遠するような市場――に釣り糸を垂らして釣果《ちょうか》を増やそうとするのがマークスだ。彼は、非効率的な市場への投資を、弱くてミスを犯しがちなプレイヤーとしか対戦しないポーカーに、つまり勝ち筋の見えるゲームになぞらえる。

シカゴ大学の経営大学院を卒業してマークスが応募したいくつかの会社のなかには、リーマン・ブラザーズもあった。「リーマンの仕事は、本当にやりたかった」。残念ながら採用の声はかからなかったので、ファースト・ナショナル・シティ・バンク、のちのシティバンクに入社した。まずは証券アナリストとして、のちに調査部の部長として計一〇年働いた。何年も経ったあとになって、ある新卒担当のリクルーターから、リーマンはじつは彼の採用を決めていたが、電話をかけるはずの担当者が二日酔いでかけそびれてしまったのだと聞いた。その電話をもし受けていて、リーマンでキャリアを積んでいたら、自分はどうなっていたのだろうとマークスはよく考える。二〇〇八年にリーマン・

ブラザーズは経営破綻し、関係者すべてに損失を負わせ、世界的な金融危機を引きおこした。

　証券調査に一〇年携わったあと、会社から部長職の交代を告げられ、新しい担当業務を探すことになった。ヘルスケア株などすでに手厚く研究されている狭い分野では、ほかの投資家を情報量で上回るのはむずかしく、そこに時間をむだにかけたくなかった。「だからこう言った。『メルク〔ドイツの医薬・化学大手企業〕かイーライリリー〔アメリカの製薬大手企業〕かと頭を悩ませて残りの人生を送る以外なら、なんでもやります』って。その賭けに最終的に五〇パーセント以上の確率で勝てる人なんていないから」

　結局、転換社債およびハイイールド債ファンドという、未経験だった新しい債券ファンドふたつを運用することになった。これが人生最大の幸運だったかもしれない。彼は期せずして、トリプルAの低リスク債券を扱う堅いがつまらない世界からかけ離れた、新しくてめずらしい債券を手掛けることになり、その後何十年も続くブームに乗ったのだ。

　私たちはよく、成功するのに最も重要なのは運ではなくスキルだと言う。そうかもしれない。だが、モンスター級の大波をつかまえる理想のタイミングでその場にいた幸運には、いくらスキルがあってもなかなか勝てない。かつて話を聞いた伝説の投資家マイケル・プライスは、二四歳のときに老練の割安《バリュー》株投資家マックス・ハイネに雇われ、そこからキャリアの展望が急に開けたそうだ。当時、ハイネが運用していたのは資産高五〇〇万ドル程度のオープンエンド型投資信託《ミューチュアル・ファンド》ひとつだった。「一九七五年の一月二日か三日に、ハイネのもとで週給二〇〇ドルで働きはじめた。当時の株式市場は、世界恐慌時を除けば二〇世紀全体でも最悪の時期だった」とプライスは語る。「株を買いたい人はアメリカにいなかった。だから、アメリカじゅうが株を手放しているという、ずっと強気だった現代の市場でひどく弱気になっていたその時期に、業界で四〇年の経験がある凄腕のバリュー投資家と一緒にいられたのは幸運だった。うまくいかないはずがなかった」。以後、二〇年間のうちに、そのミューチュアル・ファンドの資産は約一八〇億ドルまで膨れあがる。ハイネの死後、運用会社を引きついでいたプライスは、一九九六年に会社を六億ドル超で売却した。

運のよさはまた、マークスやプライスのように、自分の能力や気質と合うものを引きよせるときにも発揮される。マークスは「債券取引が私の性に合っていたのは、満期が来たら、年利もついて返済が約束されているから」だと言う。さらに、契約書に明記されているので償還時にどのくらいの利益が得られるかもあらかじめわかる。

重要なのは不良債権を背負わないことだから、信用して貸せる相手かどうかを第一に問う。返済がない場合には債権者は相手資産に対して優先的な請求権を行使できるので、資産に充分な価値があるかを第二に問う。「どちらも答えのある問いだ」。答えられない問いが多すぎる不確実な世界で、債券には、予測して管理するための手立てがある。債券は株式に比べればリスクも低いので、生来の「心配症の人」に向いているのだ。

マークスが上司からもっと性格に合わない仕事、たとえばベンチャーキャピタルをやれと言われていたら、どうだったろう。「ぞっとしただろうね。未来信者のドリーマーでないと、ベンチャーキャピタルはやれない」

とはいえ、彼が一九七八年に乗りだしたころ、ハイイールド債は魅力的な分野とはされていなかった。ジャンク債と呼ばれることもあり、債務不履行の危険がつきまとう、いかがわしい資産として悪名高かった。ほとんどの投資機関は規則で購入を禁じていて、格付け会社ムーディーズも、格付けがBの債券はすべて「好ましい投資対象としての適性に欠ける」と明言していた。皮肉にも、あぶない投資だと決めつけられていたからこそ、マークスにはジャンク債が魅力的に映った。「特定の種類の資産について強い偏見がつきまとっているときは、特価品の買いどきなのだ。だから買った」

なんでも否定から入る人たちには見えない基本の真実をとらえることで、マークスや先のサー・ジョン・テンプルトンは富を築いた。たとえうわべは醜かろうと、価格が充分に安ければ買う価値はある。**そう、マークスは「安く買う」ことこそが投資で財を成すための最もたしかな道であり、余分に支払うことは最大のリスクだと考えている。だから、どんな投資をするにも、「安いか？」は必須の問いなのだ。**

逆説的だが、ジャンク債に対する偏見によって、危険とされたこれらの資産はいっそう安くなり、危険の度合いが下がった。マークスにとって投資の魅力の大部分はこのような、微細な要素が大きなちがいを生むところにある。リスクについての覚書のなかで彼は次のように記している。「投資で重要なことはすべて直観に反している。わかりきっていることはすべてまちがいだ」

マークスは一九八五年、シティバンクからロサンゼルスの投資会社ＴＣＷグループへ移った。そこでの同僚ブルース・カーシュが、倒産したり経営が危ぶまれていたりする企業の社債に投資するディストレスト債の運用をもちかけてきた。このときもマークスは、周りに嫌悪され理解されない市場の不思議な美点にすぐさま気づいた。「ジャンク債が要注意資産であるのなら、倒産した企業の社債ほどいかがわしい投資先もないだろう」。マークスとカーシュはその後長きにわたって共同事業を築くことになる。一九九五年にふたりはＴＣＷグループを辞めて、オークツリー・キャピタル・マネジメント社を共同で立ちあげた。見てくれの悪いジャンク債やディストレスト債を事業の柱にして、強大な組織へと成長していく。

運がなければ、マークスはこの非効率的だが特価品の多い市場に行きつきはしなかった。高い知力とわが道を行く独立心がなければ、運がもたらした機会をけっして生かせなかった。「ただし、運だけでは不充分だ」とも言う。「知力だけでも同じくらい不充分だし、勤勉だけでも不充分、忍耐ですらそれだけで充分とは言いきれない。配分に差はあるかもしれないが、四つすべてがそろっていないといけない。頭がよくてまじめなのに、運には恵まれなかったという人はいる。見ていてつらい。私のところには仕事を求める人がいつも訪ねてくる。彼らは五〇歳で仕事を失った。そうした目に遭うような落ち度があったわけではないのに」

自分は幸運だったと胸に刻んでいるマークスは、「全宇宙の支配者症候群」に罹ったりはしない。彼の謙虚さが、最高に頭がよい（または最高についている）投資家が陥りやすい自信過剰に対して、免疫効果を発揮しているのだ。

同時にもうひとつ、運のよさを自任しているのには大きな利点がある。幸せな気分でいられるのだ。「自分は運のいい人間だとうきうきしながら歩いている」とマークスは打ちあける。「悪いほうに考える人間だったら、『これまでは運がよかったが、自分の力で成功したわけじゃないから長続きしないに決まってる』などと思うかもしれない。でも私はちがう。『ああ、運がいいというのはなんてすばらしいんだ。天の力か何かの巡りあわせかわからないけれど、とにかくありがとう』」

　サー・ジョン・テンプルトンは、自身の成功は神のお導きであることになんら疑いをもっていないようだった。だがマークスはどうだろう。彼は生まれはユダヤ人だが、クリスチャン・サイエンスの信者となり、子どものころは毎日曜日に教会へ通っていた。最近は自分をユダヤ教徒だと考えるが、熱心な信者ではない。「私は偶然の成りゆきをおおいに信じている。そして自分は本当に運がよかったと思う(6)」

自分はものを知らないと知る

　マークスは、数十年かけて集めてきた実用的な名言を一覧表にまとめていて、投資の信条を説明する際によく引きあいに出す。とくに気に入っているのは、その聡明さを崇拝してやまない経済学者ジョン・ケネス・ガルブレイスのことばだ。「予言者は二種類に分けられる。ものを知らない者と、自分がものを知らないことを知らない者だ」

　投資の世界には、先のことがわかると思っている（もしくは、そのふりをしている）人がわんさかいる。ウォール街の証券会社にいる口のうまい「マーケティング戦略家」は、市場が上がるか下がるかわかりませんなどとはけっして口にせず、今後一年間の市場の上昇率を自信たっぷりに予測する。担当企業の四半期予測を出す証券アナリストは、波があって不安定すぎるなどとはけっして匂わせず、利益は安定していて予測可能だと幻想をあおる。マクロ系ヘッジファンド・マネジャーたちは、為替や金利のほか変動するすべてのものの振り幅に大胆に賭け、テレビのコメンテーターや金融ジャーナリストは、最近の（そしてだいたいの場合、説明のつかない）市場の変動が投資家に何を予告しているかを、自分はすべてわかっているという顔で滔々《とうとう》と語る。

だが、これらの派手な物言いにはどれだけの中身が伴っているのだろう。認知バイアスについてダニエル・カーネマンと共同で研究したイスラエル出身の心理学者エイモス・トベルスキーのことばを、マークスはよく引用する。「自分は何かを知らないのかもしれないと思うのはおそろしいことだ。だがもっとおそろしいのは、何が起こっているかを自分は知っていると信じて疑わない者たちが、概してこの世界を牛耳っているという事実に気づくことだ」

ひと呼吸置いて、このことばを頭に刻んでおくといいだろう。

予言者もたまに当たることはあるが、マークスは、「目の見えない栗鼠《りす》も、ときにはどんぐりを見つける」のことわざと変わりはないと考える。とはいえ、不利な条件をものともせず、マクロ経済予測をもとに何回も勝ってきたジョージ・ソロスやスタンレー・ドラッケンミラーなど本物と言わざるをえない例も少数ながらあるとマークスは認める。「未来を予測する」や「大きく賭ける」は「よい投資家にならないための早道だと思う」と言いつつ、一方で成功できることを証明してみせた人たちがいるのは、「個々の人間という要素を見落としてはいけないということ」だと述べた。

それでもマークス自身は「自分はものを知らないと認める」流派の筋金入りの一員だ。彼の考えでは、**未来はほぼ無限の要素に左右され、あまりに多くの偶然も絡むので、一貫性のある予測は立てられない**。未来を予測できないと認めるのは、弱さを認める失望に聞こえるかもしれない。だが実際には、自分の限界を知り、限界の内側で動くのには大きな強みがある。弱さから強さが生まれるのだ。

　自分の限界を認識することで、無意味な、または有害な活動からマークスはいかに遠ざかっているか？　まずは、利率やインフレ、経済成長の伸びの予測に時間を浪費しない。彼にならえば、私たちもすべきではないだろう。マークスが予測できないのなら私もできないとかなり自信をもって言える。ライバル社と違って、オークツリー社は社内に経済学者を置かないし、外部の「専門家」を招いてマクロ経済の動向を予測することもしない。

　売買の絶好の瞬間を毎回予測するのは不可能なので、マークスは市場のタイミングについても考えない。初期の覚書にこう書いている。「（株の年平均リターンが九・四四パーセントだった一九二六年から八七年について）この七四四カ月間のうち市場が絶好調だったわずか五〇日間、もし現金に走って投資を手控えていたら、六〇年分のリターンをすべて取りそこねてしまう。タイミングを狙うのは、資産を危険にさらしこそすれ、護ることはない」*

　オークツリー社はマークスが言う「未来志向の投資」も避け、テック企業の株やファッション系企業、一時的な流行を感じさせる資産は、たとえ魅力があっても選択肢から外している。キャリアの初期、シティバンクで彼がいた部署は、ゼロックスやエイボン・プロダクツ、ポラロイドなど時代にもてはやされた銘柄群「ニフティ・フィフティ銘柄〔すばらしい五〇銘柄〕」を強力に推していた。これらはめまいがするほど高い株価に押しあげられた果てに、一九七三〜七四年にかけて暴落した。† この経験からマークスは、遠い幸せな未来へ向かってずっと成長しつづけるという夢物語には、永遠に不信感をもつようになった。

二〇一七年に私たちが話していたとき、市場はファング《FANG》――フェイスブック〔二〇二一年に社名をメタに変更〕、アマゾン、ネットフリックス、グーグル（事業体としての社名は二〇一五年にアルファベットに変更）――の高評価で浮かれ、昔あった恍惚状態に再び入っているとマークスは見ていた。「これらの企業は成功しつづけ、株価はあがりつづけるとみな思っている」とマークスは警告した。「そういうときは歴史的に見ると、たいてい危険だ。空に届くまで伸びた木はない。いずれ届くのかもしれないが、そこに賭けたりしないよ」

　疑いの目で見る癖のために、たまに重力の法則どおりではない例外があって利益を逃したとしても、マークスはかまわないと思っている。本質的価値より株価が低めにある「妥当な商品」に集中して、地に足をつけていくほうがいいと考える。「夢に投資するのは簡単だ。むずかしいのは、いま具体的に見えているものの価値を見抜くことだ」

　投資で長く成功したいなら、資産を価値以下の値段で買うというこの基本的な考えをしっかりと体得すべきだろう。これまで見てきたように、この考えはバフェットからパブライ、テンプルトン、マークス全員に共通する。

　どんな資産を分析する際も、マークスが何より知りたいのは「楽観がどれだけ価格に織りこまれているか」だ。「(ファングには) 楽観がたくさん入っている。ありすぎるほどか？　わからない。このうちのどれかは世界初の永久機関、つまり（a）つまずきもせず（b）破綻もしない史上初めての企業になるのか？　わからない」。この不可知性と膨れあがる楽観が混ざりあい爆発しそうになっている状態だけでも、マークスには充分おそろしい。今後何が起こるかはっきりとわからなくても、落胆する可能性があまりに高いことはわかるからだ。

私たちが話した数カ月後も、ファングの株価はあがりつづけた。だが、マークスの目に浅はかな賭けと映る投資で周りが大儲けしても、彼は後悔せずにそれを見ていられる。金言を収集しつづけるマークスは、昔引いたフォーチュン・クッキー〔おみくじがなかに入っている菓子〕のくじをいまももっている。「慎重な者はめったに過《あやま》たないが、偉大な詩もめったに書かない」。彼はそれでいいと思っている。おもしろみがなくても、破滅的な失敗を減らせるのなら満足なのだ。「自分の気質に合った方法をとるのがいちばんだよ」。これまでで最も痛かった投資の誤りは何かと訊くと、彼は答えた。

「大きな作為の誤りをした憶えはない。不作為の誤りならあるが」

いまにして思えば、アマゾン株を買わなかったのは不作為の誤りだったとマークスは認める。ただし、「過剰な自信、リスク回避志向の乏しさ、行き場を探す過剰な資金、過剰なレバレッジという状況のなかで、概して慎重な姿勢でいたこと自体はまちがいではなかった」。過剰に走る市場の兆候を警戒して、オークツリー社はもう何年も最高度の慎重さを崩さずに投資に臨んでいる。

＊　最近の研究でも同じ危険が指摘されている。カラモス・インベストメンツ社の報告によると、一九九八年から二〇一七年までS&P500は七・二パーセントの年率リターンがあった。この二〇年間のうち二〇日間の市場の大幅上昇日を逃したら、年率リターンはたったの一・一パーセントまで下がったはずだ。
†　ポラロイドは、ニフティ・フィフティの熱狂が頂点に達した一九七二年に、株価収益率（PER）が九四・八倍になった。一九七四年に市場が底を打ったとき、ポラロイドの株価は九一パーセント下落した。エイボンは八六パーセント、ゼロックスは七一パーセント下げた。

二〇二〇年三月、ＣＯＶＩＤ‐19の恐怖が増大し、Ｓ＆Ｐ５００は一カ月もしないうちに三三・九パーセント下落して、一一年続いた上昇相場はついに終わった。武漢でコウモリから人間に跳びうつったと言われるウイルスがアメリカ史上最速の市場崩壊をもたらすとは、誰も予測できなかった。「市場が不安定なものなのなら、きっかけを知る必要はない。市場はもろい、とだけ知っていればいい」

ウイルスの感染拡大とともに、投資家たちのムードはかつての「うまくいかないはずがない」から、「うまくいくはずがない」へ引っくりかえった。悲観するのも無理はなかった。二〇二〇年にマークスは私に言った。「人は死ぬのを怖れ、家から出るのを怖れ、不況を怖れている」。だが、多くの人が「焦って、非常に安い価格で」資産を売ろうとしたことが、マークスにとっては待ちに待った機会となった。パニックのさなかにオークツリー社は数十億ドルを投資してハイイールド債を次々と買い、「莫大な利益」を得る。

未来がこれほど先行き不明で期待できないときはめったにない。にもかかわらず、投資リスクは実際には減った。「不安定から絶好機へと情勢は一気に変わった」とマークスは見た。理由は単純で、「価格が充分安くなった」からだ。

弱気だった市場はその後、一九三〇年代以来最速の回復を見せた。楽観が広まり安い銘柄が姿を消すなかで、マークスは方針を再調整して態勢を守りに戻した。距離を置いた冷静な行動は、仏教からヒントを得た投資の基本的な教訓をまさに反映している。**「環境は変化するという事実を受けいれるべし」**

混沌のなかに秩序を見いだす

私が高校生のときに受けた英文学の授業で、めずらしく深みのある問題が出題された。「小説家ヘンリー・ジェームズは、人生は『すべて包含と混乱』であり、芸術は『すべて識別と選択』であると書きました。これについて論じなさい」。作家のひとりとして私は、混乱だらけで支離滅裂な人生のなかに秩序を見いだすのが芸術家の使命という彼の考えが好きだ。ジェームズは、隠れた循環性を見つけだす作業を、何かを察した犬が「埋まっている何かの骨」を嗅ぎだそうとするのに喩えた。

投資家もこれに似た問題に向きあっている。たしかに人生は果てしなく混乱していて複雑だ。だが、その複雑に入りくんだものの根底に、何かのパターンを見つけだせたらどうだろう。そうすれば、私たちは未来に何が待ち受けているのか、もう少し見当をつけられるのではないか。マークスには、金融市場で繰りかえされてきた循環的なパターンをつかむ特異な才能がある。これらのパターンを理解すれば、不意打ちを食らわず、さらには利益さえ得ることができる。

マークスは言う。「世界は一直線に進みつづけるのではなく、振り子のように行ったり来たりを続けていると考えるとわかりやすい」。彼は、ほとんどすべてのものにサイクルがあると考える。たとえば、経済は成長したり収縮したりする。個人消費は増大したり縮小したりする。企業の収益性も向上したり低下したりする。与信基準は緩和されたり強化されたりする。資産の評価は上昇したり下落したりする。ひとつの方向へひたすら進むのではなく、これらの現象はすべて、いずれ逆方向へ反転する。彼はこのパターンを振り子が左右に振れる運動になぞらえる。

金融市場はサイクルの研究に最適な実験室だ。というのも、市場を動かす投資家の心理は、陶酔と落胆、強欲と恐怖、軽信と懐疑、楽観と悲観のあいだを絶え間なく動いているからだ。人間は夢中になりやすいので、どちらの方向へ行くにしてもつねに行きすぎてしまう。

だがマークスは、サイクルはいずれ自己修正し、振り子は反対方向へ振れると踏んで動いている。**未来は予測不可能だが、繁栄と衰退が繰りかえすことはほぼ予測できる。この基本パターンを認識できれば、手探りで進まなくてもいい。**

問題は、ほとんどの投資家が直近の市場動向がいつまでも続くかのように行動することだ。最近の経験を過度に重視してしまう認識上の問題で、行動経済学では「近接誤差」と呼ぶ。さらにマークスは、人間にはつらい記憶を抑えこもうとする性質があると警戒する。そうでなければ私の妻は二回以上妊娠しようとは思わなかっただろうし、作家は毎回まっさらな紙に戻って新作を書きはじめる力を奮いおこせないと思う。人生を充実させてくれるありがたい性質なのだが、最も貴重な教訓になりうる過去の災難や不運を忘れてしまうので、経済面ではそれほど役には立たない。

この忘れやすさを克服するひとつの方法は、市場の歴史を徹底的に調べることだ。マークスは言う。**「未来はわからないが、過去がわかれば未来を知る助けになる」**

彼は書棚からガルブレイスのサイン入り著書『バブルの物語』（ダイヤモンド社）を取りだして、私に読んできかせる。市場に陶酔感《ユーフォリア》をもたらす要因を解き明かした、金融分野では彼の唯一の愛読書だ。「第一の要因は、金融に関する記憶は極端に儚《はかな》いということだ。そのため、金融に大惨事が起こってもすぐさま忘れさられる。しかも、再び、ときにはほんの数年後に、同じか非常に似た状況となったとき、それは金融界やさらに広い経済界における輝かしい革新的な展開だとして、たいてい若く、決まって自信に満ちあふれた新しい世代から歓呼で迎えられる。人間の活動のうちで、金融界ほど歴史が軽視される分野はほとんどない。過去の経験は、ただの記憶にすぎないとして、目のまえの驚異的な奇跡を評価できる洞察力のない者が逃げこむ古い避難所だとして退けられるのだ」

二〇一七年にビットコインの価格が急上昇するのを見て、マークスはこれもまた、次から次に現れてきた〝驚異的な奇跡〟の歴史に書き加えられた一ページにすぎず、いずれ奇跡ではないとわかるのではないかと思った。どこまでも値上がりしていくテスラやネットフリックスのようなスリル感あふれる株にも賭けようとは思わなかった。「何か、あるいは誰かが成功すると、慢心や、自分は失敗しないという思いこみが生まれ、むやみに手を広げようとする。非常に危険だ」。上昇相場を席捲した大化け株《スーパーストック》にもかつて起こったように、振り子はいずれ反対方向へ振れるとマークスはつねに想定している。似たようなシーンを何回も見てきたので、何かが度を越えるとすぐに察知できるようになったのだという。「年をとるのもいいものだね」

本も幅広く読んだほうがいい。この章のはじめで触れた、何事にも疑ってかかるフランス人投資家フランソワ・マリー・ウォジックは、一八九一年にエミール・ゾラが一八六〇年代のパリ証券取引所の熱狂を描いた『金《かね》』（藤原書店）を私に見せた。その本では、最終的に銀行の破綻に至る妙に既視感のある悲惨なバブルの状況や、「民衆の陶酔」がいかに株価を「価値の上限」を超えて押しあげ、あとは下落するしかない状況に追いやったかが詳細に語られる。

ゾラの小説は、ぶれやすい群衆行動の「お決まりの」パターンが一九世紀のフランスにもあったことを、熱心な歴史の勉強家であるウォジックに教えてくれる。「一人ひとりを見れば私たちは賢いのに、集団だとととたんに愚かになる」とウォジックは言う。彼は用心のために、自分の考えを健全性検査《ストレステスト》にかけて、より確信を強めるか、意見を捨てるかを決めることにしている。「こう自問する。『フランソワよ、今朝のこの投資は本当にこれでいいのか？　あらためて確認しようじゃないか』」。この神経質なほど注意深い考え方を、彼はフランス語で簡潔に表現する。「いつも目を覚ましておけ《トゥジュール・レステ・アン・エヴェイユ》」

マークスもやはり、けっして油断しない。物事がうまくいっているとき、ほとんどの投資家は楽観的になる。だが彼はより警戒する。すべてのものは変化し、振り子は弧の一端で止まらず、「サイクルに結局は支配される」と心得ているからだ。マークスの考えでは、投資家たちがリスクを最大限に許容するときにこそ、リスクは最大化する。「リスクのひねくれ現象」と彼が呼ぶ逆説だ。

マークスは、ほかの市場参加者たちの気分や行動を分析するのに長時間を費やし、市場がいまサイクルのどこに位置しているのかを見きわめようとする。金融危機が起こる前年の二〇〇七年に、多くの危険信号を指摘していた自分の覚書をとりわけ誇りに思っている。そこには、アメリカとイギリスの住宅ローンの与信基準がありえないほどゆるい、分不相応な企業に大甘の融資がなされている、保護条項のない危険な債券に資金が流れこんでいる、などが書いてあった。強調するために太字で書いた文言もある。「**ゆるみきったあとには必ず矯正が入り、罰が下る**」

投資の現況を見定めるヒントになるように、マークスは愚かな取引にまつわるエピソードも集めている。たとえば、二〇一七年にアルゼンチンが一〇〇年債を利率九パーセントで発行したところ、投資家から申しこみが殺到した。アルゼンチンが直近の二〇一四年を含め、二〇〇年間で八回もデフォルト（債務不履行）に陥っていた事実はなかったかのように。サミュエル・ジョンソンの言う「経験よりも期待が勝つ」の好例だ。二〇二〇年に私がマークスに取材した時期に、案の定、アルゼンチンは九回目のデフォルトを起こした。

世界金融危機へ向かう過程では、愚かさ、自信過剰、強欲、基準の甘さといった兆候がひときわ目立っていた。マークスと共同創業者のカーシュは意見を交わしては非難の声をあげた。「このくだらない取引は何だ！　こんな取引を許しちゃだめだ――なのに実際に取引されているということは、市場のほうがおかしい」

このような観察を重ねた結果、マークスは市場を数字ではなく印象に基づいて見るようになった。「すべての過程で直観と本能と覚悟に従う。感覚を磨くようにいつも心がけている。世界でいま何が起きているのか？　観察したことから、どんな推論を引きだせるか？」

判断を下すために、たとえばこう自問する。「投資家たちは適度に懐疑的でリスク回避をしているか、それともリスクを無視して浮かれたまま金をつぎこんでいるか？」「値付けは歴史的標準に照らして妥当か？」「取引の構造は投資家に不利になっていないか？」「未来を過信している空気はないか？」

マークスは「現在を予測」しようとするのだそうだ。未来とちがって、現在はわかるから。わからないのは、サイクルの変わり目がいつ来るかだ。「タイミングについては考えてみるつもりもない。

投資ビジネスで、正しいことをするだけでも非常にむずかしいのに、ましてや、正しいことを正しいときにするのは不可能だ」

いまサイクルのどの段階にいるのかがわかれば、凍った夜道を運転するときにはよく晴れた午後よりも慎重になるのと同じように、優先的に考慮すべき条件もわかるのでどう進むべきかを計画できる。「ありのままの市場を見て、それを受けいれ、それに合わせて行動しなくてはいけない」。たとえば、多額のリターンに満足した投資家たちが、損失を出すより儲ける機会を逃すほうを心配するようになっていたら、期待値を下げて注意して進めという合図だ。具体的にはどうするのか。いくつかの資産を株から債券に切りかえたり、価格変動が大きくない株を選んだり、流動性がいきなり失われても困らないようにしておいたり、などが考えられるだろう。「現金に換えろと言っているのではない。市場で求められる価値に変化が起こったら、自分のポートフォリオも変えるべきだと言いたいのだ」

現実をありのままに見て、受けいれ、適応するという手法には深い知恵があると私は思う。**マークスがよく言うように、「環境はあるがまま」のものだ。自分に都合のいい条件を市場に求めることはできない。だが、環境によって、守りを固めるのか攻めに出るのかを決めることは自分でできる。**

流れに従うというこの姿勢は、マークスが大学で学んだ無常の教えから直接生まれたものだ。「抗ったところで、変化が起こるのはわかっている。ならば、肩の力を抜いて『未来をどうこうしようとは思わない。未来を知ろうとも思わない。よくわからない未来に備えよう』と思えばいい」。環境に対応せずに行動して窮地に立たされる投資家は多い。彼らは現実を無視、または拒否しているのだ。

二〇〇六年の覚書で、マークスは道教の始祖、老子によることばを引いている。「強くなるには、水のようにふるまいなさい。障害物がなければ、流れる。あれば、止まる。堰《せき》が破れたら、さらに遠くへ流れる。器が四角ならば、四角くなる。丸ければ、丸くなる。やわらかくてしなやかであればこそ、最も必要とされ、最も強い」〔トルストイ『文読む月日』二月一〇日より。呂恵卿《りょけいきょう》『道徳真経伝』の『老子』第七八章への注解を参考としたもの〕。投資家も、何があっても水のように順応できれば、それが強みになる。単純そうに聞こえるが、人間の気性が絡むと簡単にはいかない。ほとんど誰もが群衆の気分に振りまわされ、大きな危険に見舞われてから必死になって理性的にふるまおうとする。

二〇〇八年に市場が暴落したとき、投資家の群れはやはりパニックに陥った。サイクルの揺りもどす力は圧倒的で、祝祭ムードは恐怖に変わった。マークスはどう対応したか？　ふだんどおりの明晰な論理で状況を分析して策を講じ、その奥義を披露した。自らの会社を指揮して、投資人生で最高の成功を成しとげたのだ。

「世界の終わりは来ない、たいていは」

世界金融危機が起こる数カ月前には、オークツリー社は準備を済ませていた。二〇〇八年はじめ、世界がおおかた強気で浮かれ調子だったときに、同社は一〇九億ドル分の資産をすでに集め、史上最大のディストレスト債ファンドを築いていた。

マークスが研究してきたなかで、世界金融危機はいちばん予測しやすかったかもしれない。彼が著書『投資で一番大切な20の教え』のなかで説明しているように、「好景気で融資が拡大すると、無分別な融資が増えるようになり、そこから大きな損失が生まれ、それによって貸し手は融資を停止し、その結果好景気は終わりを告げ、これが繰りかえされる」。二〇〇三年から〇七年までのあいだに、彼は愚かな融資をたくさん目撃した。必ずや損失が膨らみ、融資は急停止するだろうと見て、ディストレスト債で利益を得るつもりでいた。周囲が資金繰りにあえいでいるときに、ふんだんに現金をもつほど強いものはない。

金融危機は、サブプライム住宅ローンをめぐる悪夢に端を発し、やがてほかの市場へ飛び火していった。住宅ローンは凍結された。住宅価格は暴落した。商業不動産価格も大きく下落した。そして、ベア・スターンズが破綻した。現実とは思えない惨事が日々起こった。

二〇〇八年七月三一日のページにマークスは、売りたたかれた資産はまだ充分な数に達しておらず、もっといい特売品が出てくるまで「ゆっくり行くことにする」と書いている。数週間のうちに、金融システムが瓦解しはじめた。九月、連邦住宅抵当公社（ファニーメイ）と連邦住宅貸付抵当公社（フレディマック）がアメリカ政府の管理下に置かれた。メリルリンチはバンク・オブ・アメリカに身売りせざるを得なかった。リーマン・ブラザーズの破綻は、アメリカ史上最大の倒産となった。ＡＩＧは八五〇億ドルの政府融資を受けて救済された。ゴールドマン・サックスでさえ破滅の谷の上を綱渡りするような状態だった。

それはマークスが経験した最大の金融危機だった。しかし市場が暴落し、悲観が急速に広まるなかで、彼は何年かのうちで初めて強気に出た。九月一五日、リーマンが消滅したその日から、オークツリー社は、経営難に陥った企業の債権など、誰も手をつけようとしない資産を大量に買いはじめた。

その後の一五週間、マークスとカーシュが率いる同社は、毎週五億から六億ドルもの投資を続けたのだ。

これによってマークスの名声が確立するか地に落ちるかの、彼にとっては一世一代の賭けだった。本人には自信があったのだろうとみなさんは思うかもしれないが、リーマンが破綻したとき、この先何が起こるかわかる者は誰もいない、とマークスは悟った。

九月一九日、彼はオークツリー社の顧客に向けてメッセージを送り、誰もが答えを知りたがる、答えを探さなければならない問いを立てた。「金融システムはこのまま崩壊するのか、それとも、これまでいちばん大きいというだけの通常の下降サイクルのなかにあるのか。私の答えは簡単です。これは終わりではなく、利用すべき新しいサイクルがやってきたと考えるほかありません」。茶目っ気を込めてつけ加えた。「世界の終わりなんて来ないものです、たいていは」

九月中旬のあのとき、それまでの守りから攻めの投資へ転じたきっかけはなんだったのか。私の質問にマークスは答える。「世界が地獄となったからだ。資産は手放され、世界が明日存在するかされも確信できず、どんな資産にも買い手がつかない。最悪がいくつも重なった大惨事だった」

マークスは、未来にはひとつの決まったシナリオがあって必ずそのとおりになると考えたりはしない。未来には「さまざまな可能性が並んでいる」ととらえる。ふだんなら、「ありうる将来」のそれぞれについて蓋然性《がいぜん》を考えるのだが、今回は状況が不確実すぎて、さまざまに考えられる展開一つひとつの確率を考える意味はなかった。いっそのこと、状況をふたつに分けて、単純に決断できるようにしたほうがいいと感じた。「世界はこれで終わるのか、終わらないのか、のふたつに。もし世界が終わらず、自分たちが買っていなかったのなら、仕事をしなかったということになる。そう考えたら、話はものすごく簡単だった」

だが、市場が暴落を続け、金融を支える屋台骨が砕けていくなかで、マークスに賛同する者は皆無に近かった。彼の知る優秀な投資家の何人かは「ただただ精神的に参っていた。彼らは『金融は崩壊するだろう』と言っていた」。まさに崖っぷちにいると彼は感じた。ドミノが倒れつづけ、大量失業と社会の崩壊まで行きつく結果も予想のなかにあった。「いったい、どのくらい悪いのか。最悪の事態がなんなのかもわからない。混沌、暴動、飢餓？」

そうして一〇月半ば、彼はある決定的な経験をつうじて、逆張り投資家としての信念を強めることになる。オークツリー社のファンドのひとつが、自己資本の五倍のレバレッジをかけてハイイールド債に投資した。このファンドは比較的リスクの低いシニアローンをもっていて、オークツリー社のこの種の債券におけるデフォルト率は、それまでの三〇年間でわずか年平均一パーセントだった。だが、ハイイールド債の価格がそれまでの標準のはるか下まで急落し、さすがのオークツリー社もマージンコール〔追加証拠金の差し入れ義務〕の危機に直面した。マークスは顧客たちに資金の追加を頼み、レバレッジを半減してマージンコールを回避した。だが価格は下落しつづけ、彼はさらなる資金提供を頼まなくてはならなかった。

考えるまでもない話だった。資本を増強しなければ、当時の破滅的な価格で損失を確定する羽目になるのだ。だが、ある年金ファンドのマネジャーは、事態がさらに悪くなったらオークツリー社の保有している債券はどうなるのかと、マークスに繰りかえし訊いてきた。そのたびにマークスが安心できる根拠を示して、いくらなだめても、恐怖に取りつかれた相手は訊きかえしてきた。「それよりもっと悪くなったらどうなるんだ？」

マークスはオフィスへ戻るなり、「否定主義の限界」と題した覚書を一気に書きあげた。そのマネジャーとの会話を反芻《はんすう》するうち、ある考えがひらめいたのだ。彼はそれまで何十年と投資家たちに、これ以上いい話はないと思えるほど楽観が支配しているときには懐疑的な目をもちつづけるよう伝えてきた。しかし悲観がきわまったいま、投資家たちは「これ以上悪い話はない」かのように行動していた。合理的な懐疑論者にとってだいじなのは、つねに悲観的であることではなく、「みな」が信じる内容に、それが強気すぎようと弱気すぎようと、疑問をもつことだ。この本質を突く発見を彼はこう書きしるした。「疑いの精神をもつこと。これがあれば、楽観が度を過ぎているときには悲観を求め、悲観が度を過ぎているときには楽観を求めるようになる」

かくして、永遠の心配症ハワード・マークスは、ウォール街でほぼ唯一の楽観論者となった。「事態は悪くなるばかりだと誰もが信じて疑わない」ような「大パニック」のただなかで、群衆と逆の方向へ進むには、明晰な頭脳と並外れた胆力がなければできない。しかし、この金融危機がつらかったかどうかと訊くと、マークスはあっさりと答えた。「たいへんだったという思いはないね」。つねに冷静でいられた？　「ええ」。そのような性格の一面が家族を苛立たせないか、本人に一回の離婚歴があるのを承知で訊いてみる。「ひとり目の妻のときは、とくにね」と彼は言う。「最近は、もう少しうまくやっているつもりだけど」

さらに彼にとってよかったのは、オークツリー社のパートナーであるカーシュとつねに話しあい、支えあい、物事を適切なスピードで進めているか確認しあっていた点だ。マークスが大局的な見地から方向性を示し、カーシュとそのチームが資産価値を見きわめる核心業務を担った。金融危機の二、三年前に、未公開株（プライベート・エクイティ）を扱う投資会社各社は優良企業を実際以上に高く評価し、異常に高いレバレッジをかけて買っていた。オークツリー社は、それらの企業の優先債をわずかな額で買いとった。なかには、かつて投資会社が払った額の五分の一の価値しかなかったとしても、オークツリー社には採算のとれる企業もあった。マークスは「つねに、『どこかまちがっていないか？　買うのはまちがいか、買わないのがまちがいか？』という視点で考える。あのときは、これはよい買い物だと納得して投資した。破れかぶれの決断ではなかった」。

最大の掘出物は、すでに破綻していたところを、オークツリー社が一億ドルを投資して二〇〇八年に買収したピエール・フーズだ。アドバンスピエール・フーズとして生まれ変わってからは、包装サンドイッチの国内大手にまで成長し、タイソン・フーズに二〇一七年に買収された。これによりオークツリー社は八年間で約二二億ドル、投下資本の二三倍の利益を得た。

金融危機のどん底でオークツリー社は合計約一〇〇億ドルを賭けた。この投資から得た利益はマークスの見積もりによると九〇億ドルあり、会社史上、最大の利益がもたらされた。この金融危機で、筆頭株主のマークスとカーシュほど儲けた者はいない。同時に彼らは、誰よりも知恵を働かせ、正しい行動をとったという純粋な快感を味わった。マークスが言うように、「私たちは賭けた、そして勝利した」のだ。

「ぎりぎりまで追いこんではいけない」

マークスが過去何十年も考えてきて、著書や私の取材でも繰りかえし触れるテーマがいくつかある。私の見たところ、とくに頻度が高いのが次の五つだ。

未来を予測したり変えたりはできないと知る。

過去のパターンを学べば、今後何が起こりえるか、だいたいの見当をつけるのに役立つ。

サイクルが反転するのはやむをえないことであり、行きすぎた行動にはあとで報いが来る。

サイクルの逆に動けば、サイクルから利益を引きだせる可能性がある。

不確実な世界において金融で長く成功するには、謙虚さ、懐疑心、用心深さがだいじ。

人生は複雑で私たちの思考は散漫になりがちだから、核となるシンプルな知見をいくつか身につけておくと思考を整理するのに役立つ。ここにあげた五つの考えは、予想がつかない未来へ向かって進もうとするどの投資家にとってもおおいに助けとなるだろう。

だが、私がマークスから学んだことをまとめようとするとき、この五つとは別にどうしても外せない教訓がある。私はこれを、世界を見るときの中心に据えたいと思う。彼が五〇年以上前に大学で学んだ、すべては無常だという教訓だ。

金融市場には、この仏教の教えをなぞるような例がいくつもある。アジアでは、「経済の奇跡」ともてはやされたあとに、一九九七年のアジア金融危機が起こった。一九九〇年代末のＩＴバブルは二〇〇〇年になって弾けた。住宅バブルに続いて金融危機が起こり、その後、二〇〇九年以降は長い強気相場となったが、二〇二〇年に市場は二三日間で三四パーセント下落し、その後数週間のうちに今度は四〇パーセント近く上昇した。

ブッダがもしヘッジファンドのマネジャーだったら、変化は根本的な問題ではないと指摘したことだろう。むしろ現代の私たちのほうが、投資にも人生にも現状維持を願うから、自分を不幸に追いこんでしまう。長続きしないものにしがみついたり依存したりするこの習性こそが、真の問題なのだ。**物事が変化しても驚いたりがっかりしたりしないためには、仏教の教えに従い、世界で起こるすべてのものは一時的であると受けとめなくてはいけない。**鈴木俊隆老師は言った。「すべては変化するという教えを受けいれなければ、私たちは平静さを保てません」

変化は不可避だという考えは、金融においても重要な意味をもつ。まずは、いまの経済情勢や市場の動きはつかの間の現象だと見なすところから始めよう。同じ傾向がこのまま続くという前提で行動してはいけない。マークスが言うように、投資家は上げ相場や下げ相場の続く期間を長めに見積もってはよく失敗する。永遠に続くものはないということを忘れてしまうのだ。金融危機で多くの住宅購入者が身を滅ぼしたのもこれと同じで、住宅価格があがりつづけると信じこんで過剰な借り入れをしたからだった。教訓は？　**止められない変化の力に抗って、けっして全財産を賭けてはいけない。**

すべては変化すると考えると、人生（と自分がだいじに思う何もかも）がひどく不安定に思えて落ち着かないかもしれないし、変化を否定して生きたい気持ちになるかもしれない。だが私たちは薄い氷の上をスケートしていて、いつ氷が割れるかもしれないのだ。ずっと家に引きこもるとか、リスクを避けて永遠に現金をもつべきだと言っているのではない。**投資でも人生でも、目指すべきはリスクを受けいれるか避けるかではなく、不快な結果になる可能性も忘れずに、リスクを心に留めつつ理性的に行動することだ。**

とはいえ、そのように心のバランスを維持するのはむずかしい。先がまったく見えなかった二〇〇八年当時、マークスも心配症が顔を出す癖を意識して抑えなければならなかった。「心配しすぎたら、果たすべき仕事を果たせない。ここで気弱になるような自分を顧客は雇ったわけではないのだから。顧客が私に望む姿は安全をだいじにする投資家であって、小心者ではない」。「リスクを遠ざける」姿勢も、行きすぎると「リターンを遠ざける」結果につながってしまう。

幸い、私たちは変化に対してなす術がないわけではない。もろさを補うためのさまざまな方法がある。予測できないものを予測しようとするのではなく、最悪の状況になっても簡単には崩れない「脆弱ではないポートフォリオと、脆弱ではない人生」を築くほうに集中したほうがいいというのがマークスの考えだ。* 普通の投資家はどうすればいい？　「借金やレバレッジを増やしすぎない。大儲けを夢見るあまり、破滅しかねない道をわざわざ行かない。**困難に備えるうえでだいじなのは、最大限ま**

＊　もろさについて語る際、マークスはナシーム・ニコラス・タレブの『反脆弱性――不確実な世界を生き延びる唯一の考え方』（ダイヤモンド社）の用語を借りる。だが、より深い影響を受けたのは、タレブのもう一冊の著書『まぐれ――投資家はなぜ、運を実力と勘違いするのか』（ダイヤモンド社）だ。

で増やそう、大きくしようと思わないこと。これは投資でも人生でも同じだ。つまり、ぎりぎりまで追いこんではいけない」

これは消費についても当てはまる。「経済的な自立とは、大金を稼いだり所有したりすることからもたらされるのではない。ではどこから来るのか？　稼いだ額より少なく消費すればいいのだ。身の丈にあった生活をすること。ぎりぎりではなく、いくらか余裕をもたせておくことで、もろさへの抵抗力が強まると知っておこう」

だが、自分が儲かっていると、または自分以外の誰かが儲けているのを見ると、私たちはこの点を忘れがちになる。そして限界まで無理をして、ついには超えてしまう。

マークスはさらに、自分の経済的、心理的にもろい部分も知っておくべきだと言う。「こわがるのはだいじだ。ひどい事態が起こりうることを認め、耐える力が自分にどれだけあるかを直視しておそろしく思うのはだいじなのだ」。市場が急落しても平気だと「マッチョ」ぶる姿勢には用心すべきだとマークスは続ける。「市場が三分の一下落すれば、その姿勢は吹っとび、パニックになって売りに走り、急落した株価で損失を確定させてしまうだろう。最悪のパターンだ」

だから、どのくらいのリスクなら対処できるのかを率直に把握しておくことが重要だ。「そこを甘く見積もると、リスクに直面したときに、たとえそれが追証を請求されるとか明日のパンも買えないなどの切羽詰まったものではなくても、精神的に大ダメージを受けて、本来ならしないはずのまちがいをしでかしてしまう」

抵抗せず自分を偽らずに現実をそのまま受けとめるというこの習慣には、仏教の教えに即したところがある。仏教の偉大な経典のひとつ『念処経《ねんじょきょう》』は、涅槃《ねはん》に到達するための道としてブッダがマインドフルネス〔気づきの瞑想〕について説いたものだ。[7] ブッダは、悟りに達するためには、自分のまえに立ちあらわれる何事にも「つねに意識を向ける」——あらゆるもの（自分の考え、感情、知覚も含む）が生じ消えていくのを、対象から距離をとって観察する——ようにと説明する。すべての存在は儚いと「はっきりと理解」し、本質的に不安定なものに執着しないよう修行することで、心は解放されて自由になれる。ブッダは次の句を一三回繰りかえしている。「何物にも依存せず、世のなかの何事にもとらわれない」

対象にかかわらないと聞くと、冷淡さや不自然さを感じるかもしれない。だが、無常を心得ること自体には利点がある。ひとつには、よいもの（若いころの美しさ、愛する人たち、経済的な繁栄、上昇相場）ばかりが消えていくのではないということだ。悪いもの（心身の苦痛、能力に欠ける政治の指導者たち、景気の後退、感染症の世界的流行）も去っていくのだ。すべてが変化するのなら、景気がいいときに浮かれすぎたり、悪いときにがっかりしすぎたりしないほうがいい。

無常を意識すると、周りとの関係をだいじに育み（この先だれがどのくらい長生きするのかわからない）、いまをより充実して過ごそうと思うようになる。瞑想を教えるシンゼン・ヤングは著書〝***The Science of Enlightenment***〟（悟りの科学）のなかで、「研ぎ澄まされた集中力と知覚、平静さ」をもっていまという瞬間に集中すれば、「根本的に満ち足りた状態」で存在できるようになると書いている。「寿命は、年数を増やすのでなく、いまの瞬間をより充実させるというかたちで劇的に延ばすことができる」*

現在七十代のマークスは、独自の鋭い無常観をもっている。父親が一〇一歳まで生きたので、長寿の遺伝子を受けついでいるかもしれないが、それでも、命は続かないと承知している。人生のこの段階に差しかかって、彼は自分が立派なふるまいをしてきたか、とりわけ同僚や顧客とのつきあいがどうだったかを、いっそうよく考えるようになった。「何を達成したかだけでなく、どう達成したのかも意識したい。自信がないのかもしれない。でも、立派に生きたと周りに認められることは私にとってだいじなのだ」。オークツリー社が利益をあげるのはうれしいが、それだけでなく、組織が一体感をもってまとまり、自身が共同創業者カーシュともよい関係を保っていることにも誇りをもっている。マークスによれば、ふたりは三〇年間ともに働いてきて、言い争ったことが一度もない。

今後何年かのあいだに成しとげたいことはあるかとマークスに訊く。「大それた野望はない。すばらしい人生だ。家庭ではよい夫、よい父、よい祖父でありたいと願う。投資の世界でほかの人に見えないものを見つづけ、顧客に伝えつづけたいと思っている」

彼はこれからも働きつづけるつもりだ。知力を駆使することにやりがいを感じるからであって、金や地位に対して消せない欲があるからではない。彼は、大学で日本学の教授が話した仏教の教えを思いおこす。「手に入れると、またほしくなる。その欲の連鎖を断ち切らなければいけない」。ほしがることが目的と化した、欲の堂々めぐりは必ず苦しみにつながる、と。そうかもしれない。だが、自分が自由で安全でいられ、心配事が少なくてすんでいるのは、富を築いたおかげだとマークスにはわかっている。少なくともいままでのところ、億万長者になったせいで散々な目に遭ったことはない。

自分の「幸運な人生」を振りかえり、才能だけではここまで来られなかった、これほどの成功を収められたのはたくさんの出来事が有利に働いたからこそだった、と彼は謙虚に認める。その意識があるから、「おごれる者久しからず」のことばは彼には当てはまらない。いまのところ、マークスは誰よりも「全宇宙の支配者」に近いところに来ている。だが、彼が確実に知っているものをひとつあげるとするなら、変化は必ず訪れ、私たちは誰もがそれに適応しなければならないということだ。

＊　シンゼン・ヤングは、平静とは「快楽も苦痛も自己の干渉なしに増大し縮小することを許容する、執着から離れた、穏やかで、恬淡《てんたん》とした境地」と説明する。これは、マークスが市場を「あるがままに」認識して受けいれ、やみくもには反応を示さないものの、反応するのであれば、論理的にかつ感情を交えずに動く明晰さをもっていることと似ていないでもない。

第四章　倒れない投資家

――永らえる富をいかに築き、混沌の世を生きぬくか

私たちが生きるこの世界でまことに厄介なのは、世界が不合理だということではなく、合理的だということでもない。この世界がほぼ合理的でありながら、完全にそうとは言いきれないことだ。人生は非論理的にはできていないが、論理で追求しようとすると罠に嵌まる。人生は実際よりいささか数学的で規則的なように見せかけている。正確なところは目立つが、裏には不正確なところが隠れている。混沌が待ちうけている。

――G・K・チェスタトン、イギリスの作家

一九六〇年代のパリで、ソシエテ・ジェネラル社のまだ若き証券アナリストだったジャン・マリー・エベヤールは、自分が何をしているのかわからなかった。上司たちは、旧来の銘柄選びの方法を彼に教えこもうとした。「上司のゲームは基本的に、株価指数のなかの大型株を日々売買する、ただそれだけだった」とエベヤールは話す。堅実だが、平凡なリターンしか期待できないこの方法に、彼は周りと同じように従った。将来、彼は振りかえることになる。「群れのなかは外よりずっとぬるかった」

一九六八年にニューヨークへ転勤すると、彼は群れから離れはじめた。その年の夏、コロンビア大学経営大学院生のフランス人ふたりと、自転車でセントラル・パークを走っていた。そのときにふたりから、一九二〇年代にコロンビア大で教えるかたわら割安株投資《バリュー》の法則を打ちたてたベンジャミン・グレアムの話を聞いた。* エベヤールはグレアムの『証券分析』（パンローリング）と『賢明なる投資家』を読んで、とたんに光が差したと思った。彼はグレアムとの出会いを、フランス人作家ポール・クローデルが一八八六年にノートルダム寺院内で神の啓示を受け、回心した話になぞらえる。「ベンジャミン・グレアムの手法に私は打たれた。探していたものについに巡りあった」。新たに知ったこの手法に沿って投資をしたいと社内で願いでたが、上司たちはグレアムの名前を知らず、その異質な理論の何がよいのかを理解しなかった。エベヤールは、これまでどおりに仕事をするしかなく、合計すると「仕事人生の一五年間をむだにした」のだそうだ。

三九歳になって、彼はついに自由を得た。ファンド・マネジャーとして配属されたソジェン・インターナショナルはあまりに小規模で無名のファンドだったため、彼が何をしようと構う者はいなかった。エベヤールが就任した一九七九年の時点で、ファンドの運用資産はわずか一五〇〇万ドルだった。

＊　グレアムとの深い関係から、コロンビア大学はバリュー投資の知的中枢となり、現在までそれは変わらない。グレアムは奨学金を得てコロンビア大へ進学し、誰もが認める博覧強記の秀才として、一九一四年の卒業前に、英語、数学、哲学の三つの学部で教えないかと大学から誘われた。彼は誘いを断り投資家の道を選んだが、一九二八年に夜間クラスの講師としてコロンビア大学に戻り、その後二八年間にわたって教壇に立ち、ウォーレン・バフェットやアービング・カーン、ビル・ルエインら、世代を代表する投資家たちを育てた。

マンハッタンを拠点に、フランスにいる幹部の干渉を受けることなく、彼は長いあいだひとりで働いた。

エベヤールの新しい投資戦略は、『賢明なる投資家』から得た、きわめて重要な知見に基づいていた。「未来は何が起こるかわからないのだから、リスクは最小化しておかなければならない」。おおいなる真理がたいていそうであるように、非常に簡潔なだけに重要性を見過ごされ、表面をちらりと眺めただけでわかった気になる知見だった。

それは、グレアムがつらい体験から学んだ教訓だった。一八九四年にロンドンに生まれてニューヨークへ移り、ヨーロッパから磁器を輸入する事業を営む裕福な家庭で育った。だが父親が三五歳で亡くなり、残された母親がひとりで三人の息子を育てなければならなくなる。家業はつぶれ、母親は自宅を下宿屋に改装したが、それも失敗した。さらに悪いことに彼女は借金をして株を買っていたため、一九〇七年の金融恐慌で株式市場の価値が数週間で半分近くまで急落したときに財産を失った。家財は公売にかけられた。料理人やメイド、家庭教師に囲まれて育ってきたグレアムは、この体験をのちに「恥ずかしき不名誉」と表している。

子ども時代の記憶だけでも、グレアムが不確実性に屈しない力をもとうとした充分な理由になるだろう。だがその後の人生でも災難は続いた。第一次大戦、一九二九年のニューヨーク株式市場の大暴落、そして世界恐慌。一九二〇年代の上昇相場を背景にファンド・マネジャーとして富を築いていたグレアムは、一九二九年から一九三二年のあいだにその七割を失う。これらの経験を通し、苦悩の末に彼は悟った。「株価の将来はけっして予測できない」

逆境に鍛えられたグレアムは、生きのこることを最優先する投資の信条を立てた。それを、ホロコーストのあとに書いた『賢明なる投資家』の最終章に要約している。*「古い言い伝えのなかで、最後に賢者は人の世の流れをひとことに要約した。『このこともまた過去となる』。先人にならい、堅実な投資の極意を短く言いあらわすなら、われわれはこの三語をあげよう――安全域（MARGIN OF SAFETY）と」

グレアムによると、安全域は、ある株式や債券を「評価価値」より「有利に」安く買うことで得られる。価値と価格の差額が、投資家自身の「計算違い」や「平均より悪い運」「今後の未知の条件」から発生した衝撃を吸収するクッションの役目を果たすのだ。人間のもろさと過去に繰りかえされてきた危難をよくわかったうえでグレアムが構築した、簡潔かつ巧みな戦略だった。そう、私たちはまちがいを犯す。不運に見舞われる。未来は見えない。

割安の資産を買えば、「損をするより儲ける可能性のほうが高い」とグレアムは結論づけたが、ある特定の投資でひどい目に遭わないためには、これだけではまだ足りないと釘を刺す。解決法は？　分散投資だ。

エベヤールも、グレアムと同様に不確実性のなかで育った。ドイツ軍が侵攻するほんの数カ月前の

＊　グレアムは、元の名前をベンジャミン・グロースバウムといい、ポーランドから移住してきた正統派ユダヤ教徒の家系をもつ。そのような経歴の人物として、（東ヨーロッパのユダヤ人が経験したような迫害と危険に満ちた）彼の一族の歴史と、（危険を減らし安全を求めることが中核にある）彼の投資哲学とを関連づけるのは、無理な話ではないだろう。

一九四〇年に、フランスの町ポワチエで生まれた。彼が慎重で気むずかしく、暗い人生観をもっているのは、子ども時代にフランスの田舎の祖母を訪ねるたびにローマカトリック教会で聞いた説教の影響を受けている。ドイツ軍に敗れ、流血と爆撃に打ちのめされた住民に向かって司祭は話した。「地上で幸せになれると思わないことです。ここは涙の谷です。私たちは天の国で幸せになるのです」*。だからエベヤールには、投資家は災難を予期し、耐えなければいけないというグレアムの警告がすんなり沁みた。

グレアムの最盛期には格安の資産がアメリカに多数あったので、海外まで目を向けなくてもよかった。だがエベヤールは、クローニングしたグレアムの戦略を時代に合わせて修正し、自分の見積もった価値より少なくとも三割から四割安い株を世界中で探しまわった。彼の基準は、合理的な投資家がその会社全体を評価して現金で買うとしたらいくら出すかの額をさらに保守的な視点で引きさげたところにあった。グレアムのことばを借りれば、「楽観論でなく計算」に基づく手法だ。しかもエベヤールはつねに一〇〇以上の銘柄を保有していた。バフェットやマンガーにはもっと的を絞ったポートフォリオをもつ度胸があったが、エベヤールにはそれはできなかった。「自分の手腕を信じきれないし、いつかすべてが吹きとぶのではないかと心配でたまらないから」と彼は認める。

彼の戦略はうまくいき、低リスクで高リターンをあげる能力を評価されるようになった。ビジネスウィーク誌や調査会社〈モーニングスター〉は、彼を褒めたたえた。ファイナンシャル・プランナーやブローカーが顧客の資産を任せたいと彼のもとに押しよせた。彼はアナリストを雇ってチームをつくり、新しいファンドをふたつ立ちあげた。それでも、自身は恐怖心を忘れることはなかった。ファンドが大きくなるにつれ、数十万人もの資産を運用することの重責を感じるようになった。退職後の生活や子どもの教育のために彼らが貯めてきた金なのだ。「絶対に失うことのできない金だ。自分がしくじったら、彼らの生活はまちがいなく苦しくなる。それを考えたら、慎重になるしかない」

エベヤールの厳しい価値評価のおかげで、出資者たちは安全に護られた。たとえば一九八〇年代後半、投資家たちが日本株に夢中になり、押しあげられた資産価格が経済の実態からかけ離れていった時期がある。一九八九年には、日本株は世界の株式時価総額の四五パーセント――アメリカ株とイギリス株を足した総額より多い――を占め、世界の大企業リストの上位に日本企業がずらりと並んだ。エベヤールは、自身の評価基準に合う日本株をひとつも見つけられなくなり、一九八八年に日本市場から完全に撤退した。一九九一年、バブルが崩壊し、日本の株式市場は長く続く負のスパイラルに陥った。二〇〇九年にはバブル後最安値を更新し、日経平均株価はそれまでの二〇年間で八〇パーセント以上下落した。私のインタビュー中、エベヤールは、二〇二〇年においても日本の株式市場は「いまだに三〇年前より三〇パーセント下回っている」と驚きを見せた。

『賢明なる投資家』の序文で、バフェットはこう書いている。「生涯にわたって投資で成功するために、とびきり高いIQや並外れた洞察力は必要なく、内部情報を探りまわる必要もない。必要なのは、意思決定のための堅実な知的フレームワークと、そのフレームワークを揺さぶらないように感情を抑

＊　エベヤールにいまも敬虔なカトリック教徒なのかと訊いたら、「信仰はある。だが教会には腹が立つ」との答えだった。彼は投資界だけでなく、宗教の世界でも集団の外にいる。

えておく力だ」。エベヤールはこの基準をどう満たしたか。知的フレームワークについては、有効性が実証されている「安全域」戦略を支えにして堅実に維持できていた。感情を抑える力についても、群衆から距離を置く精神力を備え、周りがエンジンを吹かそうが、自分の基準をけっしてゆるめようとしなかった。もうひとつ彼には決定的に有利な点があった。キャリアの一時期、組織のなかにいながら自分がやりたいようにやれる自由を得たことだ。本社から六五〇〇キロ離れているという物理的な距離に加え、彼の投資成績がすばらしいので本社の誰も口を挟むことができなかった。

これらの土台の上に、エベヤールは優れた実績を築きあげた。だが、彼自身がすぐに気づいたように、世のなかには、否応なしに人をもろくし、リターンを平凡にしようとするさまざまな力が存在する。苦境に屈すまいとする人を攻撃してくるこの力のことは知っておいたほうがいい。本章では、そうした地雷原をエベヤールと彼の後任者マシュー・マクレナンがどのように巧みに進み、四〇年以上にわたり傑出した成果を出しつづけてきたのかを見ていく。彼らの考え方から、長い投資人生で富を築き、そして維持していくための多くの教訓を学ぶことができる。

「後れは命取り」

エベヤールの苦難は一九九七年に始まった。それまでの一八年間、彼は災難を回避し、市場を上回る成績をあげつづけた。最悪だった一九九〇年でさえも、ソジェン・インターナショナルはわずか一・三パーセントの損失を出しただけだった。一八年のうちに彼の運用資産額は六〇億ドルにまで達した。彼が築いた金融の砦《とりで》の脅威となったのは、意外にも市場の暴落ではなく、投機の熱狂だった。

一九九七年一月から二〇〇〇年三月にかけて、インターネットや通信関連の銘柄に熱に浮かされたような買いが入り、ＩＴ関連の銘柄が多いナスダック総合株価指数は二九〇パーセント上昇した。この時期の震えおののく不条理を知りたければ、〈ザ・グローブ・ドットコム〉の興亡を見るといい。ソーシャルメディアサイトを運営するこの企業は一九九八年にナスダックに上場し、上場初日の取引で株価が六〇六パーセント高騰したが、二〇〇一年には一ドルを割りこんで上場廃止に追いこまれた。玩具のネット通販大手〈イートイズ〉は、一九九九年五月に一株二〇ドルで上場し、その年の一〇月には八四ドルの最高値をつけたが、一八カ月後には破綻した。また、ネットワーク機器大手の〈シスコシステムズ〉は、五〇〇日足らずで時価総額が一〇〇〇億ドルから五〇〇〇億ドルへ急騰し、少しのあいだだけ世界最大の企業となった。その後バブルが弾け、株価は八六パーセント暴落した。

慎重さが習い性のエベヤールは、このジェットコースターに乗ろうとはしなかった。実際、市場のばかげた評価や、どのテック企業が生きのこりどれが消滅するのか誰にも予測できない状況を考えれば、乗らない決断はむずかしくはなかった。だが結果的に彼は、ハイテク関連株をひとつももたないという極端なポジションをとることになった。ファンド・マネジャーが株価指数とまるで連動しない運用をするのにはたいへんな勇気がいる。もし判断がまちがいだったら、これまで築いてきたキャリアすべてを危険にさらすからだ。結婚していて子どもがいるなら、あるいはいまのぜいたくな暮らしを続けたいと思っている人には、とりわけ選びたくない道だ。より楽な選択肢は、特定の株式や産業の銘柄を完全に排除するのではなく、比率を下げて組みいれることだろう。「キャリアを危うくする」恐怖を考えれば、なぜ多くのファンドがインデックスにしがみつくのかがよくわかる。目を見張るようなリターンは望めなくても、とびきりの不幸には遭わなくてすむのだ。

負けん気が強く強情なところがあるエベヤールは、楽な道をとらなかった。その結果、ハイテク関連株があがり放題だった三年のあいだ、彼は市場に大差をつけられる格好になった。一九九八年だけでも、ナスダックは三九・六パーセント、MSCIワールド・インデックスも二四・三パーセント上昇した一方で、彼のソジェン・インターナショナルのファンドは〇・三パーセント下がった。翌年はソジェン・インターナショナルも巻きかえして一九・六パーセントのリターンをあげた。なかなかよい成績ではないかと思うだろう。残念ながらちがう。その年、ナスダックは八五・六パーセント上昇したのだ。どんなぼんくらでも大儲けできるようなときに、エベヤールのリターンはほかに比べて惨めだった。彼が責任をもって運用していることはわかっていても、出資者たちは感謝する気にはなれなかった。それどころか、彼の慎重さが職業上の自死行為にも見えてきた。

「後れは命取りになる。心理的にもだが、経済的にもつらくなる。一年が経てば、出資者は動揺する。二年経てば激怒する。三年経つころには、彼らの姿はない」。じつに、彼のファンドは三年もしないうちに出資者の七割を失い、運用資産額は六〇億ドル超から二〇億ドルあたりにまで縮小した。

当然、彼の上司たちも愉快ではなかった。本社のソシエテ・ジェネラルは滅多に従業員を解雇しない。「仕事ができないと判断されたら、狭い職場に移されて仕事を与えられないことはあるにしても」。だが一九九九年には、ふつうならありえない可能性を彼は考えはじめた。「もしかするとクビになるかもしれない」

ミューチュアル・ファンドは、ときにものすごい利益を見込めるビジネスだ。大きな資本を必要とせず、営業利益率が並外れて高い。ずばりと本質を突く目をもった、著名な投資家の故マーティ・ウィットマンは、かつて私に、ファンド・マネジャーはどんな面にも手腕を発揮できるが、自分たちの取り分を下げることに関しては別だと言ったことがある。ミューチュアル・ファンドの幹部たちはつねに資産を集めつづけている。彼らは悪党でも能なしでもない。取引と売上を重視する、現実的なビジネスパーソンたちだ。エベヤールのような抜群に有能な人材は、順調なときには貴重な財産だった。だが暗雲が立ちこめれば、全員のボーナスをその過激な手法で危険にさらす不埒《ふらち》者として捨ててもおかしくなかった。流されやすい投資家たちがドットコム企業の株がほしいというのなら、なぜそれを与えないのか。アヒルがガーガー鳴くのなら、エサをやればいいじゃないか。

圧力がはっきりとわかるようになった。幹部のひとりが「(エベヤールは) 半分呆《ぼ》けてる」と文句を言っていたことが、本人の耳にも入ってきた。まだ五九歳だった彼は、百戦錬磨の投資銀行員である妻エリザベートにそれをこぼした。「妻は、読んでいた雑誌から目もあげずに言ったよ。『半分だけ?』」別の幹部は、ソジェン・インターナショナルで相次いでいる償還のスピードが危機的な水準にあるとして、「運用資産がゼロになる日が迫っている」と言いたてた。

エベヤールは四面楚歌に陥った。「ファンドの役員会さえ、私に敵対する立場だった。『誰もがわかることを、なぜあなたはわからないのか。ハイテクやメディア、通信株をなぜ買わないのか』と詰めよってきた」。彼はなんとかわかってもらおうとした。企業が次々に生まれてはやみくもに高評価され取引される目まぐるしい産業分野は、自分の投資スタイルには合わないのだと。だが説得は実らず、周囲からは、エベヤールは新しい経済のすばらしいイノベーションが理解できない、世間から取りのこされた過去の遺物だと思われた。

平均より成績が悪くなる時期はあると、エベヤールはつねに覚悟していた。過去にも数カ月間、市場に後れをとったことがある。だが三年間は？　「あまりに長かったので、自分は無能なのかとおびえた時期もあった」と彼は打ちあける。「いや本当に、自分を疑いはじめるんだ。ほかのみんなには光が見えている。なぜ自分だけ見えないのか、と」

市場はすっかり変化を遂げて、彼の投資スタイルは適応しなくなったのだろうか。伝説のヘッジファンド・マネジャーと呼ばれるジュリアン・ロバートソンはそれまでの二〇年間、割安な銘柄を買い、割高な銘柄を空売りする手法で驚異的なリターンを叩きだしてきたが、二〇〇〇年のはじめ、運用してきたファンドを閉鎖した。ロバートソンはぼやいた。「合理的な環境では、この戦略はうまく機能した。だが企業の収入と適正価格を分析するより、勢いでマウスをクリックするほうが優先される不合理な市場では、私たちが学んできたそうした理論は通用しなくなった」

それでもエベヤールは、自分の手法を捨てず引退もせず、もがきつづけた。彼はかつて母親から、あなたがそこそこ成功できそうな、ひとつしかない職業に就けてよかったと言われたことがある。「母の言ったことは正しいと思う。私はほかの仕事はできない。しかもバリュー投資しか知らない。ちがう運用はできないんだ」

ついにソシエテ・ジェネラル社は、エベヤールを厄介払いするうまい方法を見つけた。彼の投資チームとファンドを、アンホールド＆エス・ブライシュローダーという小さな投資銀行へ売却したのだ。

エベヤールはファンドの一九・九パーセントを自身の持ち分とし、一九六二年から一貫してソシエテ・ジェネラルで働いてきた。だが、三年間の惨めな成績不振ののち、くたびれたアスリートのようにほかのチームにトレードされてしまった。

この売却は、会社にとっては冗談のようにまずいタイミングだった。一九九九年一〇月に発表し、契約に署名したのが二〇〇〇年一月、その二カ月後の三月一〇日、ITバブルが破裂した。

市場に合理性が戻ると、エベヤールのポートフォリオに組みこまれていたバーゲン価格の各銘柄は驚くほどの上昇を見せた。ファースト・イーグル・グローバル・ファンドと名前を変えた彼の旗艦ファンドは、ナスダックを二〇〇〇年に四九ポイント、二〇〇一年に三一ポイント、二〇〇二年にも四二ポイント上回り、大勝した。調査会社〈モーニングスター〉は、エベヤールを二〇〇一年の国際株式部門のファンド・マネジャー・オブ・ザ・イヤーに選出した。モーニングスターは二〇〇三年にも、出資者の最善の利益に合致する「長期にわたる傑出したパフォーマンス」と「大多数と意見を異にする勇気」を称え、創設第一回目の「生涯功労賞」を彼に授けている。

投資家は気まぐれな集団だ。ある年には、エベヤールを無能な化石だと責め、翌年には賢人と崇《あが》めたたえる。大量の金が流れこみ、彼の運用資産額は最終的に一〇〇〇億ドルにもなった。彼の以前の雇い主は、事業がどん底にあったときに「現在の価値の五パーセント」で売ったことになる。彼は、憤りと悲しみと満足感が入りまじった様子で話す。「あのあと、役員たちはほぞを噛んでいたと風の便りで聞いた」

同じように栄光への道をつまずきながら進んだグレアムなら、エベヤールの浮いて沈んで再び浮上した物語に驚きはしないだろう。彼は『証券分析』の冒頭で、古代ローマの詩人ホラティウスのことばを引いている。「いま落ちぶれている者はやがてよみがえり、いま栄光のなかにいる者はやがて落ちる」

人の情けに頼るなかれ

エベヤールは正しい判断をしていたにもかかわらず、キャリアは破滅寸前まで追いこまれた。ここから私たちは何を学べるだろうか。何よりもまず、数々の不安定要素と予測不可能な危険を乗り越えて、何十年にもわたり投資で成功しつづけることのむずかしさだ。

エベヤールには多くの同業者に比べて際立って優れている点がいくつもあった。企業の本質的価値を重視するグレアムの法則に出会ったおかげで、分析と論理に基づく思考に長けていた。どんな状況に置かれても、この法則に忠実に従う規律をもち、過大評価された株に惑わされなかった。同僚からの蔑視に耐え、自身を疑いそうになる気持ちを抑えつける胆力があった。つまり彼は、傑出した成果を長期間出せる知力と性格を兼ねそなえた、ごく限られた人たちのひとりだったのだ。それでも、真の不屈の投資家であるためには、これらの圧倒的な強さをもってしてもまだ充分ではなかった。どういうことか。

構造的に不健全な立場に彼が置かれていたことだ。第一に、彼はファンドの投資家たちの意向に沿わなければならなかった。出資者はいつでも自分の金を引きだせるので、彼は株価が最も安いときに本当は買いたくても、顧客が売れと言えば売らざるをえない。気まぐれと危なっかしい判断で動く出資者の意向は彼がコントロールできない外部の脅威だった。第二に、ハイテク株に彼が投資しないことで自身の年収への影響を懸念した同僚たちから、強い圧力にさらされた。しかも彼は雇われている立場なので、雇い主が喜ぶかどうか（あるいはいやがらないかどうか）を意識しなければならなかった。彼に全面的な主導権はなかったのだ。

伝統的な評価基準が失われた狂乱状態の市場で、合理的な意思決定をするだけでも充分むずかしい。そこへさらに、船を捨てていく出資者らによる外部圧力、自身の利益を気にする同僚、まさに最悪のタイミングで手のひらを返す上司たちから集中砲火を浴びれば、事は無限にむずかしくなる。エベヤールの苦難を見ればわかるように、突かれると弱い急所はさまざまなかたちで潜んでいる。だから、**投資の世界で屈しない力をもとうと思ったら多方面への備えが必要となる**のだ。

ウォーレン・バフェットとチャーリー・マンガーがバークシャー・ハサウェイ社をどんな苦難に遭っても倒れないように構築したことは参考になるだろう。たとえば、流動性資産が不足しないよう、保有する現金を二〇〇億ドル未満にしないとふたりは決めている。二〇二〇年にＣＯＶＩＤ‐19が市場暴落を引きおこしたとき、バークシャー社には一三七〇億ドルの現金があり、状況の読めない前代未聞の事態に遭遇しても揺るがなかった。また、ふたりが買うのは、インフレや混迷の時代にも何十年も繁栄すると見込んだ質の高い企業だ。手がけている保険事業でも、弱い企業なら耐えられないほどの大災害にももちこたえられるよう、巨額の資金を積みあげている。

さらに、バークシャー社はファンドではなく、株式会社であるという構造的な利点をもっている。

このため、パニックに陥った出資者が急に資金を引きあげるファンドよりも、恒久性の高い資本を投下できる。「投資信託だと、業績が一時的に振るわなければ、出資者に見捨てられる恐怖がつねにつきまとう」とエベヤールは言う。「バフェットがバークシャーでやっているファンドにはクローズドエンド型〔解約が原則としてできない投資信託〕がかなり含まれている。想定外の償還に悩まされることがない」

金融危機ではバークシャー社の株も打撃を受け、二〇〇八年九月から二〇〇九年三月のあいだに五〇・七パーセント下落した。だが、この短期的な市場の動揺は、同社の長期的価値にまったく影響を及ぼさなかった。それどころか、バフェットは、ゴールドマン・サックスやゼネラル・エレクトリック、バンク・オブ・アメリカなどの傷ついた巨人に優遇的な条件で何十億ドルも支援し、危機を利用してバークシャーの価値を押しあげた。自身のヘッジファンドで二〇年以上もバークシャー社の株をもっているガイ・スピアは、バフェットは自分が「最後まで生きのこる者」でいるための手はずを抜かりなくととのえていると評価する。

テネシー・ウィリアムズの戯曲『欲望という名の電車』（新潮社、慧文社）で、主人公のブランチ・デュボワは言う。「わたくしはいつも見ず知らずのかたのご親切に頼って生きてきました」。控えめで品のいい物言いに聞こえる。ただし、彼女は精神を病んでいて、話している相手は施設へ連れだそうとする医者だ。二〇一八年の「株主への手紙」で、バフェットはひねりを加えて、こう書いた。「チャーリーと私はバークシャーの運営にあたって、見ず知らずのかたがたのご親切には——または自らが流動資産の問題に直面しているかもしれない友人のご親切にも——けっして頼りません。私たちは、長期の市場閉鎖のような極端な場合も含め、どんな経済の断絶が起こっても、余裕をもって耐えられるようバークシャーを構築しました」

経済的に不屈でありたいと願うなら、ブランチ・デュボワではなく、バフェットをクローニングするべきだろう。つまり私たちもまた、見ず知らずの人たちの厚意に頼らなくてもすむように手段を講じておく必要がある。エベヤールはファンド・マネジャーとして、他人に従わざるを得なかった。こうして見ると、個人投資家には個人投資家ならではの重要な強みがある。むやみに売買したがる出資者や、安全なところから嫌味を言う評論家の誰からも責任を問われないのだ（もしかすると、家族からは責任を問われるかもしれないが）。

それでは、個人投資家はどうやってもろさを減らし、屈しない力をつければいいのだろうか。バフェットにならって、不況時に株にしろほかの資産にしろ、困って手放さなくてもいいように、現金をつねに充分に確保しておくべきだ。エベヤールが警告するように、債務は私たちの「持久力」を消耗させるから、過度の借金は避ける。エベヤールが貫いているとおり、有望とされるが安全域のない注目株への投機には引きずられない。財務体質が脆弱、あるいは外部からの資金援助を必要としそうな企業は困難があると消滅しかねないので、はじめから相手にしない。

一つひとつはどれもものすごくむずかしいことではない。要は、言い方を変えて、忘れがちな戒めを突きつけているのだ。「なんじ人の情けに頼るなかれ」

長期戦

急いで金持ちになる必要がないのなら、それも強みになる。二〇一四年、私は著名な投資家アービング・カーンに、その桁外れに長いキャリアから得られた最もだいじな教訓を教えてほしいと頼んだ。一九二八年からウォール街で働いてきた彼は、そのとき一〇八歳だった。投資業界で彼ほど多くの市場の混乱を生きぬいてきた者はいない。私は彼に、投資家として（なおかつ生命体として）不屈の力を体現する人物だと敬意を抱く。*カーンは弱っていて自ら対応することはむずかしかったが、孫のアンドリュー——家族で経営する投資会社カーン・ブラザーズのアナリスト——が私の質問を読みあげ、彼の回答を書きとめてくれた。この三カ月後にカーンは一〇九歳で亡くなり、くしくもこれが彼が最後に受けたインタビューとなった。

カーンは一九二〇年代にコロンビア大学でグレアムの授業補佐を務めたあとも、友人として何十年もグレアムと交流した。グレアムから学び、カーンが八六年間にわたり金融市場で活躍しつづける糧《かて》となったものは何かを私は知りたかった。その回答を書こう。「投資とは維持することなり。大きな利益を求めるより、維持のほうをまず考えるべきだ。まずまずのリターンをあげてロスを最小限に抑えれば、投資仲間の誰よりも儲けて、裕福になれる。この方法は不眠の悩みを解消するのにも効きますよ」

カーンによれば、投資の秘訣はひとつのことばに集約される。「安全性」だ。そして、投資で賢い判断をする鍵は、まず「どれだけの損がありうるか」を自問してから始めることだった。カーンはこう説明した。「投資家にとって最もだいじなのは、ダウンサイドを考えることだ——儲けを予想するまえに。問題は、最近の人たちはなんでもすばやく済ませられるために、自分が優れていると思っていることにある。馬を速くは走らせられるだろう。けれども、進んでいる道は合っているのか？　向かう先が見えているのか？」

カーンの守りの考え方は、医学生たちが頭に叩きこまれる戒め、「まず、害をなすなかれ」を思い起こさせる。投資家向けにはことばを少し調整して、「まず、自分に害をなすなかれ」と言おうか。成功の過程を語ろうとすると、派手なところに目を向けがちだ。大胆な賭けで何十億も稼いだ話をするほうが、結局起こらなかった災難を延々と話すより、ずっと楽しい。だがいったん災難に遭うと、そこから復活するにはかなりの苦労が伴うため、まえもって災難を避ける知恵はきわめてだいじだ。投資による損害を冷静に計算してみてほしい。思慮に欠けた賭けをして五〇パーセントの損害を出したら、もとに戻るだけのために一〇〇パーセントの利益をあげなければいけないのだ。

エベヤールは、進む先に致命的な危険のあることを察知するたびにそれを回避し、損失を出さなかったからこそ、国際投資で長期にわたり巨人でありつづけられた。何かをなしえた勝利というより、何かをなさなかったための勝利だった。ソジェン・インターナショナル・ファンドとファースト・イ

＊　カーンは生物学的に立派なサンプルでもある。運動をほとんどせず、牛肉を好んでよく食べ、五〇歳ころまで喫煙していた——にもかかわらず、一〇九歳まで生きた。健康にもう少し気を使ったら、さらに長寿に恵まれただろう。息子のトーマスによれば、父の老いを遅らせたのは、その好奇心の強さだった。同時に、彼はすばらしい遺伝子をもっていた。彼を含めた兄弟姉妹四人は全員、一〇〇歳を超える長寿だった。

ーグル・ファンドの時代を振りかえってエベヤールは言う。「この数十年間、成功してこられたのは、大半は自分がもたなかったもののおかげだ。八〇年代末、日本株をいっさいもたなかった。九〇年代末、ハイテク株をいっさいもたなかった。そして二〇〇〇年から〇八年にかけては、これといった金融株をまったくもたなかった」。過去三〇年間の三つの大暴落をよけた能力が、成功と失敗を分けたのだった。

すべては消えゆく

エベヤールは二〇〇八年にファンド・マネジャーの仕事から退き、ファースト・イーグル・ファンドのシニア・アドバイザーとなった。彼がバトンを渡した三九歳のオーストラリア人マシュー・マクレナンは、リーマン・ブラザーズがはかなく消えて国際的な金融システムが崩れはじめる一週間前に仕事を継いだ。現在、一〇〇〇億ドルの資産と数百万人の出資者をファンドに抱えるマクレナンは、世界で最も影響力のある――そして最も思慮深い――投資家のひとりだ。

一見したところ、彼は前任者とは似ても似つかない。前任者エベヤールは悲しげな顔つきと憂鬱な世界観から、「くまのプーさん」に出てくる、「じめじめしてさびしい」湿地に住む陰気なキャラクター、イーヨーを思わせる。三〇歳ほど年下の後任者マクレナンは、明るい目をしていて、情熱とおおらかな魅力にあふれている。話すときにも、ほぼ一節ごとに笑顔がこぼれる。

だが投資家としてのふたりには多くの共通点がある。彼らは二〇〇八年に初めて会ったとき、IT

バブルをどう闘ったかについて話を交わした。マクレナンは当時、ゴールドマン・サックスでバリュー重視の国際的なポートフォリオを運用していて、安全域のまったくない熱狂のなかで買うのを拒否した経験を詳しく話した。エベヤールは賛同した。マクレナンは、「社会に丸ごとは受けいれられなくてもいい、群れから離れていても構わないと私が考えていることに、エベヤールは安心してくれた」と言う。「時代の流行に乗らないのは、ときに寂しいもの。それで私たちは結束した」

　人とはちがう道を選ぶ覚悟がマクレナンにあるのには、いっぷう変わった生いたちが背景にある。一九六九年に生まれてから最初の六年間を彼はパプアニューギニアで過ごした。測量技師の父親と理学療法士で芸術家の母が、冒険心で移住したのだ。パプアニューギニア出身の最も有名な投資家だねと私が茶化すと、彼は「標本はひとつしかないけど」と応じる。両親は、マクレナンいわく「自由思想家」で、「自分の蓄積を誇るための月並みな象徴物にはまったく興味を示さ」ず、のちにオーストラリアに移り、熱帯雨林に接するのどかな土地を購入した。地域の電力系統につながる許可を得られなかったため、マクレナンは子ども時代、快適な衣食住とはかけ離れた、「ブーンとかカチャカチャというような、ありきたりの生活音が聞こえてこない生活」を長く送った。

　家にはたくさんの本があったが、温水は出なかった。そのため、黒いビニール袋に水を入れて午後の日差しで温めてから、木の下で浴びた。冷蔵庫もなかった。暖房は鉄ストーブで、眠っているところをよくその煙で起こされ、家から燻《いぶ》りだされたものだった。「うちには長いあいだ、テレビもなかった。あるとき、父が車のバッテリーにつないで見られるようにしてくれたが、長続きはしなかった。というのも、父が車を車庫から出すときに、バッテリーにテレビをつなげたまま、玄関から引きずり出してしまったから」

マクレナンは、ガス灯の光の下でたくさんの本を読んだ。祖父ともよく一緒に過ごした。祖父は「真の思想家」で、株を買い、ワインを収集し、バラを育て、地球物理を探究する南極探検隊に医師として同行した。マクレナンは、家族の知的探究に対する情熱を引きついでいる。彼の話には、ヘラクレイトスからトゥーキュディデース、モンテスキュー、シュレーディンガーまで偉大な頭脳や思想家のことばが次々に出てくる。彼にとって知的な喜びこそが至上なのだ。「新しい考えが浮かんだり、本物らしいものの見方ができたりしたときには、いい波をつかまえたような浮揚感がある」

貪欲に本を読みつづけた結果、マクレナンはグレアムやエベヤールと同様に、用心深い結論に至った――**未来は「本質的に不確実」なのだから、投資家は長く影響が残るようなひどい損失を被《こうむ》らないように心がけ、「世界のどんな事態にも耐えうるポートフォリオ」を構築することを重視すべきだ。**投資の判断の際につねに指針となるような包括的な目標を設定しておくのがよいとして、彼は古代ローマの哲学者セネカのことばを引用してくれた。「どの港へ行こうとしているのかがわからなければ、どんな風も利用できない」。マクレナンにとって目的地ははっきりしている。「私たちの目標は、急いで金持ちになることではない。逆風にも長くもちこたえられる富を築くことだ」。市場での大勝ちを狙うより、ほぼ誰にとってもずっと賢い目標だ。

マクレナンが「不確実性を重視」するのは、歴史を学んだからでもある。(2) 彼は一九〇〇年代初期の比較的穏やかだった時代にとりわけ興味を惹かれる。たとえば一九〇八～一一年の期間に投資家が世界を見渡したら、未来を信じる気になったのは当然だろう。世界経済は長期にわたって空前の成長を続けていた。資産価値もそこそこ落ち着いていた。インフレも抑えられていた。心配する必要がどこにあるだろう。だが突然、すべてが崩れはじめた。

沈むはずのないタイタニック号が一九一二年、初めての航海で海のもくずとなり、自然は人間の意のままにならないことを思い知らされた。ボスニア人革命家による暗殺事件が引き金となり、連鎖反応の果てに一九一四年、第一次大戦が勃発する。戦時中、ニューヨーク証券取引所は四カ月間閉鎖され、ヨーロッパの主要な取引市場も閉鎖された。一九一八～一九年に大流行したスペイン風邪は五〇〇〇万人もの命を奪った。一九二二年には急激なインフレがドイツを襲い、一九二三年以降のヒトラー台頭の下地をつくった。一九二九年に株が大暴落し、大恐慌が続いた。一九三九年から一九四五年にかけては第二次大戦に多くの地域が巻きこまれた。穏やかな繁栄の時代が三〇年に及ぶ受難の時代に取ってかわられたのだ。世界の動きに揺さぶられて株式市場は一九二六年から一九四五年にかけて激しく乱高下し、この時代の投資家たちはリスクに対する恐怖を長く抱くことになる。*

投資家がたびたび犯す大きなまちがいは、未来はこれまで経験した時代と似ているだろうと決めかかることだ。「だが、未来はたいてい、びっくりするほどちがう」とマクレナンは言う。「どの世代も、ひとつまえの世代とは大きくちがう人生を送ってきた†」。バフェットも九・一一のあとに同じ

＊『リスク　神々への反逆』（日本経済新聞出版）で著者のピーター・バーンスタインは、一九二六年から一九四五年までのリターンはわずか年平均七パーセントだったと述べている。その期間の年次リターンの標準偏差（平均値からのばらつきを表す指標）は年間三七パーセントだった。乗り物酔いしそうな乱高下と凡庸なリターンという、投資家にとって最悪の組みあわせが続いた時代だった。

指摘をしている。同時多発テロで、バークシャー社は保険金支払いで何十億ドルもの損失を出した。二〇〇二年に株主に宛てた手紙で、彼は「私たちは、大規模なテロによる損失の可能性を見落としていたか無視していました。この業界の全員が、エクスポージャー〔特定のリスクにさらされている資産の割合〕ではなく経験《エクスペリエンス》に気をとられていたために、保険の引きうけで根本的なミスを犯してしまいました」と書いている。**教訓を胸に刻み、マクレナンは自身のエクスポージャーと、過去の経験とはまったくちがう様相になりうる未来への備えに相当な注意を払うようにしている。**

二〇一七年夏にマンハッタンの洗練されたオフィスで初めて取材したとき、マクレナンは投資家がさらされている脅威の数々をあげた。たとえば、アメリカの対GDP比債務残高は、二〇〇八年の金融危機以前よりも増えていた。貯蓄して用心深くあることをまるで罰するかのようにあまりに金利が低い。自動化があらゆる業務へ広がり、社会不安や政治不安をかきたてている。地政学的な情勢は、ライバル国としての中国の台頭を筆頭に、紛争の火種があちこちにある。さらに、低金利を背景に資本コストが下がって資産価格が跳ねあがり、充分な安全域のある株を見つけるのがむずかしくなった。彼はこれらの現象について「歴史を見ると、いずれ大損失を被りかねない危険をはらんだ、社会のもろさと人の弱さの表れだ」と評した。

マクレナンは市場予測を「骨折り損」だと考えているので、次に何が起こるかわかるような素振りは見せなかった。ただし、押さえておくべきと考えるポイントはハワード・マークスと同じだった。「リスク評価には大きな周期がある。リスクが適正に評価されていることが明らかなとき、たとえば二〇〇八年の終わりや二〇〇九年のようなときには積極的に投資すべきだ。一方、リスクが適正に評価されていないとき、たとえば一九九九年や二〇〇七年、あるいは現在もそうかもしれないが、そういうときにはもっと注意深くあるべきだ」

この状況を、彼はサンフランシスコの断層の上で生活するのに喩えた。「もしかすると、すばらしい一〇年が今後待ちうけていて、地震も発生しないかもしれない」。かといって、脅威が存在しないかのように過ごすのは無謀だ。「うまくいかない未来もありえる、という認識はもっておくべきだ。**人間の営みに参加しつつも、道の途中にある窪みに填まらないよう態勢をととのえておく必要がある**」。投資にも人生にも生かせる訓戒だ。

二〇二〇年、地震ではなく流行病として脅威がついに姿を現し、三月ごろに株価は全世界的に暴落した。感染が拡大するマンハッタンを避けてコネチカット州グリニッジに家を借りて移りすんでいたマクレナンは六月、あらためてリスク管理の重要さを思い知ったと述べた。一〇年間ほぼ「途切れなく続いてきた成長」のあとの「油断」を襲ったこの暴落は、「市場が複雑な生態系のなかに属し、本

---

† 一九四五年のあとの数十年間は、投資家にとってじつにすばらしい時代だった。一九二六年から一九四五年までのあいだに株のおそろしさを知って離れていった人たちは、ダウ・ジョーンズ工業平均株価が一九四五年の約一五〇ドルから一九六六年には一〇〇〇ドル近くまで急上昇した絶好の機会を味わうことができなかった。バーンスタインによれば、一九四五年から一九六六年までのリターンの標準偏差は、一九二六年から一九四五年までのそれの三分の一に落ち着いている。充分なリターンと穏やかな変動は最高の組み合わせだった。ここから投資家が学ぶべき教訓は重い。世界は安定を続け、金融市場は（よくも悪くも）同じ傾向が続くとあなたが考えるのなら、一九〇八年～一一年、一九一二～四五年、一九四五～六六年の三つの時代の違いを忘れないでほしい。変化はつねなるもの。油断は大敵だ。

質的に予測不可能なことを突きつけた。二〇一九年一二月に、COVID‐19が経済の循環を遮断すると予報した経済学者はひとりもいない」。不屈であるためのひとつの鍵は、「未来は見通せず、今回のようなことが起こりえるのだから、世のなかが調子よく回っていると感じるときにも慎重な姿勢をとること」だとした。

長くもちこたえる富を築くという目標のために、マクレナンはどのようにポートフォリオを組むのか。まず、世界の市場をひとつの大きな大理石として思いえがく。そこから、ほしくないものを一つひとつ「削りとり」、もろさにつながるようなものは除去して、「よりよいかたちに彫りあげる」そうだ。この方法を導く法則は、「エラーをなくす」ための法則と同じだ。マクレナンの説明によれば、この考え方の土台には「根本的な不安感」がある。「私たちに害をなすものは数多くある」からこそ、逆境でも倒れずにいるには「それらを避ける」ことがだいじなのだ。

マクレナンは、自国も含め世界各国の有価証券に投資するグローバル・ファンドと、外国の有価証券のみに投資するインターナショナル・ファンドを運用しているため、よい機会を求めて世界のどこでも投資対象にできる融通性がある。ほとんどの投資家は、彼の言う「大きなテーマに沿った成長を見せている、熱気のある領域」――たとえば、二〇一〇年のブラジル株、二〇一七年のソーシャル・メディア関連企業、二〇二〇年の電気自動車、といった流行の投資先――を探そうとする。投資家自身の直近の経験を当てはめ、高い成果が出ているものはなんでも入手しようとする。だが、今後の好業績に期待が広がれば価格はつりあがり、すばらしく成長する分野は競争が激化していく。マークスが言うように「成功の内側には失敗の種が潜んでいる」のだ。

もちこたえる富を築くのが目標であるなら、熱線追尾ミサイルのように飛びこんでいってはいけない。人気の資産には安全域がないので危険が多すぎる。マクレナンはまず、一時的な流行に乗っていそうなものはすべて大理石から削りとる。資本が「見さかいなく」流れこんだ国や産業もここに含まれる。この習慣のおかげで、もてはやされていたＢＲＩＣｓ（ブラジル、ロシア、インド、中国）の経済が停滞し、ブラジル経済が急落したとき、ファンドの出資者を護ることができた。彼は、財産権を尊重しない政治制度の国も避ける。ロシアよ、きみのことだ。

同じように、マクレナンはポートフォリオをもろくさせそうな企業も削りとる。たとえば、テクノロジーの変化にとくに脆弱な企業は避けている。ほかにも、貸借対照表が不透明だったり、借入金が多すぎたり、無分別で「あちこち手を広げすぎる」経営陣がいたりする企業をどれも嫌う。だから、エンロンやファニー・メイほか、金融危機時に爆発した銀行などの破片を浴びずにすんだ。

成功している企業が今後も成長すると決めてかかるのでなく、マクレナンは科学の知識から得た暗いレンズを通して物事を見る。「すべてのものは消えゆく運命にあると、私はよく考える。進化の歴史を見れば、地球上に存在した種の九九パーセントが消滅している。企業も例外ではない」

彼は経済を生き物の生態系と同じと見なし、ジャングルの支配者はいずれ、時代を塗りかえる技術と新しい競争相手に倒されると考える。「いまは強固な企業が、未来も強固だとはかぎらない。生態系には本質的に不確実性が備わっている。熱力学第二法則のエントロピーが大きいのだ。物事は基本的に、時間の経過とともに無秩序になる傾向があり、そのままの形状や質を維持するには多大なエネルギーが要る。あらゆるものが本来、永続せずに消えていくという事実を、技術的にも哲学的にも私はおおいに尊重している」

この認識があるかどうかで銘柄選びは変わってくる。たいていの投資家は、成長が期待される魅力的な企業を買いたいと思う。マクレナンはそうでなく、「消滅せずに生きのこる」という、企業の消極的な使命のほうに注目する。彼の方針は、「複合的な競争要因」への耐性が強い、「持続性をもったビジネス」を探しあてることだ。いわば、いかにエントロピーを小さくするかの戦略に立つ。(3)

彼が「持続性がある」と期待する企業のひとつが、日本企業のファナックだ。サーボモーターなどロボティクス関連機器のメーカーとして世界トップの地位を安定的に維持してきた。アメリカで買う車はほぼすべて、ファナックのロボットで塗装された可能性が高いとマクレナンは言う。同社には、製品を愛用してきた顧客層の分厚い基盤がある。これらの顧客からリアルタイムで情報を収集し、需要を迅速にすくいとって、競合他社との差を広げている。また、ファナックは技術変革の打撃を受けるどころか、むしろ、製造業で進むオートメーション化の恩恵を得ている。貸借対照表の手元資金も充分で、財務状況は健全だ。経営陣は先見の明があり、「永久に存続する」企業にすることが最重要だと明快に語っている。どれもエントロピーから完全に逃れる保証になるわけではないが、マクレナンは「他社に取ってかわられる可能性がきわめて低い」企業だと考える。

「(外的要因に)屈服しない強さが内部に組みこまれている」と彼が見なす有力企業には、ほかに日用品大手のコルゲート・パルモリーブがある。一八七〇年代から歯磨き粉を販売して、現在は世界で四〇パーセント以上のシェアを誇る。日常的に使う安価な商品なので、有効成分に発ガン性が見つかったなどの万が一の場合を除き、不測の事態への抵抗力がある。二〇〇八年や二〇二〇年のような経済の混乱時でも、「地道に進もうとする」社風をもち、ファナックと同様に、「売上規模と、強固な顧客基盤との組みあわせが、高い利益と潤沢なキャッシュフローを生んでいる」とマクレナンは見ている。

ふたつの企業に、目新しさや誘惑的な魅力はない。しかし、どちらの事業もいまから真似するのはむずかしく、マクレナンの言う「平凡な希少性」がある。直観に反するかもしれないが、投資に関しては、セクシーさよりも陳腐さに美が宿ることがよくあるのだ。彼は長年にわたり、みにくいアヒルの子の隠れた魅力をいくつも嗅ぎあててきた。そのなかには、循環的な景気後退時に買った林業の会社や、ユニフォームのレンタル企業もある。テスラは彼の基準から少し外れていた。

同じように二〇二〇年三月、多くの株が下落するなかで、マクレナンは日本株を買い増した。ホシザキという、やはり平凡かつ持続性のある企業で、彼が目をつけたのは「外食店向けの製氷機で世界をリード」していたからだ。「レストランは開業したりつぶれたり動きが激しいが、どんな店でも必要な設備は同じだ。だから投資先としては、レストランより設備メーカーのほうがはるかに安全なのだ」

また、マクレナンがこだわるのは、どの株にしても「消滅分を織りこんだ価格」で買う点だ。買ったあとでその企業が「投資先として不適切」になった場合を想定して、その分を補えるほど安い価格でしか買わない。彼の基本ルールは、自分が算出した本質的価値より三〇パーセント安い価格で投資することだ。もし企業が消滅せずに成長を続けたら、「その成長分はただで手に入る」ことになる。

マクレナンが入念に大理石を削りとったあとに残るのは、どんな企業なのか。並外れた持続力があり、控えめな経営で、充分な資本があり、割安で、ダーウィン説の生態系――永遠に存続するものはいない――においてさえ成長していきそうな、「不屈のかたまり」のような企業だ。

マクレナンはこれらの株を、評価が変動するのに合わせて増やしたり減らしたりしながら、平均して一〇年近くもちつづける。どの企業も完全無欠ではないし、失望させられることがあるのは承知しているから、つねに一四〇ほどの銘柄を保有して不屈の鎧《よろい》をもう一段厚くするのだ。グレアムやエベヤールと同様に、彼は分散投資が、自分のミスや不運、未来の不透明性を切りぬけていく「エラー耐性」を強めるうえでだいじな要素だと考えている。*

社会情勢が不安定になったときなどに、「よい企業をよい価格」で買える機会がふっと出現することがある。それでもマクレナンは、注視リストに置いている候補企業が自身の評価基準をクリアするまで、五年でも一〇年でも喜んで待つつもりでいる。そのあいだは、投資しないことをうしろめたく思ったりせずに自制し、現金が貯まるにまかせる。実際、彼が会社のアナリストたちに教えこもうとしているのは、ノーと言うことの重要さだ。

市場に活気があり、特価品が見当たらないときには、マクレナンのノーと言う力はエベヤール級に大きくなる。コロナによる暴落前日の二〇二〇年二月一九日、エベヤールのファースト・イーグル・グローバル・ファンドは、株式の比率を資産の七一パーセントにとどめ、一五パーセントは現金とソブリン債〔国債や政府機関が発行する債券〕に回していた。二〇一七年に彼が言っていた、株価の高さとじわじわ大きくなっていたリスクを心配したからだった。「価格が投資に適さないときには無理して資金を使わなかった。だから、下落局面でもうちは踏んばれた」

さらにマクレナンは、ファンドの資産の一四パーセントを金《きん》で保有していた。金は、大暴落や地政学的な混沌、現金通貨システムへの不信が高まったときに、長期的な防御機能を果たすと彼は考えている。「情勢が極端に悪いとき、金は株式と負の相関関係にある。金は周期表の元素のなかでもとくに希少で、とくに高い弾力性をもつ。錆びず、腐らず、企業や政権のように消滅することもない」。彼の全天候型ポートフォリオに金を入れるのは、困難を跳ねかえす力が自然に加わり、人間がつくった不安定な世界で思いもよらない窪みに塡まらないよう、あるいは塡まっても抜けだせるように助けてくれるからだ。つまるところ、企業が消滅しても、金は残るのだから。

二〇二〇年の嵐も、ファースト・イーグル・グローバル・ファンドは現金や金の安定器《バラスト》のおかげでもちこたえた。「傘は降りだすまえに買っておけ、の典型例だね。暴風雨のなかで傘を探しまわっても、なかなか見つからない。今回の事態では、まえもって必要な備えをしていたかどうかが明暗を分けた」。周りがあわてふためくのを横目に、マクレナンは投げ売りされた株を「はるかにまともにな

＊　同時に指摘しておきたいのは、一〇〇〇億ドルもの資産を運用するファンド・マネジャーにはとうてい、集中投資型のポートフォリオは構築できないという点だ。第一章に登場したモニッシュ・パブライは分散投資からは凡庸なリターンしか得られないと考え、少数の銘柄にほとんどを投資する。だが、傑出した成果をあげることと、生きのこることとのあいだには葛藤がある。パブライはマクレナンより驚異的なリターンを出す可能性が高いが、同時に、自身のファンドを遠くの山腹へ吹っとばしてしまう可能性もマクレナンより高い。マクレナンはさらに注意を促す。「一九二六年以来、市場のパフォーマンスの大部分は約四パーセントの銘柄によるものだ。あまり集中しすぎると、まさに目指したいその四パーセントのなかに自分が入る確率はきわめて低くなる」

った価格」で買うこともできた。「用心深くしているだけではだめだ。周りが最もためらっているときに、現金を使わなければいけない」

マクレナンの屈せずしてしなやかな対応は、大半の投資家の行動とは対照的だ。彼はもろさを手順よく排除し、他の投資家に見られる「明らかにまずい行動」をすべて回避した。たとえば、多くの投資家は適切な購入価格になるまで待てない。彼らは株を何年も保有するのでなく、「借りる」。彼らは、自分の知識の限界を認識しないで、未来を予測できるとうぬぼれる。そしてひとたび熱狂が起これば、「リターンほしさ」と、乗りおくれる恐怖に目が曇り、やみくもに飛びこんでいく。

およそ二四〇〇年前に古代アテナイの将軍トゥーキュディデースが書いた『戦史』（岩波書店）を読み、マクレナンは人が自滅的な判断をしてしまう理由がすでに書かれているのを知った。アテナイとスパルタが戦争に至ったのは、双方が「その場の感情」に流され、「性急で傲慢な」意思決定をしたからだった。であれば、反対の特性――忍耐と謙虚さ――を備えていれば、相手より気持ちのうえで優位に立つことができ、それは対立を和らげるのにも富を築くのにも役立つはずだと考えた。もろさにつながるすべてのものを意識的に排除してこそ、成功をつかめるのだ。

長期的に富を生むポートフォリオはどうやって築けばいいのか。マクレナンは子どものころオーストラリアで母親が庭を手入れするのを見ていた思い出を引きあいに出す。庭にはつねに何かしらの問題があった。乾燥した天気。立ち枯れてしまうツル植物。害虫の出没。なぜ手入れし続けるのだろうと彼はよく思った。そのまま樹木が茂るままにしてしまうか、すべて芝生に変えて週一回の芝刈りで済ませればずっと楽なのに。だが三〇年を経て、母親の努力はすばらしい成果をもたらした。「それはそれは美しい庭がゆっくりと時間をかけて現れるのを目の当たりにした。選別の成果だ。これは投資にもつうじる喩えだと思う」

マクレナンがエベヤールから引きついだファースト・イーグル・グローバル・ファンドは、その庭によく似ている。エベヤールが一九七九年に運用を始めてから、たくさんのことがあった――強気市場、バブル、インフレ、戦争、暴落、危機、感染症の大流行。それでも、規律をもってリスクを避ける戦略は一貫して変わらなかった。その結果は？　一九七九年以来、MSCIワールド・インデックスが年平均九・三五パーセント上昇したのに対し、彼のファンドは平均一二・四六パーセント上昇した。*　一九七九年に一〇万ドルを彼のファンドに投資していたら、二〇二〇年には一二九四万ドルになっている計算だ。MSCIワールドだったら四〇五万ドルだったので、九〇〇万ドル近くの差がついている。これが複利のすばらしさだ。何十年と積みあがるうちに、少しの差が圧倒的なちがいになる。

おもしろいのは、エベヤールもマクレナンもフルスイングをして狙ったわけではないのに、場外ホームランを打ったという点だ。マクレナンは、成功できたのは「リスクの軽減」「ミスの排除」「敢えて行動しない慎重さ」をつねに意識してきたからだと言う。「つまり、負けないことが勝ちだった」

＊　このデータは一九七九年一月から二〇二〇年五月までのあいだの数字で、ファンド販売時の手数料は差引済み。この四〇年ほどのファンドの累積リターンは、MSCIワールド・インデックスの三九四五パーセントに対し、一万二八四五パーセントにのぼる。ここからわかることは？　着実な複利――災難＝華々しい成功。

「人生は単純ではない」

とはいっても成功への道には痛みもあった。エベヤールはファンド・マネジャーとしては引退しているが、かつてキャリアが断たれそうになったときの心の傷をいまも引きずっているとはっきり言う。これまでを振りかえり、仕事と家庭をうまく両立できなかったことも後悔している。「ひたすら夢中になり、ときに打ちのめされる仕事」だっただけに、娘ふたりの育児に「ほとんどかかわらなかった」。子どもたちにもっと気を配っていたら、投資家としてはここまで成功できなかった？　「それはわからない。けっしてわからない。フランスの田舎で聞いた司祭の話は正しかった。人生は単純ではない」(4)

それでも、成しとげたことについてはとても誇りを感じている。「ほかの誰かより高い成果をあげたからではなく、インデックスファンドに大差をつけるリターンを長期間あげられたことがうれしい。このゲームでは数字は嘘をつかない」

マクレナンも、私たちと同じように人生の浮き沈みを彼なりに経験している。エントロピーや非永続性が彼の人生にどう作用しているのか訊くと、「ああ、個人的にも経験している。ええと、別れた妻がいまして」と返ってきた。三人の子どもをもうけ、長年連れ添ったのちに離婚した。その後、彼は再び恋をして再婚し、四人目の子どもに恵まれている。女の子で、名前をテニスンという。「イギリスの詩人の名から」

仕事でもプライベートでも、「ひどくつらい時期のあとにはよく、新しい始まりと絶好の機会がめぐってきた」とマクレナンは言う。たとえば、九〇年代終わりは彼やエベヤールのようなバリュー投資家にとっては厳しい時期だった。「だが二〇〇〇年代はじめは黄金時代だった。つらい時期を耐えられたら、そのあとにすごい上昇期が来るということ」

市場も人生と同様に、窪みを乗りこえていく力で決まるところが大きい。

マクレナンはゴールドマン・サックスに在籍した一四年間、ウォール街でも屈指のやり手たちとともに働いた。当初、会社の幹部たちは特有の才能の持ち主なのだろうと思っていた。「やがて、彼らの多くはただあきらめなかった人たちなのだとわかってきた。ひたすら学びつづけ、進化しつづけ、しがみついて、逆境のなかでもまえに進もうとする人たちだった」。優れた投資家にも同じ特性が見えると彼は言う。「彼らはとにかくあきらめない。道を切りひらき、そのたびにまた夢中になる。誰にも来る失意のときにあってもへこたれない強さをもっている」

彼は未来にはさらに災難があり、さらに不安定になり、さらに衰えると承知している。なんといっても「エントロピーは万物の鉄則」なのだから。だが彼は、自分は「情報をもった現実主義者」であって、悲観論者ではないと考える。「人間の潜在能力を私は信じている。ただし道は一直線ではないし、混乱も起こるだろう。そんな時期でも耐えられるような気構えでポートフォリオを組んでおけば、人類の発展にただ乗っかるより、大きな恩恵を受けられるはずだ」

屈せずに立ちあがるための五つの法則

ここで一歩引いて、投資家としてどのように不屈の力を鍛えるか、グレアムやカーン、バフェット、エベヤール、マクレナンからいくつかの実践的な指針を抽出してみよう。私としては書きもらすわけにはいかない根本的な指針が五つある。

第一に、不確実性を尊重する。過去一世紀ほどのあいだにグレアムやカーンが目撃した混乱を思いおこしてみれば、無秩序や混沌、乱高下や不意打ちは、社会構造の欠陥《バグ》ではなく仕様なのだと気づく。これらの混乱がいつ、何によって、どんな性質をもって訪れるかは予測できない。だがその激痛を和らげるために、私たちは予期しておくべきだし、備えておくべきだ。どうやって？　自分のもろい箇所を探りだし、意識的に排除（もしくは軽減）するのだ。ナシーム・ニコラス・タレブが前述の『反脆弱性――不確実な世界を生き延びる唯一の考え方』に書いている。「もろさを突いてくる事態の発生を予測するより、もろいところを先に見つけておくほうがはるかに簡単だ」。

第二に、借金をなくすかできるだけ減らし、レバレッジを避け、過大な出費に注意することが肝要で、さもなければ、見知らぬ人の温情にすがることになりかねない。自問すべきだいじな点がふたつある。「私のもろさはどこにあるか」「どうしたらそれを減らせるか」。かりに、全財産をひとつの銀行、ひとつの証券会社、ひとつの国、ひとつの為替、ひとつの資産、あるいはひとつのファンドに集中させていたら、弾《たま》が込められた銃で遊んでいるようなものだ。運がよければ、短期的には何も起こらない。だが時間が経つほど、無防備さが不測の事態にさらされる可能性が高まっていく。

第三に、短期的な利益や、インデックスを上回る成績にこだわるより、衝撃に耐えて破滅を避け、ゲームに居続けることをより重視すべきだ。アップサイドについてはある程度放っておいても、経済が成長し、生産性があがり、人口が増加すれば、あとは複利が魔法をかけてくれる。だがアービング・カーンが警告したように、ダウンサイドを無視するわけにはいかないのだ。

第四に、自信過剰と油断に用心する。「富から生まれるのは金持ちの愚か者だ」とアリストテレスは言った。確信をもって言えることが私にあるとすれば、自分自身が、理性にも教養にも欠け、おのれの妄想に浸かり、他人の誤った行動――たとえば、直近の過去が未来もそのまま続くと信じこむあぶない癖――を嗤いながら、その誤りのすべてを自分でも犯しがちな人間だということだ。

第五に、情報をもった現実主義者として、リスクにさらされていることを強く意識し、つねに安全域を確保する。ただし、ここで注意しておきたい。リスクを意識することと、びくびくしたり、悲観的になったり、被害妄想にとらわれたりすることとはちがう。「深淵を長くのぞく者は、自らも深淵と化す」とニーチェは警告している。パンデミックのさなかでマクレナンが示したように、不屈の投資家は、そうでない投資家が動揺しているのを後目《しりめ》に、絶好の機会をつかみとりにいく強さと自信、未来への楽観をもっている。守りは突如として攻めに変わる。混乱は利益をもたらすのだ。

第五章　シンプルは究極の洗練
――大きなリターンはシンプルを極めた先に

人生は細かいことに振りまわされる……なにごとも単純に、単純に

――ヘンリー・デイビッド・ソロー、アメリカの作家

このおもしろい時代のおおいなる逆説は、周りの世界が複雑になればなるほど、投資の目標を実現するにはシンプルさを求めなくてはならないこと……シンプル、それは成功の扉を開く合い鍵《マスターキー》だ。

――ジャック・ボーグル、アメリカの投資家

蒸し暑く息苦しい。こんな夏の日には、がまん強いニューヨーカーでも高層ビルの合間にこもる熱気から逃れたくなる。ウォール街では、富豪になりたい青年たちがかっちりしたビジネススーツに身を包んだまま新鮮な空気に焦がれていることだろう。

ジョエル・グリーンブラットはいま、そんな都会から一五〇キロあまり離れたハンプトンズの海沿いの別荘で仕事をしている。彼と私は優雅な設《しつら》えのパティオで日陰に座り、涼しい風と大西洋を望む

壮大な景色を楽しんでいる。庭にはバスケットボールのフープをつけたスイミングプールがあり、サッカーのゴールポスト前には芝生が広がり、うしろの壁にはサーフボードが並ぶ。太陽の光が海面できらめく。

日焼けしてくつろいだようすのグリーンブラットはシャツの袖をまくり、ジーンズ姿で、黒革のローファーを素足で履いている。六〇近い年齢だが、熱心なテニスプレイヤーでもある彼は、すらりとして健康そのものだ。投資の巨人がみな豊かな社交性を身につけているとはかぎらない。だが巨人のなかの巨人であるグリーンブラットには人を歓迎する雰囲気と温かい笑顔がある。よくある承認欲求とは無縁の静かな自信と威厳を感じさせる。自分に満足し、多くを成しとげてきたことに安らいでいる。

功績の大きさを考えれば当然かもしれない。グリーンブラットが実現した投資のリターンは伝説となっている。二七歳の青年だった一九八五年、ゴッサム・キャピタル社を立ちあげ、七〇〇〇万ドルの資金でヘッジファンドの運用を始めた。一九八九年には、三〇年経ったいまでも彼のパートナーであるロバート・ゴールドスタインが加わった。このファンドは最初の一〇年間で年五〇パーセントのリターンを達成した（経費控除後、手数料控除前）。二〇年平均で見ても年四〇パーセントという驚異的な成績をあげている。一〇〇〇万ドルを投資していたら八億三六〇〇万ドルになっていた計算だ――まるで魔法のよう。

ゴッサム社は五年後に出資者の金の半分を返還した。一〇年後には残りすべてを返還したため、グリーンブラットとゴールドスタインは自己資金の管理に専念できるようになった。たいていのファンド・マネジャーは出資者の気まぐれに振りまわされる。だがふたりは、誰にも責任を問われないという究極の贅沢を手にした。

好奇心のおもむくまま、グリーンブラットは投資以外の世界にも漕ぎだしていった。成功には集中力が要求されるため、優れた投資家の関心分野は狭いことが多い。だがグリーンブラットは変化に富む奥深い生き方を送ってきた。何よりもまず、彼には妻と五人の子ども、二匹の犬がいて、よき家庭人として暮らしている。周囲がうらやむほどの文才ももっている。これまでに出版した三冊の投資本[1]には、彼独特のきめ細かい助言だけでなく、意味不明の軽口（例「ご注意を。世のなかには三種類の人間がいる。数えられる人と数えられない人だ」）、ことば遊びの数々（例「*ipso facto* 事実それ自体により」をもじった「*ipso fatso* 太っちょそれ自体により」）、吐く犬のまねや未成年なのにドッグレース場で賭けていたことなど、若き日のばかなふるまいであふれている。*

初の著書『グリーンブラット投資法』（パンローリング）は一般読者を対象としたものだが、強気に攻めたいヘッジファンド・マネジャーのバイブルとなった。次作の『株デビューする前に知っておくべき「魔法の公式」』（パンローリング）は、自分の子どもたちに投資とは何かをわかりやすく教える内容だった。ところがこの本は三〇万部以上も売れ、伝説の投資家マイケル・プライスから「この五〇年でとくに重要な投資本の一冊」と称賛された。三冊目の〝*The Big Secret for the Small Investor*〟（小規模投資家のための大きな秘密）はそれほど売れなかった。「この本に書いた秘密はいまも秘密のままだよ。誰も読んでいないからね」と笑う。

一九九六年以降、コロンビア大学のビジネススクールで「バリュー投資と特殊投資」の講座をもつ。

これまでMBAのエリート学生約八〇〇人を指導し、市場に打ち勝ってきた彼の知的フレームワークを伝授している。グリーンブラットは年度はじめの講義に際し、これから教える技術できみたちは大金持ちになるかもしれないと前置きしたうえで、富の追求は社会的には勝ち馬を予想する程度の価値しかないと釘を刺す。この戒めを忘れずに「社会に還元する方法を見つける」ようにと諭す。

グリーンブラット自身、執筆と教育というふたつのかたちで自分も楽しみながら社会に還元してきた。(2)人の資産を危うくしかねない利己的でまちがった助言が飛びかうこの分野で、彼はベンジャミン・グレアム、ウォーレン・バフェット、ハワード・マークスが残した偉大な伝統を受けつぎ、時の試練を経た投資の知恵を伝えている。他方、ひとりの慈善活動家として、ニューヨーク市で一万八〇〇〇人の生徒が通う無料の公立チャータースクール〔保護者や教員、地域団体などが州や学区の認可を受けて設立した初等中等学校〕四五校のネットワーク構築に重要な役割を果たしてきた。この学校の生徒のほとんどは、ブロンクスやハーレムなどに暮らす低所得者層やマイノリティの家庭の子どもたちだ。

グリーンブラットは近年、外部資金の運用を再開した。ゴールドスタインとともにロング・ショートのミューチュアル・ファンドを創設したが、これはふたりをスターの座に押しあげたときの戦略とはちがっていて、周囲から見れば意表を突く動きだった。起業家精神の旺盛なグリーンブラットは新

＊　グリーンブラットのことばが楽しいのは、毒とユーモアがこもっているせいもあるだろう。たとえば、『グリーンブラット投資法』の用語集では「村のおばかさん」を次のように説明している。「二四ドルの投資本を買って市場に勝てると思っている人（いや、冗談ですって）」

規事業を立ちあげることが大好きだ。だがその根底にある考え方は、金融の帝国を築くことでも自身の資産を最大にすることでもない。「金を稼ぐことに反対する気持ちはない。だが、私は稼ぐために動いているのではない。もう充分稼いだから」

むしろ、勝つために工夫を凝らすというゲームプレイヤーとしての喜びが主たる原動力だった。「物事を解きあかしていくことがいちばんおもしろい」と彼は言う。「世界中でみなが格闘しているパズルだから、解けたときの気持ちよさは格別だ」。私自身、グリーンブラットのことを、システムに侵入する頭脳ゲームに惹かれてしまう暗号解読者《コードブレーカー》みたいな存在だと思っている。

三〇年以上かけて市場の暗号を解読し、ライバルを出しぬいてきた彼が何を発見したのかを私は知りたかった。やがて、彼の戦略を支える原理は驚くほどシンプルだということがわかってきた。そもそも、グリーンブラットがおおぜいの人に投資を指南できるのは、複雑なゲームを最も純化されたエッセンスに落としこむ才能があるからだ。たとえば銘柄選びの秘訣について、マンハッタンのミッドタウンにある彼のオフィスで会ったときに、こう教えてくれた。「価値のあるものを見つけて、なるべく少ない金で買う」

あたりまえすぎる？　このあと見ていくことにしよう。

そのまえに少し回り道をして、正しい、あるいは少なくとも正しいと言えそうな基本原則を、数を絞って明らかにしておくことがなぜだいじなのかを説明する。そのあとで、グリーンブラットや金融界の巨匠たちの知見を借りながら、今後数十年にわたって軌道から落ちずに進んでいくのに役立つ具体的な投資原則としてまとめよう。目標？　この複雑な世界で満足のいくリターンをあげつづけるための、シンプルで理に適っていて信頼できる方法を探ることだ。

複雑さの向こうにあるシンプルさ

私が育った一九七〇年代のロンドンでは、テレビのチャンネルは三つしかなかった。一九八二年にチャンネル４が奇跡のように誕生した夜のことをいまでも憶えている。テレビの不思議な世界が無限に広がる気がしたものだった。二一世紀のいま、ニューヨークには一〇〇以上のチャンネルがある。だが私がテレビの電源を入れるのは、四年に一度開催されるサッカーワールドカップで、予想どおりイングランドがノックアウトされる姿を見て絶望するときくらいだ。

選択肢が増えれば幸福になれると私たちは思いがちだ。ある程度まではそうかもしれない。だが、複雑になりすぎると手に余ると思うのは私だけではないだろう。心理学者のバリー・シュワルツは『なぜ選ぶたびに後悔するのか』（武田ランダムハウスジャパン）のなかで、二四種類もの高級ジャムがぎっしりと並ぶ先進国ならではの商品棚のまえで買い物客は途方に暮れると書いている。

投資に関しても、選択肢が多すぎるとかえって混乱することがある。個別株、ＥＴＦ（上場投資信託）、ヘッジファンド、ミューチュアル・ファンドのどれがいいのか？　アクティブファンドかインデックスファンドか？　グロース、バリュー、グロースとバリューの組みあわせ、ディープバリュー、モメンタム、マクロ、マーケットニュートラルなどのカテゴリーでひとつの投資スタイルにこだわるか、それとも各種をばらつかせるか？　国内株、外国株、債券、現金に資産をどう配分するか？　プライベート・エクイティ、ベンチャーキャピタル、不動産投資信託（REIT《リート》）、金《きん》、豚肉先物などのオルタナティブ投資にも手を広げるか？

　複雑さを減らすことには現実に大きな価値がある。旧約聖書には六一三もの戒律《ミツワー》があることをご存じだろうか。これだけ多くの規則を憶えられる人、さらにはすべてを守れる人はどのくらいいるだろうか。だからこそ、十戒が必要だったのだろう。試しに十戒を書きだしてみたところ、採点を甘めにしても六つしか正解できなかった。

　それでも、次の話だけは憶えている。約二〇〇〇年前、ヒレルという賢者がある者から、片足立ちした状態で旧約聖書のすべてを暗唱してみせよと言われた。彼の答えは、「あなたが痛みを感じることを隣人にしてはならない。これがすべてだ。それ以外は説明書きにすぎない」というものだった。旧約聖書では、この重要な律法をヘブライ語のわずか三つの単語で表している――Veahavta lereacha kamocha、「隣人を自分自身のように愛しなさい」

　同じように、イエス・キリストはあらゆる戒めのなかで最もたいせつなことについて問われたとき、シンプルなことばに深遠な意味を込めて答えた。「心を尽くし、魂を尽くし、力を尽くし、思いを尽くして、あなたの神である主を愛しなさい。また、隣人を自分のように愛しなさい」〔ルカによる福音書一〇章二七節、聖書協会共同訳〕

　ブッダが説いた、驚くほど簡潔な教えもすばらしい。「不健全なものを避けよ。善いことをせよ。心を清らかにせよ」。人生の指南として、この短いことば以外に何が必要だろうか？　ヒレルやイエス、ブッダはおそらく、完全ではない人間は複雑なことには対応しきれないと認識し、シンプルで記憶しやすい最小限の道標を与えて、行くべき場所への大まかな方向を伝えようとしたのだろう。

科学やビジネスといった世界をまたぐ分野においても、シンプルであることは同じように重要な戦略だ。科学者がよく話題にする「オッカムのかみそり」という原則がある。一四世紀のイギリスの修道士で哲学者の「オッカム出身のウィリアム」が提唱したとされ、「すべての条件が同じであれば、最も単純な解決策が最も優れていることが多い」を意味する。

オッカムがイメージしているかみそりは、「余計なものをすべて削ぎおとすと正解を見つけやすくなる」という重要な考えの象徴だ。アルバート・アインシュタインも賛同し、「数式を除けば、あらゆる物理理論は、子どもでも理解できるくらいシンプルでなくてはならない」と述べている。原子物理学の父とされるアーネスト・ラザフォード卿も同じような結論に達し、「酒場の給仕係に説明できない物理学はよい物理学とはいえない」と述べたとされる。*

ビジネスの成功にも、シンプルさは重要な役割を果たす。たとえばグーグルのホームページを見る

＊　科学界でのシンプル礼賛にまつわることばでほかに私が気に入っているのは、ライフスタイル医学の父と呼ばれるディーン・オーニッシュ博士のそれだ。博士は、四〇年にわたって健康と栄養に関する先駆的な研究から学んだことを八つの単語にまとめた。「よく食べ、よく動き、ストレスを減らし、もっと愛せよ」。最近、博士に会ったとき、「何かを本当に深いところで理解し、人生のすべてを注いで何かを極めようとしているのなら、その何かはシンプルに表現できる。本質にまで落としこめる。まさにそれが本質なのだ」と語ってくれた。健康に役立つことが書かれている彼の素晴らしい著書〝*Undo It! How Simple Lifestyle Changes Can Reverse Most Chronic Diseases*〟（それをやめる！　ライフスタイルをシンプルにして慢性疾患を克服する）の一読をお勧めする。

と、そこには企業ロゴと検索語を入力する横長の枠しかない。また、禅の教えにあるミニマリズム的な美学に影響を受けたスティーブ・ジョブズがアップル製品で実現した洗練さ、優美さを思いだしてほしい。ジョブズがよく語っていたように、彼のシンプルさへのこだわりはデザインだけにとどまらなかった。「会社運営、製品デザイン、広告、すべては次のことばに集約される。『シンプルにしよう。本当の意味でシンプルに』」。一九七七年にアップルが初めて出した広告用パンフレットには、赤く光るリンゴの写真の上に「シンプルさは究極の洗練」というキャッチフレーズが掲げられていた。*

金融業界には単純化を好まない傾向がある。そのため債務担保証券（CDO）や、おもにハイリスク商品を運用するストラクチャード・インベストメント・ビークル、信用リスクを売買するクレジット・デフォルト・スワップなど複雑きわまりない「イノベーション」が繰りだされ、二〇〇八年には世界経済をほぼ壊滅させるに至った。一九七五年にバンガード・グループを設立し、翌年に世界初となる個人向けインデックスファンドを創設した故ジャック・ボーグルは、著作『人生のダイヤモンドは足元に埋まっている』（文響社）のなかで、「金融機関はオッカムのかみそりにいわば逆行している」と述べた。「金融機関はシンプルで安いものよりも、自分の利益になりやすい複雑でコストのかかるものを好むが、それは、多くの投資家が必要とし、求めているものとは正反対だ」†

二〇〇一年にボーグルにインタビューした際、これ以上ないほどシンプルだという持論を語ってくれた――高いリターンを目指すアクティブ運用ファンドは運用コストや取引コストが高いという重しがあるから、低コストのインデックスファンドの方が優れている、と。「金融仲介者――カジノでレーキを使ってチップを移動させるクルーピエのような――がいると、市場のリターンからかなり多くが奪われる。だからインデックスファンドが勝つ。複雑でないからだ」。インデックスファンドはまちがいなく優れているという信念が正しかったことは、バンガードの資産がその後六兆二〇〇〇億ドルまで膨らんだことで証明された。‡

チェスや中国拳法、投資など多彩な分野で達人となったジョシュ・ウェイツキンは、シンプルとは何かを最もよく知る人物のひとりだ。映画『ボビー・フィッシャーを探して』のモデルだった神童は、

＊ レオナルド・ダ・ヴィンチのことばとされるが、本当に彼がこう言ったのかは定かでない。

† ウォーレン・バフェットが二〇一六年にバークシャー・ハサウェイの株主に宛てた手紙のなかで、「アメリカの投資家にとっての最大の貢献者を称える銅像をひとつ建てるとしたら、ジャック・ボーグルが選ばれるのはまちがいない」と記している。「ジャックは当初、投資運用業界で冷遇されることが多かった。だがいまは、ほかの手段では手に入らなかったであろう大きなリターンを、おおぜいの投資家が自己資金から獲得する助けになれたことを彼は喜んでいる。投資家にとっても、私にとってもヒーローのような存在だ」。ボーグルは二〇一九年に亡くなった。

‡ ボーグルが一九七六年に最初のインデックスファンドを立ちあげたとき、集まった資金は総額一一四〇万ドル程度だった。市場のリターンに合わせようとするだけの彼の方法は、ちょっとした肩ならしにすぎないと軽く見られていた。だがボーグルは理解していたのだ。アクティブ運用を手がけるマネジャーが課す多額の手数料や経費は、時間が経つとともに投資家の利益を圧迫していくと。インデックス投資という新しい概念を広めるため、ボーグルは一〇〇万ドルを年一〇パーセントで投資すると三〇年後には一七五〇万ドルになることを示す表をつくった。一方、アクティブ運用の投資家が年一・五パーセントの費用を仲介者に支払った場合（一〇パーセントのリターンが八・五パーセントになる）、三〇年後には一〇〇万ドルが一一五〇万ドルにしかならない。つまり、年一・五パーセントの経費を節約するコスト意識の高い投資家は、六〇〇万ドルを余分に手にすることができる。ボーグルは言った。「投資の算術は永遠に成立すると知っていただけだよ」

チェスの全米チャンピオンに輝いている。成人してからは太極拳の推手《すいしゅ》部門で世界覇者になったほか、ヘッジファンド・マネジャーへの指導もおこない、彼の知見の詰まった著作『習得への情熱』（みすず書房）を刊行している。

ウェイツキンは世界的なパフォーマーとしての自らの経験をもとに、複雑な課題をシンプルな要素に分解することの重要性を強調する。チェスを教える際には、ふたつのキングとひとつのポーン以外の駒を使わない簡素な状況でゲームの真髄を伝える。太極拳でも同様に、「最もシンプルな動作、たとえば手を六インチ（約一五センチ）押しだす動きを少しずつ改良する」ことで技を習得していった。こうした「単純な動作」をひたすら練習することで、「心・息・体の連携」など武術全般にわたる基本原則を徐々に体得していったのだ。「人を高みに押しあげるのは秘密の技などではなく、徹底的に鍛錬した基本のスキルセットだ」と結論づけている。

賢明に投資したいと考えている投資家にとっても、これは教訓となる理念だろう。賢い人ほど、複雑さの罠に嵌まることがある。学校でむずかしい問題を解いて褒められていた人が投資という難問に直面したとき、複雑な解法に惹かれるのはもっともなことだ。だが金融市場では、武術のように奥義を華々しく披露したところで勝利につながるわけではない。ゲームの原理を理解し、基本的な技術を深く習得することが求められるのだ。バフェットが述べているように、「ビジネススクールでは、シンプルな行動よりもむずかしくて複雑な行動のほうが評価される。だが効果があるのはシンプルな行動のほう」なのだ。

バフェット自身、単純化の名人といっていい。一九七七年には銘柄を選択する基準を四つにまとめて株主に示している。「（一）業容を私たちが理解でき、（二）長期的な見通しが良好で、（三）誠実かつ有能な人々により運営され、（四）きわめて魅力的な価格で入手できる会社が望ましい」。大地を揺るがすほどの秘密ではないかもしれない。だが、株式に求められる特性についての永遠の真理を抽出した、この表現に勝るものはない。四〇年以上が経過したいまでも、バフェットが唱えるこの四つのフィルターには意味があり、かつ役に立つ。

最高レベルの投資家が、長年にわたる学習の成果を少数の原則に凝縮する能力に私は何度も驚かされた。ただやさしく言い換えたり、複雑さや食いちがいの存在に目をつぶったりするのではない。豊潤でニュアンスに満ちた対象の細かい部分をつなぎあわせ、そのあとでこれ以上小さくできない本質にまで嚙みくだくのだ。ここで、最高裁判事を務めたオリバー・ウェンデル・ホームズが語ったとされることばが浮かんでくる。「複雑さの手前にあるシンプルさはどうでもいいが、複雑さの向こう側にあるシンプルさのためなら命を捧げるだろう」*

投資というものを少数のコアな原則に落としこむことに大きな価値があるのはなぜか？　まず、自分が本当に信じていることに集中できるようになる。不確実性や疑念、恐怖がうずまく激動の時代にあって、こうした信念があればよりどころにできる。二〇二〇年のはじめ、ＣＯＶＩＤ‐19の拡大に

＊　書いておいて申しわけないが、私はホームズはこのとおりに口に出したのではないと見ている。ただし、これに近い考えはもっていたようだ。一九〇二年にジョルジーナ・ポロック夫人に宛てた手紙のなかで次のように書いている。「私が注目する唯一の単純さとは、複雑さの向こう側にあるものです――複雑さをうかがわせないものではだめです。このことばで締めくくりとします」

よりアメリカだけで一〇万人以上が死亡し、数千万人が失業を余儀なくされ、数週間で株価が三割下落したとき、私たちはどれほどうろたえただろうか。

だが逆に、調子がいいときにも人は簡単に道を踏みはずしてしまう。ニュースでは将来の不安をあおる雑音が飛び交い、劣悪な投資商品や怪しげな専門知識を振りかざす人たちが競って売りこみをかける。成功まちがいなしの秘密の戦略だとか、買わなきゃ損の資産だとかへの勧誘が引きもきらず、自分以外の全員が大儲けしているかのような錯覚に陥る。

優れた投資家には、甘い話に乗らない規律がある。グリーンブラットは言う。「ただシンプルに、自分にとって意味のあるものに目を向け、どんな状況でもそれを貫く。それだけのこと」

ウィル・ダノフの秘伝のソース

フィデリティ・インベストメンツ社のボストン本社でウィル・ダノフにインタビューしたとき、そのシンプルで確固たる投資信条に私は打たれた。ダノフは前歯のあいだに少し隙間のある穏やかな笑顔と皮肉交じりのユーモアセンスをもつ、温和な仕事人間で、如才ない目立ちたがりではない。全宇宙の支配者《マスター・オブ・ザ・ユニバース》というよりは、寝不足気味でよれよれの中間管理職のようだ。とはいえ、一九九〇年にフィデリティ・コントラファンドの運用を始めて以来、ひとりの人間が運営するアクティブファンドとしてはアメリカ最大の、約一一八〇億ドルの資産をもつ巨大ファンドに成長させた。ほかと合わせて、彼は二〇〇〇億ドル以上を運用している。

巨大ファンドが目標を上回る運用成績をあげつづけるのはかなりむずかしい。だが、二〇一七年にダノフと会ったとき、彼は一、三、五、一〇、二七年間にわたってS&P500指数に打ち勝つという華々しい実績を残していた。私は彼のつくる秘伝のソースのレシピを細かいところまで知りたかった。だが彼は自身の投資哲学のすべてをひとことで言いあらわした。「株価は利益を追いかける」

この原則に留意しつつ、「五年後に大きく成長している」可能性の高い、「最高の企業」を粘りづよく探しもとめるのだという。それはなぜか？　今後五年間で一株あたりの利益が二倍になる企業があるとすると、株価も（多少の差こそあれ）二倍になる可能性が高いと考えているからだ。このように一般化してしまうと単純すぎてかえって胡散臭く聞こえるかもしれない。だが忘れないでほしい。投資はオリンピックの飛込競技とはちがい、技の難度に応じて審判員が難易率を掛けたりはしない。

ダノフは、利益成長の予測に一点集中することにかけては悪びれるところがない。本書に登場する多くの投資家とは異なり、「あまりにも極端な」状況になった場合を除いて企業価値が割安かどうかはあまり気にしない。「出資者のためにゲームに勝ち、偉大な企業を所有したいか？　偉大な企業を所有するには、相応の負担をしなければならない」

こうした考え方のもと、バークシャー・ハサウェイ（一九九六年から主力保有銘柄）、マイクロソフト、アルファベット（二〇〇四年のグーグルのIPOで最大の投資家のひとりとなって以来、継続保有）、アマゾン（彼の最大のポジション）、フェイスブック（IPOで最大の買い手のひとり）など、市場を支配し良好な経営がなされている企業で長期にわたり巨大なポジションをつくるに至った。「とても基本的なこと」とダノフは言う。「私の信条に照らせば、最高の企業に投資するのはあたりまえだから」

ダノフは、コーヒーの染みがついたボロボロのノートの束を見せてくれた。過去三〇年間にわたる、何万人という企業関係者との会合記録がまとめてある。とくに気に入っている箇所を開く。スターバックスを世界的なブランドに育てあげたハワード・シュルツとの会合の際、二ページにわたって手書きした記録だった。会合は一九九二年六月、スターバックスが時価総額二億五〇〇〇万ドルで上場するちょうど一週間前だった。ちなみに最近の時価総額は一二〇〇億ドルほどだ。

当時のメモを見ながら、ダノフは「あなたに伝えるべきことはすべてここに書いてある。とてつもない事業機会があった」と言った。たとえば、シュルツは当時、イタリアだけで二〇万軒以上のカフェがあると話している。そのころのスターバックスは一三九店にすぎない。だがシアトルに本社を置くスターバックスは積極的に他の都市にも進出しており、店舗あたり約二五万ドルという低コストで新しいカフェを次々にオープンしていた。オープンから三年目には店舗あたり一五万ドルの利益をあげることができた――初期投資の六割に相当する。ダノフは続けた。「だいじなのは、店舗あたりの利益率がひじょうに高かったことだ。だから、外部資金なしで速いペースで成長できた」

ダノフは初対面のシュルツをそれほど高く評価しなかったという。だが最終的にスターバックスは、ダノフのコントラファンドがとくに多くの株式を保有する企業となる。突出した成長率を維持している優れた企業に長期で投資することがいかに有効な戦略であるか、スターバックスは見事な事例となった。二〇年にわたり同社が達成してきためざましい業績の図をダノフは示す。この間、ＥＰＳ（一株あたり利益）は年二七・四五パーセント増加し、株価は年二一・三二パーセント上昇していた。同時期、S&P500の利益の伸びは年八・四パーセント、株価は年七・九パーセントの伸びにとどまっている。

利益と株価の推移を追った二本の線に指を走らせながら、これで何がわかるかなと私に問いかける。私は「株価は結局、利益を追いかけているようだ」と答える。彼はうれしそうに目をくりくりさせる。「まさしく！　ビンゴ！　それこそ私が学んできたことだ。株価は利益を追いかける！」

ダノフの主張はたいして奥深くは聞こえないだろう。だが彼の強みの一端は、複雑すぎるものを受けいれないところにある。傑出した洞察力をもつ投資家として名高く、彼の友人でもあるビル・ミラーによると、ダノフは、ささいなことに惑わされることなく、いちばん重要な問題に意識して集中するのだという。「ウィル（ダノフ）は以前、謙遜してこう言っていた。『自分はそれほど賢くないし、世のなかには情報が多すぎる。だからある企業を目にしたら、これだけを考える――〝よくなっているか、悪くなっているか〟って。もし、よくなっているのなら、何が起こっているかを知りたい』」

ミラーも、投資プロセスをシンプルにすることを学んできた。「以前の投資行動から不必要な部分を除こうとしている」。たとえば、かつては、分析対象となる企業の細かいところまで把握するために、緻密な財務モデルをつくっていた。「いまはもうモデルづくりはしない。意味がないし、むだとわかったから」。代わりに、その企業に影響を与えそうな三、四個の重要な問題に集中して考える。「どの企業にも、キーとなる変数がいくつかある。それ以外はノイズ」

思考パターンは明らかだ。グリーンブラット、バフェット、ボーグル、ダノフ、ミラーはみな、それぞれの方法でシンプルさを追求してきた。私たちも続くべきだと思う。**必要なのは、シンプルで一**

貫性があり、長期にわたって機能する投資戦略だ。内容を理解し、いいときだけでなく悪いときも忠実に守っていけるほど強く信じられる戦略をそれぞれがもつべきなのだ。重要なポイントなので、あとでまた触れることにする。まずはグリーンブラットの思考に深く分けいり、投資というパズルの解き方を彼がどんなふうに見つけたのかを明らかにしていこう。

効率的な市場、クレイジーな人々、ダイナマイト工場

グリーンブラットがペンシルベニア大学ウォートン校で学んでいた一九七〇年代後半、授業では市場に勝とうとしても意味がないと教えられていた。効率的市場仮説を唱える教授陣は、株価は公開されているすべての情報を反映しているととらえ、知識をもつ買い手と売り手が取引することで株式には適切な価格が自然につくため、掘出物を見つけようとしてもむだだと論じていた。

群衆の集合知への信頼を土台にしたエレガントな理論だ。多くの一般投資家の関心をインデックスファンドに惹きつける効果もあった。インデックスファンドは、どうせ大勝ちできないのなら、できるだけ低いコストで市場の平均的なリターンを目指すべきだという、格好よくはないが現実的な思考をよりどころとする。大多数の投資家にとって、インデックス投資は最も合理的でシンプルな戦略なのだ。

だがグリーンブラットは、授業の内容に納得していなかった。「効率的市場の教えを聞いて、直観的にちがうと思った。新聞を読み、社会の状況をちょっと見ただけでも、その教えどおりに動いてい

るようには見えなかった」

まず、株価は五二週高値と五二週安値〔直近約一年間の最高値と最安値のこと〕のあいだで上下動を繰りかえしていることが確認できる。二月に五〇ドルで取引されていた株が一一月に九〇ドルまで値上がりした場合、この両極端の株価は適正と言えるだろうか？　また、ニフティ・フィフティなどの注目株が突然、破裂したらどうだろうか。過去を見ても、たとえば一九七二年に一五〇ドルだったポラロイドの株価がわずか二年後の七四年に一四ドルになったのは、集合知をもつとされる群衆がそう決めたのだろうか？　どうもありそうにないと思われた。

グリーンブラットには、市場全体が一方の極から他方の極へと不規則に移ろうようにも見えた。一九七二年から七四年にかけての、幸福感あふれる高揚から厭わしい暴落に至る動きは、彼のキャリアでその後も何度も目にすることになる厄介なボラティリティのパターンそのものだった。S&P500指数は一九九六年から二〇〇〇年にかけて二倍、二〇〇〇年から二〇〇二年にかけて半分、二〇〇二年から二〇〇七年にかけて二倍、二〇〇七年から二〇〇九年にかけて半分、二〇〇九年から二〇一七年にかけて三倍になった。市場が急騰、停滞、暴落の局面にあるとき、投資家は論理的かつ効率的に株価を定めていただろうか？　それとも、学者が期待していたほど合理的ではなかったのか？

一九七九年に最優秀の成績で大学を卒業したグリーンブラットは、ウォートン校の経営学修士（MBA）課程に入学した。だが市場の謎を解明するのに正規教育はほとんど役に立たなかった。投資管理の授業を受けたものの、パラメトリック二次計画法といった難解なテーマをおもしろいとは思えなかった。ただし、ひとつの偉業は成しとげた。「クラスでビリになれた」

グリーンブラットはフォーブス誌に救われる。ウォートン校の二年目に入っていたとき、ベンジャミン・グレアムがフォーブスに書いた割安株を見つける戦略についての短い記事を偶然見つけたのだ。それがきっかけで、『証券分析』や『賢明なる投資家』を読むようになった。彼はこれらの本を「院で学んでいたことのアンチテーゼ」と評している。市場の機能に関するグレアムの見方は「きわめてシンプルかつ明快」だったので、グリーンブラットはそれを知って「わくわくした」と言う。

グレアムから得た知識のなかで、人生を変えるほど大きな教訓となったものがある。「株式とは企業を所有する権利の持ち分」であり、「企業の価値を見きわめ、なるべく安く買う」こと。ここで鍵となるのは、株価と企業価値とのとりわけ大きな開きを探すことだ。この差こそ、グリーンブラットが（グレアムやバフェットも）投資で最も重視する安全域となる。

自分の進むべき道は、企業の価値を評価して実際の価値よりもはるかに低い価格で購入することだと気づいたら、信じられないほど自由になれる。「シンプルにものごとをとらえ、シンプルさをつねに意識していられれば、その快感は手放せなくなるし、たぶん、ほかの多くのことが愚かしく思えてくる」とグリーンブラットは言う。「世界や市場の見方についてこれまで教わってきたことの九九パーセントが不要になると言ってもいい」

悪いニュース、たとえばギリシャの債務危機がヨーロッパ経済を脅かしているという記事を読んで動揺してしまう投資家は多い。だがグリーンブラットは動じない。「私に言わせれば、もし自分がアメリカ中西部にチェーン店をもっていたとして、ギリシャで何かが起きたからといって、その店をあわてて価値の半値で売ることがあるだろうか？　まさか！　でも、みなが読む新聞にはそんなふうに書かれている。だから、一呼吸置いて『これは重要か、そうでないか？』と考える機会をもつことには大きな意味がある」

そうすると、投資の世界の多くが無益で無意味なことで占められていると感じはじめるだろう。ウォール街のエコノミストや市場戦略家といった面々は、マクロ経済の追い風や逆風についてよくまくしたてるが、これを一貫して確実に予測できる人などいない。メディア評論家は、短期の価格変動の意味を見つけようとするが、これはそもそもランダムに発生するものだ。証券会社の頭のいいアナリストは、翌四半期の企業利益を一ペンス単位で予想することに長い時間をかけるが、長期にわたって成功している投資家にとっては的外れの推測ゲームでしかない。

負けじと学者たちは複雑な数式を教え、シャープレシオ、ソルティノレシオ、アルファ、ベータ、MM理論のほか、市場の混乱に科学的な精密さを与えようとする難解な概念を、自分にしかわからないことばで語っている。そのかたわらで投資コンサルタントは、こうした高尚な概念を引っぱってきては、ポートフォリオの頻繁な微調整が必要だと顧客の説得にかかる。バフェットは、わけのわからない高額商品を売りつけようとする投資関係者のことを、「秘教めいた意味不明のことばを並べ、結局何を助言したいのかさっぱりわからない」、「超助言者」と冷笑した。

それに対しグレアムはシンプルかつ明快に市場を語る。自著『賢明なる投資家』のなかで「ミスター・マーケット」という架空の人物をつくり、投資というゲームのすべてを、ぼさっとしたこのキャラクターにまつわる短いたとえ話に集約した。グレアムは、ある企業の株式を一〇〇〇ドル分所有していている状況を想像してほしいと読者に語りかける。あなたのパートナー、親切だが合理的でないミスター・マーケットが毎日、ちがう価格でその株式の売買を勧めてくる。彼が楽しい気分でいるか不安を感じているかによって提示価格は毎回変わる。「とてつもなく高かったら彼に売ればいいし、安かったら彼から買えばいい」。どちらでもなければ、ミスター・マーケットが正気を失い、こちらが絶対に取引したくなる金額を提案してくるまで、ただ待てばいい。

つまり市場は、確実かつ一貫して公正な価格を設定してくれるほど効率のいい装置ではない。「間違いの喜劇」〔シェイクスピアの戯曲名より〕であり、愚かさの祭りなのだ。「人間はクレイジーで感情的な生き物だ」とグリーンブラットは言う。「論理的にではなく、感情的に売買する。だからこそ、私たちにチャンスがある。規律に沿って合理的に企業価値を評価できるなら、他者の感情を利用することができる」

ここで当然、次の問いが生まれる。**「企業を評価する方法を知っているか？」**

どんな答えであれ、立派でも恥ずかしくもない。だが私を含めて、この問いには正直に答えなくてはならない。スカイダイビングなどのエクストリームスポーツと同様、株式の銘柄選定でも、まちがって思いこむ癖はあとで高くつくからだ。グリーンブラットは、企業価値の評価ができる人はきわめて少ないと考えている。「評価できないのなら、自ら投資をするべきではないと思う。どれほどの価値があるかわからないのに、賢い投資などできるわけがない*。自分の行動を理解していない大多数の人は、ただインデックスに投資すればいい」

私は企業価値を評価する技術的なスキル、忍耐力、関心のいずれもちあわせていない。だから、このタスクを私よりうまくこなせるプロに任せるほうが合理的だと思う。自分が出しゃばらなければ、大やけどは負わずにすむはずだ。グリーンブラットが『株デビューする前に知っておくべき「魔法の公式」』のなかで言っている。「何を求めているかわからないまま個別銘柄を選ぶのは、火のついたマッチをもってダイナマイト工場を走りぬけていようなものだ。死ななかったとしても、愚かであることに変わりはない」

よくないとは思いながらも、じつは私はこの警告を無視して数年ごとに個別株を買っていて、現在は三銘柄を保有している。ひとつはバークシャー・ハサウェイで、これから何年ももちつづけるだろう。長期で投資している理由を説明できるくらいには、この企業のことを知っていると思っている。ハサウェイほどは堂々と言えないのだが、ある投資家（名前は伏せておく）から勧められた鉱山・不動産会社の株も少しもっている。成果？　いまのところ八七パーセントの下落だ。火のついたマッチとダイナマイト工場には気をつけようという自戒をこめて保有している。三つ目はセリテージ・グロース・プロパティーズで、二〇二〇年にリテール不動産市場が暴落したとき、モニッシュ・パブライにならって逆張り投資した。

グリーンブラットは投資先の企業に合わせて、四つの標準的な価値評価手法を組み合わせている。手法一、割引キャッシュフロー（ＤＣＦ）法を用いて、対象企業の将来の予想利益から正味現在価値

＊　貸借対照表や損益計算書を読みとく能力を向上させたい人向けの文献として、グリーンブラットはいくつか推奨している。ベンジャミン・グレアムの『賢明なる投資家　財務諸表編』（パンローリング）、ジェームズ・バンドラーの〝*How to Use Financial Statements*〟（財務諸表の使い方）、ジョン・トレーシーの『トレイシー財務会計論：決算書の読み方』（佐藤研究室）など。

を算出する。手法二、類似企業の株価と比較して、対象企業の相対価値を見積もる。手法三、情報をもっている買い手が支払うであろう金額をもとに、対象企業を買収するときの取得価格を見積もる。手法四、保有資産をすべて売却して負債を返したときに残る価値を計算し、対象企業の清算価値（解散価値）を見積もる。

どれも精密な手法ではなく、それぞれに限界がある。グリーンブラットは、株価が充分に安ければ値上がりの可能性が値下がりのそれを大きく上回ると考えて動いている。割安株を買うという基本的な考え方はシンプルそのものだ。ところが、企業の将来の利益やキャッシュフローを（大まかにではあるが）予測するといった複雑な作業を伴うため、実際の流れはそれほど単純ではない。ここで思い出すのが、かつてチャーリー・マンガーがハワード・マークスと昼食をともにした際、帰りがけに語ったとされる投資に関する辛辣なコメントだ。「簡単であるはずがない。簡単だと思っている人はただの無知だ」

グリーンブラット自身、企業価値を評価する自身の能力は平均レベルでしかないと見ている。彼の強みはむしろ、市場で目にすることのすべてを一貫性のある枠組みにあてはめる「文脈化」の能力が優れているところにある。この枠組みに絶対の信頼をもつ彼は、コロンビア大の教え子たちに次のように請けあっている。企業価値を冷静に評価し、本来の価値よりも大幅に割安な価格で買い、現在価格との評価の差が縮まるのを根気よく待っていれば、最終的に市場は報いてくれる。*

むずかしいのは、価格と価値が収束するのにどのくらいの時間がかかるかわからないことだ。それでもグリーンブラットは「九〇パーセントのケースで、二、三年以内には市場に価値が反映されると確信している」との立場をとる。

こうして金融業界で最も信じられる法則と言っていい根本的な真実が浮かびあがる。つまり、短期で見ると市場は合理性に欠け、まちがった株価になることもあるが、長期で見ると驚くほど合理的なのだ。グリーンブラットも言う。「最終的にはミスター・マーケットは正しく動く」

オッズの偏りとみにくいアヒルの子

ウォートン校を終えたグリーンブラットは、職に就きたくないというのがおもな理由でスタンフォード大学のロースクールに入学した。が、一年で退学している。同級生の多くは敷かれたレールどおりに企業内弁護士になったり、投資銀行に就職したりしていた。だが彼の場合は、個性のない巨大企業で週に一〇〇時間も働いて、ありきたりのキャリアを追求することに魅力を感じなかった。やがて「タイムカードの打刻ではなく、自分のアイデアで金が得られる」おもしろい方法を見つけたいと考えるようになった。

投資銀行ベアー・スターンズで夏のアルバイトをしていたときにオプション取引という比較的新し

＊　バークシャー・ハサウェイ社が株主向けに発行している「オーナーズ・マニュアル」のなかにバフェットは書いている。「本質的価値がきわめて重要なのであり、それは投資や企業の相対的な魅力度を評価する唯一の論理的アプローチとなる。本質的価値とは要するに、企業が残存期間中に生みだしうる現金を現在価値に割り引いて算出したものだ。時間が経つにつれて株価は本質的価値に近づいていく」

い分野を知り、熱中した。「文字どおりトレーディングフロアを駆けまわり、印刷された紙をプリンターから自分のデスクにもってきて、取引の材料になりそうな変則的な数字を探し、リスクのない裁定取引を実行していた」と当時を振りかえる。プットオプションとコールオプションを行使すると、損失リスクなしで「自動的に利益を確保」できた。「ウォール街のすごさを知るきっかけになった」

グリーンブラットは昔からギャンブルが好きだった。一五歳のときにはドッグレースの会場に入りこみ、グレイハウンド犬に数ドル賭けてはひそかな楽しみに浸っていた。彼の脳は賭けごとに向いていたのだ。「オッズを計算するのは楽しい。意識しているか無意識かにかかわらず、すべての投資でオッズを計算している。上がる要素は？　下がる要素は？」私が、最高レベルの投資家はみな、確率で物事を考え、起こりうる結果ごとにオッズを細かく調整しているように見えると言ったら、彼はきっぱり答えた。「そうした思考ができない人はいい投資家にはなれない」

グリーンブラットは夏のアルバイト後の三年間、新興投資会社のアナリストとして、合併案件の当事者企業に「リスク・アービトラージ」〔合併成立を見込んでその値動きを利用する裁定取引〕を仕掛ける仕事をした。まもなく、このゲームのオッズの偏りに気づく。合併が計画どおり進めば「一ドルか二ドル儲けられる」が、予想に反して案件が流れた場合、「一〇ドル、二〇ドルを失う」。つまりこのゲームは、グレアムの割安株購入戦略――「一ドルか二ドルの損失はあるかもしれないが、一〇ドルか二〇ドル儲けられる可能性が高く、リスクとリターンのバランスが投資者に有利」――とは正反対だった。

グリーンブラットは一九八五年、グレアムから学んだ原理を応用しようとゴッサム・キャピタルを立ちあげた。七〇〇万ドルの資金のうちかなりの部分を、ウォートン校の同級生をつうじて知りあったジャンク債の帝王マイケル・ミルケンが出した。[3] ミルケンは投資銀行ドレクセル・バーナム・ランバートで過ごした四年間で一〇億ドル以上稼いだと言われており、有望だが実績の乏しい二七歳の若者に少々の賭けをするぐらいはたいしたリスクではなかった。*

ゴッサムでの自身の投資戦略についてグリーンブラットは、「リスクをとるのではなく、オッズの偏りで儲けた」と語っている。つまり、圧倒的に有利と見られる場合にのみ投資した。投資案件ごとに細かいちがいはあるものの、彼がつねに求めていたのは「大損はせず、うまくいけば大儲け」という「非対称」な案件だった。「損さえしないのなら、あとの条件はわりとどうでもいい」と言いきる。

偏りの大きいおいしい賭けはそうそうなかったが、グリーンブラットは数を必要としていたわけではなく、だいたいいつも、資金の八割を六～八件の投資に集中させていた。絞りこみの度合いがものすごい。「大きなチャンスはそう多くない。見るべきところを見ている人ならほかの人も買いそうな、ハードルの低い銘柄を探していた」

リスク・アービトラージで培った経験をもとに、企業のスピンオフや事業再編のほか、経営破綻後に生まれる誰からも注目されないオーファン（孤児）株など、多くの投資家が見過ごす「特殊状況」

* グリーンブラットの知らないうちに、ミルケンは太陽に近づきすぎていた。一九九〇年に六件の証券法・税法違反で有罪判決を受け、最終的に一〇億ドル以上の和解金と罰金を支払っている。ただし、一年一〇カ月の服役を経験したものの困窮することはなく、フォーブス誌によると、いまも約三七億ドルの資産を有するという。二〇二〇年にトランプ大統領が恩赦を与えたことが話題となった。

での専門性を深めていった。また、規模の大きな機関投資家にとっては買いづらい、流動性に制約のある小型株にも投資した。「ほかの人の目につかない穴場や特殊状況でなら、掘出物を見つけやすい」

グリーンブラットは自身のファンドを巨大化させないように気をつけていたので、こうした「普通でないところ」を探る余裕があった。「そうしようと思えば、いくらでも大きくできたが、それでは利回りが下がる」。ゴッサムの資産が約三億ドルに達した一九九四年、外部資本をすべて返却した。これでファンドの重しがとれて、思いのままに冒険できるようになった。

ゴッサムが成功した理由をグリーンブラットに訊いたところ、真っ先に「小ぶりのままでいたこと」をあげている。二つ目は、ポートフォリオの集中度がきわめて高かったため、「いいアイデアが少しあるだけでよかった」こと、三つ目は「少々運がよかった」ことだ。ゴッサムが何年にもわたって大きな失敗にほとんど見舞われなかったのは、運がよかったからというのも大きいそうだ。さらに、「とにかく損を出したくなかったから、何かを買うときのハードルはうんと高くしておいた」とつけ加えた。

極度に選択にこだわる彼の投資戦略では、よさそうに見える程度では選ばれることはなく、対象は極上の銘柄に限られた。同じように、企業価値の評価がむずかしい株式には手を出さなかった。「たくさんの心配事を抱えたくないんだ。ほかの人より自分は少し怠け者なのかもしれない。というか、どうせ飛ばなきゃいけないなら、三メートルではなく三〇センチのハードルにしたい」

とはいえ、ごくまれに市場からど真ん中にボールが投げこまれたときには、迷うことなく全力で打ちかえした。天からの贈り物のような絶好球が一九九三年、グリーンブラットのもとに届く。「投資の醍醐味がすべて詰まった」、夢のような案件だったと振りかえる。

ことの始まりは、一九九二年一〇月に発表されたマリオット・コーポレーションの会社分割だった。同社は不動産不況下で経営が苦しく、「あちこちにホテルを建設したものの、売るに売れない状況」になっていた。そこへ金融の魔術師、スティーブン・ボレンバッハが落下傘経営者としてやってきた。ボレンバッハは、ドナルド・トランプの傾きかけていたカジノやホテル帝国を再建した実績をもつ凄腕で、今度はマリオットを救済するために登場したのだ。

マリオットのビジネスは、美しい白鳥とみにくいアヒルの子のふたつに分かれていた。白鳥のほうは他社のホテルを運営するビジネスで、潤沢な手数料収入が将来にわたって予測されている。アヒルの子のほうは、ホテルを建設し自社で保有するビジネスで、債務まみれになっていた。ボレンバッハは、大がかりな外科手術を施してふたつのビジネスを分離することを決意する。

白鳥のビジネスはマリオット・インターナショナルという新会社に切りはなされた。マリオット・コーポレーションの企業価値の約八五パーセントは、新しくできたこの無借金のスピンオフが占めるようになる。他方、買い手のつかないホテルと約二五億ドルの負債は「ホスト・マリオット」という別の会社にあてがわれた——誰もほしがらないガラクタの寄せ集めだった。美しい白鳥（マリオット・インターナショナル）は気の赴くまま夕日に向かって進んでいく。置き去りになったみにくいアヒルの子（ホスト・マリオット）は溺れてしまう。そのように思われていた。

グリーンブラットも、ホスト・マリオットに投資する人はおろか、わざわざ分析する人もいないことは承知していた。「ひどい状態にしか見えなかった。借金だらけで、筋の悪い事業を抱え、いいところは何もなかった」。さらに、なんとか悪臭には耐えられたとしても、ホスト・マリオットは規模が小さすぎて機関投資家の多くは手が出せなかった。マリオット・コーポレーションの既存株主は、スピンオフが完了した時点でホスト・マリオットの株式を受けとることになっていた。グリーンブラットは、それが大挙して売りに出されると確信する。そこで何をしたか？　みにくいアヒルの子に狙いを定めた。

「掘出物を見つけるには、ほかの人がほしがらない資産に隠された価値を探すことだ」

ホスト・マリオットが見た目ほど腐っていないと思われた手がかりのひとつは、悪魔のように冷酷なこの分離計画を主導したボレンバッハ自身が経営にあたることだった。本当に破綻する運命にあるのだったら、抜け目がなく金儲けのうまい人物が経営を引きうけようとするだろうか？　会社を立てなおせたら、彼には気前のいい成功報酬が与えられることが判明した。さらに、マリオット一族がホスト・マリオットの株式の二五パーセントを保有することもわかった。つまりこの事業再建話には、成功への強烈な動機をもつ有力なインサイダーたちがいたのだ。

グリーンブラットが詳しく調べたところ、意外なほど大きな価値が見つかった。たしかに、未完成のホテルなど「腐臭がしそうな不動産」は少なくなかった。だが空港レストランの施設運営権《コンセッション》や、負債のない複数の物件など価値のある資産もあった。

そして何より、約四ドルという破格の株価が魅力だった。負債のない資産だけでも一株六ドルの価値があると彼は考えた。ほかに、負債を抱えてはいるが、運命が好転すれば価値を生みだす可能性のある子会社も見つかった。「リスクとリターンの非対称さがびっくりするほど大きかった。六ドルの価値をもつ負債なしの資産を四ドルで買うことができ、上昇が見込めるもろもろの資産がおまけでついてくる。子会社の価値がかりにゼロだったとしても、六ドルの価値があるものに四ドルしか払わなくていいのだ」

そこでグリーンブラットがこの株への投資を積み増ししたところ、ファンド資産の約四割がホスト・マリオット株で占められるようになった。周囲を驚かせる大胆な手だった。苦境にあえぐ企業に限界近くまで資金が投下された。だがグリーンブラットの目には、誰もが見落としていたものが見えていた――強烈なオッズの偏りだ。

グレアムの教えにあるとおり、最もたいせつなのは安全域だった。本質的価値よりもはるかに低い株価で誰かが買えば、ほかの投資家もいずれ気づいて株は値上がりするだろうから、そのまえに買う。当時もグリーンブラットは、「大きな損はないだろうと踏んでいた」そうだ。だからこそ、あれほど積極的な賭けに出たのだ。「引きうけるリスクの程度に応じてポジションの大きさを決めるべきだ」と彼は言った。**「大儲けできそうな銘柄を買い増すことはしない。損をしそうにない銘柄を買い増していく」**

それでどうなったか？　ホスト・マリオットは一九九三年秋、独立した企業として取引を開始した。みにくいアヒルの子が疑いを晴らして飛びたったとき、グリーンブラットの資金は四カ月で三倍になっていた。グリーンブラット自身、賭けがこれほど早く実を結ぶとは思っていなかった。「運がよかった。だけど、座ったままで運が転がりこんできたわけじゃない」

さて、儲け話に浮かれすぎるまえに言っておきたいのだが、この投資には裏の事情がある。まず、グリーンブラットが手に入れたのは優先株だった。これで、投資先が破綻した場合の防御を強めた。しかもコールオプションを使って、自身の投資構造の安全性を高めていた。さらに、悪評が立ちこめていた企業にこれだけの金額を投資するには、グリーンブラットのような冷徹な合理性と自律心、胆力を併せもつ類《たぐ》いまれな才能が必要だった。それでも、基本原理はこの上なくシンプルだった。この章の冒頭近くに出てきたことばを憶えているだろうか？　**「価値のあるものを見つけて、なるべく少ない金で買う」**

割安＋優良＝至高

グリーンブラットの投資手法が進化を続けた理由のひとつは、割安な株を買うというグレアムの戦略をバフェットがどんなふうに改訂し改良したのかを目撃したことだ。バフェットは、グレアムの戦略に「ちょっとしたひねり」を加えたことで世界屈指の大富豪になった。**「安く買うのはすばらしい。優れた企業を安く買えるならなおいい」**

バフェットは当初、かなりの割引価格で仕入れたごくふつうの企業の株式取引で財を成していた。だが資産規模が膨らむにつれて、その規模に対応できる戦略が必要になった。チャーリー・マンガーの影響を受けたこともあって、バフェットは「優良企業を適正価格で買い、保有しつづける」方式に転換した。バークシャー・ハサウェイ社は一九八八年、法外に見える六億五〇〇〇万ドルをコカ・コーラに投じた。* のちに、法外どころか格安だったことが判明する。なぜか？　コカ・コーラには持続性のある競争優位があり、投下資本利益率も高い並外れた成長マシンだったからだ。バークシャーの利益は一二年で一〇倍になった。

バフェットを研究することで、グリーンブラットはすばらしい企業を見分ける感覚を研ぎすましていった。それをいかんなく発揮したのが、ダン＆ブラッドストリートが傘下にあった格付け会社ムーディーズ・コーポレーションを二〇〇〇年にスピンオフしたときだ。グリーンブラットにとってムーディーズは「株価が安いようには見えなかった」が、彼と相棒のゴールドスタインはバフェットをクローニングし、バフェットがコカ・コーラ株を購入したときの手法を分解して当てはめ、ムーディーズにも割高な価格に見合う価値があるかどうかを調べようとした。その結果、これまで見てきたなかで最高の企業かもしれないと考えるに至る。(4)

ムーディーズは、参入障壁が高く実入りのいい格付けという業界を、スタンダード・アンド・プアーズ（S&P）との二社で支配していた。約二〇年にわたり売上は年一五パーセント増加している。また、コカ・コーラが桁外れの資本利益率を誇っていたのに対し、ムーディーズはむしろ資本をほとんど投下せずに、つまり何台かの机とコンピューターを買うだけで順調に成長できていた。グリーンブラットは、控えめに見積もっても、この会社の利益が一〇年間、年一二パーセントの伸びを続けら

＊　バフェットは一九九四年まで「世界最高の大企業」と評したコカ・コーラの株を買いつづけ、最終的にその投資額は約一三億ドルに達した。

れると計算した。問題は、来期利益予想に照らした価格の二一倍という高い水準で株式が取引されていたことだった。だがバフェットがコカ・コーラに投じた金額を考えれば、ムーディーズは「まだ激安」だと気づいた。

損なように見えてじつは買い得な取引であることに気づいた人はほかにもいた？　いた。バフェットだ。ムーディーズの株の一五パーセントを買い、二〇年が経過しても多くをもちつづけている。二億四八〇〇万ドルで買った株が二〇二〇年には約六〇億ドルの価値になった。一方のグリーンブラットはかなりの利益を確定させたのち、割安株に再投資した。「ムーディーズの株のほとんどは、ずいぶん早いうちに売却した」と言う。「とても安い買いものをして株価が二倍、三倍となると、たとえまだ上がる見込みがあっても落ち着いていられなくなる」

グリーンブラットは大学教授として、また作家として、自身が練りあげた投資法をわかりやすいことばで伝えることをつねに心がけていた。「わかりやすく伝えようとすることは、自分の試みをシンプルな方法論へと落としこむうえでとても役に立ったし、その過程でますますシンプルになっていった」と話している。ついには次の信条に行きつく。**優れた企業を安く買え**。グレアムとバフェットのエッセンスがここに統合されている。

グリーンブラットのキャリアには、投資ゲームに勝つうえでこの信条が賢明だったことを示す武勇伝がたくさんある。だが彼は、自分が暗号を解いたことをもっと厳密なかたちで示したかった。そこで二〇〇三年に、最終的には約三五〇〇万ドルを投じることになる研究プロジェクトを立ちあげた。その使命は「割安で優良な」企業の株を買うことがいかに大きなリターンをもたらすかを実証することだった。

膨大なデータ処理のためにコンピューターの専門家を雇い、割安で優良という特性をもつ企業の株価が過去どのように推移していたかを調べた。まず、「割安」と「優良」を測る簡便な指標が必要だった。彼は、これらふたつの特性をざっくりとすくいとるふたつの指標を選んだ。ひとつは、高い利回り――優良企業は株価に比較して大きな利益を生みだすから。もうひとつは、高い有形資本利益率――優良企業は固定資産や運転資本から効果的に利益を生みだすから。*

コンピューターの専門家がアメリカの三五〇〇社の株価を分析し、ふたつの指標をもとにランクづけした。ふたつの順位を合計したスコア（たとえば、五位と三〇位ならスコアは三五）が小さい企業はおおむね、平均以上の優良さをもち、平均を下回る価格で取引されている企業だといえる。そこでグリーンブラットは考えた。架空の投資家が年初にランキング上位の三〇銘柄を買い、一年後にすべて売り、そのときの新たな上位三〇銘柄と入れかえたらどうなるだろうか。研究では、このプロセスが毎年繰りかえされると想定し、割安で優良な企業に投資するための体系的な手法を構築しようとした。†

グリーンブラットは検証結果に「たまげた」そうだ。一九八八年から二〇〇四年にかけて、S&P

* グリーンブラットは自身の研究のなかで、利払い前・税引き前利益（EBIT《イービット》）と企業価値（株式の市場価格＋純有利子負債）の比率を利回りとしている。つまり、利回り＝EBIT／企業価値。有形資本利益率は、利払い前・税引き前利益（EBIT）と有形投下資本（正味運転資本＋純固定資産）の比率で計算した。つまり、有形資本利益率＝EBIT／（正味運転資本＋純固定資産）。簡略化のため、利益関連データは直近一二カ月の値を用いている。

500指数の年間平均一二・四パーセントに対し、彼の戦略は年間平均三〇・八パーセントのリターンを生成した。これを前提とすると、一〇万ドルをS&P500の平均的企業に投資したときのリターンが約七三万ドルなのに対し、彼の戦略では九六〇万ドル超に膨らんだことになる。ふたつの指標しか使っていない銘柄選択戦略が文字どおり市場に圧勝したのだ。シンプルさのパワーが強烈に表れている。

グリーンブラットはこの研究成果を活用して名著『株デビューする前に知っておくべき「魔法の公式」』を書きあげた。ジョークを交えながら、「たったふたつのシンプルなツール」を使って「最高の投資のプロたちですら打ちのめす」方法を紹介している。「株の達人」になりたいのなら、**「優良企業（資本利益率の高い企業）の株を、割安な価格（高利回りをもたらす価格）で買うことにこだわりなさい」**と説く。

グリーンブラットが「魔法の公式」と名づけたのが、勝利をもたらすふたつの要素のこのシンプルな組み合わせのことだった。

魔法を信じる？

ひとつ問題がある。残念ながら大半の投資家は株の達人にはなれない――考え、勉強し、実践し、魔法の公式を当てはめてみてもなれない。

二〇〇五年に「魔法の公式」の本を出版したあと、グリーンブラットは、勧めてはみたものの読者がこの方法を実行するのはむずかしいだろうと感じていた。子どもたちと一緒に試してみたが、多数の取引を追跡するのはたいへんだった。「あの本を出したあと、おおぜいの人たちから連絡をもらった。『やあ、いい本だね。ぼくの代わりに取引してくれないかな？』って」。読者がインターネットに掲載されている信頼性の低い企業データを使ったり、魔法の公式に当てはめようとして計算ミスをしたりして実害を被るケースが出るのではと心配するようにもなった。本をつうじて人の手助けをしようと思ったのに、ミスのせいで銘柄選択を誤った読者をかえって傷つけることになったらどうしよう？

この問題に対しては、信頼できるデータを用いてふたつの基準を満たす銘柄を簡単に選別できる無料サイト（www.magicformulainvesting.com）をつくることで解決を図った。彼はよくおどけて「ウォール街に歯の妖精なんていない」と言う。抜けた乳歯が翌朝に贈り物に変わっているような、そんな景気のいいことはただ待っていても起こらないということだ。だが一方で彼は、一般投資家を護るという考えもたいせつにしてきた。「慈悲深い証券会社」と称する会社を設立し、彼が事前にお墨付

† このデータ処理作業はかなり煩雑だ。例をあげると、グリーンブラットの分析チームは一九八八年から二〇〇四年にかけて一九三回の単年推移――一九八八年一月から一九八九年一月、一九八八年二月から一九八九年二月など――で、「魔法の公式」から導いたポートフォリオのパフォーマンスを測定している。検証の結果、三年を単位とする一六九回の推移のうち一六〇回で魔法の公式のポートフォリオが市場平均を上回り、残り九回も高い利益率を確保している（つまり、三年単位で見れば、いつ買っていつ手放しても一〇〇パーセント儲かっていた）など、多くの衝撃的な結果が得られた。

きを与えた魔法の公式を満たす銘柄だけに顧客が投資できるようにした。

　グリーンブラットは顧客にふたつの選択肢を用意した。オプション1、「プロが管理する」口座の開設。彼が承認したリストにある銘柄を、あらかじめ決められたプロセスに従って一定間隔で計画的に売買する。約九割の顧客が、自分で考えなくていいこのお任せプランを選択した。オプション2、一部にDIY（自分でする）を組みいれた取引。彼が承認した推奨リストから最低二〇銘柄を選び、売買のタイミングは自分で決める。DIY方式を選択した勇気ある少数の人々は、自分なら魔法をもっと効かせられるともくろんだのだろう。ああ、人の思いあがりたるや！

　数千人いる顧客のアカウントを調べたところ、DIY投資家の成績がひどかったことにグリーンブラットは衝撃を受けた。二年間の累積リターンは、S&P500が六二・七パーセントだったのに対し、DIYグループは五九・四パーセントだった。一方、プロが管理するオプション1のグループは八四・一パーセントのリターンを達成し、S&P500に投資した場合を二一・四ポイントも上回った。つまり、DIY投資家たちは自分の判断を加えたために二五ポイント近くもリターンを減らしたのだ。市場に勝てるはずだった戦略を、自分の「判断」が不発弾にしてしまった。自信があったのだろうが完全に裏目に出た。

「投資家にありがちな失敗を全部しでかしていた」とグリーンブラットは言う。「市場が上がると押しよせ、下がると大挙して出ていく。戦略の運用成績がいい《アウトパフォームの》ときにはやってきて、悪い《アンダーパフォームの》ときには戦略から離れる。理屈のうえでは、優良な企業を安く買うという考え方を信じていたかもしれない。ところが実際には、高くなった企業の株をこぞって買い、安くなると手放した」

さらに悪いことに、ＤＩＹ投資家たちは魔法の公式リストにあった「みにくいアヒル」度が最も高い銘柄から目を背け、それらがいちばん大化けする可能性が高いことを意識できなかった。彼らの感情としては、目先の見通しが暗くて悪いニュースばかりが聞こえてくる最安の企業を買うのは抵抗があっただろう。不確実な状況で待つことに恐怖を感じて去った投資家は、低迷していた銘柄が反転して最大の勝者になったときにその儲けをつかめなかった。

こうした自滅的な行動からは、悪いときにじっとしていられないという、どの投資家も直面する厄介な課題が浮かびあがる。**長期にわたって有利に立てるいい戦略を見つけるだけでは足りない。最も苦しいときに、その戦略を一貫して適用するという規律と執念も必要なのだ。**

グリーンブラットは言う。「よりどころにできるシンプルな原則――合理的で揺るぎのないシンプルな原則があれば、苦しいときにも助けになる」。これがなぜ重要なのか？　胸が苦しくなるほどの心理的なプレッシャーや挫折、誘惑に耐えるには、迷いなく頼れる明確な指針が必要だからだ。「耐えるのはたいへんなんだ。市場はこっちの思いどおりになんて動かない。株価は移り気だし、何をやってもあちこちから叩かれるし、どの専門家もおまえはまちがってると責めてくる。市場は残忍だよ」

損を出していたり、市場より悪い成績が何年も続いていたりすると、信念を貫くのはいっそうむずかしい。自分の戦略はまだ通用するのか、それとも何かが根本的に変わってしまったのかなどと考えはじめてしまう。だがそもそも、いつもうまくいく戦略など存在しない。経済的・精神的に苦しい時期がこのゲームでは必ず巡ってくる。弱いプレイヤーほど耐えきれずに道を逸れるので、ぶれない信念と強いメンタルをもつプレイヤーが多くのチャンスをつかみとる。「アンダーパフォームのときに受ける痛みに美点を見いだすとするなら、もしその痛みがなければみながうちと同じことをするようになるのを食いとめていること」

苦しい時期にあっても、グリーンブラットの信念は揺るがない。一方で平均的な投資家が揺らいでしまう理由は簡単に想像がつく。アメリカの大企業一〇〇〇社を対象に検証したところ、一九八八年から二〇〇九年にかけて魔法の公式を使った投資での年平均リターンが一九・七パーセントであったのに対し、Ｓ＆Ｐ５００指数は九・五パーセントだった。驚くほど勝率に差がついた。とはいえ、魔法の公式を使っても二二年間のうち六年はインデックス投資に及ばず、二〇〇二年に二五・三パーセント、二〇〇八年に三八・八パーセントという手ひどい損失を出している。これほど深い傷を負うと、戦略の厳格な論理にグリーンブラットが抱く確信を、自分の確信として共有していないかぎり、平常心を保つのはむずかしい。

これらの経験をつうじて彼は悟った。「多くの個人投資家にとって、最高の戦略とは最高のリターンを手にすることではない」。むしろ、「悪いとき」でも「離れずにいられる、ほどほどにいい戦略」が理想なのだ。

グリーンブラットは最近、この考え方に基づいて新しい攻略法を編みだした——リスクを軽減し、「痛みを少なく」するよう設計したロング・ショート〔買いと売りを組みあわせた〕戦略だ。価格変動リスクを抑えつつ、容認できる水準のリターンも確保するように投資を配分し、ファンドの顧客である投資家が長く参加できることを目指した。

二〇年にわたる集中的な取引手法で年四〇パーセントのリターンを達成した有名なハイリターン投資家にしては、意外な方向転換に見える。だが、多くの投資家は英雄になることではなく、堅実で持続可能なリターンを目指しているという原則に立ちかえったともいえる。「六〜八銘柄しか保有していなかったころには、二、三年ごとに数日で二〇〜三〇パーセントを失うことがままあった」とグリーンブラットは言う。「続けるのがむずかしい戦略だから、多くの個人投資家には向いていない。けれど自分にはものすごく合っていた。一部の銘柄が二〇〜三〇パーセント下落しても、自分の手の内を熟知しているからパニックにはならないんだ」

グリーンブラットのチームは現在、四〇〇〇社以上の価値を評価し、価格を基準にランクづけしている。ロング（買い持ち）サイドでは、彼のファンドは見積もった公正価値よりも割安で取引されている数百の銘柄を入手している。二番目に安い銘柄よりも最も安い銘柄に多くの資金を自動的に投じている。ショート（売り持ち）サイドでは、高値で取引されている数百の銘柄が下がるほうに賭けている。ロングと同様にポジションの大きさは評価によって決めるので、最も株価の高い銘柄が自動的に彼の最大のショートポジションとなる。「基本としているルールは、最安値の株を買い、最高値の株を売ること。これを体系的に実行している。感情の入りこむ余地はない」。目論見が外れることもあるとわかっているが、「全体を均《なら》せば勝っている」状態であればいい。

ロングとショートのポジションが数百も入りみだれる複雑な戦略を実行するのはたやすいことではない。グリーンブラットも戦略の遂行のために、金融アナリストやテクノロジーの専門家からなる二〇人のチームを編成したほどだ。それでも、彼の戦略を支えている原則はシンプルで頑健だから、憶えておいて損はない。

一、株式とは企業を所有する権利の持ち分であり、その価値は評価されなければならない。
二、株を買うのは、企業価値よりも安い価格で取引されている場合のみ。
三、長期で見れば市場は合理的であり、企業の公正価値を（程度の差こそあれ）反映するようになる。

問題は、公正価値が反映されるまでの期間が数週間なのか、数カ月、あるいは数年かかるのか、誰にもわからないことだ。だがグリーンブラットはそのときを待つ。長年かけて練りあげてきた原則が最後には成立することを信じているからだ。「株式が企業を所有する権利の持ち分であり、それを評価する才能がおおむね自分に備わっているのなら、時間が経つうちに必ずいい結果を出せる。重力の法則がなくならないように、経済の法則も消えることはない」

四つのシンプルな知恵

グリーンブラットから学んだことを振り返ってみて、とくに感銘を受けたのは四つのシンプルな知恵だった。

その一、最上の戦略を求めるな。必要なのは、金銭的目標を達成するのに足りる、自分で扱いきれる戦略だ。ヨーロッパでかつて栄えたプロイセン王国のカール・フォン・クラウゼビッツ将軍も言っている。「作戦計画の最大の敵は、完璧な計画への夢想なり」

その二、戦略はシンプルかつ論理的であること。意味を理解でき、肚《はら》の底から信じられ、機能しなくなったように見える困難なときでも貫けるものであること。さらに、自分がどこまで痛みや乱高下、損失に耐えられるか、その許容度に見合ったものでなければならない。戦略本体や、よりどころとなる原則、長く機能すると考える理由を書きとめておくといいだろう。政策綱領や金融版の行動規範のようなものだ。ストレス下で取りみだしているとき、これを読みかえすことで気を鎮《しず》め、方向感覚を回復できる。

その三、市場に勝つ気概とそのためのスキルが本当に自分にあるのかを問う。グリーンブラットの勝利の原動力は人並み外れた気概とスキルを併せもったことだった。分析力に優れ、複雑なゲームを根本原則に――企業の価値を評価し、安く買い、そして待つ――に落としこんだ。企業価値の評価方法を熟知している。市場は効率的だと唱えていたウォートン校の教授陣など権威ある人たちの意見や、世間の常識とされることに影響されない。むしろそうした見解のまちがいを繰りかえし指摘することに喜びを感じている。しかも忍耐強く冷静で、自信に満ち、競争心があり、合理的で、規律正しい。

その四、市場に打ち勝とうとしなくても、金持ちで成功した投資家になれると知っておく。偉大な投資家ジャック・ボーグルは、高いリターンを目指す幾多のアクティブファンド・マネジャーが、市況に沿ったリターンを目指すインデックスファンドよりも自分たちのほうが優れていることを証明しようとして失敗する姿を、数十年にわたって目撃してきた。「あの星たちはすべて彗星だった」と私に言った。「一瞬だけ空を照らす。燃えつきて灰が静かに降りてくる。灰はいまも積もりつづけているよ」

ボーグルの考える「究極のシンプル」は、国内外の株式と債券を所定の割合で保有するバランス型インデックスファンドを一本買って保有することだ。それだけでいいと。市場のタイミングを計ろうなんて無謀な真似はおよしなさい。次に来る波を当てようなんてただのファンタジー。

この章を書いているとき、ボーグルの助言に従って妻の退職金口座からインデックスファンドを一本購入した。資産の八割を株式、二割を債券に投資するグローバルファンドだ。これが最上の戦略でないことはわかっている。だが妻が長期にわたってこのファンドをもちつづけ、定期的に資金を上乗せしていけばそれで充分だろう。投資先の分散、リスクとリターンの合理的なバランス、節税効果、コストの安さ、長期保有を基本として組みたてたシンプルな戦略になっている。大胆ではないし華々しくもない。だがボーグルのことばを憶えておこう。「偉大である必要はない」

個人的には、インデックス投資がもつ厳密な論理性と、市場に打ち勝つという夢とのはざまでいつも私はさまよっている。だけどこれだけは忘れない――どの道を選ぶにせよ、シンプルにしておけば恵みがある。

第六章　ニックとザックの大冒険
――型破りな投資家二人組に見る、目先の甘い話に乗らない者が特大の褒美をつかむ理由

小さな幸福をあきらめて大きな幸福が見つかるのなら、賢き者は大きなもののために小さなほうを手放すだろう。

――法句経《ほっくぎょう》

それで、私のこれらのことばを聞いておこなう者はみな、岩の上に自分の家を建てた賢い人に似ている。雨が降り、洪水が押しよせ、風が吹きつけても、その家が倒れないのは、堅い岩を土台としていたからである。私のこれらのことばを聞いておこなわない者はみな、砂の上に家を建てた愚かな人に似ている。雨が降り、洪水が押しよせ、風が吹きつけると、その家は倒れてしまう。しかもひどい倒れ方をする。

――マタイによる福音書七章二四節から二九節

ニック・スリープは景観デザイナーになりたかった。騒々しい暮らしからいっとき逃れて息をつける、公園や公共スペースを設計する自分を思いえがいていたから、エジンバラ大学の卒業後、地元企

業で景観デザイナーの見習いに就いたのだ。「私の憧れは粉々に打ちくだかれた。現実は屋根窓や駐車場をつくるだけだった」。数カ月後、スリープは解雇される。「スタッフが三〇人から二〇人に減らされ、減った一〇人に自分も入っていた」

イギリス人のスリープは、エジンバラ郊外に婚約者のセリタと買ったアパートがあったから、そのままエジンバラにいたかった。「そこで、エジンバラにどんな仕事があるか探しまわった」。まず、情報テクノロジー（ＩＴ）が候補にあがり、やがて資金運用でも実績のある街だとわかってきた。彼は投資ビジネスがどんなものかを知ろうと、アンソニー・アレック・アルノー著〝*Investment Trusts Explained*〟（投資信託とは）という、一般にはあまり知られていない本を読み、興味をそそられる。「投資は知的探求であるという解釈が気に入った」

スコットランドの小さな投資会社に入り、投資アナリストの研修生として働くことになった。当時の彼に充分な資質があったとは言いがたい。大学では地質学を学び、途中で地理学に転換している。株の銘柄選びのプロを目指す者のふつうの経歴とはかけ離れていたし、職歴からも金融の世界を目指してきた気配はうかがえなかった。なにせ景観デザイナー見習いに始まり、ハロッズ・デパートで働き、ＩＴ会社で臨時雇いの仕事をして、ウィンドサーフィンのスポンサー契約を結んでいたのだから。映画スターのようなルックスをもち、穏やかな物腰の彼は、馬車馬のように会社で働くイメージからは遠かった。

それでも、彼の強烈な個性に合った分野に運よく入りこむことができた。スリープは優秀な投資家たちと同じく、世界を人とはちがう角度で見る。そのルーツは、ビクトリア女王が創設した寄宿学校、ウェリントン・カレッジで青春時代を過ごした十代後半にあると本人は感じている。自宅から通っていた数少ない生徒のひとりで、学校生活という枠の外側では「自由に漂う」ことができた。クラスメートのほとんどが一六〇へクタールのキャンパス内で過ごす週末に、彼はパブで働いた。「早くから、周りの人とはちがうことに心地よさを感じていた。集団の外が居心地よかった」

二〇歳のころ、ロバート・パーシグ著『禅とオートバイ修理技術』（早川書房、めるくまーる）に出会い、とりこになった。(1)禅の指導書であり自伝的小説でもあるこの本は、一二一人の編集者に出版を断られたそうだが、「質《クオリティ》」にこだわる人生の意味を深く思う、異色だが熱い魅力にあふれていた。自分の行動や決断の質に強い関心をもち、ごくありふれた日々の行動も精神修養のように――内面の忍耐や誠実、良識、平静を発露する場として――真摯《しんし》に臨む人たちを著者パーシグは称える。椅子を修理する、洋服を縫う、包丁を研ぐなど、何をするにしても、「醜いやり方」と「クオリティの高い美しいやり方」があると説く。

パーシグにとって、オートバイの修理はいまを超越した生き方と働き方を追求するうえで理想的な比喩だ。「修理している現実のオートバイは、自分自身という乗り物である。〝そこ〟にあるように見える機械と〝ここ〟にいるように見える人物は別々のふたつの存在ではない。高いクオリティに向かって成長するのも、クオリティから逸れてしまうのも連れ添う存在なのだ」と書いている。

もちろん、ウォール街でのしあがることしか頭にない野心家たちは、こんな、オートバイがどうしたこうしたなんていう話を黙って聞くほど辛抱強くはない。だが、スリープの胸には、パーシグの思想がすっと入ってきた。感情でも倫理面でも論理でも真正面から人生の真髄にアプローチしようとするパーシグの姿勢に打たれ、スリープは自分がなりたい理想の投資家像をつくりあげることができた。パーシグから受けつづけている影響についてスリープは、メールにこう書いている。「クオリティのあることをなんでもしたくなる。そこには満足と平和があるから」

では、投資との関係で見た場合、このことばにどんな意味があるだろうか。二〇〇一年に、スリープは友人カイス・〝ザック〟・ザカリアとともに〈ノマド・インベストメント・パートナーシップ〉というファンドを立ちあげた。ふたりはこのファンドを、投資だけでなく考え方、ふるまい方についても最高の質を追求する実験場としてとらえた。ユーモアも交えて滔々と語りかける出資者宛ての手紙のなかに、スリープはよくこうした文言を入れている。「〈ノマド〉は私たちにとってたんに資金を運用する場ではなく、もっと大きな意味があります。かたちのない、ほとんど霊的ともいえる世界を、理智の力で旅しようとするのです（ふつうの遊牧民《ノマド》とはちがい、ラクダも砂漠もない旅です。もしラクダに乗れたら、ザックは喜ぶだろうけれど）」

圧倒的なリターンを出さなければ、彼らの高遠な実験には意味がなくなる。一三年間の投資実績は、MSCIワールドインデックスが一一六・九パーセントのリターンだったのに対し、ノマドは九二一・一パーセントと、*八〇〇ポイント以上の大差で勝っている。一〇〇万ドルを投資していたら、MSCI連動型のほうは二一七万ドルになり、ノマドのほうは一〇二一万ドルに跳ねあがったということだ。

二〇一四年、スリープとザカリアは出資者たちに資金を返し、四五歳という人生でいちばん稼げる時期にファンド・マネジャーから退いた。自己資金だけを運用するようになったあともふたりはめざましい成功を収め、五年ほどで自己資金を約三倍にしている。常識とか慣習とかに関心のないスリープは、資産のほとんどを三つの銘柄にしか投資しなかった。スリープとザカリアでふたりの資産の七〇パーセントを一社に集中させていたときすらある。

哲学や知的世界にも通暁《つうぎょう》する投資家のなかで、このふたりほど尊敬を集めている者はいないだろう。著名な投資家ビル・ミラーは、彼らの「完全な独立性」と「思考の明晰さ」を高く評価し、自己資金をノマドに投資した。スリープの友人でもあるガイ・スピアは、スリープのことを投資界のなかでとくに深遠な思考のできる人物と称える。私がモニッシュ・パブライに、どの投資家にインタビューをすればいいかと相談したところ、彼は答えた。「ニック・スリープは枠に収まらない人物だよ。とことん緻密に調べ、抜群の集中力をもつ。だが、インタビューはきみの身を削るようなものだろう。スリープの話はおもしろいと思うが、たぶん彼は引きうけない。話し好きじゃないしね」

たしかに、スリープとザカリアの神秘性は、ふたりがひっそりと暮らしていることでより高まっている面がある。ファンドの売りこみにも、ましてや自分たちを売りこむことにもまったく関心がなかった。そのため、彼らの名は話題にのぼってこなかった。それでもこの数年のあいだに、私はスリープにインタビューする機会を何度かもつことができた。そして二〇一八年の秋、ロンドンのキングスロードにあるふたりのオフィスで、私はスリープとザカリアふたりとともに午後の時間を過ごすこと

＊　この数字にはノマドの運用報酬は含まれていない。手数料控除前の年平均は二〇・八パーセントで、控除後はノマド一八・四パーセント、MSCIワールドインデックスが六・五パーセント。

になった。そこは、ザカリアの仕事机すら置いていない、くだけた雰囲気の明るいスペースだった。スリープは机に向かうより、豪奢な布の張られた肘掛け椅子で仕事をするのを好み、椅子の正面の壁には宇宙服っぽい養蜂用の防護服が二組掛かっていた。彼らが「資本主義の冒険」と呼ぶ精神を反映した「銀河系総本部」のなかにいるようだった。

インタビューでは、最後は善良な人間が勝つという励まされる教訓や、目先の誘惑に抵抗できるだけの規律と忍耐を備えた投資家だけに特大の恩恵が積みかさなるなどの話をしてくれた。短期的思考に支配されているいまの速度至上の時代にあって、報酬の受けとりを先延ばしにできる能力は、市場に限らずビジネス全般や人生でも成功を呼びよせる大きな力なのだ。

砂の上に建つ家

ザカリアもスリープと同じく、ウォール街で働きたいと夢見たことはない。「正直に言うと、ぜんぜんちがう仕事をしたかった。両親が許していたら、気象学者になっていたと思う。気象学っておもしろいよね。天気予報についての本をよく読んだし、自分でも天気図を書いたりしてたけど、両親からすればくだらないことだった」

ザカリアは、一九六九年にイラクで生まれ、比較的裕福な家庭に育った。父親はイラク中央銀行で働き、母親はバグダッド大学で栄養学の講座をもっていた。だがそのころは、政治的陰謀や暴力の渦巻く危険な時代だった。「私たちは追放された」とザカリアは語る。一家はすべてを残したまま国から脱出したのだ。一九七二年、カトリック教会の慈善団体がイギリスの避難所を手配してくれ、その場所で両親は三人の子どもを育てた。「私たちは何ももたないまま、そこに着いた。トルコで誰かにもらったオレンジ色のボルボ以外、本当に何もなかった」

父親は職探しに駆けまわり、ようやく見習い会計士の仕事を見つけた。徐々に地位を築き、やがてイラクに機械を輸出する仕事を始め、軌道に乗せた。両親としては、生活基盤をより強くするために、ザカリアには父親の会社で働いてほしかったし、やがては継いでくれることを期待していた。「両親にとって金《かね》はきわめてたいせつだった。金は蓄えるものであって、使うためのものではなかった。安全と地位そのものだった」。一九八七年にザカリアはケンブリッジ大学に入学し、数学を学びはじめた。すべてが順調に運ばれているように思われたが、その年、父親が破産する。

父親は借金で株を取引していたことがわかった。怪しげな情報誌に載った注目株を売り買いし、たちの悪い勧誘員に乗せられてマルチ商法に嵌まっていたのだ。「ある株式仲買人《ブローカー》からの推奨株が、ピラミッドの上位にいる会員には先に、下位にはあとで知らされる。金を注げば注ぐだけ、順位があがる仕組みだ。父はそれほど高い位置にはいなかったから、ピラミッドが崩れたときに、儲けを手にしないまますべてを失った」。一家は借金まみれになり、輸出業のほうも潰《つい》えた。

ザカリアにとっては、これが投資ビジネスとの最悪の出会いだった。「父は自分が理解していた地道な仕事で金を稼ぎ、理解していなかった賭けで失った。悪辣なやつらのせいで、ついには身ぐるみ剝《は》がされてしまった」。このつらい記憶があるから、それ以来ザカリアは、ことば巧みな勧誘や一攫千金話やウォール街の「カジノ」的側面を信用しない癖がついた。

ザカリアは一九九〇年にケンブリッジ大学を卒業し、ほとんど仕方なく投資ゲームの世界に入った。家業のビジネスはもうなくなっていたし、きょうだいたちとはちがって血をみるだけで卒倒してしまうので医者になることも不可能だった。気象学は両親がいやがる。そこで、香港に拠点を置く、アジアの著名な投資銀行〈ジャーディン・フレミング〉の株式アナリストに就いた。一九九六年まではかなり業績がよかったが、当時の上司だったやり手のファンド・マネジャーが、儲けの出た取引を自分個人のアカウントに移しかえ、顧客に行くはずだった利益を掠《かす》めとったとして告発された。そのファンド・マネジャーは解雇され、何百万ドルもの罰金を科せられたが、会社の評判は地に落ちたまま浮上せず、業務は縮小された。ザカリアも解雇されてしまう。

「何人かの友人に『何か仕事ない？　なんでもやるよ』と電話をかけてまわった」。ドイツ銀行で証券業務を取りしきっていた友人がザカリアを気の毒に思い、アジア株を専門に扱う部門の売りこみ側《セル・サイド》アナリストとして雇ってくれた。人生のなかでそう何回もない、宇宙的ジョークみたいな巡りあわせだった。「ものを売りつける人」全般を信用していなかったザカリアが、とりわけ株のブローカーを毛嫌いしていたザカリアが、なんと、銀行の機関投資家に株式情報を売りあるいて生計を立てることになったのだから。「四年間その仕事をしたけど、まあ地獄だった。自分が人から簡単にものを売りつけられるタイプじゃなかったから、人に売ることもできなかった」

ドイツ銀行で過ごした時間は、ザカリアにとってウォール街のやり方を短期集中講座で学んでいるようなものだった。「びっくりすることが次々に起こった」。モラルに目をつぶるのも仕事のうちだと知った。「友人でもあった上司から言われた。『顧客がしたいことを止めようとしちゃいけない。

まちがっていると思うことでもそのままにするんだ。どっちに転んだって感謝なんかされないから』。で、思った。「こんな生き方はいやだ。ひどすぎる！　まちがえそうになっている人を見たら、知らせるのが本当なのに」。自分はその仕事に向いていなかったから、上司が盾になってかばってくれなかったら、一カ月でクビになっていたとザカリアは言う。それでも、ひとつだけ慰めがあった。そこでニック・スリープと出会えたのだ。

スリープは、エジンバラで初めて投資の仕事に就いてから三年後、カナダに本社を構え、数万人の社員を抱えるサンライフ・フィナンシャル社の投資アナリストになった。「そこはどうも性《しょう》に合わなかった。元気のいい会社で働いたことがあると、大きくて、どんよりして、退屈な会社で仕事をするのはかなりむずかしい」。数カ月後、彼はそこを辞め、一九九五年にロンドンの〈マラトン・アセット・マネジメント〉という投資会社に落ち着き、そこで一〇年以上働くことになる。その会社は、できたばかりで小さいが、向こうっ気が強く、「大手と喧嘩して勝つ気でいる」と評判だった。

マラトン社でスリープの助言者《メンター》だったのは、共同創業者のひとり、ジェレミー・ホスキングという変わり者のイギリス人で、年代物の蒸気エンジンをコレクションする趣味をもっていた。「彼は、生まれついての常識破りで、人があきれて手を出さないようなものを買おうとした。意見が分かれていたり、むずかしかったりするほうを好んだ」。一九九七年のアジア金融危機の際、ホスキングとスリープはくすぶる東南アジア市場で安い株をあさっていた。ほかの投資家はみな、奇跡のアジア経済が災難に変わった後始末に走りまわっていたようだ。ところがマラトン社のふたりは、まさかの同類を見つける。アジアを拠点としたひとりのブローカーが、ほかのどの投資家ともちがう動きをしていたのだ。ザカリアだ。

スリープとザカリアは、シンガポールや香港、フィリピンなどでとんでもなく安い株を見つけては意見を交換するようになった。ほかの多くのブローカーは、人気があって売りやすい株を探していたが、ザカリアは割安を突きぬけた安さで取引される悪評だらけの不人気株に熱中していた。「ザック（ザカリア）が気に入る株は、マラトン社の私たちふたり以外には誰からも評価されなかったので、ブローカーとしてのザックは有能とは言えなかった。彼の株には市場で通用する価値がなく、どこにも売れないんだから」とスリープは言う。だが、捨てられた宝物を見つけるザカリアの眼力は、マラトン社にとっては貴重だった。だからホスキングはザカリアに言ったのだ。「株の売り先が見つからないときには電話をください」

アジア経済が沸いていた奇跡のような数年間、投資家は資産の再取得価格の三倍で株を取引していた。経済危機のあいだは、同じ株が再取得価格の四分の一になった。マラトン社は一年足らずで東南アジアに約五億ドルを投資し、その地域が回復したことで莫大な儲けをつかんだ。ザカリアの力も大きかった。「ザックはまさに、アジア金融危機で私たちが必要としたアナリストだった。当時の彼は投資銀行で働くセールスパーソンだったが、人が売ってほしいものを売ろうとしていなかったから、実際にはセールスの仕事はしていなかった」。潮の流れに逆らって、ときには必死で泳ぐこの感覚は、さらに強まろうとしていた。

もしあなたが風刺小説家で、ウォール街の最悪の時期について書こうとするなら、一九九九年の後半から二〇〇〇年前半あたり、強欲さの絶頂期を取りあげるかもしれない。テック系やインターネット関連株への熱狂が、バンカーやブローカーやファンド・マネジャーや一般投資家の正気を失わせた時代だ。何百何千万の人たちがすぐにリッチになれる欲に取りつかれ、恐怖があるとすれば、波に乗りそこねて儲けそこねることだけだった。

ドイツ銀行やライバルたちは、生煮えの企業を上げ底の評価で次々に上場させてはどんどん稼いでいった。その企業が生きのこれるか疑問があったとしても顧みたりはしなかった。信頼できるはずの著名な金融機関の市場アナリストが、無節操なプロモーターと化したのだ。* ザカリアの同業者たちはインチキだろうとなんだろうと、一攫千金を夢見る知識の乏しい人たちに売れるうちに売ってしまえと追いたてられた。市場がカジノになった。だがザカリアはこのゲームを拒否する。「IPOはどれもひどかった。買い手にそれはひどいと伝えたから、当然、まったく売れなかった。結局、すべてが悲惨なことになった」

ザカリアには忘れられない取引がある。先端技術の台湾のスタートアップ〈ギガメディア〉社だ。創業から二年も経っておらず、利益を出すのは遠い夢の話だった。強気のゴールドマンサックスとド

＊　メリルリンチの事例はとくに嘆かわしい。儲かっている投資銀行の顧客を引っぱりこむために、自社の調査部門を、ホラ話を垂れながすチアリーディング部門に変えてしまったのだ。インターネット関連の花形アナリストだったヘンリー・ブロッジェは、裏では「スジワル」「クズ」「ボロボロ」と呼んでいた企業の買い推奨を発行しつづけた。二〇〇三年、規制当局はブロッジェに四〇〇万ドルの罰金を科し、証券業界から永久に追放した。私は彼個人を責めたいのではない。熱狂の雰囲気がいかにおそろしいか、ウォール街が全力で売ろうとしているものには、それがなんであれ、けっして警戒を忘れてはいけないことを伝えたくて書いている。

イツ銀行は、ＩＴバブル絶頂期の二〇〇〇年二月、ギガメディアのナスダック上場を決定する。ザカリアによると、同僚のひとり――ザカリア曰く「完璧で典型的なセールスパーソン」――がパリにいるファンド・マネジャーに電話で「ギガメディアの株を買うべきだと思う」と言い、そのファンド・マネジャーは一億五〇〇〇万ドルで注文したそうだ。ひとつ問題だったのは、そのファンドの資産総額を超えていたことだ。それでも、こういうゲームなのだから、誰もたいして気にしなかった。そのファンド・マネジャーは、銀行に注文した株の一部が割りあてられることと、株価が跳ねあがることに賭けた。

結末やいかに――上場当日、ギガメディアの株は、二七ドルから八八ドルに急騰し、赤字続きだったちっぽけな会社に四〇億ドル以上の評価額が出た。だが、いっときの幻だった。ドットコム・バブルは数週間で弾け、ギガメディアは評価額の九八パーセントを失った。

ザカリアにとって抱えきれない試練だった――その不合理さも、実体のなさも、誰が泣こうが手っ取り早く稼ぐためならなんでもする浅ましさも。「私は不安でしかたなく、地に足をつける何かがほしかった。ドイツ銀行時代は、ブローカーとしての姿勢が定まっておらず、日々の不安が体調にも影響するようになった。朝出社して、顧客から好かれるか嫌われるか、会社をクビになるのかならないのか、その日をどう切りぬけたらいいのかわからなかった。何もかもが宙ぶらりんだった」

ザカリアはマラトン社に救われる。二〇〇〇年四月、愛しのドットコムがこなごなに砕けたとき、ザカリアはドイツ銀行を抜けだして、ロンドンにあるマラトン社のオフィスでスリープと一緒に働きはじめた。五月には、アメリカのネブラスカ州オマハでおこなわれるバークシャー・ハサウェイの株主総会に同行した。「すばらしかった」。総会の場では、ウォーレン・バフェットとチャーリー・マンガーが、これから何十年も株をもちつづけるつもりの企業について話していた。バフェットたちは、最近のIPOラッシュのような騒ぎに乗るつもりはなかったし、他人の金で稼ごうとも思っていなかった。「本物だ！」とザカリアは思った。「カジノじゃない！　本当のビジネスだ！」

スリープはマラトン社の上司たちに、バフェットのモデルを参考にした重点型ファンドをつくらせてほしいと言いつづけた。スリープにとってバフェットは質《クオリティ》の権化だった。ビジネスに対する思考の深さに加え、当初の自分の報酬は年一〇万ドルに抑えてバークシャーの株主を厚く遇しようとした方針にも感銘を受けた。一方には「考えられるかぎりの強い信念をもったバフェットという人物」がいて、もう一方には「車でも洗濯機でも投資ファンドでも、営業力だけでなんでも売って、顧客のことなんか気にしない会社」があるとスリープは言う。

二〇〇一年、上司たちからノマド・インベストメント・パートナーシップ・ファンドを立ちあげる許可が出たとき、スリープはザカリアに共同マネジャーになってほしいともちかけた。「ふたりとも、いつも周りと少しちがうことをしようとしていた」。当初からスリープとザカリアはノマドを、スリープの言う投資業界の「罪と愚かさ」に対抗する場として位置づけていた。「投資にしても何かの行動にしても、別のやり方があると証明したかった。ウォール街のばかさかげんにつきあう必要はない」

勝手にしやがれ!!*

スリープとザカリアは、手数料収入がシャワーのように降ってくる巨大ファンドをつくることに興味はなかった。ニュース専門チャンネルCNBCに市場の教祖《マーケット・グル》として出演しようとか、フォーブス誌の表紙を飾って崇められようなどとは考えもしなかった。城や自家用機やヨットを買いたいとも思わない。ふたりの大望はシンプルだった。高いリターンを長期的にあげること。

具体的なターゲットは、ノマドの純資産を一〇倍に増やすことだった。三人の娘と名づけ子がひとりいるスリープは、将来、彼らに「あのころ、何をしていたの?」と訊かれたら、「とうさんたちは一ポンドを一〇ポンドに変えたんだよ」と答えるつもりだ。

輝かしいリターンを望むのなら、スリープとザカリアが会得した、何に注目するか、そして同じくらい重要な、何を無視するか、の秘訣を学ぶとよいだろう。アメリカの哲学者ウィリアム・ジェームズの詩からスリープは次の句を引用する。「賢くあるための術《すべ》とは何に目をつぶるかを知る術にある」。彼とザカリアは、慣習だからと何かを押しつけられることを拒否した。スリープは言う。「気に入らないことは全部排除しようとした。ふたりとも〝好き勝手チーム〟の筋金入りメンバーだったからね」

スリープとザカリアはまず、投資家の注意を奪う、短時間しか続かない情報をすべて無視することにした。情報は食べ物と同じで消費期限がある。とくに傷みやすいものもあれば、日持ちが長いものもある。この保存期間の考え方は、貴重なフィルターとなった。

たとえば、二〇二〇年五月に私がふたりと再び会って話したときには、COVID - 19の流行が、消費者支出や企業利益、失業率、金利、資産価格に短期的にどう影響するかを経済ニュースがさまざまに推測していた。フィナンシャル・タイムズでも、ある日の記事は、アメリカの経済の回復曲線はV字型、U字型、W字型、L字型のどれか、それともナイキのロゴマークのように跳ねあがるのかと議論を戦わせる内容だった。スリープとザカリアにとって、ひっきりなしのこうしたニュース報道も、市場で毎日起こる「メロドラマ」の一部にすぎない。あまりにも表面的で短命で信用できず、耳を傾ける価値があるとは思えなかった。経済ニュースがどういう展開になるのかは彼らには予測できない。だったら、どうせ読めないことに精神のエネルギーを使うのはむだだろう。

同様に、スリープとザカリアはウォール街から洪水のようにほとばしる短期的財務データや推奨株情報も無視した。投資家をあおるほど手数料収入が増える証券会社は、膨大な企業の次期四半期の一株あたり利益（EPS）を膨らませて見積もる。スリープは、一二週後には価値のなくなる情報をほ

＊　このエレガントなフレーズは、パンクバンドのセックス・ピストルズが一九七七年に発売したアルバムのタイトルに由来する。原題〝*Never Mind the Bollocks, Here's the Sex Pistols*〟にある bollocks（英語で睾丸の意味）が不快語だとして当初、多くのレコードショップがこのアルバムを置くのを断っている。だが、『オックスフォード英語辞典』によれば、この単語は少なくとも一三世紀から使用されている。また、専門の鑑定人が bollocks は聖書の初期の翻訳に記されていると指摘したため、猥褻罪をめぐる裁判でセックス・ピストルズは勝利を得る。こうした論争がかえって宣伝になり、このアルバムをヴァージン・レコードからリリースしていたリチャード・ブランソン〔ヴァージン・グループ創業者〕のビジネスを後押しした。

しがる投資家たちを「四半期ＥＰＳ中毒者」とあきらめの目で見る。彼の言うように、「短期のことしか頭にない群衆」は、経済全体を映す定点情報だとか、ある企業がアナリストの予想を上回ったと宣伝するつまらないニュースだとかの「偽刺激」につねにさらされる。「デタラメを信じないように、そもそも聞かないように意識しておかないといけない」

　クズ情報から身を護る実用的な方法は、ウォール街から排泄される売り手側視点の調査情報をすべて断ちきることだ。ザカリアは言う。「まずひとまとめにする。月に一回程度、中身を眺めてみる。『退屈だ』と思ったら、一切合切をゴミ箱行きにする。すべてはゴシップでナンセンスの塊だから、もう煩わされなくていいと思ったらすっきりした」。スリープとザカリアはまた、自身でリサーチして独自の判断を下すから、売りこみの電話は無意味なのでかけてこないようにとブローカーに言いわたした。

　ブルームバーグ端末の利用も最小限にとどめ、市場の日々の動きから距離を置いた。リアルタイムの市況や金融ニュース速報がぴかぴか点滅する四つの大型モニターをエンドレスに見つづけているファンド・マネジャーは多い。ブルームバーグ端末には年に約二万四〇〇〇ドルのレンタル料金がかかり、プロの投資家にとってステータスシンボル的存在だ。だがふたりは、一台だけ契約しているブルームバーグ端末をいまも、椅子のない背の低いサイドテーブルに追いやったままだ。[2]「わざと見にくい場所に置いたんだ」とザカリアは言う。「ニックがその場所を選んだのは、腰が痛くなるまえに離れようとすれば五分ぐらいしか端末を見ないですむからなんだ」

　シカゴを本拠地とするヘッジファンド・マネジャーのパット・ドーシーも似た意見をもつ。かつて私に言ったことがある。「どんな投資家でも実践できて最高の効果が得られるのは、テレビやブルームバーグ端末をオフィスに置かないことだ。株価を見たり、うちのポートフォリオがらみのニュースをチェックするために一五メートルほど歩くのはまあいい。どんな数字になっているだろうとわくわくする。しきりにメールチェックする人みたいに、チェックすること自体でドーパミンも少し放出される。だが、冷静になって論理的に考えてみれば、なんら生産的ではないのは誰だってわかる」

この意図的な情報遮断は、無限の情報へ瞬時にアクセスできることを尊ぶ文化では、ねじくれた行為に見えるかもしれない。だが、スリープとザカリアにとって、データを集めつづけて、もうすぐ値上がりしそうとデータが示した株に賭けるようなお仕着せのゲームはうんざりなのだ。流行《はや》りの「折れ線グラフ占い」――スリープの命名――にじゃまされずに、静かに考えたかった。

周囲のほとんどが重んじていることを無視するのには強い信念が必要だ。だがいったんウォール街からの雑音をオフにすると決めたら、解放された喜びでいっぱいになった。「それまでは頭のなかでしじゅう誰かがしゃべっている感じだった。聞くのをやめたら、調子がよくなる」とスリープは言う。彼らはどんなふうに時間を使ったのか？　「とことん年次報告書を読みこみ、飽き飽きするまでできるかぎりの会社訪問を繰りかえした」。スリープの出張回数があまりに多かったので、パスポートの全ページがスタンプで埋まってしまい、新たにつくりなおさなければならなかった。

スリープとザカリアは多くの企業を分析し、ＣＥＯたちとの会合をもちながら、長期的に成長が望めるかどうかを探った。次のような問いの答えを追求するのだ。「一〇年、二〇年先を考えた、このビジネスの目的地はどこか？」「目的地に到達する可能性を高めるために、いま、どんな経営が必要か?」「この会社が望ましい目的地に到達する妨げとなりうるのは何か?」ふたりはこの考え方を「目的地分析」と呼んでいる。

ウォール街は「会社の利益は三カ月後にどうなるか」「一二カ月後の目標株価は?」という質問を好み、短期的な成果にこだわる傾向がある。これに対し、スリープとザカリアは、企業がポテンシャルを充分に発揮するためにはどのようなインプット（資金や情報、人材など）が必要かを考える。彼らが知りたいのは、「この会社が良質のプロダクトを開発し、低価格で売り、効率よいサービスを提供することで、顧客との関係を強化しているか?」「CEOは企業の長期的な価値を高めるような合理的な方法で資本を配分しているか?」「従業員の給料が安すぎたり、供給業者を不当に扱っていたり、顧客の信頼を損なっていたり、そのほか、将来の成功を危うくするような短絡的な行動に走っていないか?」なのだ。

「目的地分析」は投資に限らず、人生のどの場面でもツールとして使える。たとえば、年をとってからも健康でいることを目指すのなら、その目的地に到達できる確率をあげるために、栄養や運動、ストレス軽減、定期的な健康診断など、いまどのようなインプットが必要かを考えてみるといい。家族や友だちに自分のことを愛おしい存在として長く記憶してほしいのなら、あなたの葬儀の場にいる彼らを想像して、いまどのように行動すれば彼らにとってすばらしい思い出になれるかを考えてみるといい。目的地を重視するこの考え方が、スリープとザカリアに強い影響を与えた。スリープは言う。

「八〇歳で人生を振りかえったときに、顧客を公平に扱い、丁寧に仕事をして、金を適切に社会に還元したと思いたい――四軒の家と自家用機をもったことではなく」

スリープとザカリアが慣習にそぐわない考え方をするようになったのも無理はない。そもそもふたりは、なりたかった景観デザイナーと気象学者になれずに、たまたま投資業界に行きついた二羽のみにくいアヒルだったからだ。ずっとアウトサイダーのままで、すべてのことに疑問をもちつづけた。とくに、顧客の利益よりも自分たちの利益を優先しようとする「暗黙の了解」は受けいれがたかった。結果として、ノマドの料金システムは業界に類のないほど顧客に有利だった。スリープとザカリアは、よそのように資産の一、二パーセントを年間手数料として自動的に徴収するのではなく、コストをカバーするだけのわずかな手数料しか取らなかった。投資利益の二〇パーセントを取り分として受けとるのは、ファンドの利益が年間六パーセント以上あった場合だけで、投資成績が悪いときにはいっさいの成功報酬を取らなかった。

　数年後、ふたりのこの方針はさらに過激になる。成功報酬を数年間、バケツに入れたままにしておき、その後、もしファンドの成績が年間六パーセントという基準に達しなかったら、バケツのなかから一部を取りだして出資者たちに戻すことにしたのだ。「うまくいった年があってもさっさと自分たちの大型ボーナスにしてしまわない、というこのアイデアはかなり気に入った。業界に横行している追い剝ぎのような真似をしてまで稼ぎたくはなかったんだ」とザカリアは言った。

　彼らの姿勢は、出会ってまもないころにスリープがザカリアにも勧めた愛読書『禅とオートバイの修理術』に影響されている。身勝手だったり人をだましたりするように見られかねない、質の低い行為を拒否する彼らの決意は、この本によっていっそう強まった。ザカリアが言う。「だめなことは即座に拒否することで、人生をシンプルにできる。すべては質《クオリティ》の問題だ。金は二の次だ。よい仕事を、つまり質《クオリティ》の高い仕事をして、正しい行動をとることが何よりたいせつだ。だから、これまで行動の目的が――」

「――目的が、自分たちのポケットを膨らませるためだったことはない。絶対に」とスリープが話を引きとった。

「すべてに対してどこか挑発的だった。金のためではない投資団体をつくることは可能だろうか、と考えた。正しいことをしたかった」とザカリアは言う。

たしかに、ほとんどの投資会社の優先順位は自社の利益を最大化することだから、どうしても利害の衝突が起こる。たとえば、ほとんどリターンを見込めない株でも高値で売りつけることで、投資会社は成長してきた。また彼らが自社の運用資産を拡大することに過剰なほど熱心なのは、運用資産が大きいほど手数料収入が増え、ひいてはたっぷりの給料とボーナスに化けるからだ。資産が大きくなるほど利回りが悪化することはみな知っている。だが運用担当者は、大きくなりすぎたファンドへの新しい投資申しこみを停止するという解決策には反対するのがふつうだ。作家のアプトン・シンクレアも書いている。「何かを知らずにいることで給料をもらっている人に、そのことを理解させるのはむずかしい！」

ノマドはそれとは対照的に、当初から、運用資産ではなく、利益を最大化する場としてスタートした。スリープは言う。「うちの道徳規範はよそとはちがっていた。資金を集めるビジネスだったら、セースルパーソンやコンプライアンス担当者、顧客担当者を雇い、命令系統を築いて、巨大機械を操縦しなければならなくなる。だがもし、いい投資をして成績をあげて複利を得たいのなら、そんな陣容はいらないんだ。質のいい銘柄を選ぶことだけを考えればよく、あとは全部おまけだ」

　もともと彼らは営業やマーケティング活動を、自分たちの集中力を削ぐものだと思っていた。メディアとはほとんど話をしなかった。儲かる大企業をつくる気はまったくなかったので、潜在顧客がどのくらいいるのかも気にしなかった。ノマドが大きくなりすぎて目指す能力を発揮できなくなったら、既存の出資者に資金を返し、新規の顧客を断ることも明確にしていた。実際に彼らは、運用資産が一億ドルになった二〇〇四年以降、ファンドへの新しい投資申しこみを何度も停止してきた（一億ドルは、業界水準で見れば微々たる規模）。現金が増えても運用できる充分な機会があると判断したときだけ、新規申しこみを再開した。

　いくら金をもっていても、投資に向かない客やつきあいたくない客にはあっさりと背を向けた。ザカリアは、食品用紙容器の大手〈テトラパック〉の相続人たちの何十億ドルという資金を運用していた会社との会議を思いだして笑いはじめた。その会社のファイナンシャル・アドバイザーは、顧客の資金をノマドに投資する条件として、ノマドの独自リサーチ情報へのアクセスを要求したのだ。ザカリアの話では、スリープは腕や脚を組みかえて苛立ちを隠さず、会議室の空気は「どんどん凍って」いった。一五分で客は退出させられた。

　ふたりはまた、見込み客に対して、五年より短いタイムスパンを考えている人にはノマドは不向きであることを説明し、それを了解した旨を示すサインを求めた。「投資というものを、これまでとはちがう精神世界のなかに置きたかった。やり方を変えただけの強欲ファンドではなく、投資のあらゆる問題に独自のやり方で取り組もうとしていた」

実際にノマドは、ヘッジファンドが手っ取り早く儲けるためによく使う手——スリープが「投資バイアグラ」と命名した、闘争心あふれる高テストステロン的戦術——をすべて拒否してきた。たとえば、レバレッジはかけず、空売りもせず、オプション取引も先物取引もせず、マクロ経済動向には賭けず、最新のニュースに引きずられた取引はせず、さらに、「ライオン」や「プライド」のようなマッチョな名前のついた海外デリバティブ商品にも手を出さなかった。ふたりは「長期的でシンプル」と認めた案件だけにしぼり、綿密にリサーチした株だけを買い、何年ももちつづけてきた。

ゆっくりで、忍耐強く、慎重な彼らの戦略は、あまりに業界の文化とちがい、古風な趣すら漂う。投資家の時間枠は近年、劇的に短くなった。巨大資産運用会社〈バンガード・グループ〉の創業者ジャック・ボーグルが一九五一年に投資ビジネスを始めたころ、ミューチュアル・ファンドは平均で約六年、株を保有していたが、二〇〇〇年にはその数字は約一年にまで縮まり、ボーグルをして「堅実な長期的投資が、愚かな短期の投機にすげかえられてしまった」と嘆かせた。二〇〇六年にスリープは出資者に宛て、ノマドの株の平均保有期間を七年にするという手紙を送ったが、ほかの投資家たちはノマドのポートフォリオにあるアメリカ株を平均五一日間しか保有しなかった（バークシャー・ハサウェイを除く）。

スリープとザカリアは短期指向を強める文化の変容を嘆いた。「株主という会社のオーナーが数カ月で入れかわることが、なぜ社会全体のためになるのか、私たちにはどうしても理解できません」とスリープは書いている。「永続性のある資本を握る人たちが、肌着を替えるようにくるくると気分を変えるようでは、社会の基盤が損なわれてしまいます」。ノマドなら正反対のアプローチで成功させるだろう。スリープは言う。「聖書にもある。砂の上ではなく岩の上に家を建てよと。永久に倒れない何かを築きなさいと」*

岩の上に建つ家

　スリープとザカリアがファンドに遊牧民《ノマド》と名づけたのは、本物の価値を求めてどこへでも放浪していきたいと思ったからだ。彼らは特定のインデックスの模倣はせず、何かと比較していい成績をあげることを目指してもいない。ほかの人の動きにとらわれることなく、相対ではなく絶対的に優れたリターンを求めていた。探求の旅は、人もまばらな市場の片隅に行きついた。

　ノマドは、アメリカ同時多発テロでツインタワーが崩れおちる前日、二〇〇一年九月一〇日に取引を開始している。翌日、テロや戦争、経済崩壊の底知れぬ恐怖に直面し、市場は大きく下げた。しかもこのときはまだ、ＩＴバブル崩壊の傷が癒えていなかった。スリープとザカリアは混乱のさなか、未来が不透明すぎて手を出せずにいるほかの投資家を後目《しりめ》に、一時的に値が下がっていた企業に狙いを定めて大胆に投資した。

＊　スリープは、彼が「特定の宗教とは関係なく存在する善」と表現するものが世界にはあると信じている。「ゴッド（神）がおわすのかどうかは私にはわからない。けれども、ゴッドをグッド（善）に言いかえてみると、その存在を完全に信じられる。善が存在するだけで私には充分だし、善《よ》いことは大きく育っていくと思う」

投資先のひとつは、株価が三〇セントから二セント未満まで急落した、フィリピン最大のセメント生産企業〈ユニオン・セメント〉だった。市場の悲観は強く、同社の評価額は再取得価格の四分の一に落ちていた。ほかに、一二ドルだった株価が一ドルに落ちていた、タイの新聞社〈マティチョン〉にも投資している。取引額はマティチョンの売上高の〇・七五倍にすぎず、実際の企業価値はその三倍はあった。アメリカの企業にも投資した。企業価値の九八パーセントを失い苦境に陥っていた、かつての電気通信業のスター〈ルーセント・テクノロジーズ〉の優先株を買った。典型的な「しけモク投資」で、吸えるところがまだ少し残っている企業をただ同然で手に入れて利益を狙うのだ。彼らはこうしたギリギリを攻めた投資に勝ち、二〇〇三年の終わりにはノマドの純資産価値は倍になっていた。

恐怖感が薄らぎ市場が回復するにつれて、掘出物がなかなか見つからなくなった。そこでスリープとザカリアは、絶望がいまだ残る数少ない地へと飛ぶことにする。二〇〇四年、南アフリカからジンバブエへの国境を越えた。大統領ロバート・ムガベの強権的な統治が長く続いていたジンバブエは、汚職や通貨暴落、個人農場の国有化、略奪暴動が相次ぎ、経済は麻痺していた。だがふたりはひるまず、ジンバブエ企業四社の株を買った。実質的に彼らの独占買いとなったのは、どの株もほぼ無価値と見なされていたからだ。たとえば、セメント生産企業〈ジンセム〉の株は、首都ハラレの証券取引所で資産再取得価格の七〇分の一で売られていた。

ノマドの出資者たちに向けてスリープは手紙を書き、この嫌われている市場になぜ投資するのかを、ひねった言い方で説明している。「顧客のみなさんはこの投資を嫌うでしょう。コンプライアンスを考える人も嫌うでしょう。コンサルタントも嫌うでしょう。マーケターも嫌うでしょう。ですが、この投資機会の規模はきわめて小さく、市場の運用指標《ベンチマーク》にも入っていません。つまり……パーフェクトなのです」

ジンバブエの証券取引所が完全閉鎖されたため、しばらくのあいだ、ノマドはバーゲンで買ったジンバブエ株の価値をゼロとして計上した。同国の経済は悲惨なままだった。それでもノマドが二〇一三年に最後のジンバブエ株を売ったときには、四社とも株価は三倍から八倍になっていた。ハイパーインフレの真っただ中に政府が発行した「一〇〇兆ジンバブエドル」という冗談みたいな紙幣を、ふたりはノマドの出資者全員に土産として配ったそうだ。

ありえないほどの安値で売られているまともな企業を買う戦略は、市場に機会が転がっている時期なら理に適っている。ただしひとつ欠点があった。買った株が反騰してもはや安くなくなると、それを売って新しい割安株を探さなければならないが、そのときに、手元の金を投資したいと思えるほど魅力的なものが売られていなかったらどうすればいい？　この再投資の問題のわかりやすい解決策は、**これからも複利で利益が年々大きくなっていきそうな優良企業の株を買うことだ。**

ノマドがこのふたつ目の戦略をとるきっかけとなったのは、手痛い判断ミスを犯したことだった。二〇〇二年、ノマドは大きな賭けに出た。海外展開など事業を広げすぎて過大な負債を抱えていたイギリスのバス運送会社〈ステージコーチ〉に投資したのだ。株価は二・八五ポンドから一四ペンスに暴落していたが、スリープとザカリアはすぐに六〇ペンスぐらいには戻るだろうと踏んでいた。創業者の手腕を買っていたこともある。かつてはバスの現場で働いていた創業者は、会社をどんどん大きくし、イギリスでも指折りの金持ちになっていたので、その彼なら会社を再び上向かせられると賭けたのだ。セミリタイア中だった彼は経営に復帰してすぐ業務の合理化に着手し、放置されていたかつての稼ぎ頭、イギリス国内のバス事業を再び推進した。その戦略はうまくいった。スリープとザカリアはステージコーチの株を九〇ペンスあたりで手放し、元値の約六倍の利益を得て歓喜した。ところがステージコーチは彼らが思っていた以上に優良な企業になっていた。二〇〇七年後半には三・六八ポンドまで上昇したのだ。スリープが振りかえる。「とんまなことをしたもんだ。いつもの〝しけモク投資〟だと思ってしまった」

ふたりはこれまでとはちがうタイプの企業――洞察力に優れた経営陣がいて、長く富を生みだしていけるとふたりが確信できる企業――を探すようになった。「合理的に考え、長期の展望をもてる企業となら、資本戦略の決定を請け負うという方式をとれる。株を売買する必要はない」とスリープは話す。彼らはまた、長期的に成功する企業かどうかを分ける特徴は何か、についても考えはじめ、やがて、他のどれよりも強力なひとつのビジネスモデルに行きつく。彼らのことばを借りると「規模の経済の共有」というモデルだった。

彼らをこのモデルに導いたのは、アメリカのディスカウント小売りチェーン大手〈コストコ・ホールセール〉で、コストコはふたりがビジネスに求めるすべてを体現していた。二〇〇二年に初めて投資したときのコストコは、利幅の低さがいやがられて株価が五五ドルから三〇ドルに落ちていた。だがスリープとザカリアは、買い物客への価値の提供にものすごい熱意をもって取り組んでいる姿勢に強みを見いだし、この強みが市場では正当に評価されていないと考えた。当時、顧客は四五ドルの年会費を払い、安定した質の商品がぎりぎりの安値で並ぶ倉庫型店舗に入ることができた。典型的なスーパーマーケットが原価に三〇パーセントを上乗せした値付けで売るのに対し、コストコは一五パーセントまでしか上乗せしない。会員はコストコに正当に扱われるとわかっているので、それ以上の安値を求めて他店を回る必要がない。値段をあげて利幅を広げることもできたはずだが、もしそうしたら会員からの信頼を危うくしただろう。

ウォール街では、コストコの気前のよさは軟弱さの表れであり、競争を放棄しているとの懐疑的な見方があった――企業なのに集産主義に陥っているようだと。だがスリープたちは、コストコの気前のよさが長期的な戦略に基づいていることを理解した。満足した顧客はリピーターとなってその店でさらに多くのものを買い、コストコはそこから巨大な収入を得たのだ。会社が成長するにつれて、供給業者との取り決めもさらに有利になり、もとから低かったコストをさらに下げつづけた。販売価格もさらに安くし、こうしてコストコは消費者との「規模の経済の共有」を実現したのだ。スリープとザカリアは、会員が五ドルを節約するごとに、会社は取り分を一ドル増やしていると見積もった。過度な売りこみを抑えるこのポリシーがもたらす好循環をスリープは次の言いまわしで説明する。「収入が増えれば〝規模の節約〟を生み、規模の節約が低コストを生み、低コストが商品の低価格を生み、低価格が収入増大を生む」

成功している企業でも大きさがあだとなって凡庸になりさがってしまうことは少なくない。だが、規模の利益を顧客と共有するコストコでは規模が重荷ではなくアドバンテージであり、利幅の厚さが自慢だったライバル企業を競争力で引き離した。一九八三年の創業以来、コストコは〝戦利品〟をすべて自分のものにするのではなく、「還元することで成長の糧《かて》としてきた」。利幅の小ささは弱さではなく忍耐強さの表れなのだ。ノマドの出資者にスリープはこう書いて説明した。「この会社（コストコ）は販売力を長く存続させるために、きょうの利益をきょう使わず、将来に先送りしています。もちろん、ウォール街はきょうの利益を愛するものですが、それはウォール街が短期的な成果にとりつかれているからです」

スリープとザカリアはコストコへの敬意を強め、それにつれて投資額も増え、二〇〇五年にはノマドの資産の六分の一を占めるまでになった。現在も彼ら個人のポートフォリオの中核を担いつづけている。保有してきた一八年のあいだに、コストコの株は、たっぷりの配当金も払いながら、三〇ドルから約三八〇ドルほどにあがった。いまもふたりは、好ましい目的地へとコストコが進んでいるかぎり、その株を売る気はない。

こまごまと売買をせずに動かないでいると、その時間を、学ぼうとしているテーマの本を読んだり、じっくり考えたり、話しあったりする時間に充てることができる。スリープは頭の回転が速く、ビジネスの歴史や宗教から、神経科学、スポーツに至るまで、さまざまな分野を軽やかに飛びまわり、共通のテーマやパターンを見つけだすことに長けている。スリープが「知性豊かな人間」と評するザカリアは、知識の幅は少し狭いが奥深くまで探求する傾向がある。ふたりがよく議論するトピックは、最も効果的に働くビジネスモデルは何か、だった。オフィスのホワイトボードにはそのリストが書かれたままになっている。議論をつうじて彼らが到達したのは、企業を長く成長させるうえで「規模の経済の共有」モデルに匹敵するものはないという確信だった。

ふたりは一九七〇年代からウォルマートの年次報告書を調べるようになり、ウォルマートとコストコには共通した部分が多いとわかった。ほかにも〈デル・コンピューター〉〈サウスウエスト航空〉〈テスコ〉のように長く成功している企業は、同じような道を歩んできている。優れた効率性をもつ企業は、コストを低く抑え、得た金《かね》の多くを消費者に還元し、還元を受けた消費者はさらに売上に貢献するのだ。

同じ流れで、〈ガイコ〉と〈ネブラスカ・ファーニチャー・マート〉――どちらもバフェット好みの企業だ――も、成長するにつれてコストを抑え、顧客に払わせる金を減らし、ライバルのつけいる隙をどんどん小さくした。一世紀前のヘンリー・フォードも同じようなやり方で成功した。工場の組立ライン方式の利点を生かして、モデルTの屋根なしの価格《ツーリングカー》を一九〇八年の八五〇ドルから一九二五年には三〇〇ドルを下回るところまで下げている。「つまり、規模の経済の共有モデルは目新しくはない。だが会社全体で情熱をもって追求する必要がある」とスリープは言う。

このような企業の文化は、現場からではなく、明確なビジョンをもった創業者によって形成されることが多い。細かいところもおろそかにせず、顧客体験の改善と、好調時であろうとコストカットに努め、いますぐいい数字を出せと迫る外部の圧力に屈することなく遠い将来のために投資するのだ。「彼らは因習を壊すことそのものに喜んで取り組んでいるんだと思う」とスリープは言う。こうした伝説的な人物には、ウォルマートのサム・ウォルトン、コストコのジェイムズ・シネガル、サウスウエスト航空のハーブ・ケレハーやネブラスカ・ファーニチャー・マートのローズ・ブルムキンなどの名があがる。ローズ・ブルムキンは六歳から働きはじめ、一〇〇歳の誕生日を迎えたあとも働いていたロシアの移民で、三つの戒律――安く売る、真実を伝える、人をだまさない――を忠実に守ることでアメリカ最大の家具販売会社を築きあげた。

スリープとザカリアは規模の経済の共有というこのモデルのマジックを理解したうえで、自分たちのファンドで最重要のモデルとして取り組むことにした。しけモク銘柄への興味は薄れ、代わりに規模の経済を顧客と共有する少数の企業に集中した。ふたりは、人生には本当にわかっていることは少ないと思い知らされていたが、いまこそ深い真実を発見したとの確信があった。「生きてきたなかで最高の気づきを得た。いまは何よりもそれを優先させたい。これほどの知見とそう何度も出遭えるはずはないから。ほかはどれもレベルが落ちる話だしね。一過性というか、たいしたちがいはないというか」

スリープとザカリアは、よく似た経営手法をとる企業をポートフォリオに詰めこんでいった。ノマドの資産の一五パーセントを、従来の路面店よりもコスト面で有利なイギリスのオンライン・ファッション小売り〈エイソス〉に投資し、株価は三ポンドから七〇ポンドにあがっていった。また、重い失読症を患いながらも、一五歳のときに父親から受けついだ小さな事業を、ヨーロッパ中に一〇〇店舗以上を展開するまでに大きくしたイギリスの起業家、ハリス卿のカーペット小売業〈カーペットライト〉にも大きく賭けた。さらに、ノマドは世界最安値の航空会社〈アジア航空〉の外国人筆頭株主にもなった。そのころ、「規模の経済の共有」の究極の実践者〈アマゾン・ドット・コム〉が台頭しようとしていた。

一九九七年にスリープが最初に出会ったときのアマゾンは、上場準備中の新興書店だった。創業者のジェフ・ベゾスはロンドンでおこなったプレゼンテーションのなかで、利益の出ていないこのアマゾンという会社が、いかに無限の本を提供できるか、実店舗をもたないことでいかにコスト面で有利か、キャッシュフローを他の事業にいかに再投資していくかを熱く語った。スリープは、当時勤めていたマラトン社のオフィスに急いで戻り、「これはすごい。巨大になる」とボスに話した。ボスは言った。「ああわかったよ、ニック。だけど、ほかのどこにもできない彼らだけの特別なところってなんだ？」

スリープとザカリアがアマゾンの競争力の根源を理解するまでには何年もかかった。だが、あるとき謎が解けた。ベゾスは、フォード、ウォルトン、シネガルと続く、経営志向が近い先人の足跡をたどり、先人の古典的な戦略をインターネットの力で加速させようとしていたのだ。

先人と同じようにベゾスはコスト管理を徹底しておこなった。スリープによると、アマゾンは各オフィスにある自動販売機から電球を外すことで、年間二万ドルの節約につなげたこともあるという。ベゾスは、顧客の金と時間を節約することにこだわった。さらに、五〜七年後にしか収穫できないと思われる新規事業の種を蒔《ま》き、将来に向けて辛抱強く投資しつづけた。しかも毎年、大安売りや送料の負担などのかたちで顧客サービスに何億ドルも使った。これはまさに、果実を将来に先送りする典型だった。

ウォール街は例のごとく、アマゾンの営業利益が少ないと不満を漏らし、ベゾスが驚異的な成長の基盤づくりに励んでいることを正しく評価しなかった。二〇〇五年、ベゾスは株主に宛てて書簡を送っている。「効率性の向上と規模の経済の恩恵を、低価格というかたちで顧客に還元しつづけることが、長期的にはフリーキャッシュフローの額を大きく増やし、その結果、より価値の高いアマゾン・ドット・コムにつながるという好循環を生むのです」。スリープとザカリアは、企業のソウルメイトをこうして見つけた。

その年、ベゾスは年会費七九ドルで無料の二日以内配送を提供する会員制サービス「アマゾンプライム」を立ちあげた。のちに、映画やテレビ番組の無料配信から、無制限のフォトストレージまで、さまざまな機能を追加し、サービスを拡充している。短期的に見れば、このような過剰な特典や値下げは収益を悪化させる。だが長期的に見れば、顧客の忠誠心《ロイヤルティ》を強め、より多くの買い物を促すことになる。ベゾスが「アマゾンプライム」を公表したとき、スリープとザカリアはすぐにコストコの年会費のアマゾン版だとわかった。「ああそうか、アマゾンがどんなゲームをやろうとしているのかはっきりと見えた。アマゾンは突然、スピード感をもったコストコになった」とスリープは感じた。

二〇〇五年、ノマドは一株三〇ドル前後でアマゾンの株を積極的に買いはじめた。二〇〇六年にはふたりはマラトン社を辞めてノマドを完全に独立したファンドに切りかえ、彼ら独自の信念に従って運用する自由度を広げた。ファンドの資産の二〇パーセントをアマゾンに投資し、さらにその比率を増やすことを出資者から了解してもらったが、出資者の四分の一は、投資先がひとつの銘柄に偏ることを嫌い、ノマドから資金を引きあげている。

市場ではアマゾンへの懐疑的な見方が続いていた。二〇〇八年の市場崩壊のさなか、スリープはニューヨークで開催された、ジョージ・ソロスが金融大惨事の脅威について語るイベントに参加した。史上最も成功した投資家のひとりであるソロスは、世界が崩壊しているなかで自身がたったひとつ空売りしていた銘柄をあげた〔値下がりを予想していたということ〕。アマゾンだった。

その日、自身のミューチュアル・ファンドがアマゾンの株を外部で最も多く保有している、投資家のビル・ミラーとランチを一緒にとった。ミラーは誰よりも早くからアマゾンの力を認め、その一五パーセントの株を買っていた。だが、彼のファンドから抜けようとする出資者たちからの償還請求に応えるため、保有株の縮小を迫られているとスリープに打ちあけた。その晩、スリープはロンドンにいるザカリアに電話をかけた。「ぼくたち、まちがってないよな？　こっちにいる人は、みんなちがうほうを向いているんだ」。ふたりはアマゾンのもつ力をこれ以上ないほど確信していた。だが、自分たちの分析がまちがっていたら？　何かを見落としていたら？　疑っている人たちのほうが結局は正しかったら？　「ぼくたちの才能が本物か、丸裸になるか、ふたつにひとつだ」とスリープは思った。

二〇〇八年、アマゾンの市場価値はほぼ半分に下がり、ノマドの資産も四五・三パーセント減少した。スリープとザカリアはふさわしい豪奢な場所――マクドナルド――で緊急ミーティングを開き、もしこれからも市場がひどいままなら、ノマドの将来が危うくなるかもしれないと話しあった。ウォール街のどこかつまらない会社でアナリストになるしかなくなった自分を想像してふたりは不安に震えた。

それでもふたりは折れなかった。周囲がパニックに陥るなか、市場の混乱に乗じてポートフォリオを強化し、アマゾンやコストコ、エイソス、バークシャー・ハサウェイなど、最優良企業にさらに集中投資した。景気がもちなおしたときの褒美はすさまじかった。二〇〇九年から一三年のあいだに、ノマドは四〇四パーセントのリターンを得たのだ。

二〇一四年の春ごろ、スリープとザカリアは〈ノマド・インベストメント・パートナーシップ〉を解散した。資産は三〇億ドルに膨れあがり、天文学的な金額を稼げる規模になっていた。だがそれは、彼らの偉大な冒険の目的地ではなかった。多くのファンドは「たくさんの甘いケーキを目指してスタートする」とスリープはメールに書いている。「私たちが喜ぶのはケーキではない。私たちが喜んだのは、投資の問題を解決するプロセスであり、その過程で学び、できるかぎりいい仕事をすることだった。つまりは内面にかかわる個人の目標だった。ケーキは甘くてうまいが副産物にすぎない」

とくにザカリアは、仕事が反復作業になりそうなことを危惧していた。「知的な面ではすべてを出し尽くしたと感じた。あらゆる角度から、何をたいせつと思うかを考えてみたが、もう何も残っていないというのが正しいと思う」。だからふたりは引退し、後半の人生を慈善活動に充てようと考えた。スリープは、ノマドの成功を支援してくれたバフェットに感謝の手紙を書いた。バフェットからの返事にはこう書いてあった。「きみとザックは正しい選択をしましたね。人生はこれからだときっと思うことでしょう」

一三年足らずで、ノマドは手数料控除前で九二一パーセントという利回りを達成し、一ポンドを一〇ポンドにするという目標にはわずかに届かなかったものの、驚異的な数字をあげた。二〇〇五年以降、一〇倍に上昇したアマゾン株が中心的な役割を果たしている。アマゾン株がノマドの資産の約四割を占めた時期もあった。

引退にあたり、ザカリアは、ノマドのポートフォリオのなかから気に入りの五、六社ほどの株を残しておいた。彼にとって最大の持ち株であるアマゾンは二〇二〇年に一株あたり三〇〇〇ドルを超え、市場価値は一・五兆ドルにのぼり、ベゾスを世界一の金持ちにした。ザカリアは個人のポートフォリオにあるアマゾン株をこれまで売ったことはなく、資産の約七割をそのひとつの株に投資している。残りはだいたい、コストコ、バークシャー・ハサウェイと、ブーフー・ドット・コムというオンライン通販会社に散らした。ザカリアによると、ときどきポートフォリオを見ながら、「こんなときニックならどうするだろう？　いや、ニックなら何もしないだろう。オーケイ、じゃああと半年はこのままだ」などと心のなかでつぶやいているのだという。

スリープのほうは、資金の大半をアマゾン、コストコ、バークシャー・ハサウェイの三社だけに投資した。「彼らほど未来に投資をしている企業はほかにないと言っていい。ウォール街を気にしない。トレンドや一時的な流行も気にしない。長期的に正しいことだけをしている」。三社とも望ましい目的地に着く可能性が高いので、銘柄数の少なさによる変動性の高さについては彼は心配していない。

ところが二〇一八年にアマゾンは一気に上昇し、スリープの純資産の七割以上を占めるようになった。彼は心配しはじめた。市場価値は三兆、四兆ドルにも到達するのか、それとも偉大なアマゾンでもここらあたりが限界なのか、確信がもてなかった。だから、一三年間保有しつづけたアマゾン株を初めて、たった一日で持ち株の半分を一株一五〇〇ドルで手放したのだった。どんな気持ちだった？「つらかった」とスリープは言う。「すごく悩んだし、あれがいい判断だったのかどうか、いまもわからない」

しばらくのあいだスリープは、アマゾン株を売って手にした莫大な額を現金でもったまま、どこに投資したらいいのかわからずにじっとしていた。だが二〇二〇年に話したときには、彼はその大金を、ノマドのころに投資したことのある、オンライン・ファッション小売りのエイソスに四番目の株として投資していた。彼が再購入して以来、株価はすでに二倍になっていた。そう、人生はスウィート。

じっくり勝つための五つの教訓

スリープとザカリアから得られる教訓を、ここでいったん五つに分けてまとめておこう。

第一に、ビジネスや投資、人生の指針として「質《クオリティ》」を掲げてそれを追求するのには大きな意義があること。彼らは『禅とオートバイの修理技術』を読んで、良心と知的責任を包含した「質《クオリティ》」という概念に打たれ、自身の人生で身をもってその意義深さを示している。「質《クオリティ》」と聞くと漠然とした主観的な概念だと思いがちだが、多くの意思決定の場で驚くほど有効なフィルターとなる。たとえば、彼らにとっては、ノマドの運用コストをまかなうだけの低額の年間手数料のほうが、運用成績にかかわらず自分のポケットを潤そうとする高額の手数料よりも、質《クオリティ》の高い選択肢だった。

第二に、目先のことにはとらわれず、つねに賞味期限の長いものを重視すること。この考え方は、彼らが最も重視する情報だけでなく、彼らが好む企業のタイプにも当てはまる。

第三に、「規模の経済の共有」というビジネスモデルが、持続可能な富を長期にわたって生む好循環の土台になりうること。スリープとザカリアは、この偉大な知見をもとに、同じような道をたどる何社かの高品質な企業に集中的に投資することで多くの利益を得た。逆説的だが、彼らにとっては数百社の株をもつ――目のくらむようなリターンはあまり望めないにせよ、安全性が高いとされる標準の戦略――よりも、せいぜい一〇社程度の少ない企業の株をもつほうがリスクが少ないと主張する。

「知らないことがいかに多いかに気づいた。だったら、自分が本当によく知っていて理解している少数の企業だけを買うことは理に適っているとわかったんだ」とスリープが言う。

世界がCOVID-19に翻弄されるなかにあって、彼らが最もよく知り、最も愛した企業――アマゾン、コストコ、バークシャー・ハサウェイ――がしなやかに成長を続けていることは彼らにとって不思議ではなかった。そうした企業の「規模の経済」のおかげで、彼らは顧客に出資金を大きく上回る成果を届けることができた。ザカリアが言う。「とりわけアマゾンとコストコは、危機によってビジネスが強化されている。経済全般の環境が悪化すればするほど、コスト優位性のある企業にとっては有利に作用するのだ」

第四に、利己的な行動があたりまえになっている貪欲な資本主義ビジネスにおいても、倫理をないがしろにしたり、違法ぎりぎりのグレーゾーンを攻めたりせずに、大きな成功はつかめるということ。金融危機の際スリープは、「自分さえ勝てばいい」「手段がまっとうかどうかいちいち気にしない」という風潮がもたらす破壊への懸念を記している。スリープとザカリアは、資本主義のより賢明なかたちをノマドで体現させたかったのだ。

だからこそ、彼らは自分たちよりも出資者に有利な手数料体系を採用した。ふたりは互いに対しても利己的ではなかった。たとえばザカリアは、ノマドの株を均等に所有するのではなく、スリープが五一パーセントを所有するようにと主張し、何か意見の食いちがいが生じたときには最終決定をスリープに委ねるようにした。スリープも、「（弾を込めたリボルバーをテーブルの上に置いて）『手に取れ。撃ちたかったらぼくを撃て』と言ってくるパートナーをないがしろにできるわけがない」と言う。「ふたりのあいだには互いへの思いやりがあり、これが私たちの成功にとって重要だったと思う」。ノマドを閉じて数年経ってもオフィスを共有しているところにも、ふたりの関係性が表れている。スリープが言うように、「善《よ》い行動は賞味期限が長い」のだ。

慈善活動に力を入れていることも、彼らの穏やかな資本主義の特徴のひとつだ。「ノマドをつうじて自分たちのやりたいことを証明したあと、これからは金を社会に還元することが自分たちの仕事だとはっきりわかった。金がありすぎていやなやつになるリスクも減らせるしね。それに、金を手放して人のために使うことには喜びがあるんだ」とスリープは言う。

ザカリアと妻のモーリーンは、ロンドン数学研究所や王立協会、王立神経疾患病院など、科学研究や医療を目的としたさまざまな団体を支援している。スリープは、貧しい地域で暮らす子どもたちに安全な居場所をつくる慈善団体〈オンサイド・ユース・ゾーンズ〉の支援に多くの時間を費やし、子どもたちが社会性を身につけ、新しい技術を学べるように助けている。自分とザカリアにとっての最大の関心事は、「なるべく多くの善いことをなす――なるべく長く」だと言った。

とはいえ、スリープが世俗的な楽しみをすべて捨てたわけではない。彼はモータースポーツが大好きで、所有する一九六五年製シェルビー・マスタングGT350と、一九六七年製ローラT70を駆って定期的にレースに参加している。娘のジェスと一九六四年製メルセデス・パゴダの運転を交替しながら、北京からモンゴル、シベリアを経由してパリを目指す三六日間のラリーに参加したこともある。

第五に、短期主義と目先の満足への指向を強める世界にあっては、一貫して逆方向に動く人が圧倒的に有利だということ。ビジネスや投資に限らず、人間関係や健康、キャリアなど、あらゆることにこれは当てはまる。

私たちが住んでいるいまの社会環境を思うと、満足を先延ばしすることは簡単ではない。豊かな国々では、ほしいものはだいたいなんでも手に入る。世界中の食べ物、情報、無数のテレビ・チャンネル、あらゆる種類のポルノなど、つかのまの空想をくすぐるものはいくらでもある。電子メール、テキストメッセージ、フェイスブックへの投稿、ツイッターの通知などが高速で飛びかい、私たちの注意力は長く続かなくなっている。投資の分野も同様で、携帯電話のキーをいくつか押すだけで瞬時に市場に出入りできる。私たちは、奇跡でもあり危険でもあるこの技術的・社会的変容に適応するために、それぞれのやり方で奮闘している。快楽を求める生き物として私たちは、自分かほかの人にあとでつけが回るかもしれなくても、いま心地よいと感じるものに惹きつけられやすい。個人の生活だけでなく、財政赤字やエネルギーの無節操な消費など、あらゆる集合体にも共通して見られる。

スリープは言う。「満足を先延ばしすること、人生はこれに尽きる。私生活にしろ仕事上にしろ、失敗の原因は小手先の解決に走ったり、一時の高揚感を求めたりしたことにあることが多い。そしてこれは、株式市場にいる人たちには芯まで根づいた習慣になっている」

投資家は衝動を抑えられずにリターンを台無しにすることがある。たとえば、取引頻度を多くしすぎる、先行きを不安にさせるニュースやあおり記事に乗せられて感情的な判断を下す、人気のある

（そして値が高すぎる）資産に殺到する群れに加わってしまう、一年か二年、成績が悪かっただけでファンドを捨てる、いま勝っていてまだ勝ちが続きそうな銘柄を、そのまま寝かせて複利で儲けるのではなくさっさと手放してしまう――こうした衝動に抵抗できる能力は「成功する人たちに共通する大きな力のひとつ」とスリープは言う。「何がいいかを秤《はかり》にかける際には、この能力に錘《おもり》を足して考えるべきだ」

スリープとザカリアは衝動制御の達人だ。そうでなければ、コストコ株を一八年間保有し、また一株三〇ドルだったアマゾンを三〇〇〇ドルになるまで一六年間保有したままでいることはできなかっただろう。ふたりは、満足を先延ばしして長期的な成果を優先することには恩恵があるという根本的な真実を理解していた。ただし、頭でわかった気になっただけでは充分でない。それに沿った行動を支える、一貫した生態系を構築したことに大きな意義があった。

まず、彼らの顧客の大半は、大学基金など、長い時間軸で動く非営利団体だった。顧客に宛てた手紙のなかでスリープは、彼らの「穏やかな忍耐」を、正しいマインドセットを後押しする賢明な姿勢として感謝のことばとともに称えた。ノマドはまた、遠大な長期的視点をもった、従来の慣習に従わないベゾスやバフェットのような経営者のいる企業に投資した。ふたりのオフィスを、投資界の喧噪からはかけ離れたキングスロードの漢方薬局の上に構えたこともものちの役に立った。多くのファンドの運用成績を分刻みで監視しては投資をもちかけてくる、アナリストや金融コンサルタントの有害な影響を排除した。ドラマとか刺激とかとは無縁の場所に身を置き、自身のことを隠遁者や修道士になぞらえた。

あなたも、そして私も、投資家として長期的な成功を望むのなら、彼らを見習って、衝動的な行動を迫ってくる外部からの力と内なる声の両方に自動的に抵抗できなければならない。そのために私は、市場が反発するとか暴落するなどと騒ぐメディアの無駄話にはいっさい耳を貸さないことにしている。自分の投資の成績がどうなっているかを何週間もチェックしない。*　つまり私の基本姿勢は何もしないことなのだ。そのため私のポートフォリオの大半は、少なくとも二〇年以上保有しているふたつのインデックスファンドと割安重視のヘッジファンドひとつのままでほとんど動かない。投資人生の大きな失敗はどれも、他人のリターンに焦ったりそれをうらやんだりし、富への最短ルートとささやく未公開企業や個別株に賭けて道を踏みはずしたときに起こった。逆説的だが、遅い道のほうがだいたいは早く着くのだ。

私が尊敬する投資家には、勇猛果敢に行動しない人が多い。怠惰だからではなく、忍耐の利点を知っているからだ。ハワード・マークスはかつて私に言った。「私たちの成果は何を売り買いするかではなく、何を保有するかで決まる。だから、メインの行動は売ることでも買うことでもなく、保有することなのだ。いつも思うのだが、『取引するのは木曜だけ』と決めれば、組織は強くなるのではないか。で、あとの四日間はじっと座って考える(3)」

＊　こうは書いたものの、あらためて振りかえれば、すべてが真実とは言えない気がしてきた。実際に私は、COVID-19のパンデミックなどストレスのたまる時期には、一日に何度もポートフォリオをチェックしている。益よりも害が大きい、神経症的な習慣だ。この習慣のせいで衝動的な投資に走ったことがないのは救いだが、それでも、ふだん戒めているはずの行動にいともたやすく陥ってしまう自分を見ると、落ち着かない気持ちになる。

このスローな考え方を体現している人物として、トーマス・ルッソの右に出る者はいない。ペンシルベニア州ランカスターに拠点を置く投資顧問会社〈ガードナー・ルッソ＆ガードナー〉の共同経営者として、三〇年以上にわたり市場をしのぐリターンをあげてきた。「私は自分を農民と呼ぶ」とルッソは言う。「ウォール街にはハンターがあふれている。外に出て大物を探し、仕留めてもちかえり、大宴会を開いてすべてを食らいつくし、また次の獲物を探しにいく。だが私は、種を蒔いて大きく育てることに時間を使う」。彼の持ち株で大きな割合を占めるのは、バークシャー・ハサウェイ、ブラウン・フォーマン、ネスレなどで、いずれも一九八〇年代から保有している。数年前、五九歳のルッソに、バークシャーとネスレを生涯もちつづけるつもりかと尋ねたら、すぐさま「そのつもりです」との答えが返った。

スリープとザカリアと同じように、ルッソも報酬を将来に先送りすることの威力を理解したうえでキャリアを築いてきた。彼が株を保有する企業には共通する特徴があり、ルッソはそれを「苦しみに耐える能力」と評している。彼らは、先行投資の損失に長く耐えなければならないとしても、「きわめて長い道のりの先」を見据えて投資するのだ。ルッソが言うように、「明日の何かを得る」ために「きょうの何かを犠牲にする」ことにはだいたい恩恵がある。

私がこの時空を超えた原則に興味をそそられるのは、ビジネスや投資だけでなく、人生のあらゆる領域に当てはまるからだ。運動したり食習慣を改善したりするのも、試験のために夜遅くまで勉強したり職場に残って残業したりするのも、老後に備えて貯金したり投資したりするのも、どれもすべて、短期的には魅力を感じないことを受けいれたり、がまんしたりすることで、長期的には自分の利益を獲得する行為なのだ。逆から見れば、「人生を不幸せにすることは、短期的には魅力的に映る、というのはおおむね真実だと思う」とスリープが言うとおりなのだろう。彼はまた、「酔っぱらうまで飲む」「ケーキを食べすぎる」「嘘をつく」「いかがわしいバーに行く」「店の商品をくすねる」など、よくある落とし穴をあげた。「その瞬間はいいアイデアのように思える。わくわくするし、得をした気にもなる。ちょっとした興奮もある。だが結局、これらは長期的には借りをつくる」

目新しい話ではない。『創世記』には、目先の満足に飛びつくエサウが、たかが一鉢の豆のスープと引き換えに、貴重な長子の権利を弟のヤコブに渡してしまう話が出てくる。一方、ヤコブの子ヨセフは先見の明を備え、「豊作の七年」のあいだに大量の穀物を蓄えたので、エジプトはその後の「飢饉の七年」を生き延びることができた。それから何千年と経ったいまも私たちは、現在と未来、いますぐと先延ばしのあいだで日々、選択を迫られている。

いずれは死ぬ運命にある私たちにとって、いつまで先延ばしするのかはむずかしい選択だ。だがザカリアは、ほかの人が誘惑に負けているあいだに、「懲らしめの肌着」を身につけた自分が「目先の満足を拒否している」という、信仰の愉悦に近い感覚を味わって、むしろ楽しんでいたと言う。

これを聞いて私は仏教のすばらしいことば「後悔のない喜び」を思いだす。不健全な行動や未熟なふるまいに抵抗することで得られるささやかな報酬のひとつを言いあらわしている。同じように、ラビ・イェフダ・アシュラグやラビ・フィリップ・バーグのようなカバリスト（ユダヤ教の伝統に基づいた神秘主義思想カバラの研究家）が、永遠の幸福と充足と自由に到達する唯一の方法は、よくない方向へ引きこまれる気持ちに抵抗することだと説く。彼の代表的な著書〝*Kabbalah for the Layman*〟（初めてのカバラ）のなかで、「カバリストは、最も楽な道、手っ取り早い道、目先の満足が得られる道は選ばずに、最も苦難のある道を選ぶ」と書いている。充足へ到達するための、直観とは反する深遠な真実が述べられている。

うまく実践していくためのコツは、目先の満足を求める気持ちに打ち勝った自分に「短期的な褒美を与える」ことだとスリープは言う。将来のすばらしい恩恵を思い描いてしばしうっとりしようと。こうすることで、待つことを楽しむ気持ちが芽生え、「それを受けいれやすくなる」のだ。スリープは最後に言った。「人生がよくなるとわかっているから、ぼくは待つことがとても気に入っている」

第七章　ハイパフォーマンスを生む習慣
――複利的に効果の増す習慣を身につけて圧倒的な競争力を築く

こうして、年若いころからある習慣を刻みつけるか別の習慣を刻みつけるかで、小さくないちがいが生まれる。小さくないどころか、その差はきわめて大きく、いやむしろ、すべてがそれで決まると言っていい。

――アリストテレス

人は、とくに若いうちには、どうも軽く見てしまうようです。習慣がいかにたいせつか、四〇や五〇になってから習慣を変えることがいかにむずかしいか、そして若いうちに正しい習慣を身につけることがいかに人生を左右するかを。

――ウォーレン・バフェット

一九九〇年、トム・ゲイナーの体重は一九〇ポンド（約八六キロ）あった。ビーチバレーの五輪金メダリストだと勘違いされる心配はまるでない体型だ。それでも本人はその体重は「妥当な範囲内」にあると思っていたそうだ。当時、二八歳だった彼は、バージニア州リッチモンドに本社を置く保険会社〈マーケル〉で投資ポートフォリオの運用を担当していた。投資は座りっぱなしで戦うスポーツであり、四六時中、データを読み、考え、数字と勝負しなければならない。ゲイナーは投資が身近にある家庭で育ち、八歳か九歳のころにはすでに、金曜の夜の楽しみが、祖母と観るテレビ番組《ルイス・ルーカイザーのウォールストリート・ウィーク》になっていた。

年齢を重ねるうちに、座ったままでいつまでも考えていられるゲイナーの才能は、本人にとっては予想外の副作用を生む。体重が徐々に増えて二〇〇ポンド（約九〇キロ）を突破したのだ。これ以上は太るまいと決意した彼は、友人や同僚に向かって、この先一〇年かけて毎年一ポンド（およそ五〇〇グラム）ずつ減量すると宣言した。目標が低すぎるとあきれる向きもあるかもしれないが、ある研究によれば、平均的なアメリカ人男性は成人早期から中年期にかけて毎年五〇〇グラムから一キロ程度太っていくという。資金を複利で増やす達人のゲイナーは、わずかな有利・不利の差が長期的には大きなちがいとなることをよくわかっていた。だから、長年の不健康な習慣を変えるべく、とにかく一歩を踏みだすことにしたのだ。(1)

「子どものころの自分は、キャンプ場をうろつくアライグマのような食べ方をしていた」とゲイナーは言う。ドーナツなら毎年二〇〇個は食べていたそうだ。減量を始めるときに、そんな罪深い喜びを一気に断とうとする人がいるが、ドーナツ抜きの味気ない生活に（ごく短期間だけ）浸かったあとは、（まずまちがいなく）挫折してしまう。ゲイナーはちがった。いまもドーナツを年に二〇個は食べると屈託なく白状する。だが全体として見れば、健康的な食事をしっかり守ってきた。何回か一緒に食事をしたときのことを振りかえると、ニューヨークの古風なクラブでの昼食に彼はサーモンのシーザーサラダと砂糖抜きのアイスティーを注文し、彼のオフィスでの昼食は二回ともサラダと魚、リッチモンド郊外にある彼の自宅でのディナーは、彼がみずから調理したうまい「サーモンのバジルソース和《あ》え芽キャベツ添え」とワイン、最後はアイスクリームだった。人生のほかの領域と同じく栄養の面でも、ゲイナーの戦略は、完璧を目指すのではなく「方向性の正しさ」を重んじる。「つまり私はある程度で満足できる人間であって、最大を追いもとめてはいない」

　運動面でもアプローチは似ている。「スポーツが得意だったことはない。人生で運動したと言えるのは、七年生のときに参加した教会のバスケチームぐらい」。五〇歳までに走った距離は、合計で八キロに満たないという。あるとき、飛行機内で読んだ新聞記事で「走るのはお嫌い？」という見出しを目にした。「もちろん」と彼は思った。「大嫌いだ」。だがその記事が紹介する二八日間の運動プログラムは、とくにたいへんそうには見えなかったので試してみることにした。最初の一週間はジョギングを毎日最大で五分間、二週目には毎日一〇分、三週目には一五分、四週目には二〇分と増やしていく。四週目のころには、「どうやら習慣と呼べるレベルになってきた」そうだ。五年を過ぎたいまでも彼は週に五回は走っている。ほとんどの人がベッドでぬくぬくしている朝の五時半か六時には家を出て、三〇分で五キロほど走る。「速そうに走っていたとしても、見た目よりずっと遅いよ」

　保険と投資業務をグローバルに展開する金融持ち株会社マーケルの共同ＣＥＯとなったゲイナーが、一〇〇メートル走の記録をつくることはないだろう。だが、このジョギング習慣（短いヨガと軽めのケトルベル・リフティングで締めくくる）があるからこそ、厳しい仕事が心身に及ぼす日々の負荷にも耐えられる。なにせ、約二一〇億ドルの株と債券のほか、一〇〇パーセント子会社が一九、およそ一万七〇〇〇人の社員が彼の管理下にあるのだ。「重い責任を負う経営幹部や資産運用者《マネーマネジャー》は、一日二四時間、週に七日、試合に出場しているようなものだ。オフシーズンどころかオフの日すらない。だからこそ、自分の健康や睡眠、運動に気を配り、ワークライフバランスのことも少しは考え、妻や子どもと過ごす時間や、教会の仲間とのつきあいもたいせつにするように日ごろから心がけないといけない。そうしたからといって、望む結果につながるとはかぎらないが、可能性は高まる」

　ゲイナーがほかの人とちがうのは、いつも頑固なほど自身を律しているところだ。たいていの人は、張りきって始めたことでも数日で失速してしまう。私もケトルベルと縄跳び用ロープをもっているが、どちらも三回使っただけでやめてしまった。このふたつを見るたびに、うしろめたい気持ちになる。だがゲイナーは、完璧ではなくても「正しい方向」へ向かってこつこつと努力を続けることができる。彼によると継続の秘訣は、何をするにせよ「徹底してほどほど」を目指すことだ。「物事を一気に変えようとすると長続きしない。でも、ゆっくりと少しずつなら、長く続けられる」

　ゲイナーはまた、よくない方向に行きすぎないように用心している。オフィス近くの湖を急ぎ足で一周したあとは、「一日三〇分の運動目標」の達成をすかさずアップルウォッチでチェックする。さらに、旅行中以外は毎日体重を量る。「増えたと思ったら、運動を少しきつくするか、しばらくは食事にもっと気をつける。大きく外れないように注意していれば、元に戻すのはむずかしくない。私の生き方もおおむねこんな感じだ」

　この「徹底してほどほど」かつ「頑固に続ける」戦略の効果は明白だ。*二〇一七年に一日半かけて彼の話を聞いたとき、ゲイナーの体重は一九四ポンド（八八キロ）で、二七年前とほとんど同じだった。体重の増加でいえば、私のほうが圧倒的に上回っていて、日々の行動のわずかなちがいが数十年経つとこれほどの大差になることがよくわかる。†

これらのことから、投資と人生の両方に当てはまる重要な結論が導かれる。**圧倒的な勝利は、少しずつの進歩と改善を長く積み重ねた先にある。**「大きな成功を収めるための秘訣は、きのうよりもきょうを少しでもよくするように努力すること」とゲイナーは言う。「やり方は人によってちがうだろうし、それでいい。だいじなのは前へと進む努力を繰りかえすことだ」

「小さな改善をこつこつと」

ゲイナーはこの指針を投資にも当てはめた。投資家には、短期の投機や有望そうな戦略に次々と手を出す人が多い。その姿はまるで、流行《はや》りのダイエット法をあれこれと試し、いつまで経っても成功

＊　遺伝や代謝の相互作用は人それぞれに異なるため、ゲイナーの食事や運動の仕方がすべての人に等しく効果をもたらすとは言えない。だが、彼のアプローチのほうがバフェットの食習慣よりも多くの人に役立つことだけは断言できる。バフェットは朝の通勤途中にマクドナルドに立ちより、特大の赤身肉を滝のようなコカ・コーラで流しこむ。バフェットはかつて投資家モニッシュ・パブライの娘たちに向かってジョークを飛ばした——五歳になるまでに口にしたことがないものは食べないようにしているものでね。

†　ニュース速報！　二〇二〇年に再会したとき、「けさ体重計に乗ったら一八九・六ポンド（八六キロ）だった」とゲイナーが言った！　地道に長く続けた努力が実を結び、ついに三〇年前と同じ体重に戻ったのだ。

しない人のようだ。地道な前進の信奉者ゲイナーは、銘柄選びの戦略に三〇年間ずっと、四項目からなる同じ原則を用いている。(2)この原則に従うことで彼は正しい方向へ進むことができ、「ばかなミスをしないですむ。ガードレールのようなありがたい存在だ」とゲイナーは言う。

第一の原則は、「資本利益率が高く負債の割合が低い、高収益企業」を探すこと。第二は、経営陣に「才覚と品位の両方が備わっている」こと。第三に、その企業が利益を再投資したときにかなりのリターン率が見込めること。第四に、「リーズナブルな」価格で株を入手できること。

この四つの原則に合致した企業が見つかると、ゲイナーは「無期限に保有する」前提で投資し、その企業の株が永遠に利益を生むに任せ、売却による税負担を先送りする。一九九〇年に彼がマーケルで最初に買ったのはバークシャー・ハサウェイの株で、投資額は雪だるま式に増えていき、いまは六億ドルを突破している。バフェットは一九六五年、やがて倒産すると見られていた経営不振の紡績企業バークシャー・ハサウェイの経営権を握った。傍目には判断ミスに映る行動だったが、彼が企業資産を新分野に再投資すると、株価は一五ドルから三三万ドルにまで上昇した。「命運を分けたのは、再投資の決断をした人物が天才だったということだ」とゲイナーは言う。バークシャーの事例から、四つの原則のうち最も重要なのは第三の「再投資の力学」だとゲイナーは見ている。

ゲイナーが保有する株で二番目に規模が大きいのは〈カーマックス〉で、一九九〇年代後半から保有しつづけている。当時のカーマックスは、中古車を固定価格で販売するという斬新な手法を採用し、それまで業界であたりまえとされてきた、買いにきた客との執拗な値段交渉や駆け引きを排除した。ゲイナーは敬虔な米国聖公会の信徒で、そのなかの一派であるクエーカー教徒として育った。彼の記憶によれば、一八五〇年代にクエーカー教徒が創業したメイシーズ百貨店では、個々の商品を固定価格で販売していた。この方法で消費者は、ずるい販売員にだまされるのではないかという疑いをもたずに安心して買い物ができた。カーマックスも透明で公正な商売に力を入れていけば、同じように業界で優位に立てるのではないか。しかも株価は割安で、カーマックスには利益を再投資して販売店を拡大するだけのチャンスが際限なくあった。ゲイナーが初めて投資したころと比べると、店の数は八から二〇〇に増え、株価は六〇倍以上になっている。

ゲイナーのポートフォリオを占めるのは、ブルックフィールド・アセット・マネジメント、ウォルト・ディズニー・カンパニー、ディアジオ、VISA、ホーム・デポなど、信頼性の高い、複利マシーンのような企業ばかりだ。こうした企業なら業界のイノベーションによって創造的破壊の脅威にさらされても、この先も成長が見込めると彼は期待している。たとえば、ディアジオについて安心していられるのは、二〇〇年の歴史があるスコッチウイスキーのブランド、ジョニー・ウォーカーを保有しているからだ。「これからも長く愛されるだろう。こういうものを人生でも見つけたい」。手に入れたものを売買したいのではなく、成長をじっと見守りたいのだ。「経験から言わせてもらえば、富裕層とは、いいものを見つけてそれをもちつづけた人たちをいう。一方、幸せを感じにくく、いつも何かに追いたてられ、成功から遠いところにいるのは、目先の儲け話に飛びついてばかりいる人だ」

ゲイナーは全部でおよそ一〇〇銘柄の株を保有していて、種類の多さは守りに入りすぎていると見えなくもない。だが彼は資産の三分の二をポジションの上位二〇位までに投じており、これは適度に攻めていると言えそうだ。アマゾンやアルファベット、フェイスブックといったテック企業の株に対しても彼は慎重だった。これらの企業が持続的な競争力を有していると認めるまでに「とても時間がかかった」が、彼の投資の四原則に合致している企業ばかりであることに遅ればせながら気がついた。とはいえ、その時点の株価は安くはなく、価値を正確に評価することもできなかった。そこで彼は漸進的なアプローチをとる。巨大すぎないがある程度大きなポジションを、定額購入法という手法にのっとって「こつこつと」買い足し、割高な買い物になるリスクを減らしていった。たとえ失敗しても、大惨事にはならない。

大惨事を防止するという話を聞いて、私はジェフリー・ガンドラックの優れた洞察眼を思いだす。ガンドラックは一四〇〇億ドルを運用する〈ダブルライン・キャピタル〉のCEOだ。債券王の名でも知られる、大胆不敵で才気煥発なこの億万長者は、人生のだいたい三〇パーセントくらいはまちがいを犯してきたと自ら語る。だから彼は投資を進めるまえにまず問うのだ。「もしこの投資がまちがいだとしたら、どういう結果になるか」。そのうえで、どんな事態になっても破滅的な結果とならないように投資の構成を考える。ガンドラックは私に言った。**「ミスが致命的にならないように備える。生きのこるための基本だ。結局のところ、この業界での成功とは長く生きることなのだから」**

ゲイナーのポートフォリオは、長く保有することを目標に組んである。もしアマゾンやアルファベット、フェイスブックも組みいれてあればもっと利益があがっただろう。だが彼の投資戦略は、食事や運動に対する取り組み方と同じく、最大の成果を一気に求めたりはしない。むしろ一貫性と持続性を重視する。三〇年続けてきたこの手法の蓄積効果が絶大なのは、時間とともに効果が大きくなる複利のパワーを活用したからだ。「破滅的な転倒の危険を高める」ような全力疾走はしてこなかった。

ゲイナーには投資家として最悪の年が過去に二度あった。ひとつ目は一九九九年、テック企業の株が急上昇した時期に空売りに走るミスを犯したことで、彼のポートフォリオは一〇・三パーセント下がった。ふたつ目は二〇〇八年の金融危機のころ、保有していた企業のいくつかに彼の想定以上に大きい借金のあることが明るみに出て、ポートフォリオは三四パーセント下がった。妻のスーザンはマーケル社傘下の事前組立型住宅企業のCEOで、彼女によれば、あのふたつの期間はゲイナーにとって、昔の詩にある「魂の暗夜」そのもので、「自信喪失と絶望」の日々だったそうだ。ゲイナー自身が言うには、あの金融危機には神経が参ってしまい、頭髪の大半を失ったのだとか。それでも彼は乗りこえた。ほどなく、着実に上昇する軌道に戻っている。

成果は数字に表れている。一九九〇年から二〇一九年にかけて、S&P500指数が一一・四パーセントのリターンだったのに対し、ゲイナーのポートフォリオは年平均一二・五パーセントのリターンを達成した。このレートを当てはめると、ゲイナーのポートフォリオでは一〇〇万ドルの投資が三四二〇万ドルに増える。S&P500の株では二五五〇万ドルにしかならない。わずかな優位性でも長く維持しつづけるとこれだけ差が生まれるとわかる。

「多くの人が道半ばで脱落したとしても、足ることを知り、分別ある判断を続けられる人なら、その人はパーセンタイル順位の高い位置に来るだろう」とゲイナーは言う。「私は何事にも一番になったことはない。落ち着いて行動し、仕事はできるし、能力もあると思うが、一番ではなかった。だが、父が言っていたように、いちばんだいじな能力は〝停止しない安定性〟だ。* ひとつのことを何度も繰りかえしやりつづければ、勝負の場にとどまっていられる。いつかふと気づいたら、競争相手がぐっと減った場所で自分が先頭に立っていてびっくりするんだ」

マーケル社自体も、遠い道のりを同じようなかたちで歩んできた。一九八六年に株式公開をしたときのマーケルは、専門保険商品を扱う無名の会社で、市場価値はおよそ四〇〇〇万ドルだった。マーケル一族による創業は一九三〇年にさかのぼる。一族が、長年自分たちの動向を追っていたアナリスト兼株式ブローカーのゲイナーを雇ったのは、バークシャー・ハサウェイのビジネスモデルを取りいれる助けがほしかったからだ。ゲイナーはマーケルの保険運用事業で顧客から入ってくる保険料に着目し、この「滞留資金《フロート》」を使って株を買った。二〇〇五年以降は企業そのものもいくつか買収している。これはバフェットが自身の保険会社に入る保険料を投資に回した手法と同じだ。数十年にわたって、バフェットのクローニングを見事に持続したのもゲイナーらしい。ただしゲイナーは「クローニング」ということばを嫌う。あたかもバフェットを真似ただけだと言われているようで、実際には何が効果的かを精査したうえで、自らの状況に合わせて「再構成」した点が顧みられていないからだ。

その結果どうなったか。ゲイナーは、マーケルの総資産が五七三〇万ドルだった一九八七年の年次報告書を取りだして私に見せた。二〇一九年末には、総資産は三七四億ドルに膨らんだ。市場価値も一四〇億ドルに増え、二〇二〇年のフォーチュン500では三三五位につけている。「ここまでかなりうまく走ってきたと思う。私自身もマーケルも、同じ方向、同じ軌道をたどってきた。これこそが複利の道だ」

純資産の半分をマーケルの株でもっているゲイナーはもとより、同社の株主は笑いが止まらない。IPOの時点でマーケルの株価は八ドル三三セントだったが、二〇一九年末には一一四三ドルにまで上昇した。一三七倍だ。

ゲイナーの実績を見ると、長期投資で高い成果をあげるために極端なことをする必要などないとわかる。むしろその逆で、「極端に走るのはケガのもと」なのだ。つねに「徹底してほどほど」に歩もうとする彼の姿勢は、孔子やアリストテレス、釈迦やモーシェ・ベン＝マイモーンといった歴史上の賢者とつうじるところがある。

古代ギリシャの哲学者アリストテレスはおよそ二四〇〇年前に、卓越と恒久的幸福を可能にするのは、「中庸」――両極端から等距離にある中間点――を追求する能力だと唱えた。(3) 食事や酒、性行為といった肉体的快楽については、放縦と禁欲の中間地点に目印の杭を打つべきであり、危難に直面した際には、臆病と無謀という両極端のあいだの道を思慮深く進むべきと説いた。「あらゆることを避け、怖れ、何に対しても耐えようとしない者は〝臆病〟になるのであり、何物もいっさい怖れず、どんな危険にも立ちむかってゆく者は〝無謀〟になる」†

ゲイナーは臆病でもなければ無謀でもない。食事や運動にしても、銘柄の分散と集中との中間を目

＊ ゲイナーに大きな影響を与えた父親は、陽気で立ち直りの早い人だった。少年期を過ごした大恐慌時代に、家業のガラス製造業がつぶれて一家の生活は困窮した。青年期には夜な夜な家を抜けだしては、禁酒法下のもぐり酒場でクラリネットを吹いて稼いだ。第二次大戦に従軍中には膝に被弾した。のちに会計士の資格をとり、酒屋を一軒買いとり、そして小規模の不動産業も手がけた。「父は私が知るなかで最も豊かな人間だった」とゲイナーは話す。「ジェフ・ベゾスやウォーレン・バフェットよりも金があったという意味じゃない。心理学的に言うと〝ちょうどいい〟ものを手にしたんだ」

指したポートフォリオの組みたて方にしても、彼のおこないはどれも合理的でバランスがとれているように見える。投資と人生へのほどほどのアプローチは、充分な見返りをもたらすだけでなく、あなたや私のようなふつうの人でも複製することができる。私がこれまでに取材した著名な投資家のなかには、たとえばチャーリー・マンガーやエド・ソープやビル・ミラーのように、あまりにも知力が高くて別次元で動いているような人たちがいた。ゲイリーもすばらしい知力を備えているが、彼の本当の強みは知力よりも行動のほうにある。彼は自分を頭脳明晰な同業者たちと比較してこう話す。「私は知力の及ばないところを、自制心と堅実さとねばり強さで補っている」

そう聞くと、ゲイナーを小物扱いする向きもあるかもしれない。陽気な性格で、自分を大きく見せようとしない彼は、巨額資金を動かす大立者《おおだてもの》にありがちな強烈な自我や華《はな》に欠ける。愛車はプリウスだ（「けちな自分には、一ガロン五〇マイル〔リッター二一キロ〕走れるところがいい。それに石油をなるべく使わずに済むなら世界はもっと穏やかになるだろうし」）。快適だが質素な連棟住宅《タウンハウス》に住んでいる（「維持費が低くて助かるよ」）。そして自身を「幸せな既婚者」と呼ぶ。伴侶は長老派の牧師の娘で、彼が一五の高校生のときに交際を始め、一九で結婚している。初デートでは、彼が育ったニュージャージー州の小さな町セイラムにある四〇ヘクタールの農場から、両親が町のアイスクリーム店まで車で送ってくれた。

要するに、ゲイナーにはきらびやかなところも仰々しいところもない。それでも投資の世界で彼に勝る手本《ロールモデル》を見つけるのはむずかしい。彼の「足るを知り、ゆっくりで着実な」資産形成法は、秘伝の術《わざ》を駆使するとかあぶない橋を敢えて渡るようなものではなく、大半が常識と好ましい習慣で成りたっている。ふつうの投資家がリッチになるにはどうしたらいいかと尋ねたところ、返った答えはこれ以上ないほどありふれていた。「稼いだ額の範囲内で生活すること。浮いた金をプラスのリターンが見込めるところへ投資すること。このふたつを実践できれば失敗しない」。つけ加えて言う。「自分の経済力の範囲内で暮らせているのであれば、すでにその人は豊かだ」

ゲイナーはコストカットに手加減はしない。マーケル社の投資では経費をぎりぎりまで抑える一方、最大限の節税に努めている。経費を抑える方法は誰でも真似できるもので、取引の頻度を減らし、種類のちがう手数料が幾重にも上乗せされる金融商品を避ければよい。ゲイナーは私生活でも倹約家で、この習性はクエーカー教徒として育った少年時代に「叩きこまれた」そうだ。空港内で何かを買って食べることはなく、休暇先であろうと一日に二度も外食することはほぼない。年収は数百万ドルあるというのに。

倹約が彼にとって経済的成功を生むための重要な要素だとするのなら、勤勉もまた重要な要素だ。バージニア大学の学生時代は、流れに任せているだけでよかった。いまは？　ぼんやりした時間はほとんどない。いつも朝七時一五分にはオフィスに着いて、生産性のあがる午前中に仕事の予定を詰め

† ルー・マリノフの啓発書 *“The Middle Way: Finding Happiness in a World of Extremes”*（中間の道――極端な世界で幸福を見つける）が、アリストテレスとブッダと孔子の興味深い共通点を取りあげている。ブッダはアリストテレス同様、弟子に対して、「感覚的な快楽に浸りつづける」ことと「苦行難行にのめりこむ」ことの、相反する「無益な」両極端を避けて「中道」を追求するよう説いた。孔子の教えでも、「君子」は、心の安寧と調和のとれた社会秩序が待つ「中庸の道」を往《ゆ》くとされる。

こみ、気晴らしの時間はゼロに近い。「集中できるように静かな環境をととのえている。いまこうして仕事場にいて、何回私の電話が鳴ったかな?」

彼のパソコンの画面にはマイケル・ジョーダンのことばが紙に書いて貼ってある。「人生で何度も失敗したからこそ成功できた」。ゲイナーが好んで思いかえすのは、ジョーダンには高校二年生のときに学校の代表選手になれなかった過去があり、それでも「超人的」勤勉さと「猛烈な意志の力」を駆使して、歴史に残る大選手へと成長したことだ。「人は結果をコントロールできない。できるのは、ひたむきに努力することと、目のまえの課題に自分の力を一〇〇パーセント注ぐことだ。あとは天命を待つのみ」

彼にあらためてインタビューした二〇二〇年は、アメリカはパンデミックと騒乱の真っただ中にあった。だがゲイナーはいつものように努力を続け、投資のスタイルを貫き、従業員の手本になろうと努めていた。「一方の足をもう一方のまえに出す。ただそれだけ」と私に言った。「人生をずっとそうやって生きてきた。いまさら変える必要はない」

さらにゲイナーは、自分を向上させるために、全力で学びつづけてきた。読書欲は旺盛で、習慣形成を科学的に論じた本から、伝記、好きな作家マーク・トウェインの小説までなんでも読む。それでも彼は自分を、優れたおおぜいの人たちと相互につながっている「神経ネットワークのニューロンのひとつ」だと見なしている。おおぜいの人たちが彼の知識の幅を広げたり、能力を向上させたりする力を貸してくれるのだ。

後述する著名なファンド・マネジャーのチャック・アクレのおかげでゲイナーは、ビジネスで成功をもたらす最強の推進力は再投資だと、さらに深く理解できるようになった。また、才能あふれるヘッジファンド・マネジャーのジョシュ・タラソフの助言で、アマゾン株をもつべき理由も納得できた。ゲイナーには数年間、バフェットとともにワシントン・ポスト社の役員を務めた経験もある。そこで学んだ、いまも忘れられない教訓は、バフェットの強みの真髄は「根気と忍耐」にあるということだった。「彼のエネルギーとスタミナには驚かされた。朝から準備万端で、まるでエナジャイザー・バニー〔米電池会社のマスコットのウサギ〕のようにつねに前へ前へと進んでいく。アスリート並みだった」

ゲイナーが多くの一流投資家から信頼を得ているのは偶然ではない。「私の強みのひとつは、ナイスガイってことだね」と彼は言う。「なるべく人に手を貸すようにしている。正しいおこないをするように心がけている。そうするうちに、私に敵対するのではなく応援してくれる友だちや同僚や仲間とのすばらしい交友関係ができていた。彼らは助けてくれる。見返りを求めずにね」。頂点を目指すなら人を押しのけて進む非情さが必要だと考える人もいるだろう。だが、つねに親切で、礼儀正しくすることは自分にとってもプラスになるのだとゲイナーは教えてくれる。過小評価されがちなこの美点を私は「人間力効果《メンシュ・エフェクト》」だと考えるようになった。〈アクアマリン・ファンド〉を運営するガイ・スピアも積極的に人を助けようとしていて、だからこそ、同じように人を助けようと考える人たちが彼の周りには集まる。スピアはこの現象を「善意の複利作用」と呼ぶそうだ。

信頼の置ける相手とビジネスをしたいと考える人のほうが多いのだから、成功を「維持」したいのならば、ふだんから誠実な行動をとるのが効果的だとゲイナーは考える。「どなったり、いびったり、脅したり、ごまかしたりして、いっとき立派なキャリアを築いて成功の喜びに浸る人もいるだろう。だが結局はだめになる。必ず。すぐにではないとしても、最後には必ずそうなるんだ。何年も何年も成功しつづける人はみな人格者だと思う」

ゲイナーがこれほどの成功をおさめた理由を分析していくうちに、ニック・スリープが語ったことばを思いだす――「小さな改善をこつこつと」。このことばはもともと、伝説のパフォーマンス・コーチ、サー・デイビッド・ブレイルズフォードがつくった。北京五輪とロンドン五輪でイギリス自転車チームを金メダルへと導いた人物だ。チームの勝利は、ひとつの大きな改革ではなく、〝複数の小さな改良〟を重ね、圧倒的な競争力を引きだした結果だった。たとえば、ブレイルズフォードの選手たちは車輪にアルコールをすりこんでグリップ力を高めた。通電加熱できるレーサーパンツをはいて、筋肉に最適の温度を保った。外科医の手洗い方法を研究して病気のリスクを減じた。さらには各自が愛用の枕を遠征先にまで持参して、睡眠がしっかりとれるようにした。

MBAを取得しているブレイルズフォードにインスピレーションを与えたのは、日本のトヨタ自動車の飛躍にとくに大きな役割を果たした行動原理「カイゼン（改善）」だった。ハーバード・ビジネス・レビュー誌のエベン・ハレルにブレイルズフォードは次のように語っている。「小さく考え、小さな差を積みあげながら継続的に改良を進めるという哲学に私は打たれた。一気に完璧を目指すのではなく、前進することに意識を集中し、改善をつなげていくのだ」

熱心なサイクリストでもあるニック・スリープは、優れた企業は、どんなに小さくてもなんらかの差をつくりだすことに執念を燃やすものだと言う。彼によれば、カーペットライト社の創業者ハリス卿は古い値札を必ず再利用し、節約のために裏表にメモを書いていたという。「秘伝のソースなんかじゃない。小さいことに気を配っていれば、やがて大きな成果になるということ」とスリープは言う。

ゲイナーの成功の秘訣を知りたい人には、この説明で充分だ。彼ほど、ささいなあれこれに気を配る人はいない。彼の日々の習慣の一つひとつは、慣れた枕持参で遠征に出る自転車選手と同じで、取るに足らないことのように見える。起床は早く、出勤も早い。ジョギングにヨガ。サラダはたっぷり、ドーナツもちょっぴり。静かなオフィスで集中して仕事に励む。投資のアイデアが浮かぶと、長く指針としてきた四原則を使ってふるいにかける。投資の際には節税効果を意識する。投資にかかる経費はできるだけ削る。自分の経済力の範囲内で暮らす。貪欲に本を読む。優秀な投資家の手法を研究して、賢くクローニングする。祈り、教会に通い、おおいなる存在への信仰心をつうじて精神の根幹を強くする。信頼と善意を引きよせるような行動をとる。

繰りかえすが、こうした習慣の一つひとつはあっと驚くようなものではない。だが思いだしてほしい。小さな改善をこつこつと続けた先にある大きな力を。賢い習慣が生むささやかな恩恵が年月とともに何倍にも膨れあがることを。短期的には、わずかな前進にはたいして意味がないように見えるかもしれない。だが、時間は悪い習慣にとっては敵であり、よい習慣にとっては味方だ。何年何十年と、一ひとつのことを黙々とやりつづけると、積み重なった効果は巨大になる。ゲイナーがすごいのは、一貫した行動を誰よりも長くしぶとく続けられるところだ。

ありがたいことに、私たちは秘伝のソースも、成層圏に達するほど高いＩＱも必要ではない。必要なのは、方向性が合っていて、無理なく続けられる習慣をいくつか身につけていくことだ。いまはわずかな利点しかなくても、やがて大きな効果を発揮するはずだ。ゲイナーは私たちに正しい道筋を示してくれた。ここからは、ほかの投資家が競争力を保つために会得した、高い成果を生む習慣をいくつか見ていこう。

勤勉こそ至上

二〇〇〇年に私はジェフ・ビニクをインタビューした。三三歳のときに、世界で最も大きく最も有名なミューチュアル・ファンド〈フィディリティ・マゼラン・ファンド〉のマネジャーになった、秘密主義のスーパースターだ。フィデリティのコントラ・ファンドで後任のマネジャーとなったウィル・ダノフによれば、ビニクはフィデリティの同世代のトップを走る「最高のファンド・マネジャー」で、「投資の天才」だった。

ビニクはマゼランを任された四年間で、S&P500をしのぐ成績をあげた。だが債券投資のタイミングを見誤った末に、苦い思いを抱えてフィデリティを去っている。その後、ハイリスク・ハイリターンのヘッジファンドを扱う〈ビニク・アセット・マネジメント〉を立ちあげ、華々しい結果を出した。取材したのは、出資者へのリターンが数十億ドルになろうとしていた時期で、彼には自身の資産を管理し、家族と過ごす余裕があった。二十代で初めてファンド・マネジャーになってから当時までの一二年間、平均すると毎年三二パーセントという驚異のリターンを実現していた。

成功の秘訣を訊いたところ、ふたつ教えてくれた。ひとつ目は、「利益予測が良好でリーズナブルな価格で買える企業をじっくり見ていくこと。この業界に入ってからずっとこのアプローチを一貫してとってきた」。たとえば彼が最近ひと財産つくった投資先は、「ありふれた小さなレストランの株で、一株当たり利益が年に二〇パーセント増えると見込まれているのに、利益に対して一二倍という割安さで売られていた。ここが肝腎なところだ。こうやって金を稼ぐ」。話を聞くうちに、ジョエル・グリーンブラットの流儀を見事になぞっていると私は思った。投資に伴う複雑多岐な部分を削ぎおとしてエッセンスだけを残し、最も基本的な原則を繰りかえし当てはめるのだ。

ふたつ目に、とビニクは語った。「一二年間、ずっと続けたことがもうひとつある。がむしゃらに仕事をした。分析する企業の数を増やし、目を通すキャッシュ・フロー計算書の数を増やし、しかも一行一行、きっちり吟味すれば、思いつくアイデアの数も増えるし、パフォーマンスもさらに向上させられる。勤勉に勝るものはない」

彼の一日のスケジュールはどうなっているのだろう。「たいてい朝六時四五分にはオフィスにいる」とビニクは語った。「午後五時ごろには帰宅して、家族とゆっくり過ごす。子どもが寝たあと、たいてい二、三時間は読み物に費やす」。企業の各種資料や業界誌など大量の情報に目を通し、ウォール街から出る調査書もすべて読むようにしている。抜群の記憶力も武器のひとつだ。「文字どおり数千の企業の動きを頭のなかにしまいこんでいる」。こうして彼は、ほかの人なら見逃してしまうわずかな変化――たとえば、出遅れ株扱いだったぱっとしない企業が、先行きに明るさが見えて高利益に転じる節目――を察知できるだけの準備をととのえている。

ウィル・ダノフの場合は長期保有を重んじる投資スタイルで、ビニクとは異なる。だが、準備への熱意はやはり高い。「資金運用とは、なるべく多くの岩をひっくりかえし、多くのアナリストとことばを交わし、多くの年次報告書に目を通すことだ。繰りかえすうちに狙いどころがわかってくる」とダノフは言う。「競争はとんでもなく激しい」。ダノフは一九九〇年以来コントラ・ファンドを運営してきた。キャリアは長くなっても、物事に強くこだわる性格もあり、市場に勝って出資者に多くの利益をもたらしたいという彼の情熱に衰えは見られない。「はっきり言って、ほかのファンド・マネジャーはそういうことは気にしない」とダノフは言う。「多くは、手数料目当てか、注目を浴びたいだけだ。だが、私は別のものを求めている」

　ダノフはある夫婦から一九九三年に受けとった手紙を私に読んでくれた。その夫婦は一歳の息子の大学の学費にと考えて、ダノフのファンドに投資したそうだ。「息子の写真を同封いたします。苦労して貯めたお金を、あなたを信じて託す生身の人間がここにいると知っていただければと思います」。ダノフには、この責任感——さらには「うしろめたさ」と「怖れ」、「模範的でありたい」という強い思いがないまぜとなった気持ち——が大きなモチベーションとなっている。「毎日が全力投球だ」*

　モチベーションはそれぞれにちがうにしても、優れた投資家は知力を競うアスリートだと私は思う。より多くの情報、より質の高い情報、より迅速な情報を獲得し、みなに公開されている情報の微細な意味をすくいとれる能力を極め、つねに知識の面で人より前に出ようと努力している。努力の末に手に入れた知識は時間とともに効力を増し、予想もしないかたちで報われるときが来る。

　毎年数百社の経営陣と会うダノフは、二〇〇四年四月に「死に体」だったドットコム企業〈アスク・ジーブス〉と面会したときのメモを見せてくれた。経営陣は自分たちを崩壊寸前まで追いこんできた無敵のスタートアップの名を明かしている――グーグルだと。このときだった、とダノフは言う。「このとき初めて、グーグルが特別な企業だと気がついた」。直観を受けて、彼がグーグルの共同創業者のひとり、セルゲイ・ブリンと、CEOのエリック・シュミットに会ったのが二〇〇四年八月で、グーグルに巨大な潜在力があると認識する。グーグルの収入は数カ月ごとに倍増し、営業利益率は二五パーセントを誇り、自己資金は潤沢、負債はゼロだった。「財務状況は申し分なく、不採算に苦しむ今日のユニコーン企業〔評価額が一〇億ドル以上の非上場ベンチャー〕と比べるとその健全さが際立っていた」。グーグルがその月の末に株式公開したとき、ほとんどのファンド・マネジャーは手を出そうとしなかった。だがダノフのファンドは最大の買い手のひとつになった。それから一六年が経ち、グーグル（現在は社名をアルファベットに変えている）はダノフの最大にして最良の投資先の一角を占めている。

ダノフは顧客資産七兆三〇〇〇万ドルを運用するファンドの花形プレイヤーなので、ほとんど誰とでも会うことができる。だが彼を特別な存在にしているのは、そうした派手な面ではなく、自らの有利な点を生かして休むことなく突きすすみ、岩を引っくりかえしつづける、その意志の強さにある。二〇一〇年にパロアルト市へリサーチに出かけたときには、過密スケジュールのなかに空白の時間が

＊　ダノフの激情家ぶりを示す私の気に入りのエピソードは、ビル・ミラーに教えてもらったものだ。三〇年前、ミラーはフェニックスで開催された投資会議の席でダノフに紹介された。「私は手を差しだして、『よろしく、ウィル（ダノフ）』と言った。だが彼は握手しようとしなかった。私を見つめてこう言ったんだ。『あなたに勝ってみせます。絶対に勝ってみせます』」

あるのが気になった。「水曜の午後四時半以降は予定が入っていないんだね?」彼は同行者に尋ねた。「よしテスラに行こう」。ダノフがこの金食いの自動車メーカーを一二月の午後に「思いつきで」訪れたとき、あたりは暮れはじめていた。数分後、テスラのカリスマ創業者イーロン・マスクが予定外にもかかわらず姿を現し、「再びアメリカが誇りに思えるようなすばらしい車をつくる」とビジョンを語った。深く感銘を受けたダノフは、いち早く——かなり有利な条件で——投資し、この幸運な出会いの旅から一〇年経ってもこの株をもちつづけている。

ビニクとダノフはどちらも、猛烈な勢いで一三年間にわたってマゼラン・ファンドを運営していたピーター・リンチの弟子としてキャリアをスタートした。二〇年前にリンチにインタビューしたとき、毎日大量の株の調査に邁進するための秘訣を説明してくれた。「一日に一〇のアイデアを検討すれば、ひとつくらいはいいものに行きあたるかもしれないとつねに自分を励ましていた。検討する数を二〇に増やせば、ふたつくらいはいいものがあるかもしれない、と」。自身最高の投資経験を振りかえって彼はつけ加えた。「一九八二年に一〇〇人がクライスラーを先入観なしに訪ねていたら、九九人が株を買っていただろうね」〔クライスラーは一九七〇年代後半に経営危機に陥ったが、リー・アイアコッカが社長に就任したのち、一九八〇年代後半には黒字化に成功した〕

これもやはり、小さなアドバンテージを多く積み重ねると、長い年月のあとに花開くという話につながる。リンチは訪問する企業をわざわざ「ひとつ」増やした。ダノフは「ひとつ」空いていた時間帯を埋めることにこだわった。ビニクは子どもたちが寝たあとに読み物のための「二、三時間」を捻出した。成功するかどうかの一番の目安は、その人のたゆまぬ情熱にほかならない。

キャリアのはじめごろ、ビル・ミラーはリンチにアドバイスを求めたことがある。リンチは言った。投資ビジネスは収入の面でも頭脳を駆使する面でもやりがいが大きいので、頭脳明晰な人が過剰に集まってくる。「だから、勝負に勝つには相手よりも懸命に働くことだ。知力がひとりだけ飛びぬけている人などいないのだから」。自分は人に先んじるために、投資調査書に目を通し、車の相乗り通勤をして朝六時半には出社し、夕食後も週末も働いて、休暇は何年もとらなかったとミラーに話している。年をとればペースを落とせるだろうかとミラーに訊かれるとリンチは答えた。「無理だ。この業界ではギアはふたつしかない。トップギアか停止ギアだ」。ミラーも同じ考えだ。「そのとおりだと思う。集中力を切らさないことがだいじだ」

二〇一四年、私は九〇歳のマーティ・ホイットマンに、割安《バリュー》株投資の巨人であるホイットマンが二〇〇八年の金融危機以降、それまでめったになかった不調に陥り、パフォーマンスがひどく落ちこんでいる理由を尋ねたところ、「年をとって資産も増えるにつれ、努力を怠るようになったからだ」と返ってきた。「二〇〇七年の私には分別はあったが、行動を起こさなかった。住宅関連株はすべて手放すべきだった。投資テクニックの問題ではない。粘り強く、注意深くあるべきなのに、二〇〇八年の自分はそうではなかった」

正直に話すホイットマンを潔いと思う一方、この告白にはとまどいも覚えた。私は彼のファンドに長年投資し、母の貯蓄の大半も彼の会社に託すほど、結果にも満足していた。彼が慢心するとは予想もしなかった。金融危機への対応のまずさを振りかえってホイットマンは言った。「頭では満足していないが、たいしたちがいはないという気持ちもある。かりに私の子どもたちに渡る金が一〇〇〇万ドル少なくなり、慈善団体が一〇〇〇万か二〇〇〇〇万ドルを受けとりそこねたからといって、何が変わるだろうか」。私は勇気がなくて言いだせなかった——彼の不注意と怠慢が私の母にとんでもなく深刻な変化をもたらすかもしれないとは。

「私と結婚していられる人なんてめったにいない」

頭の回転が速い数多《あまた》のライバルを超えるには、たんに相手以上に働くだけでは足りない。相手より深く考えることも重要だ。世界は劇的に変化しており、知識も時代遅れになっていくのだから、熟練の投資家であっても学びつづける努力を怠ってはならない。チャーリー・マンガーがよく言うように、バフェットのとくに偉大な資質は、高齢になっても「飽くなき学習マシン」でありつづけることだ。オフィスのドアを閉めて中にこもり、五、六時間本を読みつづけることがめずらしくない。

「長く自己研鑽を続けると人はどこまで到達できるかを示す手本として、バフェットは最高だ」とラウンツィス・アセット・マネジメント社のトップ、ポール・ラウンツィスは言う。ラウンツィスはバークシャー・ハサウェイの株主総会に三〇年間毎年出席していて、進化の歩みを止めないバフェットの能力に畏敬の念を抱いている。バフェットは割安株から投資を始め、やがて優良企業も投資先に含めるようになり、さらには企業をまるごと買収し、そのうえ中国やイスラエルといった海外市場にも果敢に乗りだし、以前は避けていた二業種——鉄道とテクノロジー——にも投資するようになった。この進化があったからこそ、バフェットは八十代後半になってから、自身のキャリアのなかで最大の利益を生む株を見つけることができた。アップルだ。アップル株で彼が手にした利益は八〇〇億ドルを超える。「バフェットは自身のルールと原則に忠実だが、それらをその時々の経済環境や投資環境に合わせて変えてきた」とラウンツィスは言う。「ありえないほどすばらしい。そんなことができる人はほとんどいない」

ラウンツィス自身、学びつづけることにかけては人後に落ちず、その甲斐あって、不遇の時期を脱して一流の資産運用者《マネーマネジャー》になることができた。一九六〇年、ペンシルベニアのギリシャ移民の家に生まれた。五人きょうだいで、両親はバーテンダーと縫製作業員だった。「父はもらったチップを台所のテーブルに置き、母がそれをもって食べ物を買いにいくのが日課だった」と彼は言う。「両親は自己犠牲のかたまりだった。母の靴はいつも友だちのお下がりで、自分で買ったことはない」。結婚してすぐに子どもが三人でき、蓄えは三〇ドルだった。

ラウンツィスは八歳になると、皿洗いで稼ぎはじめた。その後マクドナルドで清掃係として働き、オルブライト大学の学費を捻出するために毎週末と休暇には病院で働いた。卒業するまでに八年を要した。

そのかたわら、投資の勉強も始めていた。「我を忘れてのめりこんだ」。一三歳でバフェットについて読んだ。一四歳でベンジャミン・グレアムの『賢明なる投資家』に魅せられた。次に、フィリップ・フィッシャーの一九五八年の古典的著書『株式投資で普通でない利益を得る』（パンローリング）のとりことなった。フィッシャーの本の導きで、情報面で優位に立つための手段として「噂話」を調査するようになった。「この二冊が私の基礎をつくってくれた。どちらも五、六〇回は読んだだろう」

ラウンツィスは心温かい、活力にあふれた人物で、成人した四人の子どもと、四〇年連れ添ってきた妻のケリーについて話しだすと止まらない。だが彼の人生の中心にあるのは、投資家として成長させてくれる知識を追いもとめる貪欲さだ。「一日に四時間、五時間、六時間、七時間、は読書に充てるように努めている。とくに趣味はない。ゴルフをしたこともない。これが性分でね、もっと勉強して賢くなろうと努力するだけだ」

彼は社交行事を面倒事だと見なしている。「人は好きだが、学びも成長も知的刺激も得られないのなら、何か別のことがしたい。妻の性格でありがたいのは、私に何かを求めたりしないところだ。それが私にとってどれほど重要かを言いあらわすのはむずかしい。妻は私を理解して、ありのままの自分でいさせてくれる。私と結婚していられる人なんてめったにいないのに、妻は希少なひとりだった」。ラウンツィスは自分の極端なところについて悪びれる様子はない。「何かを極めるのなら、途方もない集中力を発揮する必要がある。人間は一度にすべてを手にできるはずだと主張する人がいたとしても、そんなことは無理だ。テニスを練習せずにロジャー・フェデラーにはなれない。脇目も振らずに熱中しなければだめなんだ」

ラウンツィスは、ビジネスや投資の世界の巨人たちの洞察力を貪欲に吸収してきた。起業家に関する本がとくに好きで、ナイキの創業者フィル・ナイトの本もそのひとつだ。「彼について書かれた本ならいくらでも読んでいられる。おもしろくてたまらない」。彼のサーバーには金融界の魔術師たちに関する数千本の動画が収められていて、投資や市場、世界の展望について考えを巡らすときの参考にしている。一部の名をあげると、ヘッジファンド・マネジャーのモニッシュ・パブライやスタンレー・ドラッケンミラー、マイケル・モリッツやジム・ゲッツといったベンチャーキャピタリスト、未公開株に熟達したレオン・ブラックやスティーブン・シュワルツマンたちだ。ラウンツィスが言うには、バフェットに関する動画は少なくとも五〇〇本あり、あまり表に姿を見せないチャーリー・マンガーについては動画が見つかればただちに保存している。また、株主総会でのマンガーの発言を書きおこした原稿も数十にのぼる。ラウンツィスに言わせると、バフェットとマンガーは「ただ賢いだけではなく、天才」なのだ。

日中はほぼ毎日、ジムでペロトン社製のフィットネスバイクを漕ぎながらｉＰｈｏｎｅで動画を一本見る。夜はほぼ毎晩、ベッドに横になってｉＰａｄで一本見る。投資に関する金言は耳に心地よい子守歌代わりで、眠ってしまうこともよくある。金言を聴きながら、根源的な疑問について繰りかえし考える。「私に欠けているものはなんだろう。前例のないことをしている人は誰だろう。私はどうしたら向上できるだろう」。ほかの投資家の行動をなぞることだけはするまいと彼は思っている。「私は彼らではないのだから真似などできない。見て覚えて、手を加えて、自分の流儀に取りいれるのだ」

彼の学ぶ範囲は広い。だがラウンツィスの学習マシンぶりを際立たせているのは、同じことをしつこく繰りかえす癖がついていることだ。たとえば彼は、バフェットが一九九八年にフロリダ大学でおこなった講義を一五回見て、その書きおこし原稿を少なくとも五回は読んでいる。

また、バークシャーの一九九三年の年次報告書はあまりに熱心に読みかえしたため、バフェットが述べた、株のリスクを見きわめる際に考慮する五つの要因を、ラウンツィスは順番を違《たが》わずにそっくり暗唱できる。この反復の習慣があるから、彼はバークシャーの株主総会が開催されるオマハへ三〇年近くも通いつづけることができるし、同じ本を数十回読むことができる。何度も反復した末に得られるメリットは、彼の考えでは、多くの「基本的な」教えを「頭のなかに刻みこめる」ことだ。同じ祈りのことばや自分を導くことば《アファーメーション》を毎日唱えて得られる効果に似ていなくもない。

反復で得られる効用はひどく過小評価されていると思う。何度も読んで自らの血肉になるような本は一、二冊もあれば充分だとたいていの人は思っているのではないか。私はユダヤ教の「光輝《ゾハール》の書」をほぼ毎日拾い読みする。ほかにも、マルクス・アウレリウスの『自省録』（岩波書店など）やイェフダ・アシュラグの〝***The Wisdom of Truth***〟（真実の知恵）、ダライ・ラマ一四世と大司教デズモンド・ツツが書いた『よろこびの書』（河出書房新社）など、繰りかえし手にする本がある。

時代を超えたさまざまな投資原則を会得してきたラウンツィスは、自らあつらえた手法を用いて、徹底的に調べあげた一五ほどの株を中心にポートフォリオを組みたてる。* 彼が注目するのは、「創造性、順応性、明確なビジョンを併せもち、度胸が据わっている」経営者のいる好業績企業だ。業界で支配的な地位を占める企業ですら脅かされる未曾有の混乱期にあって、経営者のこうした資質はかつてないほどに重要視されるようになっている。「だが問題は」とラウンツィスが言う。「順応性や度胸など定性的な要素は、過去の定量的な実績を載せた財務諸表を見ても判断できないところだ。

この問題を打開するため、彼は会計士ではなく調査報道記者のように行動する。「ビジネスの変化するスピードはとても速く、陳腐化するところも多い。だから先を見通して、数字がとらえきれない状況を見抜く力が必要だ」とラウンツィスは言う。「現場に足を運び、競合他社や顧客や、元従業員の話をさまざまに集め、数値データと組み合わせる」。彼はこの狙いに沿って、引退したCEOのような「その人ならではの知見と情報をもつ」人物に直接会ってさかんに話を聞いている。

同じくローラ・ゲリッツもすばらしい学習マシンだ。ただし彼女が築きあげた情報面のアドバンテージはタイプが異なる。ラウンツィスの投資先はアメリカ国内市場が中心なのに対し、ゲリッツは海外市場への投資に関してアメリカ有数の存在だ。年間六カ月から九カ月ほどは、最高の投資先を求めて世界中を飛びまわる。四八歳の時点で訪れた国の数は七五にのぼった。ユタ州ソルトレークシティに拠点を置く〈ロンデュア・グローバル・アドバイザーズ〉のCEO兼主席投資オフィサーであるゲリッツは、自身が運営するふたつの投資信託の顧客に大きな責任を感じている。だが自分自身の蓄財にはさほど関心がない。彼女は言う。「もう充分あるから」。ゲリッツは何よりもまず知力を駆使する冒険家であり、その原動力は「学びたいという情熱」にあった。

よく似た有名ビジネススクールで型押しされたような男性陣が圧倒的に支配する業界において、ゲリッツはその職業が連想させるイメージからはまったく遠い存在だ。真に独創的な人物で、自身の「非線形的」投資手法を、韻律法にとらわれない自由詩に喩える。彼女は当初から、ファンド・マネ

＊　ラウンツィスは若いころにビル・ルエインのもとでアナリストとして働いた経験があり、ルエインを見習って、株価が割安な優良企業数社に集中投資するようになった。二〇二〇年、ラウンツィスは私に、COVID‐19のパンデミックによる経済危機を逆手にとって、自分のポートフォリオに占めるバークシャー・ハサウェイ株の比率を二五パーセントにまで一気に増やしたと語った。

ジメントの仕事に就く典型的な人材ではなかった。親類の多くは農場か工場で働いていた。父は小さな大学で文学を教える教授で、父が一家を連れて引っ越した先は、ゲリッツのことばを借りると、「カンザス州西部のごくごく小さな町で、『冷血』（新潮社）の冒頭をそっくりなぞったようなところ」だった。四重殺人事件を描いたトルーマン・カポーティのノンフィクション・ノベルの冒頭を思いだせない人のために引き写しておく。「ホルカム村はカンザス州西部の小麦畑がひろがる小高い平原に位置する。ほかのカンザス人が〝あちら〟と呼ぶ寂莫《せきばく》とした地域だ」（佐々田雅子訳）。小柄な中西部出身者で、物腰柔らかく気取りのないゲリッツは、戦士タイプには見えないかもしれない。だが、〝あちら〟から今日の地位までの長い道のりをたどるには、並外れた活力と決意が必要だった。

ゲリッツはカンザス大学で政治学と歴史学を学んだが、ウォール・ストリート・ジャーナル紙を読むのも楽しい日課だった。一九歳になると、それまでに貯めた金を使って初めての投資に乗りだし、マーティ・ホイットマンが運用するファンドに出資した。プロの投資家になりたいと夢見ていたが、その世界に食いこむには、武器となるスキルを身につけないかぎり無理だとわかっていた。そこで東アジアの言語と文化を研究して修士号を取ったあと日本で一年暮らし、高い日本語能力を身につけた。こうして見つけたのが、二カ国語が求められる〈アメリカン・センチュリー・インベストメンツ〉での顧客担当職だった。二年ほどして、ファンド運営チームのアナリストに異動する――一万二〇〇〇人もの志願者が殺到してくるようなポストを勝ちとったのだ。〈ワサッチ・アドバイザーズ〉に転職してそこで一〇年働くあいだにゲリッツは、新興市場や未開拓市場を専門としながら、市場平均を上回るファンド・マネジャーとして名をあげていった。退職して二〇一六年に起業し、雇った三人のアナリストと一緒に「とても騒々しい」部屋で仕事を始めた。

私が彼女と初めてことばを交わしたのは二〇一七年で、ゲリッツのファンドはまだ立ちあがって二週間だった。だがこのときまでに彼女はロシア、トルコ、日本、韓国へのリサーチの旅を終えていた。年に二度、およそ六万九〇〇〇の銘柄を精査し、手ごろな価格で買える最優良企業と、大安値で買える優良企業を探しにいくのに適した、人の関心が向いていない市場を割りだす。「ほかの人が行かないところへ行きたい」とゲリッツは言う。「敢えて人とちがうこと、人より優れたことをしたいのなら、流れに逆らって進まなければ」。彼女がいちばんわくわくした市場はトルコで、現地ではおよそ三〇の企業を訪ねた。だが彼女の興奮を同じように感じることのできる投資家はほとんどいないのが実情だ。

トルコの独裁的な大統領は、自らの偉大さを称えて部屋数が一一〇〇を超える宮殿を建てるような人物で、最近も軍事クーデターで危ない目に遭ったところだった。大統領は緊急事態宣言を発令して反撃に出た。宣言の内容は、兵士をはじめ、警察官や判事ら数千人を投獄し、メディア各社を閉鎖し、政敵をテロリストと断じることだった。イスタンブール空港などで自爆テロが相次ぎ、トルコの国際的な評判はさらに損なわれた。観光業は立ちゆかない。トルコリラは暴落した。インフレと負債は急激に悪化した。海外からの投資は離れていった。

だがこれまでに何度もトルコを訪れていたゲリッツは、微妙な差異を見抜くことができていた。クーデターの数年前、トルコ経済の展望は明るいとする投資界の見方が最高潮に達していたとき、彼女はイスタンブールで開催された投資会議に参加した。当時、会場となったホテルの宿泊料金は一部屋が一泊一二〇〇ドルだったので、泊まるのはやめた。「今回は一泊七〇ドルのホテルにした」とゲリッツは言う。「クーデター未遂の事態を受けた世界の悲観論は極端だと思う」。日々の実情も外国メディアが報じるほどおそろしい感じはしないそうだ。「現地ではこわがらなければならない理由はない。トルコは世界でも指折りのフレンドリーな国です」

実情とイメージのギャップのおかげで、ゲリッツはトルコの最優良企業三社――国内最大の食料品店チェーン、国内トップの軍需企業、シェア一位の菓子メーカー――に長期的に投資する理想的なチャンスを得た。三社とも長期的な競争力を有し、キャッシュフローは安定し、高い投下資本利益率を誇り、さらに最も重要なこととして貸借対照表から財務状況の強さがうかがえる。しかも株価が割安なので、ゲリッツが資本損失を長期に抱えこむおそれも小さい。発展途上の市場につきものの危険を考えると、リスク軽減に念を入れるのはきわめて重要だ。たしかにゲリッツが保有しているのはほとんどが実質的手元資金《ネットキャッシュ》の潤沢な企業なので、資金供給が滞って体力のない企業は弱るような悪条件下でも耐えることができる。「危機を乗りきった企業に投資する」と彼女は言う。「私が買うのは優良企業の株だけど、危機に見舞われた国で優良株を見つけて買うことに惹かれる」

ゲリッツは世界のどこへでも出かけていくので、視野の狭い投資家たちにはない競争力が蓄積されている。「世界を広く回るほど」、銀行融資が拡大したり縮小したり、楽観論が優勢になったりしぼんだりする気配などからさまざまな国の景気循環の「パターンが見えてくる」と彼女は言う。パターンが見えれば、「新興市場や未開拓市場で起こりがちな大暴落を避ける」のに役立つ。たとえばゲリッツは、海外資本がなだれこみ、政府が金をばらまき、物価が狂乱状態にあり、国全体で浮かれていたブラジル経済にいち早く危機を察知し、手元の株を売りぬけている。どこかで見たことのある行きすぎの兆候がはっきりと表れていたのだ。「ホテルは一泊軽く一〇〇〇ドルはしたし、空港ではピザ一切れに三五ドル払った記憶がある」と彼女は振りかえる。

ナイジェリアでもよく似た兆候を目にした。外国人がおおぜい押しかけていて、彼らは「アフリカではナイジェリアが最高の投資先だ」と固く信じていた。彼女は慎重な判断を下す。「こうした場面をまえにも見たことがある。中国で見たときには、株の評価額が上昇し、誰もが市場に殺到していた。ブラジルでも同じだった」

ゲリッツは旅に出るまえに、調査プログラムを毎回組んで、訪問先を深く知るようにしている。「訪問国ひとつにつき、最低三冊は本を読む」。たいてい、その国または地域の経済か政治に関する本が一冊、文学作品が一冊、そしてミステリーや犯罪小説のような大衆文化的な軽めの本が一冊だ。「ウガンダに調査出張するなら、服を詰めた小さなスーツケースと、本を二〇冊詰めた大きなバックパックをもっていく――いいえ、冗談ですよ。キンドルもあるから。だけど、国によってはキンドルが使えないこともあるし、私は本なしでは生きられない」

ゲリッツらロンデュア・ファンドのチームは二週間に一度集まって、読書会を開く。「前回読んだのは、私の愛読書でもある『テンプルトン卿の流儀』（パンローリング）だった。『やり抜く力』（ダイヤモンド社）や〝*The Creative Brain*〟（クリエイティブな脳）のような本を課題書にすることもある」。過去一三年、彼女は大きなテーマをひとつ（ときにはふたつ）選んで、それを一年かけて深く掘りさげてきた。これまで新しい知見と出会う期待にわくわくしながら選んだテーマには、アフリカ、中東、物理学、石油、「ロシアの文学と歴史」などがある。二〇一九年にランチに寿司を食べながら話したとき、その年のテーマは何かと訊いてみた。「ちょっと斬新かも！　武装船団《バイキング》を手始めに、探検家たちの話を読んでるところ」

週に二、三冊は本を読む一方、新聞にわざわざ目を通すことはほとんどないし、ブルームバーグの端末に刻々と表示されるニュースには目もくれない。「たとえば『ロボットの脅威』（日本経済新聞出版）を読んで、一〇年後の世界はどうなっているかを考えるほうが好きなの。一〇分前の世界がどんなだったかを考えるよりも」。投資のためのアプローチとしては、異例なほど数字から離れて教養雑学のほうに寄っているが、その土台には、深い読書と広範な旅によって視野を広げたいという彼女の信念があり、この視野の広さこそが彼女の重要な、そして不思議な強みとなっている。「オフィスで座って、来る日も来る日も財務諸表を熟読しているだけでは限界がある。私たちの仕事は真っ直ぐには進まないから」

ゲリッツはさらに、自由闊達なマインドをチームに広めるために、金曜日を「クリエイティブ・デー」に指定した。この日はみなが好きなように過ごしてかまわない。彼女自身、この日はたびたびソルトレークシティーの小川のほとりに座り、静かに読書をするか、旅から得たアイデアを旅行記のかたちでまとめたりする。ユタ州を拠点にしてよかった、と彼女は言う。「大通りから離れているから、ゆっくり考える時間がつくれる」。ＣＯＶＩＤ-19のパンデミックで社会が騒然とするなか、地震があったり（二〇二〇年三月一八日にユタ州でマグニチュード五・七の地震が発生した）、近所で建設工事がいくつかあったりしたため、住んでいるアパートは「深い思索」には適さなくなった。そこで、アイダホの奥まった村の「小川のほとりに建つ静かな家」を借り、四五冊の本を抱えて嬉々として自主隔離生活に入った。

それでもゲリッツはさらに遠くへ、人はあまり行かないけれど、考えを深められる土地へと気ままな旅に出る。たとえば、オーストラリアの沖の、八軒しか住宅がない島へ向かう。「食料品を積んでボートで向かい、そのまま島に置き去りになる。携帯電話はつながったり、つながらなかったり。インターネットはなし。多少の音楽は聴けるし、海辺の景色は美しいし、手元には本がある」

たまには外国へまとめて数週間でかけて、その土地の文化にどっぷりと浸かり、地元の人たちの暮らしぶりや金の使い方を観察する。詳しく調査したい市場の中心あたりに、安いバケーション用物件を借りてそこに腰を落ちつける理由のひとつは、「飛行機で行ったり来たりするのはくたびれる」からで、というのも旅にはエコノミークラスを使うからだ。これまでにゲリッツが滞在した国は、タンザニア、ケニア、イギリス、フランス、オランダ、ドバイ、アブダビ、タイ、シンガポール、日本と幅広い。

彼女は数年前、日本の不動産価格が低迷した機会に、古都・京都の中ほどに、アジア各地の企業を回る拠点にも使えるマンションを一部屋購入した。家具はシンプルで、ベッドにソファ、テーブルと椅子がふたつだけ。もともとはフグ料理――フグは専門家が手際よく捌《さば》かないと人命を奪うこともある猛毒の珍味だ――の専門店だったところだ。敷地に大きな岩があり、これを動かすことはできなかった。「蛇神さま」を祀《まつ》る岩だという言い伝えがあったからだ。ゲリッツは少なくとも年にひと月は京都で過ごすことにしている。アメリカと日本のどちらを故郷と感じるかと訊くと、彼女はこう答える。「はっきり言って、日本よ」

人はたいてい、帰属や参画の意識がもてる土地で暮らしたいと願うものだ。だが彼女はいつも、「頭のてっぺんから足の爪先まで部外者《アウトサイダー》」だ。投資家にとって重要な資質のひとつは「観察力」だと彼女は言う。「日本はまさにこの力を発揮すべき場所よ。社会の一員として全面的に受けいれられるほど溶けこむのはむずかしいから」

日本のように独特な文化のある国で投資を進めようとする場合、先入観を捨てて、文化をあるがままに観察する必要がある。たとえば、アメリカ企業は株主の利益を第一に考えるのがあたりまえだとされているが、自身のロンデュア・ファンドで三分の一を日本株に投資しているゲリッツは、日本企業が優先するのは第一に顧客で、次に従業員、ビジネスパートナー、社会全体が来ると言う。「私が思うに、株主は最後尾」

欧米出身の物言う投資家たちは日本のCEOたちを相手に、もっと大量に現金を投入するか、積極的に資金を調達して、短期間で大きな利益を出すべきだと主張するが、なかなか受けいれられない。ゲリッツが言うには、日本人は地震や津波、戦争や疫病といった大きな脅威に一〇〇年単位で長く耐えられる企業をつくることのほうに関心がある。「目先の満足を求める文化ではない」。彼女自身、長期的に資産を増やしたいと考えているので、日本の伝統的な考え方がしっくり来る。

世界を飛びまわる仕事は、ゲリッツの果てしない好奇心を満たしてきた。だが代償もある。「立ち止まることができない。少しでも休むと、切れ味が鈍ってしまう。投資してくれている人たちの将来への責任があるから休んでいられない」。一般の人たちが楽しむような「スキーや友だちとの集まり」などのちょっとした息抜きも「私には苦痛」だと彼女は言う。「株と外国のことだけを考えていたいから」

では家族についてはどうだろうか。「子どもはいない。愛する夫がいて、彼は私の仕事をわかってくれて、仕事に伴う犠牲もわかってくれて、びっくりするぐらいいつも温かくサポートしてくれる。本当に恵まれていると思う」。高校時代に出会った夫のロブはアメリカ人で、スポーツ用品メーカーの海外営業部門で働いている。仕事に融通が利くので妻のリサーチ出張に同行することもめずらしくない。一方で、仕事の状況によっては、長期間離れて暮らさなければならないときもある。夫は大半を京都の家で過ごし、妻はユタ州の自宅で過ごすほうが多い。

当初から覚悟していたこととはいえ、大きなプレッシャーを抱える投資の仕事では人一倍の集中力が要求される。それが原因で、子どもをつくる計画を先延ばしにした。「この業界で女性であることはそれだけでたいへんなの。男性陣と肩を並べてやっていくには、子育ては最良の選択ではないかもしれない、と考えた」。当時勤めていたアメリカン・センチュリーには、手本になる女性がほとんどいなかった。ゲリッツが憶えている女性社員がひとりいたが、子どもを抱え、その人は午前八時から午後五時のあいだしか働けなかった。「昇進はないと本人は通告されていた。昇進したいのなら最低限これだけは働いてほしいという時間数にはとうてい届いていなかった。言われるまでもなく、仕事で成功していた人を見ればわかる。成功していたのは、会社に朝六時から夜一〇時までいて、土曜日曜も出勤する人だった」

キャリアを積むうち、ゲリッツはいまなら子どもをもってもやっていけそうと思うようになったが、今度は夫のほうがためらった。「そんなわけで私たち夫婦はタイミングを逃してしまった」。後悔しているのだろうか。「そう感じることもある」。でも、こうも言う。「この仕事が大好きだから、自分を犠牲にしたなどとは思っていない」

引き算の技術

この章に登場した投資家たち全員に共通する習慣をここでまとめてみよう。

彼らが集中力を発揮する対象は、自分が最も得意なことと、自分にとって最もたいせつなことにほぼ限られる。彼らの成功の源は、集中のじゃまになるものには目もくれず、比較的狭い領域に徹底的にこだわって深く注力することにある。

私の古い友人で、ウォール・ストリート・ジャーナル紙でパーソナル・ファイナンスに関するコラムを書いたり、『賢明なる投資家』の改訂版『新 賢明なる投資家』（パンローリング）の編集者を務めたりしたジェイソン・ツバイクが、私にこう書いてきたことがある。「マンガーとミラーとバフェットのことを考えてみれば、彼らは自分を向上させる見込みのないもののためには、時間を一分たりとも、エネルギーをほんの一匙《ひとさじ》たりとも使う気がない。彼らの強みは、自分に正直であることだ。何が得意で何が得意でないか、自らを偽らない。自分に正直でいることも、成功の奥義なのだろう。実際には非常にむずかしいことだし、ときに痛みも伴うが、それでもきわめてたいせつなことだ」

このことは、株の銘柄を選ぶ場合にも、患者を治療する際にも、適切なことばを探して奮闘する場合にも、習得したいと願いつつもハードルが高い技能《スキル》すべてに当てはまると思う。私の憧れの存在に、いまは亡きオリバー・サックスがいる。著名な神経科医で、優れた作家でもあった彼は、黄色地にくっきり「NO！」と書いた大きなサインを電話のそばに貼っていた。自叙伝の『道程』（早川書房）で彼が説明しているところによれば、それは「執筆の時間を確保するため、誰かから誘いがあってもノーと言って断ることを忘れないため」ためだった。

数千年前の哲学者で道教の始祖、老子は、知恵への道は不要なおこないを差しひくことにあると書いている。「知識を得るには日々足し加えよ。知恵を得るには日々差しひけ」

差しひく技術の意義は大きく、とくに、接する情報が多すぎてたやすく心が乱される時代にあっては重要性がいや増す。相手を大声でののしる政治対立のニュース、通知音がひっきりなしのSNS、自動音声通話《ロボコール》など、世間は雑音であふれている。フランクリン・フォアは"*World Without Mind*"（心なき世界）のなかで警告している。「通知音が鳴ったり、告知メッセージを読まされたり、釣りタイトルでクリックを誘導されたりとさまざまなじゃまが入り、思索にふける時間はどんどん短くなっている。思索の時間が破壊されるのは、私にとって、人類存亡の危機に等しい」

投資の成功を目指す人にとってもこれは存亡の危機だ。だからゲリッツは定期的に京都の山あいの滝のほとりに隠れ、静かに読書し、書き、物思いにふけるのだ。セコイアファンドで素晴らしいリターンを生んだいまは亡きビル・ルエインはかつて、「隠れ家」と称する場所から私に連絡してきたことがある。その場所とはニューヨーク市内のホテルのスイートルームで、近所のオフィスで働く同僚とも連絡を絶ってひとりで仕事をしていた。ＡＤＨＤ（注意欠如・多動症）をもつガイ・スピアは家族とともにマンハッタンを出て、チューリヒの静かな郊外に借りた家に移り住んだ。その地のほうが、彼のきれいだが散漫になりやすい心も「静寂に包まれた池」のように穏やかでいられる。スピアのオフィスは家からトラムに乗ってすぐのところにあり、その書斎には電話もコンピューターも置いていない。思索の時間を確保するために物理的な環境を意識的にととのえている。

一〇〇〇億ドル以上を運用する投資チームのヘッドであるマシュー・マクレナンは、放っておくと毎日すべての時間が会議か訪問の予定で埋まってしまう。「自分を忙しくすることはできる」と彼は言う。「でも非生産的に忙しくしていてはだめだ。じっくり考える時間をつくらなければ」。彼は午前中には約束を入れず、金曜には「予定をなるべく少なく」するように心がけ、平日にもオフィスから離れる時間を「意識的に」設けている。また運動を欠かさず精神をクリアに保ち、週末は頻繁に自然のなかを散策する。「緊張しっ放しの環境からときおり離れる効用は大きい」

ほかの人の集中力が弱まるほど、心の乱れやテクノロジーの侵入や刺激過多の弊害を引き算できる能力の有利さが際立ってくる。ただしそのやり方は人それぞれだ。ルエインはマンハッタンの真ん中に静かな隠れ家を見つけた。三〇年以上、市場平均を大幅に上回る成績をあげてきたチャック・アクレは、バージニア州の農村地帯のほうが落ち着いて物事を考えられると悟り、自分の会社〈アクレ・キャピタル・マネジメント〉の本社を、信号機がひとつしかない小さな村に置いている。自宅の窓からはブルーリッジ山脈が眺められ、「シカやクマ、キツネやコヨーテに野生の七面鳥も見かける」とアクレは言う。「美しい場所で、心が安らぐ」。この土地に暮らすメリットのひとつは、「くだらない、でたらめ」のすべてから距離を置けて、「市場や世界の動きに神経を張りつめずにすむ。自分を切りはなせる」ことだと言う。

代わりに彼は投資で注力する範囲を狭め、資本利益率が高く、フリーキャッシュフローを高い利益が見込める案件に再投資できる、少数の優良企業に的を絞っている。その後はバタバタせずに「じっくり寝かせる」ことにしている。二七年保有したマーケル社の株は資産を一〇〇倍以上に増やした。バークシャー・ハサウェイ株は四二年間保有している。保有規模が最も大きいのはアメリカン・タワー・コーポレーション株で、二〇〇二年に一株七九セントだったものがおよそ二六〇ドルにまで上昇した。穏やかな土地でゆったりと生きるアクレは、ほかの投資家たちの「儲かりそうなアイデア」に影響されないように「身を護り」、「自分たちにとって意味のあることにだけこだわりつづける」ことができた。つまり彼は、魚が豊富にいる池をひとつ発見して、人生の残りの日々はその池で釣って過ごせば充分だと考えている。アクレ自身が喩えるように、「すべての女性とダンスはできない」のだ。

こうしたことを総括すると、私たちが資産を増やし、かつ、幸せになるための、現実的な結論が導きだせる。結論その一は、自分にとって何がいちばんだいじで、自分がいちばんうまくできることは何かを正直に見きわめるということ。結論その二は、本当にだいじな領域でずっと向上していけるような習慣を身につけ、じゃまになる習慣は差しひくこと。日々のルーティンに組みこみたい、自分にとって有益な習慣をリストにして書きだしてみるとよいだろう。併せて、「しないリスト」をつくるのも重要で、意識的につぶさないといつのまにか入りこんでくる、じゃまになったりマイナスに作用したりするような習慣の一つひとつに自戒を促すのだ。ゲイナーが指摘するように、鍵となるのは、完璧を求めるのではなく、長続きのする、そして方向性のまちがっていない習慣を堅持することだ。

ヘッジファンド・マネジャーで前職はテロ対策の精鋭部隊SEALチーム6の指揮官だったマイケル・ザパタは、集中することの必要性について深く考えてきた。「人生の優先事項が何かを知ることがたいせつだ」と彼は言う。「私の優先事項は、まず神、次に家族、そしてファンドだ」。明確なので、自分の時間とエネルギーを注ぐべきところを定めやすいし、「だいじなことに沿って」人生を築いていける。「このインタビューだって、神と家族とファンドの列からは少しずれているが、そこはまあいい。とにかくだいじなのは、優先事項から大きく外れないように、人生に悪影響が及ばないように気をつけることだ」

極端すぎる？　そうかもしれない。だがたいていの人は人生を複雑にしすぎる過ちを犯している。うわべだけをすくって、表面的で些末な事柄にこだわってしまう。最高の投資家たちが示すように、豊かで幸せに生きていくには、引き算と集中が必要なのだ。

第八章　愚行をつぶす
――チャーリー・マンガーが実践するミス減らしの戦略に学ぼう

愚者は道行くときすら愚かで、だれにでも自分は愚者だと言いふらす。

――コヘレトの言葉　一〇章三節（『聖書新共同訳』より）

分別を得るには、よい考えとよいふるまい、悪い考えと悪いふるまいの両方を知るべきであり、まずは悪いほうから学びなさい。賢くないこと、正しくないこと、しなくてもよいことから学びなさい。

――トルストイ『文読む月日』

憶えておきたいのは、私たちのような人間は、賢くあろうとするよりも愚かなふるまいだけはするまいと心がけたことで、長期的な優位性を獲得してきたということだ。

――チャーリー・マンガー

チャーリー・マンガーに一〇分間だけインタビューするため、私は五〇〇〇キロを旅してやってきた。拝謁のために予定時刻より一時間早く到着し、緊張と興奮が入りまじった気持ちのまま、召しよせられる時を待つ。二〇一七年二月一五日。彼は〈デイリー・ジャーナル〉の年次総会のためにロサンゼルスのダウンタウンに来ている。マンガーはこの耳慣れない新聞社の会長だが、むしろバークシャー・ハサウェイの副会長で億万長者、そしてウォーレン・バフェットの四〇年来の相棒として名高い。一九二四年生まれの彼は、史上最高の投資家コンビの片割れなのだ。

マンガーは総会が始まる直前に、私とふたりきりで話をすることを承諾している。だから私は、新聞社のなんの変哲もない本社ビルのなかで、会議室の外に立っている。私が眺める先には、マンガー信者が何百人もロビーに集まってきていて、李录《リールゥ》、モニッシュ・パブライ、フランソワ・ロション、ホイットニー・ティルソン、クリストファー・デービス、フランシス・チョウといった著名な投資家の顔も見える。ここにいる人はほとんど誰もデイリー・ジャーナルのことなど眼中にない、というのが定番のジョークだ。ビルに入る際、出席者たちは求められるまま、各自の保有株数を記帳していく。ほとんどの人はゼロと書く。私と同じように彼らも遠方からはるばるやってきて、この偶像視されている九三歳の辛辣なウィットと知恵のことばを、全身に浴びようとしているのだ。

マンガーに取材できるとあって私はわくわくするが、同時に不安も感じている。というのも、彼はおそろしく怜悧で気むずかしく、不手際や過ちを容赦なく指摘する人物だと聞いているからだ。バフェットも以前、こう言明していた。「チャーリーはどんな取引《ディール》でも、分析と評価を誰よりも迅速かつ正確にこなすことができる。六〇秒もあればいかなる欠陥も見つけられる」。バフェットはさらに、「彼自身も三〇秒以内に判断ができる世界最高の頭脳を誇らしく思っている。相手が話し終わるまえにすべての本質を見抜いているのだから」と続けた。マイクロソフトの共同創業者ビル・ゲイツは、マンガーを「いままで会ったなかで最も広い視野をもった人」と評している。

英雄崇拝をめったにしない人たちですら、マンガーの頭脳に触れると畏敬の念を抱くようになる。マンガーのことを、頭脳の面では「ウォーレン（バフェット）をすら大きく引き離す存在」だと称えるパブライは、マンガーが壇上でスピーチしたときのことを含み笑いをしながら思いだす。そのときマンガーと一緒に壇上にいたのはノーベル賞受賞者で、「カリフォルニア工科大学最高の頭脳と称されていた科学者だったのに、マンガーの隣では物を知らないエビみたいに見えた。傍目《はため》にもちがいがわかった。片や凡庸、片や本物の知性だと」。パブライはさらに、マンガーはもって生まれた才能のおかげで「スタートの時点ですでに人より前を走って」いて、さらに毎週本を数冊読んでは要点をまとめたり、さまざまな学問分野を貪欲に吸収したりすることで、その差を広げてきたのだと言った。「人並み外れた資質と猛烈な情報インプットが相まって、マンガーは三〇〇年も生きてきたかのように見える」

マンガーとの会見を控えて私が強く不安を感じている理由はほかにもある。彼の熱烈な信奉者でさえ認めるとおり、マンガーは無作法と言ってもいいほど無愛想なのだ。フランシス・チョウは笑いながら、投資家仲間のエピソードを話してくれた。チョウの友人は折あるごとに、オマハやカリフォルニアに出かけてはマンガーの講演を聴いていた。ある日、友人はマンガーと偶然エレベーターで乗りあわせた。思わず大きな声が出た。「チャーリー、あなたからいつも感銘を受けています！　何年もずっと、たくさんのことを学ばせてもらいました」。マンガーは彼の渾身の賛辞をひとことで片づけた。「だから？」そして立ち去ったという。

ビル・ミラーもニューヨークの街角でマンガーにばったり会ったときの経験を憶えている。「『チャーリー』と声をかけたら、『誰かね？』と返ってきた」。ミラーは自分の名を言って、以前、行動ファイナンスのイベントで一緒だったと伝えた。「すると彼は、『ああ、そうそう』という感じで、奥さんに『先にホテルに帰っていてくれないか。ビルと少しぶらぶらするから』と言った。一時間ほど歩きながら、とりとめのない話をした。それにしても参った。『誰かね？』だなんて」

人づきあいが苦手なマンガーにまつわる逸話のなかで、私が気に入っているのは、二〇〇八年にバフェットがパブライとガイ・スピアにランチの最中に披露した話だ。片方の目に義眼を入れているマンガーが、車両管理局を訪ねたところ、担当になった係官が彼にこんな質問をした。「見える目はいまも片方だけですね？」マンガーはこう返答した。「いや、新しい目が生えてきたところだ」

パブライからは、マンガーは世間で言われるよりずっと親切で寛大だから心配しないようにと言われていた。「チャーリーはとても穏やかで思いやりのある人だ。外見は厳しそうだけど、内面は温かいよ」。マンガーの娘で、弁護士で慈善家でもあるモリーによると、彼はこのところ角《かど》が取れてきたそうだ。「父は毒舌家の気《け》があって、若いころはもっとひどかった」

とはいえ、私は念のため、この短い面談にくどいほどの準備をしてきた。過去数十年間の彼のスピーチをはじめ、書き物や提言を読みかえしているうちに私は、私たちも真似たほうがいいある習慣を彼が実践していることに気づいた。**「稚拙な考え」「ばかげた行動」「誰でもやりそうなミス」「ありふれたうっかり」**をしでかす余地をつねに減らそうと努めてきたのだ。[1]

たとえば彼は二〇一五年の株主総会で、学術界では広く信奉されていた、市場はきわめて効率的なので誰もそれを上回ることはできないという思いこみをあざ笑ってみせた。「でたらめだと私にはわかっていた」と言って、さらにつけ加えた。「エデンの園にことばを話す蛇がいたなんて話は一度も信じたことがありません。私にはたわ言を見抜く力がありますが、それは誰よりも優れた知見が私にあるからではなく、つまらない行動を避ける努力をほかの人より少しだけ多く続けてきたからです。ほかの人たちは賢いことをしようとがんばる。私はばかなことをしないようにがんばる。人生で成功する秘訣は、ばかなことをせずに、長く生きることです。ばかなことをしない、というのは世間が思うよりずっとむずかしい」

この世でいちばん賢い人が、ばかをしないことに懸命になっているなんて、奇妙なパラドクスに聞こえる。だがこのあと見ていくように、これこそが市場でも人生でも飛びぬけた効果を発揮する戦略だった。

逆から考える人生ガイド

会議室のドアが開き、マンガーが低いしわがれ声で私に声をかけてくる。「どうぞよろしく。さあ座って」。私はこの賢人と膝を突きあわせるほどの距離で腰をおろす。何人かが声高に話しながら部屋を出ていったが、マンガーはそうした騒音をものともせず、意識を集中させる。髪は白く、度の強い眼鏡をかけている。華奢な体軀にダークスーツがぶかぶかだ。ほっとしたことに、彼の物腰は驚くほど好意的だった。

世間話をする余裕はなく、私は単刀直入に話しはじめる。マンガーのことを「愚行削減のグランド・マスター」だと思っていると伝え、なぜ彼が、ありがちなミスを防いだり、不合理なことが起こりそうなパターンを事前に察知して避けたりすることにそれほどまでに注力するのかを尋ねた。「効果があるから」と彼は言う。「効果があるんだ。問題を逆向きにとらえようとするのは直観に反するし、賢くやろうとするほどむずかしい。だがもし、あらかじめ過去の大失敗を洗いだして『何が原因だったのか』を知り、その原因を避けるようにすれば、シンプルなやり方なのに、機会を見つけたりトラブルを避けたりするのにおおいに効果がある」

問題が起こるまえに解決しておこうとするマンガーのアプローチは、「逆だ、いつも逆からやるんだ」という有名なことばを残した一九世紀の代数学者カール・グスタフ・ヤコブ・ヤコビの影響を受けている。だがマンガーは私に、逆を意識する発想に磨きをかけられたのは、いい加減な取り組みがひどい結果を生むことにマンガーと同じ意見をもつ、友人で生態学者のギャレット・ハーディンのおかげだと語る。「ハーディンの基本的な考えかたはこうだ。もしインドを救済する方法を訊かれたら、『インドを破滅させる方法』を考える。破滅させるためにできることをすべて、とことんまで考えぬいたあと、それらを逆にして『じゃあ、そういうことはいっさいやらない』。直観に沿ってはいないが、問題を逆から見るのはじつに効果的だ。問題を徹底して考えるときにこれ以上の方法はない」

一九八六年、マンガーは、実子と継子合わせて八人いる子どものうち何人かが通っていたロサンゼルス市内の寄宿制私立学校の卒業式でスピーチをおこなった。壇上で彼は、成功やら幸福やらについてよくある陳腐な話をする代わりに、逆から見る法則を使った「惨めな人生を送るための処方箋」を生徒に語ったのだ――信頼を裏切りなさい、妥協を拒みなさい、恨みなさい、復讐しなさい、人を妬《ねた》みなさい、薬物を摂取しなさい、酒に溺れなさい、人の成功と失敗から学んだりせず、自分の信念に固執しなさい、人生の荒波のなかで最初の、二度目の、三度目のひどい逆境に陥ったときには、ただしゃがみこみなさい――

私はマンガーに尋ねた。こうした思考法を、結婚するべきか、特定の銘柄を買うべきかといった現実的な問題にどう応用すればいいのでしょう？「『これはうまくいくだろうか』ではなく、『こうしたらひどい目に遭うだろうか』と自問することをお勧めする。悪いことを見つけてそれを避けようとすることと、よいことを見つけてそれを手に入れようとすることは別物だ。もちろん、人生ではそのどちらも必要だが、トラブルを探しだしてそれを避けて進むという逆向きの発想で、さまざまなトラブルから身を護ることができる。つまり安全策だ。飛行機を飛ばすまえのチェックリストに似ている」

運用がうまくいっているファンドに賢く投資したいと考えるときにも、まずこう考えてみるとよいだろう。「大失敗するファンドにやみくもに突進するにはどうすればいいか」。この問いをつうじて、大失敗するファンドがどういうものか、投資家がやみくもに突進するのはどういうときかなど、ふだん見過ごしがちな落とし穴をひとつずつ書きだしてみるといいだろう。手数料が高すぎる、市場で人気があって値も高い分野への投資割合が危険なほど高い、持続性に乏しい超ハイリターンが今後も続くと当てにする――

これこそが、愚行の防護策としてマンガーから真っ先に学ぶべき心構えだ。悲惨な結果を想像し、その悲惨な結果に至る原因となった誤った行動を突きとめ、その誤った行動をきっちりと回避すること。マンガーはさらに言う。「人は獲物を追うことに熱心なあまり、獲物を取りにがす原因になりうる愚かな行動については考えすらしない場合が多いのだ(2)」

バフェットとマンガーは、逆向きの発想を駆使し、予期できたものもできなかったものも含めて大惨事を数多く避けることができた。二〇〇九年にバークシャーの株主たちに宛てた手紙で、バフェットは逆向きの手法について詳しく述べていて、手紙の表題は「われわれがしないこと」となっていた。「しないこと」の例として、「チャーリーと私は、将来性の評価がむずかしい企業には投資しません。その企業のプロダクトがどんなに魅力的であっても方針は変わりません」とあり、その代わりに彼らは「今後数十年の利益の推移を合理的に予測できる企業」に投資する。バークシャーはキャッシュも潤沢にもち、金融危機のときでも「救済を求める側」に立たずにすむよう備えている。バフェットはこういうジョークを飛ばしたこともある。「この逆向きの手法はそんなに高尚ではない分野でも効きます。カントリーソングを逆向きに歌ってみたら、あっという間に車も家も妻も取りもどせますよ」〔カントリーソングは労働者階級の白人の音楽であり、貧困や失恋が主題に多く登場する〕。

バフェットやマンガーと同じように、私が出会った最高の投資家たちはみな、明確な「しないことリスト」をもっていた。〈フィデリティ・ロープライスト・ストック・ファンド〉のマネジャー、ジョエル・ティリングハストもそうだ(3)。一九八九年以来、ラッセル2000指数を年平均三・七ポイント上回るパフォーマンスをあげてきた彼は、ニューズレター〈フィデリティ・インベスター〉の編集者ジム・ローウェルから、「銘柄選びの才能が世代トップ」と評された。そのティリングハストにボストンでインタビューしたとき、私は勝つための戦略について説明してほしいと頼んだ。彼の返答は、避けるべき事柄をすべて書きだす、だった。たとえば、最悪の結果に遭遇しうるとわかっている開発段階のバイオテック企業の株にはかかわらない。バイオテック業界は「将来展望が不透明」なので的確な利益予測ができない。さらには、バイオテック株は変動が激しいため、つい感情的に反応してしまうおそれがある。「バイオテック株にかかわると冷静でいられなくなる。だから手を出すつもりはない」

人見知りで内気だが数学の達人であり、四〇〇億ドルを超える資産を運用している彼は、自分を護るための原則と習慣を大量に編みだし、それを駆使してほぼすべての競争相手を、パフォーマンスでも投資期間の長さでも凌駕してきた。ティリングハストの「しないことリスト」の先頭には、**「金を払いすぎない」「陳腐化や破滅のおそれのある企業には近寄らない」「ペテン師や考え無しは相手にしない」「理解できないものには投資しない」**などが並ぶ。

ティリングハストは、景気に敏感すぎたり、負債が大きすぎたり、流行に左右されたりする企業にもかかわらない。「販売促進マネジメント」と「攻めの会計《アグレッシブアカウンティング》」のふたつは彼にとって「危険信号」となる。「自分が詳しくない領域と距離を置く」ことが何よりだいじなので、とくに見識もスキルももちあわせていない分野は避ける。また自分が保有する株について「公に話しすぎないよう、頻繁に話しすぎないよう」に気をつけている。まちがいに気づいたときに考えを変えたり、誤りを認めたりしづらくなるからだ。売買にはコストや税負担がかかり、リターンを損なうので、株を頻繁に売買したくなる衝動も抑えている。
失望する事態を引きおこす日常的な要因をすべて取りのぞいたあとに残るものは？　割安で、事業を理解でき、財政的に安定していて、収益性が高く、堅実な人たちが経営する成長企業だ。ティリングハストが保有する株のなかで「最も華麗に伸びた」のは〈モンスター・ビバレッジ〉社で一〇〇〇倍になった。

ティリングハストを見習って、犯しやすい過ちを知っておけば、私たちも得るところが大きい。たいていの投資家がしくじる理由を考えたうえで、それをやらないように戒めとするのだ。「人より抜きんでるのはむずかしい。だが、やらないと決めたことをやらずにいるのは、ずっとコントロールしやすいし守りやすい。減量する、と大きな目標を掲げるよりも、ドーナツを食べないと宣言してそれを守るほうがはるかに簡単だ」

もうひとつ、問題を逆にたどって解決法を探すマンガーの手法も憶えておくとよいだろう。ふだんの暮らしのなかで災いの種を自分で蒔くような事態を避けるのに役立つ。マーケル社の共同ＣＥＯ、トム・ゲイナーは、妻を連れずに街へ繰りだした夫に喩える。「私の妻はすてきな女性だ」と言う夫でも、「妻抜きで、自分ひとりでバーに出かけ、アルコールを飲みすぎてしまうと、ほどほどに飲んだときとはちがう誘惑や事件を招きやすい」となる。ゲイナーは「マンガーの逆向きの法則」を使って、シンプルにこう自問することを勧める。「何が悪いことで、どうすれば回避できるか」。ゲイナーによれば、妥当な答えは、「一〇杯も飲んだりしないで、二杯でやめておくこと」だ。

いい株を選びたいのか、いい配偶者を選びたいのかはさておき、どうなることが最悪なのかを考えるといい。そのあとは――「逆だ、いつも逆からやるんだ」

愚行のコレクター

億万長者が集めるものといえば、美術品やビンテージ・カー、競走馬などと相場が決まっているが、マンガーは「不合理」で「愚か」で「無意味」な行動のコレクターだと自称している。娘のモリーは若いころに父から、「恩知らずだったり、道徳心に乏しかったりする」ことの多い登場人物が「愚かなことをしでかして苦境に陥る」教訓めいた話を散々聞かされた。典型的だったのは、資産家の後継者として乳母日傘《おんばひがさ》で育った主人公が、激しく父親を恨むようになる話だ。モリー・マンガーは振りかえる。「何から何まで愚かな話だった。恩知らずで、自分で物事を悪くして、身のほど知らずで、自己中心的で」

他者の愚行例を集めていく癖は、愚行を防ぐ手立てとして大きな効力を発揮する。実際にこれが、マンガーから学ぶ愚行防止テクニックの二番目だ。趣味と呼ぶにはひねくれているが、いつまでも飽きずに続けられるうえに知見が得られ、「まずい一手」を頭のなかで分類し、自分の作戦帳《プレイブック》から削除するのに役立ち、誰にとってもメリットのある習慣だ。ただしマンガーはこうも言う。「これを真似ることのできる人とそうでない人がいる。ＩＱとは関係のない、別種の何かが必要だ。気質だとか考え方の癖とか。ある程度は、テニスのうまさとか反射神経のような、遺伝的要素もあると思う」

投資の愚行例をマンガーが集めようとすると、ありすぎて選ぶのに困るそうだ。たとえば、市場予測に耳を傾けることは愚行であって、金融界での予言は大昔にあった羊の臓物を調べて未来を予言するのと大差ないと彼は冷笑する。「循環性のある企業を高値の頂点で買う」のも、やってしまいがちなミスで、「おおぜいの人がいつもこれをやっている。もちろん、投資金融業者が手数料稼ぎのためにそう仕向けている面もある」。浅はかな投資家は「過去の循環パターンは繰りかえす」ことに思いが至らず、「株価が急上昇してきたのだから、今後もこの状態が続く。いまのうちに買わなければと思いこんでしまう。ありふれた愚行だね」

マンガーは自分の愚行例も集めている。私も出席した二〇一七年のバークシャー・ハサウェイの株主総会の場で彼は、バフェットと高い授業料を払うことになった大きな落ち度ふたつについて正直に話した。バークシャーの株主およそ四万人をまえに、「グーグル株を買いそこねて、みなさんを失望させてしまった」ことと、「ウォルマートの絶好のタイミングをふいにした」ことを告白したのだ。

たいていの人は自分のミスを人に知られたくないし、ましてや自ら率先して認めようとはしないものだ。だがマンガーの考えでは、自分のミスを詳しく検討すればするほど、同じミスを繰り返す可能性は減る。**バークシャー・ハサウェイの株主たちに向かってマンガーはかつてこうも言ったことがある。「自分がただのばかだと認めることのできる人を好ましく思います。私はミスをして恥をかけば、以降はもっとうまくやれるようになるとわかっています。このことは憶えておいて損はありません」。これは、マンガーから学ぶべき、愚行を減らす第三の秘訣だ。**

ただし、マンガーはむやみに自虐するのではない。過ちを認め、教訓を得て、くよくよせずに前へ進む。「積極的に行動していれば、記憶に残すべき手痛いミスも出てくる。他者の失敗は、自分の懐が痛まないのでいくらでも学ぶことができる。それとは別に自らの苦い経験から学んだこともたくさんある」。バークシャーが犯したミスのなかには大きな痛みを伴うものがあった。たとえば一九九三年に買収した靴製造大手〈デクスター・シュー・カンパニー〉は、中国企業とのコスト競争に敗れ、生産停止に追いこまれた。だがこうした失敗は、大局的に見れば、土台を揺るがすほどではない。

私が会った投資家のなかで、壊滅的事態を回避することの重要性を最も深く認識しているのは、ミネアポリスに本社がある〈ディシプリンド・グロース・インベスターズ〉の創業者フレッド・マーティンを措いてほかにない。危機回避は彼にとって、マネー・マネジメントから自家用機の操縦にいたるまで、人生のあらゆる局面で最優先事項だ。マンガーと同じくマーティンも、他者の失敗を詳細に分析することを重視する。「驚いたり興奮したりする必要はない。淡々と学ぶだけだ」。マーティンがこう考えるようになったのは、ベトナム戦争中の四年間、海軍将校として自軍を生き延びさせる戦略の一環としてだった――当時の体験は強烈で、予防できたはずのミスを犯すと、どれほど破滅的な結果になるかを思い知らされた。

マーティンが海軍に入ったのは、ダートマス大のビジネススクールを卒業した直後の一九六九年六月だった。同月、アメリカ軍の駆逐艦USSフランク・E・エバンスがオーストラリア軍の空母と南シナ海で衝突事故を起こした。午前三時のことで、駆逐艦の司令官は就寝中だったので、経験の浅い大尉二名が指揮を執っていた。駆逐艦は誤ってオーストラリア空母の進路に入りこみ、真っ二つになった。駆逐艦の前半分は、乗組員の大半が閉じこめられたまま数分で沈んだ。最終的な死者は七四人にのぼる。四人の将校が軍法会議にかけられ、調査の結果、「悲劇的な当事件は、個人の誤判断に帰因する」と結論づけられた。

マーティンは、切断された艦の残骸の写真を見たときの恐怖をいまも憶えている。「衝撃だった。艦が途中までしかないんだ。巨人の溶接工が溶接トーチで半分に切ったみたいだった」。彼にとってこの惨事が忘れられないのは、自身にも起こる可能性があったからだ。当時のマーティンは別の駆逐艦の大尉に昇進し、海軍史上最年少の将校のひとりとして海上での指揮を執ることになった。二四歳にして、艦長が就寝中であれば乗組員二四〇名の命を預かる立場となったのだ。フランク・E・エバンス号を自身のミスで沈めたとされる「哀れな年若い大尉ふたり」のことを忘れられるはずがなかった。

毎夜、マーティンは睡眠不足で疲労困憊しながら見張りに立った。艦内無線はけたたましく鳴り、問題が発生するたびに機関室から呼びだしが来る。艦は暗闇のなか、危険な海域を猛スピードで航行中だ。「重大なまちがいが起こっても不思議ではない」状況だったと彼は言う。「ただただ疲れ、なんとか乗りきろうと精一杯だった」。彼はこのとき、旋回する直前にはつねにブリッジウィング〔ブリッジの左右に張りだしたテラス部分〕に出て、進行方向に危険がないかを目視確認する習慣を身につけた。「旋回するまえに視認する」というこの「シンプルなルール」は「訓練には組みこまれていなかった」とマーティンは言う。「だが組みこんでおくべきだった」。七〇歳を超えたいまも、そのころ養った警戒心が骨の髄まで染みついていることを感じている。

マーティンは一九七三年に海軍を退いた。「よくよく考えた末のことだった」と思いかえす。ずいぶんまえから株式市場に興味があった。最初に株を買ったのは一二歳のときだったし、海軍時代にもウォール・ストリート・ジャーナル紙を購読していて、不規則なタイミングでまとまった束が艦に届けられていた。そういうわけで除隊後に彼は、ミネアポリスの銀行に株式アナリストの職を得た。ほどなく気づいたのは、新しい職場の人はほとんどが、彼と乗組員たちを戦時に護ってくれた警戒心をもちあわせていないという事実だった。彼自身の父親も、成績優秀な証券ブローカーで、営業の才覚があったが、その年に勤務先の証券仲介会社が破綻して五〇万ドルを失った。父親は家の資産をその会社にだけ見境なく注ぎこんだうえに、破綻の警告サインをことごとく見落としていたのだ。

数年後、父親はマーティンが勧めた株でかなりの利益を手にした。その件で電話で話した際、マーティンは父親が「人柄はいい」が「投資家としてはひどい」ことに、おそろしいほどはっきりと気づかされた。「売り買いを頻繁に繰りかえし、衝動的で、手っ取り早い儲け話ばかりを探していて、いつも落ち着きがなかった。父は自分の仕事がわかっていないのだとわかった」

マーティンが投資業界で働きはじめたころは、業界が高揚感に包まれ、合理的な考え方は希薄だった。ニフティ・フィフティ銘柄が牽引していた相場は一九七三年に高騰し、企業価値評価《バリュエーション》が現実離れしていく様子を彼は目の当たりにした。利益も出ていないのに買われている株があったので、それを分析して、その株にはほとんど価値がないと上司に報告したことがある。「すると上司はこう言った。『ああ心配いらないよ。あれは忠誠銘柄《フェイス》〔その企業の著名な経営者を信奉する株主が保有する株で、多少の変動はあるが長期的には高いリターンが見込めるとされる〕だから』。その株は結局、大暴落した」。一九七四年に市場が大幅に下がったとき、「凄腕と呼ばれていた人たちが全員、業界から押しだされた」そうだ。彼は、株価と企業価値の関係で見れば針が反対の極へと振れたと感じた。「ものすごい買いのチャンスだった。投資するガッツだけがあればよかった」。日ごろ倹約に努めていた彼は、割安株を大量に買えるだけの現金をもっていた。買ったなかに〈フライト・セーフティー・インターナショナル〉株があり、それが「最初の大化け株《テン・バガー》」になった。

投資人生の早い時期にこうした市場の混乱を見たことで、海上で学んだ教訓が正しかったとの確信を強めた。**壊滅的な被害を招くおそれのある明らかなミスを防ぐことが何より重要なのだ、と。**だがその後の数十年間も、市場で同じようなパターンが、すなわちリスクに無頓着なせいで、避けられたはずの惨事に見舞われるパターンが繰りかえされるのを何度も目撃することになる。

たとえば、インターネットと通信関連株がおおいににぎわった一九九〇年代末、顧客の一部がマーティンのもとを離れてジム・オルシュレーガーへ乗りかえ、蓄えの大半を彼の推奨株に投資した。ジム・オルシュレーガーはハイリスク・ハイリターンのネット銘柄のエバンジェリストで、全盛期には三〇〇億ドル超の資産を集めるほどの人気があった。彼が運用していたのは、銘柄を絞ったファンドで、投資先はシスコ・システムズのような超割高株《ハイフライヤー》ばかりだった。二〇〇〇年にITバブルが弾けると、シスコの市場価値は四〇〇〇億ドル吹っ飛んだ。マーティンの懸念どおり、超強気なファンドに過剰にのめりこんだ投資家たちは「屍《しかばね》の山を築く」ことになった。

また、ある顧客から「毎年必ず、一二パーセントのリターンを保証しているか」と電話で訊かれたことがあった。株は変動が激しいので、それほどの高いレベルをずっと約束することはできないと答えた。「すると顧客はこう言った。『ええっと、ニューヨークにね、マドフという名のすごい男がいて、やり方は教えてくれないんだが、一二パーセント、毎年きっちり出しているんだ』」。その顧客は蓄えをマドフに——史上最大のねずみ講詐欺の胴元であるバーニー・マドフに託した。ここから学べる教訓は？　「やり方は教えられない」だの「説明してもみなさんには理解できないと思う」だのと言われたら、「さっさとその場を離れるのが吉だ」とマーティンは言う。マーティンの「リスク管理の黄金律」はシンプルだ。

「自分が何を保有しているのかを知る」

マーティンの意見では、壊滅的被害を防ぐ最良の方法は、投資の「中核となる原則を理解し」、「基本的な規律」に従って「金融における重力の法則」を絶対に破らないことだ。なかでも最も重要な法則は、つねに安全域を確保しておくことで、そのためには本来の価値よりも安く買えるものを探すのだ。〝*Benjamin Graham and the Power of Growth Stocks*〟（ベンジャミン・グレアムと成長株のパワー）の共著者でもあるマーティンは警告する。「人はしくじるもの。そのときにリカバーできるか、を考えておかなければならない」。グレアムの安全域という方法論は、ミスを「封じ込め」て「大きくならないようにする助けになる。だからリカバーの余地を確保」できるのだ。

マーティンはリスクを避けて通れと言っているのではない。むしろ逆で、「リターンのためにはリスクをとるべき」だと助言する。ただしそのリスクには、あらかじめ「備えておく」必要がある。六〇億ドルを運用し、顧客が新たにセパレート・アカウント〔ひとりの顧客のために運用者がひとつのアカウントを設定し、その顧客にカスタマイズした投資をおこなうこと〕を開設するには最低一五〇〇万ドルを要求するマーティンは、「活気のあるニッチ」、つまりハイスピードで成長している小規模および中規模の企業を得意とする。それでも彼は、本質的な価値が七年後にどう変わるかを推計したうえで、割安価格か、適正と思える価格での投資にこだわる。企業の本質的価値と市場価値は時の経過とともに差が縮まっていくというのが、彼が「信条とする持論」だ。「株のリターンの源泉はふたつある。ひとつは本質的価値の上昇。もうひとつは、企業の〝本来価値〟と株価とのあいだに起こる〝調整〟だ」。調整がいつ起こるかは彼にもわからない。それでも平均で一〇年間は保有する。

マーティンは、株価が割安で今後七年にわたってハイリターンが見込めるときにだけ株を買う。大型株に比べて発行株式数も流動性も小さく、その分、急な値動きが起こりうる中型株の場合、年に最低でも一二パーセントのリターンがあるかどうかを購入基準とする。さらに発行株式数も流動性も小さい小型株の場合には、失敗する可能性がいっそう大きいので、最低でも年一五パーセントのリターンを求める。こういうことがなぜ重要なのか？　基準を設けておくと、魅力のある株が見つかれば、ほぼ自動的に整然と購入していけるからだ。**海軍で学んだように、「決まった手順どおりに」進めることは安全策としてきわめて重要だ。「これを守れば、トラブルを回避できる」***。**少数の標準的な手順と曲げないルールを設けておくことが、愚行を防ぐための第四のテクニックだ。**バフェットとマンガーなら、こうした制約をわざわざ課さなくてもいいだろうが、あなたも私もあのふたりとはちがうのだ。

マーティンにはもうひとつ、壊滅的被害を防ぐために「忠実に」守っているルールがある。一社の株に資産の三パーセントを超える金額は投じないのだ。通常、四五から五〇の銘柄を保有している彼からすれば、控えめすぎる数字だろうか？　たしかにそうだ。だが、だからといって、過去数十年のあいだ、市場指数《インデックス》を大幅に超える成績をあげられなかった年は一度もなかった。一方で、惨事を防ぐこともできた。

ここでビル・アックマンとボブ・ゴールドファーブの事例を見てみよう。ふたりの天才投資家は、バリアント・ファーマシューティカルズ社に巨額の投資をおこなっていた。同社は不正会計と薬価の過剰な値上げというスキャンダルで九五パーセントも企業価値を下げた。ゴールドファーブは、運用していたセコイアファンドの三〇パーセント以上の資産をバリアントに投資していたので、不名誉なかたちで身を引くことになった。彼の輝かしい経歴は一度の失敗で台無しになった。アックマンは四〇億ドルの損失を出した。「彼は明晰な人物に見えたのだが」とマーティンは言う。「どうしてあんな、素人みたいな賭け方をしたのか。あれほど極端なポジションにしなくてもよかったのに」。「優秀な人間」がかかわった「災害級の金融市場の事件」がマーティンにとってとくに勉強になるのは、投資というビジネスのむずかしさを肝に銘じるのに役立つからだ。「謙虚でいることが投資ではきわめて重要だ。いつも、自分の限界について考えておかなければならない」

リスクに対して慎重になるのは、投資に限らず有効だ。マンガーはことあるごとに、上昇する余地はほとんどないのに壊滅的な失敗を引きおこすおそれのある行動は慎むべきだと唱えてきた。かつて、「人生を台無しにするものが三つある——ドラッグ、アルコール、そしてレバレッジ」とも言っている。恩恵と破滅度のバランスが不均衡な行動としてはほかに、飲酒運転、不倫、脱税や経費報告書の

＊　マーティンが厳格に手順どおりに投資しているのは事実だが、彼はだいじな警告を補足している。「ただし、手順は変えてはいけないのではなく、動的《ダイナミック》なものだ」。彼のチームは毎年、自分たちの手順をどう改善するべきか、三日かけて議論している。

改竄などもある。個人の道徳観にかかわらず、こういったことは愚かな博打だ。

マーティンが――海軍将校としても、マネーマネジャーとしても、経験豊富なパイロットとしても――これまでやり通せてきたのは、けっして偶然ではない。「惨事に遭ってもつぶされない」ための基本原則に徹頭徹尾こだわっている。近ごろ彼は、価格が一四〇〇万ドルから五二五万ドルに下落したときに購入した中古のガルフストリーム・ジェットを操縦している。「すばらしい機で、一瞬でトップスピードになる」。それでも彼は、会社で雇ったチーフパイロットと自身のことを「空中でいちばんの臆病者コンビ」と呼ぶ。

ふたりのあいだでは、何年もまえからトラブル回避のための「鉄則」が共有されている。飛行中、どちらかが「身体の内側に不快感やしっくりこない感じ」を覚えたら、「すぐに申しでて、ただちに引きかえす。議論の余地はない」。マーティンには、大口顧客とフロリダで会うたいせつな予定を延期した記憶がある。飛行機の燃料が足りなくなるおそれが出てきたからだ。「安全域をないがしろにはできない。会議に遅れるのと、墜落して死ぬのとはまったく別の話だから」

マーティンはこの鉄則を投資プロセスにも取りいれている。彼が選択した銘柄に対して購入前に拒否権を発動できる権限を、信頼のおける同僚ふたりに与えている。これも、彼自身が見落としや過信をした場合のための防御システムだ。

自分にも誤りを犯す可能性があることを認めていたからこそマーティンは、自らを護り、さらには他の投資家のミスを自身の利益に変えてこられたのだ。数年前、かつては数十億ドルを運用していた手数料の高いヘッジファンドが成績不振で閉鎖することになった。マーティンはさっそく乗りこんで、その破綻企業から五〇万ドル相当の「ゴージャスな」オフィス家具を二万五〇〇〇ドルで買いとった。「忘れていけないのは、最後まで生きのこる者にこそ、価値があるということだ」*

脳の働きを意識する

投資家にとってとくに厄介な問題のひとつは、人間の脳には合理的な判断を下すだけの力が充分には備わっていないということだ。人間の判断力は、恐怖や欲望、嫉妬や焦燥といった感情によってしじゅう曇らされる。先入観にじゃまされて現実を正しく認識できない。巧妙な営業トークや同調圧力に影響を受けやすい。誤情報や不完全な情報につい踊らされてしまう。進化生物学者のロバート・トリバースが〝*The Folly of Fools*〟（愚者たちの愚挙）のなかで書いたように、「私たちの素晴らしい知覚器官」がせっかく情報を受容しても、精神がせっせと「劣化と破壊」を進めるのだ。

チャーリー・マンガーも一九九〇年代に、「人間の判断ミスの心理学」について語った三回の講演のなかで同じ問題を取りあげている。二〇〇五年には、その講演原稿に加筆して、自身のベストセラーのひとつである〝*Poor Charlie's Almanack*〟（かわいそうなチャーリーの暦）に収載した。彼の講

＊　生きのこりの可能性を高めるためにマーティンは、自分の投資会社にかける経費をぎりぎりまで低く抑えていて、とりわけ自身の基本給は年額一五万ドルという慎ましさだ。生活費には、総収入のほんのわずかしか充てていない。「きょうはまちがっていたとしても、明日はうまくやれるはずだ。なぜなら、明日も私は生きのこっているから」

演は、ニック・スリープが「投資に関する最もすばらしいスピーチ」と絶賛していて、マンガーの知性と大胆不敵ぶりがいかんなく発揮されている。マンガーは心理学の授業などを受けたことはなく、この学問分野の教科書を三冊読んだだけだったが、心が機能不全に陥るときの二五個の「心理学的傾向」というリストを作成し、それぞれに《行きすぎた自尊心の傾向》《無駄話をする傾向》《ただ痛みを避けようとする心理的拒否》など、刺激的な呼び名をつけた。さらにマンガーは無鉄砲にも、心理学の専門家たちに向かって、あなたがたは心理学がわかっていないと非難した。

マンガーがまとめた「ありがちな判断ミスの数々」は、彼にとって――私たちにとっても――回避すべき落とし穴を確かめるためのチェックリストとして使い勝手がいい。「実践のコツは、まず判断ミスがどういうものかを理解して、その判断ミスに陥らないように自己トレーニングをすることだ」とスリープは言う。「言うは易しだが、体得するのは難《かた》し、だ。努力しなければ身につかない」。それでもやらねばならない理由は、「個人のもつ強みのなかでいちばん長続きするのは心理的なものだから」だ。

マンガーはまず、私たちのほとんどが重要性を過小評価してしまっている、「認知と行動を変える」ために動機づけ《インセンティブ》が果たす役割から説明しはじめる。崇拝しているベンジャミン・フランクリンの「説得を試みるなら、相手の理性ではなく利益に訴えよ」ということばを引用し、こう書いた。「この格言はよくできた手引で、これに従えば、人生の危機を効果的かつシンプルに回避することができる。インセンティブのもつ力について考えるべきときには、それ以外のことをけっして考えてはならない(4)」

インセンティブは生活のあらゆる場面で大きな役割を果たす。社員の意欲を高める場合でもそうだし、理詰めの話がまったくつうじないわが子をおだてる場合でもそうだ。マンガーによれば、ソビエト連邦の国力がおおいに傷ついたのは、国を率いる共産主義者たちが「褒賞のもたらす巨大な効力を、愚かなことに、意図的に顧みなかった」のが原因で、その結果、仕事の生産性をあげようとする国民の士気が削がれてしまった。またマンガーは、セールスパーソンが抱える「インセンティブが原因の偏った行動」にも警鐘を鳴らす。「本来はきちんとした人」が「インセンティブに目がくらんでモラルに反する行動」をとるおそれがある。これに対する対応策もマンガーは掲げている。「プロのアドバイスには用心しなさい。アドバイスの中身がそのプロ自身にとって都合がいい場合にはとくに」

金融業界は相反する利益が渦巻く世界なので、商品や情報を提供してくる人の心がインセンティブによってゆがめられているおそれがあることに、つねに注意を払うべきだ。たとえばファンドや年金保険の購入を考えている場合、購入を勧めてくる「アドバイザー」がどのような見返りを手にするのかを正確に知っておく必要がある。また、ファンド・マネジャーへのインセンティブと、あなたにとって最も好ましい結果とが釣りあっているかを検証しておくこともたいせつだ。

一九九八年に私は、小型株に大きく投資して一山《ひとやま》当てたカウフマン・ファンドに批判的な記事を書いた。派手な運用成績をあげ、しつこく宣伝して出資者を増やしつづけた結果、このファンドはまったくの別物になってしまった。六〇億ドル近くを運用するようになると小型株に集中投資することがむずかしくなり、強みが失われ、やがて成績が大幅に下がった。それでもふたりの運用マネジャーは、リターンがS&P５００に五〇パーセント以上後れをとっていたのにもかかわらず、三年間で一億八六〇〇万ドルもの手数料を荒稼ぎした。運用マネジャーのうちのひとりは、このファンドに自分の資産はいっさい投資していないことを認めている。釣りあっていないというのはこういう状況を指す。年月が経ったいまでも、このファンドのエクスペンスレシオ〔投資信託の平均資産残高に対する運用その他の経費の比率〕が法外な年一・九八パーセントだと聞いても私は驚かない。七五億ドルも運用しているのだから、夢のような手数料マシンだ。スケールメリットを考えれば、手数料はもっと低く抑えてもよいのではないだろうか。もちろん私はそう思う。だが、それで得をするのは出資者だけで、運用側にはうまみがないのだ。

対照的にマーティンは、株主の利益を損なわずに小型株に大きな投資をするのは自分には無理だと、ずいぶんまえに悟った。そこで彼は二〇〇六年、自社の小型株への投資額はまだ四億ドルにすぎなかったが、小型株ファンドへの新規顧客の受けいれを停止した。この自主規制によって彼は数千万ドルの手数料を得るチャンスをふいにしたが、既存の顧客には厚く報いることができた。投資家のインセンティブがどうなっているかを見てみると、そこには当人の信条が表れている。たとえばマンガーは、市場価値が五〇〇〇億ドルを超えるバークシャーの副会長職の報酬として、一〇万ドルしか受けとっていない。また、デイリー・ジャーナルの会長職の報酬はゼロだ。彼が利益を得る源はパフォーマンスであって、手数料ではないのだ。*

尊敬に値する無私無欲な人とパートナー関係を結び、「いびつなインセンティブ」に毒された人とはかかわらないようにとマンガーはたびたび言っている。彼は二〇〇八年から二〇〇九年の金融危機を招いたのが人間の欲望だったことに愕然とした。ウォール街の精鋭たちが、内実はボロボロの債券をリパッケージしてまっさらな信用を与える、きわどい策を弄して儲けていたのだ。卑劣な行為であっても正当化のための理由はいくらでもつけることができ、とくにその行為が違法ではなく、同じ出処《でどころ》から利益を得る関係者がほかにもいる場合にはなおさらだ。だがマンガーは、高いモラルの基準を設けて、「自分の名に瑕《きず》がつく」行為ではないかを考えるべきだと言う。

さらにマンガーが講演のなかで認知上のリスクになると強調するのは、ストレスなどが引き金になって、「疑問点についてよく考えないまま、あわてて決断に走る傾向」に流されることだ。こうした《疑いを避ける傾向》は進化論的には理に適っている。私たちの祖先は、脅威に直面したときに迷わず迅速に行動する必要があったからだ。だが現代の投資家にとっては、考えずに結論に飛びついているると、やがては大惨事を招いてしまう。さらに深刻なのは、マンガーが《矛盾を避ける傾向》と呼ぶ状況に陥って、どれほど性急に下した結論であろうと、とにかく自分の結論と矛盾するような考え方や情報には目をふさいでしまうことだ。

マンガーはわかりやすい喩え話をする。「人間の卵子は、精子がひとつ到達してくると、ほかの精子が入ってこられないように自動遮断装置を起動させる。人間の心もこれによく似ている」。**自分の**

＊　デイリー・ジャーナルは法曹界向けの新聞と裁判制度用のソフトウエアを販売していて、出版社としてはまずまずの業績をあげている。だが市場価値は四億ドルにも満たないので、マンガーにとってはメインの仕事ではなく、いわば余技の範疇にある。彼はバークシャーの株のおかげで億万長者になれた。それでも資産の面でバフェットに遠く及ばないのは、ひとつには、マンガーは司法関係の職に就いていた時期があって投資家としてのスタートが遅かった一方、バフェットは母親の胎内にいるときから資金運用を始めていたからだ。

意見を見直したり、考えを改めたりするのをしぶっていると、合理的な思考が大きく妨げられてしまう。先入観を捨てるどころか、自身の考えを補強してくれる情報ばかりを、意識するしないにかかわらず、優先してしまいがちだ。

自らの思いこみにしがみつくという過ちは、ほかの心理的傾向が加わるとさらにひどくなる。《行きすぎた自尊心の傾向》があると、自分の能力をはじめとして、意見や決断の正しさを過信してしまう。《楽観的すぎる傾向》があると、市場での行動に油断が生まれ、とくに、物事がうまくいっていて自分は賢いと感じているときほどあぶない。《ただ痛みを避けようとする心理的拒否》の気《け》があると、「現実がつらすぎて耐えられない」ときには事実をゆがめて考えてしまう。おおぜいの投資家が、必要なスキルや気質、経費抑制の能力を欠いているにもかかわらず、長期的にインデックスファンドを上回る成績をあげられると愚かにも思いこむのはこうした理由があるからだ。マンガーが好んで引用する古代ギリシャの弁論家デモステネスのことばにある。「おのれを欺くほどたやすいことはない。なぜなら人は望むところのものを、いつでも信じようと待ちかまえているからである」

人間の心がこれほど当てにならないペテン師だというのなら、合理的な投資判断を下すにはどうしたらいいのだろうか。まず、自身が欺かれる脅威のあることを認識すること。ベンジャミン・グレアムも言っている。「投資家の最大の問題は――そして最大の敵は――えてして自分自身なのだ」

また、自分の思いこんだ方向に判断をねじ曲げかねない心理的傾向が自分にないかどうかにも注意が必要だ。心配性のハワード・マークスは私にこう言う。「希望的観測に凝りかたまった頭で考えると、なんでも都合よく進むと思いこむバイアスがかかる。逆に、不安を感じていると、何もかもうまくいかないと思いこむバイアスがかかる。誰も、『私の予測はこうだ。だがたぶん当たらない』とは言わない。だったらこう考えればいい。『私の期待はこうだ。でも、この期待には心理的なバイアスがかかっているかもしれないから、気をつけなくては』。バイアスには抵抗しなければならない。私自身にとってはそれは、タフであるべきときに尻込みしない、ということだ」

マンガーは理性を欠いたふるまいを避けるために、チャールズ・ダーウィンやアルバート・アインシュタイン、リチャード・ファインマンといった科学者の「徹底した客観性」を見習うことにしている。問題に直面したときの考え方について、科学者たちから学べる教訓は何かと訊くと、マンガーはこう答える。「彼らは自分を甘やかさない。愚かなことをする可能性を削ることに意を尽くし、そのための策をじっくり考えた。集中力を長く維持し、愚かな行動を避けるために努力して努力して努力しつづけた」

マンガーがとくに称賛するのは、自説を覆すかもしれない「反証」を断固として探しもとめる科学者たちの姿勢だ。この気構えは、行動への現れ方はさまざまにちがっても、愚行を防ぐための第五の手立てとなる。

たとえばダーウィンは、自身のキリスト教信仰や、仲間の博物学者《ナチュラリスト》たちの旧来の知識が、世界を驚かすであろう進化論の行く手を阻むことを絶対に許さなかった。一九五九年の著書『種の起源』（岩波書店、光文社など）の序章で、彼は聖書から得たきわめて神聖なる信条を否定し、こう宣言している。「私は、入念な研究を重ね、できるかぎり公平な判断を下した結果、明快な結論を抱くに至った。すなわち、個々の生物種は創造主によって個別に創造されたという創造説の見解は、大半のナチュラリ

ストが受け入れ、私自身もかつては受け入れていたが、明らかに誤っているという結論である」（渡辺政隆訳）

自分の誤りを潔く受けいれる姿勢は、計り知れない強みをもたらす。この姿勢を育むため、マンガーは自身の凝りかたまった信念をひとつつぶすごとに自分を褒め、「無知を取りのぞくこと」は喜びであって恥ではないことを刷りこんでいる。彼はかつて言った。「バークシャーがまずまずの成長を遂げてきたと言えるのであれば、その大きな理由はウォーレンと私が、ベストだと思っていたアイデアを捨てることを厭わなかったからだ。ベストだと思っていたアイデアを手放せなかった年は、その人にとっておそらく無駄な一年となるだろう」

ベストだと思いこんでいた持論を手放したおかげでさらによいアイデアへと道が開け、その後五〇年にわたってバークシャーの進路を劇的に変えた年がある。一九七二年のことだった。バフェットとマンガーのもとに、カリフォルニアのチョコレートメーカー〈シーズ・キャンディーズ〉を三〇〇〇万ドル——純有形資産のほぼ四倍というプレミア価格——で買収しないかというオファーが届いた。ブランド力は強いし、固定客のベースは広いし、商品価格をあげる余地もあったので、マンガーは妥当な買い物だと思った。だが吝嗇家《りんしょくか》のバフェットはそれまで、二流の企業に、損を出しそうもないほど安い値段で投資して財を成してきた人物だ。バフェットはこの「しけモク投資」戦略を、敬愛する師であるグレアムから学んだ。では、その戦略を捨てて、質を優先することができたのはなぜだろう。

二〇一四年のバークシャーの年次報告書を見ながらバフェットは振りかえった。「あのときの私の慎重論は見当違いもいいところで、せっかくの買い物をふいにするところだった。運よく、われわれの提示した二五〇〇万ドルという買値に売り手が応じてくれたので助かった」。マンガーは、もし売値があと一〇万ドル高かったら、バフェットだけでなく自分も、シーズ・キャンディーズに背を向けただろうと言っている。「私たちはあのころどうかしていた」。一九七二年以来、シーズ・キャンディーズは税引前利益で約二〇億ドル稼いでいて、優れた企業にはもっと金を出してもよいという、ふたりの新しい信念の正しさを裏づけている。

新たな悟りを開いた結果、すべてが変わりはじめ、ふたりはコカ・コーラのような世界的企業にも投資するようになった。ブランドへの消費者の忠誠心《ロイヤルティ》や経営陣の高い能力などの無形資産を評価する姿勢をますます強め、割増金をたっぷり払ってでもイスラエルの切削工具メーカー〈イスカル〉や金属部品メーカー〈プレシジョン・キャストパーツ〉などのユニークな企業を買収するようになった。二〇一四年の年次報告書に記されたところによれば、マンガーのおかげでバフェットは「しけモク投資」戦略の呪縛から解き放たれ、「今日のバークシャー・ハサウェイの姿」を確立できた。「マンガーが私に提示した計画書はシンプルだった。まずまず《フェア》な企業をすばらしい金額（安値）で買収するのはもうやめて、代わりに、すばらしい企業を適正《フェア》な金額で買収するというものだった」

バフェットとマンガーが自分の考えを疑うことに熱心でなかったら、こうした変化は起こらなかっただろう。マンガーは、投資から政治までどの分野においても、「かたくなな信念体系《イデオロギー》」というものを「人の認知能力をひどくゆがめる原因のひとつ」としてつねに冷ややかに見てきた。バフェットの説得に応じて転職するまで法曹界にいたマンガーは、反論の存在を意識し、その反論があたかも自分の考えであったかのように話せる訓練を積んでいた。マンガーはまた、説得力はあるが自分とはちがう意見の人が書いた記事――たとえばニューヨーク・タイムズ紙のコラムニスト、ポール・クルーグマンの書く記事――を日課として読んでいる。たいていの読者は、社会や政治に関して自分と同じ側に立つメディアを好むものだ。だが私はマンガーを見習って、思考の幅を広げるために、自分が抱えるバイアスに反論してくれるようなウォール・ストリート・ジャーナル紙のコラムを読む癖をつけた。

　自分の説得力のない意見やいいかげんな先入観を覆すのに効果的な別の方法は、遠慮せずに真っ向からぶつかってくる頭脳戦のスパーリング相手を見つけることだ。バフェットはかつてこう述べている。「人は、新しい情報が入ってきたときに、自分が以前に下した結論が損なわれないように解釈するのがじつにうまい。誰もが達人の域に達しているようだ。さて、この罠に落ちないようにするにはどうすればいいか?」彼の答えはこうだった。「互いに媚びず、論理だけにのっとって意見を戦わせられるパートナーを見つけるのがおそらくベストだろう」。バフェットの理想的なパートナーであるマンガーは、数々の投資計画を却下してきたので、バフェットは彼のことを「手に負えない、ノーしか言わない人物《ノー・マン》」と呼ぶ。

　マンガーが指摘するように、議論の相手がいれば、その相手を納得させるために自分の考えを論理的にまとめなければならない。モニッシュ・パブライはガイ・スピアをマンガーに紹介するときに「チャーリー（マンガー）、この人が私とアイデアをぶつけあう相手です」と伝えている。スピアは、自分は浅はかで対等な議論にはならないからパブライは猿と話したほうがましかもとジョークを言った。「チャーリーはただちにこう返した。『猿じゃ役に立たないだろう』。彼は大真面目だった。モーセが安息日の労働を禁じる第四戒を述べているかのように。『猿じゃ役に立たないだろう』。相手が猿だと、パブライにばれるからね』」

業界を代表する投資家のなかには、さらに別の方法をつうじて、自分とは異なる意見にも心を開くよう努めている人がいる。シカゴにある〈ハリス・アソシエイツ〉の敏腕ファンド・マネジャーとして知られるビル・ナイグレンは、マイケル・スタインハートに会ったときのことをよく憶えている。スタインハートはヘッジファンドで財を成した人物で、「ウォール街のアナリストをふたり――ひとりは相場が上向く《ブル》と主張し、もうひとりは相場が下向く《ベア》と主張する――オフィスによく招き、三人でランチをとりながら議論をしていたものだ」スタインハートは、「自分が買うまえにはベアな人が何を考えているか、売るまえにはブルな人が何を考えているか」を知りたがった。

スタインハートに感化されたこともあって、ナイグレンは株を買うまえには必ず「反論のための反論」を敢えてするようにしている。彼のチームでは、あるアナリストがブルを予想すると、別のアナリストには、「ベアになりうる強固な要因をまとめる」ように指示が出される。「逆に賭けるとどうなるのかを知っておくことで、正しい判断を下せる可能性が高まるのだ」

ナイグレンは、いったん保有しはじめた株は客観的に見られなくなると承知している。その原因のひとつが「保有効果」だ。まだ所有していないものよりもすでに所有しているもの――株でもビールジョッキでもなんでも――のほうを高く評価してしまう認知バイアスを指す。このバイアスに対抗するときにもナイグレンは「反論のための反論」をして、保有数が多い株を一つひとつ検討していく。少なくとも年に一度、彼のチームの誰かに、検討対象の株を評価しなおして「なぜ売りはらうべきかを主張する責任を与える」ようになっている。

メンタル面でプラス効果のあるもうひとつの策は、重要な投資判断を下すまえにおこなう、「死後」ならぬ「死前診断」だ。つまり、未来を予測して、「なぜこの投資判断が大惨事につながってしまったのか」との仮定の質問を自分に投げかけるのだ。死前診断という考えは応用心理学者のゲイリー・クラインが考案したもので、事前に問題点を洗いだし、自信過剰に陥るリスクを減らす効果がある。投資家にとってこれが貴重な予防手段になるのは、自分たちに不都合な事実や潜在的な脅威の調査を、投資判断する際の正式な手順として組みこめるからだ。

二〇一六年、私はコロンビア・ビジネススクールで投資リサーチの上級講座を聴講したことがある。この講義を一〇年にわたって担当していたのは、私の友人で投資会社〈スペンサー・キャピタル・ホールディングス〉の当時会長だったケン・シュービン・スタインだ。医師からヘッジファンドのマネジャーに転身した人物で、MBAの学生たちに向かって彼は、三年後に自分の投資が失敗することを想定して、その敗因究明の新聞記事を書くように指導した。別の著名な投資家は学生たちに、自分のファミリーオフィス〔富裕な一家が資産管理のために運用マネジャーや弁護士、税理士などを雇って構成するチームのこと〕では、投資のまえには必ず、最終予防措置として死前診断の覚書をつくっている、と語った。重大な懸念材料がこの手順で明らかになるので、彼はこの手順抜きなら進めたはずの投資案件のうち、三分の一を却下している。

私が会ったなかでシュービン・スタインほど、認知バイアスの破壊的作用を抑えるための予防手段について考えている人はいない。彼の強みは多岐にわたる経験だ。ファンド・マネジャーの経験が二〇年あり、持ち株会社の従業員が四〇〇人を超えていた時期もある。一方で科学への造詣も深く、分子遺伝学を研究し、外科医研修を受け、国際脳震盪会議の共同設立者でもある。脳への関心が高じ、二〇一八年には投資ビジネスから身を引いて、神経科医になった。

「どんなに理知的で、自分のことがわかっている人でも、認知バイアスに対して「効果的な免疫力をつけることはできない」とシューービン・スタインは釘を刺す。まずは、誰でも認知バイアスに陥るものだと認めるのが出発点だが、認めたからといって、自分の思考を意識下で操る力から逃れられるわけではない。人間の脳には問題の種となるような性向が数千年にわたって根づいている事実を踏まえて彼は、理に適った判断を下す能力を高めるための実践的アドバイスを提示している。

まずシューービン・スタインは、マンガーが心理学的傾向のリストのなかで触れた、犯しがちな認知エラーの数々を、時間をかけて書きなおすことを勧める。マンガーのことばを写すのではなく自分のことばで落とし穴の数々を書きだし、マンガーの考えを自分仕様に変えるのだ。自分が過去に犯した投資上のミスを書き加え、自分にどういう傾向があるかを強調して、マンガーのチェックリストを自分なりにアレンジするのも効果がある。「自分の脳が働く仕組みを知る必要がある。どういう分野に強く、どういう分野が苦手なのか」。たとえば、彼自身は「権威バイアス」を抱きがちで、尊敬している著名投資家が保有する銘柄は過大評価する傾向があるという。こうしたバイアスを封じるために、彼は認知チェックリストに質問をふたつ加えた。「やるべきことをやったか。そして、すべてを独自に検証したか」と。

マンガーと同じくシューービン・スタインも、投資分析では「科学的アプローチ」を提唱する。つまり、「反証の心構え《マインドセット》」をもって、つねに自らの仮説を「突きくずす」努力をし、「反論に耐えられる仮説かどうか」を検証するのだ。シュービン・スタインの気に入りの質問に、「私がまちがっているとしたらその原因はどこにあるのだろう」というのがある。また彼は、「対立する仮説をもうひとつ」用意して検討するのも重要だと言う。これは、CIAに長年勤め、“*Psychology of Intelligence Analysis*”（情報分析の心理学）という名著を書いたリチャーズ・ホイヤーから借用した方法論だ。シュービン・スタインは学生たちに、ホイヤーの指摘する「ひとつのエビデンスが複数の仮説を裏づけることがある」ことを忘れてはならないと教えている。

CIA時代のホイヤーの功績のひとつが、「相反する複数の仮説を一度に分析するため」に開発した八段階にわたる厳密な手順だ。これほどまでに徹底して問題を突きつめるだけの忍耐力を有する人はほとんどいない。ホイヤーは、順を追って手際よく考えられる、「システマチックな分析の手順」がないかぎり、人間が「認知能力の限界」を超えることはできないと考えた。**反論のための反論も、死前診断も、疑り深い人との議論も、自分が抱える最大のバイアスと過去のミスを思いかえすための認知チェックリストも**すべて、有効な分析テクニックであり、あわてず、偏見をもたず、ほかの方法では見過ごしがちなリスクに目を向けるために役立つ。

同じようにシュービン・スタインは学生たちに、分析する企業すべてについて、「強気《ブル》／弱気《ベア》の分析」をおこなうよう指導した。これも基本的な手順のひとつで、ふたつの主題（ひとつはポジティブ、もうひとつはネガティブ）に沿って、一ページずつでレポートをまとめるのだ。だいじなのは、このテクニックを日常的に使い、自分の推論をつねに検証して反論をひねりだし、脳が楽なほうへ近道するのを許さないことだ。**システマチックな分析手順を取りいれることは、愚行防止を目指す第六のテ**

クニックとなる。

最後にもうひとつ、人の感情は合理的に判断する能力をひどく損なうおそれがあるため、感情に流されないための具体的な方策を知っておくべきだ。マンガーは講演のなかで、ストレスや憂鬱感、憎しみや嫉妬といった感情が、思考の「機能不全」を引きおこし、認知バイアスを倍加させる可能性に触れている。たとえば、大きなストレスや戸惑いを感じると、何も考えずにみなと同じ行動をとりたいという衝動が強まり、とくに相場の暴落時にはこの傾向が強くなる。安心を求めて数の多いほうになびく心理は、進化の過程では理に適っている。だが投資家が群れで行動すると、バブル時には買いに走り、パニック時には売りに走り、往々にして破滅的な事態へと突きすすんでしまう。マンガーはかつて言った。「ある状況下では人間には、（集団で海に飛びこんで溺れ死ぬと見られていた）レミングに似た、集団で愚かな行動をとるところがあり、これは、聡明な人がときにひどくばかな考えや行動に陥る理由を説明している」

二〇一五年、学術誌『心理学アニュアル・レビュー』は、感情が意思決定を左右する現象の過去三五年にわたる学界の研究成果をまとめた。記事は、「全体を総括すると、感情は意思決定に対し、強力に、広範囲に、予測可能な影響を与える」と伝えている。たとえば、ギャンブル時の意思決定を研究した論文は、「悲嘆はハイリスク・ハイリターンの、不安はローリスク・ローリターンの選択肢を好む傾向を強める」ことを明らかにした。つまり、私たちの感情の状態や気分は、目に映るものの姿も、脅威との結びつけ方もつねにゆがめてしまうのだ。

こうした研究を踏まえ、シュービン・スタインは予防策として、「意思決定をするときには心理的にも生理学的にも良好な状態にあること」を確認する習慣をつけてきた。この習慣は、投資だけでなく、決断によっては不幸を生みかねない日常のあらゆる領域できわめて貴重だ。

この学術誌では、空腹（Ｈｕｎｇｅｒ）や怒り（Ａｎｇｅｒ）、孤独感（Ｌｏｎｅｌｉｎｅｓｓ）、疲労感（Ｔｉｒｅｄｎｅｓｓ）、痛み（Ｐａｉｎ）やストレス（Ｓｔｒｅｓｓ）がどれも、「不適切な意思決定を生む原因となりうる」と述べている。そこでシュービン・スタインはそれぞれの頭文字をつなげたＨＡＬＴ－ＰＳに照らして、こうした感情が自分の判断力を曇らせていないかをチェックし、もしそうなら、脳が正常に機能するまで重要な決断を延期するように心がけている。[*] これが、回避できるはずの愚行を減らす第七の策だ。

二〇〇八年から二〇〇九年にかけての金融危機では、シュービン・スタインも相当な試練を味わった。彼のファンドでは、本来は買いを続けるべきときに投資家の離脱が相次いだ。ビジネスは危機に瀕し、キャリアで初めて大きな挫折を体験した彼は、情けなさに打ちのめされた。同じころ、親しい友人ふたりがボートの事故で娘を亡くした。つらい出来事が続いたこの時期を「契機に」して彼は、心の均衡を保ち、極度のストレス下でもクリアな思考を維持できるように、ライフスタイルを健康志向に切りかえた。

「脳の健康と働きを改善する方法は四つあることが科学的にわかっている」とシュービン・スタインは言う。「瞑想、運動、睡眠、栄養だ」。使える手立てはすべて使おうと決め、彼は運動に励み、その甲斐あって睡眠も改善できた。魚と野菜と果物の摂取量を増やした。ストレス解消のために、つぶしたチョコチップクッキーをまぶして大量のバニラアイスクリームを平らげるなど、それまでの

「数々の悪い習慣」は手放した。そして瞑想の時間を必ず設けた――瞑想は、成功した投資家の多くが実践しているきわめて重要な習慣だ。

このような「高いパフォーマンスを持続させるための習慣」をこつこつ続けると「効果が複利のように大きくなっていく」とシュービン・スタインは言う。たとえば、「瞑想は何かたいせつなことがある日に合わせてするものではない。ふだんから繰りかえしていれば、つらいことがいつ起こっても対処できるし、つねに備えておける。予防医学の考え方に似ている」。小さな積み重ねがどれほど大きなちがいにつながるかを、ほとんどの人が見落としているのではないか。こうした健康的な習慣は、大混乱のさなかではなく、「平常時にあらかじめ」身につけておくのが望ましい。

トラブルに直面したら、「自身の感情の状態がトラブルを招いたかもしれない」と自覚することがだいじだとシュービン・スタインは言う。彼自身も、ストレスを感じているときや気が動転したとき、どうしていいかわからないときには、一息入れて身体を休め、栄養をとり、「注意深く判断できるような平常」の状態に戻るための時間をとることにしている。予定をキャンセルするとか、即断を避けて一晩考えてみるといったシンプルな方法もかなりの効果があった。「神経が張りつめているときほど、プライベートでも仕事でも、私は予定を減らす。ペースを落とし、人生をシンプルにする。カレンダーを見て予定を減らし、しっかり食事をとり、瞑想し、思索と自身を省みる時間をつくるように

＊『心理学アニュアル・レビュー』でも、「先延ばし」は有効な戦略だと結論づけている。「感情の爆発は長くは続かない」し、「時間が経てば精神は平常に戻る」からだ。

している」
二〇二〇年、シュービン・スタインはボランティアの医師として、人工呼吸器につながれた新型コロナウイルスの重症患者でいっぱいのICUで治療にあたった。「誇張ではなく、そこは野戦病院のようだった」と彼は言う。「重要な仕事だとはわかっていたが、自分の生命も家族の健康も危険にさらすことになるから、おそろしくてたまらなかった」。数日前、彼の妻は夫婦にとって初めての子を出産していた。妻子を感染させないように、彼はホテルに移った。

　この悪夢のような状況下でシュービン・スタインは、投資家時代に感情をコントロールするために使っていた方法をすべて実践した。栄養のある食事、運動、そして「短時間の瞑想」――ICUに戻るまえにトイレで「一〇秒間ゆっくりと呼吸する」だけの場合もあった。とくに彼は、自分の「内面」に敏感でいるよう努めた。恐怖や不安、悲しみや怒り、孤独といった感情にとらわれたとしても、いち早くそれに気づき、患者へのケアや、悲しみにくれる患者の家族との毎日のコミュニケーションに悪影響が及ばないようにするためだった。
「意外なほど効果があった」のは、自分で考案したHALT-PSチェックリストだ。これを何度も使って自分の感情の状態と、フェースシールドなどの医療用個人防護具《PPE》を装着したときの身体的消耗度を確認した。「自分がベストの状態にない」とわかったら、「足りないところを意識して補えばいい」とシュービン・スタインは言う。そのために病院内では、自分の判断をいつも以上にダブルチェックし、「患者にはふだん以上に穏やかに接するよう」に努めた。

　彼が直面した状況は特異だが、そこには私たちにも役立つ教訓がある。感情を見つめてみて、誤った判断や行動をしかねない状態にある場合にはそれを率直に認めるべきだ。そうすれば、いつも以上に注意しながら前へ進むことができる。

さらに範囲を広げ、穏やかな回復力《レジリエンス》を育むようなライフスタイルを日ごろから構築しておく必要もある。たとえばマンガーは膨大な時間を、書斎での読書や、友人とのカードゲーム、ゴルフや釣りなど、バランス感覚と幸福感が得られる活動に充てている。また沈思黙考のための空白の時間を必ず用意する。やり方は人それぞれだが、平静でいるための習慣や趣味は誰にも必要なことだ。

だがじつは、私たちとちがってマンガーは、感情をコントロールしなければならないような苦労はしていない。マークスの指摘どおり、優れた投資家はみな感情の起伏がないものなのかとマンガーに訊くと、「イエス、まったくそのとおり」との答えが返った。自分の投資について思い悩んだり、恐怖を感じたりしない？　「しないね」。では、そもそも感情の起伏を感じないのだったら、感情を穏やかに保つ必要性も？　「ない」

マンガーは認知能力を大きく阻害するような感情をもちあわせていないので、個々の投資の成功率が自分にとって圧倒的に有利であるかどうかを冷静に判断できる。金融危機で銀行株が大暴落したとき、彼はサンフランシスコを拠点とする金融機関〈ウェルズ・ファーゴ〉の株価がありえないほど安くなったのを見て、「四〇年に一度のチャンス」だと判断した。二〇〇九年三月、デイリー・ジャーナルの資金でこの株を「どん底値」で買った。彼が言うにはこれは「合理的で優れた投資センス」を発揮した完璧な事例だそうだ。感情の起伏がないのは生まれもった強みであり、同じような投資家はほとんどいない。「ウォーレンもそういう質《たち》でね。ふたりとも性分がよく似ている」

またマンガーは、人生の楽しみを奪うような有害な感情をコントロールする術も会得している。「くだらない怒り。くだらない恨み。そういう感情はすべて追いはらうことだ」と私に語る。「私はそうした感情を野放しにしないし、はじめからもたない」。嫉妬も同様で、彼はこれが七つの大罪のうちで最も愚かな罪だと考えている。嫉妬にはなんら前向きなところがない。事あるごとに被害者面することも、泣き言を垂れることも軽蔑の対象だ。彼には何か感情をコントロールする特別な手順があって、ネガティブな感情を振りはらっているのかと訊いたところ、彼はこう答える。「怒りがくだらないことはわかっている。恨みも、自己憐憫に浸るのもくだらないとわかっている。だからそうした感情はもたない。くだらない人間にならないように、日々、努力している」

生涯の教訓

インタビューが終わるとマンガーは杖を取り、足を引きずりながらデイリー・ジャーナルのロビーを横切って、仮設ステージに向かう。彼の姿を目にした聴衆からは惜しみない拍手が沸きおこる。ステージへと続く二段の階段をあがるのにも人の手を借りなければならない。息を切らしながら席に着くと、自分を崇拝する聴衆であふれた部屋を健常なほうの目で見渡す。用意した席はすべて埋まっていて、立ち見の者も多い。例年よりも参加者が多いのは、「これが最後のチャンスだと思っているからかな」と自虐的に笑う。

教祖とショーマンの要素を兼ねるマンガーは、自分の学んだ教訓について話せる機会を楽しんでいる。「みなさんはカルト教団の信徒です」と、温かく包みこむ調子で話す。「遠くからお越しのかたもいらっしゃるので、長めにお話をしましょう」。それから二時間、彼は四〇を超える質問をさばき、相場から結婚に至るあらゆる話題について軽口を交えながら知恵のことばを披露する。

キャリアに関するアドバイスを求められ、彼は答える。「自分の才能を発揮できるコートでプレイしましょう。身長一五五センチの人は、二五〇センチの選手を相手にバスケの試合をしたくはないでしょう。キツすぎる。だから自分が優位に立てるゲームを見つけるべきで、しかもそれは強い関心をもてるものでなければなりません」

中国について訊かれると、その経済改革には目を見張るものの、残念に思うことがあると言う。あまりにも多くの中国人が「ギャンブルにはまって、自分は運がいいと信じこんでいます。愚かなことです。そもそも運のあるなしなど信じるものではありません。信じるべきは、勝算の有無です」。マンガーはカジノや競馬には興味がない。「勝算がないなら、私は手を出さない」

彼の投資組合が五〇パーセントを超える損失を出した、一九七三年から七四年にかけての大暴落について訊かれると、バークシャーの株価も半分になったことが三度あると話す。「このゲームに長期間かかわるつもりなら――もちろんそうするべきですが――五〇パーセントの下落も騒がずに対処できるようでなければだめです。みなさんにお伝えしたい教訓は、五〇パーセントの下落にも冷静かつ品位をもって対処できるような人生を歩むべきだということです。こうした下落を避けようとしても、必ずそういうときは来ます。いやむしろ、そういうときが来ないということは、あなたの投資には攻めが足りないということになります」

分散投資について訊かれると、「何も知らない人向けのルール」としては悪くないと彼は言う。だが彼が好むのは、大きく勝つ可能性が大きく損をする可能性を大幅に上回るような稀《まれ》な機会を待つことだ。その機会が到来したら、「勇気をもって」つかみにいく。マンガーは、自分の家族の数十億ドル規模の資産はほぼすべて三つに投資していると明かす――バークシャー・ハサウェイ、コストコ、そして李录《リールゥ》が選定した中国株のポートフォリオだ。この三つのどれかが暴落する可能性は「ほぼゼロ」だとマンガーは言う。「私は安定した金持ちかって？　まさにそのとおり」

インデックスファンドについての質問には、投資のプロの多くが痛い目に遭ってきた事実を語る。インデックス投資ではなく個別に投資商品を選定しているファンド・マネジャーの大多数は、何年かけてもインデックスを上回る成績をあげられず、つまり、利益を出すことができないまま手数料という名の報酬をちまちまと得ている。「正直で分別あるマネジャーなら、たいした成果が期待できないものを自分が売っているとわかっています。ほとんどの人はそれを認めたくない。無理もないことです。私だって、自分の死のことは考えたくない」

株主総会が終わり、聴衆はばらばらと席を立ちはじめる。だがマンガーはその場にじっとしている。二〇人以上の熱心なファンが集まってくるので、彼はさらに二時間かけて質問に答える。栄養補給のために途中で〈シーズ〉のピーナッツブリトルの箱を開ける。かけらを飛びちらせながら楽しげにいくつか食べ、周りのファンにも勧めると、彼らはうれしさいっぱいでブリトルをかじる。私は少し離れたところに立って彼の様子を見守り、ときどき私自身の質問も投げかけた。とくに感銘を受けたのは、彼の知識の広さや頭の回転の速さだけでなく、その寛容の精神だ。身体の弱った導師が弟子たちに見せる忍耐や気遣い、思いやりを目の当たりにして私は心打たれる。

マンガーは投資の冒険の旅を振りかえる。見えてくるのは、彼にとっては勝利の大きさよりも、勝ち方のほうがたいせつだということだ。彼とバフェットは「かつてないほど好条件の取引」を迷わず却下したことがある。噛みタバコなどの無煙タバコ・メーカーを買収するチャンスだったが、問題があった。そのメーカーは、依存性があり、発ガン性が確認されている商品を売って稼いでいるということだ。この忌まわしい金《かね》のなる木はプリツカー一族がためらいなく買収し、三〇億ドルの利益を手にしている。だがマンガーは悔やんではいない。「人を殺す《キリング》商品で大儲け《キリング》したくはなかったから。なぜ、そこまでして稼がなきゃいけない？」

マンガーの目標は、何がなんでも投資に勝つことではなかった。娘のモリーは言う。「父にとってお金はとても大きな意味があった。でも、ずるをするとか、人の命を危うくすることに加担するのは、父の主義ではありませんでした」。ジャネット・ロウによる評伝『投資参謀マンガー』（パンローリング）の序文にバフェットはこう寄稿している。「過去四一年間、チャーリーが誰かを利用しようとするところなど、私はまったく見たことがない。私やほかの人たちに対して意図的に便宜を図り、物事がうまくいかなかったときには負うべき以上の責めを負い、うまくいったときには実際の功績より小さい栄誉しか受けとらない。真に寛大な人物だ」

マンガーが実践しているのは、昔ながらの価値観も併せもった徳の高い資本主義だ。たとえば彼は、支払いを遅らせてサプライヤーを「いじめる」ような卑怯な真似を許さない。「私が生涯かけて目指すのは、ウィンウィンの関係だ」と彼は言う。「サプライヤーには私のことを信頼してもらいたいし、私も彼らを信頼している。とことん絞りとろうなどとは考えたくもない」。それにしてもマンガーは、公正でありたいという自分の強い気持ちと、世のなかの富の多くがあまり褒められない手段で築かれてきた現実とのあいだで、どう折りあいをつけるのだろう。

この問いに対してマンガーは、大富豪でメディア界の大立者でもあるサムナー・レッドストーンを引きあいに出して答える――レッドストーンは、メディア大手のバイアコム社とCBSの支配権を握った、抜け目のない、「目的のためにがむしゃらに突きすすむ」人物として知られる。「彼のことが好きだという人はほとんどいない。彼の妻子も含めて」とマンガーは言う。「サムナー・レッドストーンと私は一、二年のちがいでハーバードのロースクールを出ていて、彼のほうが私よりも金をもっている。だから彼のほうが成功者だと言う人もいるだろう。だが私の見方はちがう。私はこの仕事をたんなるマネーゲームだとは思っていないし、望ましいやり方を追求するべきだと考えている。サムナー・レッドストーンのことは、ずっと反面教師にしている」

幸せな人生を送るためにマンガーとバフェットから私たちは何を学べるだろうか、とマンガーに訊いてみたら、彼はバフェットとの良好な関係と、実直で信頼できる人たちとパートナー関係を結ぶことの喜びについて語る。「ウォーレンはずっと私にとってすばらしいパートナーだ。私も彼にとってよいパートナーだと思う。よいパートナーがほしければ、まず自分がよいパートナーになること。このシステムは単純だが、きわめてうまく働く」。同じ原理は結婚にも当てはまる。「よい伴侶がほしければ、自分がそれにふさわしい存在になるべきだ」

懸命に努力してきたマンガーは、つらい経験にも耐えてきた。最初の子ども、長男のテディを九歳のときに白血病で亡くしている。「ゆっくりと死が迫る、痛ましい病だった。最後のほうでは、息子はその日が近いことを悟っている様子だったが、私は嘘をつきつづけた。彼の見ていないところでただ泣いた」。離婚も経験した。片方の目も失った。二番目の妻ナンシーも、連れ添って五二年経ったあとに逝ってしまった。「思えば、人生は逆境の連続だ。それでも逆境の一つひとつは、取り乱すのではなく、将来のために前向きにふるまうよい機会だし、そう考えるのはじつによいことだ」とマンガーは言う。「苦難をあるがままに受けいれ、恵みもあるがままに受けいれる。人生のパズルを解きあかすことを、できるかぎり楽しむといい」

ユーモアのセンスも人生を楽しくしてくれる。デイリー・ジャーナルでの講演で盛りあがった箇所のひとつは、八〇年前のオマハ・セントラル高校で、小柄で痩せっぽちだったマンガー少年の味わった失恋話だ。一年生のとき「ブロンドの女神」をダンスに誘った。カッコよく見せようとした彼は喫煙者のふりをした。「彼女が着ていたレースのドレスに、タバコの火が移ってしまってね。とっさに彼女にコカ・コーラをかけて消し止めたのだが……それっきりブロンドの女神に会うことはなかった」

五時間も話しつづけたころに、マンガーに次の会議の予定が迫っているとの連絡が入る。私は彼の腕をとり、体を支え、舞台から降りるのを手伝う。彼が場を歩き去るとき、私は畏敬の念に包まれる。きょう、私はずっと浴びていたのだ——伝説の人物の放つ凄みを。

エピローグ　富の向こう

――金はたいせつだが豊かな人生に不可欠ではない

人生で成功したことが、小さな紙切れを買って金持ちになることだけだったら、それは失敗した人生だ。金儲けがうまいかどうかよりたいせつなことがある。

――チャーリー・マンガー

テレビのレポーターがボブ・マーリーに「あなたは豊《リッチマン》かですか」と尋ねたことがある。ジャマイカ出身のミュージシャンは身構えて言った。「リッチとはどういう意味だ？」レポーターは質問を明確に言いなおした。「あなたはたくさんの財産をもっていますか？　銀行にたんまりお金がある？」マーリーは答える代わりに質問した。「財産があればリッチになれるのかい？　そんな豊かさなんて知らない。おれにとっての豊かさは人生そのものだから。永遠に」

この四半世紀のあいだ、世界の一流の投資家たちを取材し観察するうち、私は人の豊かさとはなんだろうとよく考えるようになった。彼らは、表面的には究極の勝者だ。想像を絶する大当《ジャックポット》たりを出し、豪邸やヨット、自家用機、さらには美術品からレーシングカーまで世界的なコレクションを買いあつめている。だがその富は彼らに何をもたらすのだろう。人生の満足にどれほどの関係があるのだろう。

もし、物理的な豊かさが富の鍵ではないとしたら、何が鍵なのだろうか。

遊び道具やトロフィーを手に入れればうれしい気持ちになるが、期待したほどではない。サー・ジョン・テンプルトンは、「物質的な資産は快適さをもたらすが、幸福や価値を高めるのにはほとんど役立たない。幸福は外部の状況や環境に左右されるという世間の考えは完全な誤りだ」と述べている。このことばはほとんど正しい。悟りを開いた禅僧でなくても、物理的な楽しみは幸福への儚《はかな》く頼りないルートでしかないとわかるはずだ。とはいえ、テンプルトン自身は、太陽が降りそそぐバハマの美しい家に住み、スーパーリッチな人たちに囲まれて暮らす道を選んだ。彼の選択は、外部環境が人間の幸福感に何かしらの影響を与えることを示唆している。

伝説のギャンブラーであり投資家でもあり、生きる喜びにあふれたエド・ソープは、人生をどのように組みたてれば幸せになれる確率があがるかを彼らしく合理的に考えている。彼にとって人生をおおいに豊かにした決断は、カリフォルニア州ニューポートビーチに、太平洋に沈む夕陽を望むウォーターフロントの家を購入したことだという。「楽しく過ごすための最高の場所」だとソープは言う。「スモッグとゴミに埋もれ、騒音がひどくて天気もひどい、場所を移動するだけでひと苦労のゴタゴタした街にはもう住めない。空は晴れて、風は心地よく、屋外で運動ができて、美しい景色に囲まれ、ハイキングやセーリング、スキューバダイビングができる場所で生きていたい」*数学の講師として控えめな報酬でキャリアをスタートさせたソープは、投資が成功したことで得ら

＊　ソープはその後、海岸に沿って六、七キロ離れたところにあるラグナビーチに引っ越し、さらに海に近づいた。

れた贅沢のすばらしさを認めている。持ち物のなかで気に入っているものがあるかと問うと、彼はにっこり笑って答える。「テスラはいいね。本当に楽しい。最高の車だ」。だが彼は、もっと金があれば、もっと車が、もっと家が、なんでもいいからとにかくなんでももっとあれば、もっと幸せになれるという幻想には引きずられなかった。「誰と一緒に過ごすかが、おそらく人生でいちばんたいせつなことだと思う」。結婚五五年で伴侶を亡くし、のちに再婚したソープは言う。「ただ物を増やすことだけを考えている人にはそれがわからない。最後にたくさんの物を手に入れたとしても、物を追いかけるだけの人生をおくってきたことになる」

ソープが言うように、金や物を追いもとめるあまり、もっとたいせつなことを見失ってしまうと、生き方にかかわる問題が起こってくる。ソープは、ヘッジファンド・マネジャーとしてのキャリアのなかで、そうしようと思えば、顧客にもっと金を出させたり、自分の取り分を増やしたりすることも簡単にできた。

だが彼は、自分が顧客だったら何が「公正で妥当」だと思うかを自問した。その結果、顧客が利益をあげなければ、自分は何も得られないように報奨金《インセンティブ》を設計した。「他者を気にせず、自分中心で乱暴にふるまい、人から金をくすねようとする者のほうが金儲けの面では有利に見えるかもしれない」とソープは言う。「たしかにそれは彼らが望むものを手に入れるための強みなのかもしれない。死骸から多くの肉を剝《は》ぎとれるかもしれない。だが、彼らの人生は豊かじゃないし、それに気づかない。終わりが来たとき、彼らは人生をむだに生きたことになる」

これらのことは私たちに警告を突きつける。金のために何を犠牲にするのか、あるいはしないのかをはっきりと自覚しなければならない——たとえば、家族や友人との温かい関係、花開くまでに時間のかかる才能や野心、物質的な利益はもたらさない体験を味わう時間、守るほど儲けにくくなる社会の価値基準。ソープに、これまでの人生の選択に後悔はないかと尋ねたら、「信念に基づいて選んだことに後悔はない」と返ってきた。成功した豊かな人生には、他者を傷つけず、高潔にふるまってきた自身への尊敬の念もだいじな要素として含まれるのだ。

一〇九歳でも働くという自由

二〇一五年、アービング・カーンは一〇九歳で長い生涯を閉じた。ふたつの大戦、一九二九年の大恐慌、ソ連の台頭と崩壊、コンピューターの発明などさまざまなものを目撃し、生きぬいてきた。彼の師であり友人でもあるベンジャミン・グレアムから、頭脳を駆使した投資の秘訣を授かり、その知恵を生かしてカーンは、息子のトーマスや孫のアンドリューとともに、名高い投資会社〈カーン・ブラザーズ・グループ〉を設立した。結婚生活は六五年にわたり、孫やひ孫がおおぜいいる。第四章で述べたように、私はカーンが亡くなる数カ月前にいくつかの質問をタイプしてアンドリューに託し、アンドリューは数日間かけて祖父の答えを書きとめてくれた。

私がいちばん知りたかったのは、たんに年数の長さではなく、充実した幸せな人生を送るうえで何が鍵だったのかということだった。「むずかしい質問ですね。人によって答えはちがうでしょう。ですが私にとっては家族がとてもたいせつでした」。人生を振りかえったときに、最も誇りと喜びを感じたことは？　「家族がいて、元気な子どもたちがいたこと、事業の成果を見たこと、これらすべてが大きな喜びを与えてくれました。さらに、自分より賢い人たち、だいじな答えを教えてくれる人たちと出会えたことも幸せな出来事だった。人生には不思議なことが多すぎる。どこかで誰かに道を聞かなければなりません」

豊かで実りある人生を実現するには何があればいいのだろう？　家族。健康。やりがいがあって誰かの役に立つ仕事――これには顧客の貯蓄を何十年にもわたって損を出さないように複利運用することも含まれる。そして、学び――とくにグレアムからの学び。カーンは、グレアムから「運や偶然に頼らず、企業を吟味し、緻密な調査によって成功する方法を教わった」と言う。

カーンにとって、日々の楽しみの多くは知的な発見から得られるものだった。企業を研究したり、ビジネス、経済、政治、技術、歴史などに関する本を読んだりするのが好きだった。莫大な収入のほんのわずかしか使わず、富を誇示することもなかった彼の唯一の道楽が、好きなだけ本を買うことだった。高級レストランでの贅沢なディナーよりもハンバーガーを好み、一九三〇年代に、気に入りの中華料理店で妻と一緒に七五セントの食事をとったことを楽しげに思いだす。一〇〇歳を過ぎても、週に何日かバスで通勤していた。彼のオフィスを訪れたとき、あまりに質素な部屋であることに私は驚いた。くすんだ壁は塗りなおしが必要だったし、飾り物といえば、家族のスナップ写真と恩師グレアムの古い写真が留めてあるコルクボードぐらいだった。

「父は新しい発想に興味をもっていた」と、現在はファミリー企業の後継社長を務めるトーマス・カーンが言う。「ウォール街の人はたいてい金のために仕事をしている。オーダーメイドのスーツを着て、フロリダのビーチに豪邸を買い、高級車を買って運転手を雇い、自家用機を手に入れる。彼らの目的は金を使うことにある。だが、父アービングはちがった。物質的なものは目的ではなかった。父が何よりだいじにしていたのは、正しいおこないをして、よい選択をして、よりよく生きているという満足感だった」

それでもやはり、金はいくつかの点でおおいに重要だった。金があるからこそ、カーンは自分の好きなように生き、好きなように仕事できたのはたしかだ。息子トーマス・カーンのことばを借りれば、「資本を築いてしまえば、自立しているのだから、あとはなんでも自分の好きなようにできる」のだ。私がこれまでに取材してきた、大きな成功を収めた投資家の多くにとって、自分の情熱や個性に合わせて人生を構築する自由こそが、金で買える最大の贅沢かもしれない。意表を突く賭けで知られる豪胆な億万長者のビル・アックマンはかつて言った。「キャリア初期のころ、私個人にとって最も大きな原動力だったのは自立することだった。経済的に自立したかった。自分の考えを言えるだけの独立性がほしかったし、自分が正しいと思うことを実行できるだけの独立性がほしかった」

人とちがう控えめなやり方で、カーンは自分自身に忠実だった。私たちの多くは、一〇〇歳になってもマンハッタンのオフィスにバスで通勤するという光景にあまり魅力を感じない。だがカーンは、リタイアしてのんびり暮らすことには興味がなく、美術館や劇場や旅行に出かけることにも興味がなかった。トーマスは言う。「父は仕事を楽しんでいた。それが趣味だったんだ」

自由に生きることと同じくらい重要なこととして、金はカーンに心の平安を与えた。彼が重んじたのは、利益を最大化することではなく、資本を保全し、何十年も継続して発展させることだった。充分な現金を手元に取りわけておけば、利益は減っても、逆境のときに投資先をあわてて売却する事態に陥らずにすむ。この安定した基盤と、彼の節度ある消費習慣のおかげで、経済がどれほど混乱しても耐えることができた。「市場が下落した、だから？　市場が下落してもハンバーガーは食べられる」と息子トーマスは言う。「『たしかにいまは苦しいときだ。でもほかの人たちのように崖っぷちにいるわけじゃない』って言えるのはじつにありがたいことだ」

このような根強い安心感は貴重だ。二〇〇八年から〇九年の世界金融危機では報道業界がガタガタになり、私は国際誌の編集者としての仕事を失い、投資でもひどい痛手を被った。子どもふたりが私立学校に通っており、ロンドンの住居費も高額だったため、家族の生活を支えていけなくなるかもしれないという恐怖を身をもって体験した。幸い、借金をしていなかったので、投資資産を売りはらうことなく危機を乗りきることができた。だがこのときのおそろしい経験から私は、困難な時期を生き延びるには、経済的だけでなく精神面でも容量の大きさが何よりだいじだと確信した。順調なときにはこのことを忘れがちだ。

金はかけがえのない緩衝材であり、生命線であり、予想外の出来事や不運に対する重要な防御手段となる。だがそれだけでは足りない。嵐を乗りきり、土台を立てなおしていくには、強靭な精神と回復力が必要だ。ほとんどの人にとって、人生の質は経済的なものよりも、平静さ、受容、希望、信頼、感謝、根拠のある楽観などの内面的な特性に左右される。ジョン・ミルトンが失明後に口述した『失楽園』（岩波書店）のなかにあるように、「心というものは自己の場所であって、そこでは地獄を天国に、天国を地獄に変えうる」ものなのだ。

「痛みを受けいれる能力」

成功した投資家は富と特権の繭《まゆ》にくるまれ、苦難からは無縁だと思われがちだ。だが私は、彼らと長い時間をともにし、苦い離婚や、わが子の病、激烈なストレスに冒された時期など、その悩みや苦しみを間近で見てきた。彼らの運命を大きく左右する金融市場は気まぐれで残酷で、彼らの夢を砕き、傲慢を罰し、まちがった考えを衆目にさらして嗤《わら》おうとする。モニッシュ・パブライは言う。優れた投資家はみな、「痛みを受けいれる能力」を備えていると。

二〇一七年、セントラルパークを一望できるニューヨークの超高層ビルの三二階にある洗練されたオフィスで、ジェイソン・カープと会った。当時、〈トゥールビヨン・キャピタル・パートナーズ〉のCEO兼最高投資責任者だったカープは、投資界の新星だった。一九九八年にペンシルベニア大学ウォートン校を四番で卒業し、SACキャピタルの野心旺盛なポートフォリオ・マネジャーとして活躍したあと、歴史を見てもとくに挑戦的なヘッジファンドを立ちあげた。彼のファンドは最初の三年間ですばらしいリターンをあげ、またたくまに四〇億ドルの資産が集まった。ハンサムで魅力的で聡明で、驚異の行動力をもったカープは、触れるものすべてに勝利をもたらす運命の申し子に見えた。

ところが彼の旗艦ファンドは二〇一六年に九・二パーセントの損失を出す。原因のひとつは、スキャンダルの渦中にあった多国籍製薬メーカー〈バリアント〉が、見た目ほど不良な状態ではないと市場に認識されてまもなく浮上するだろうという彼の読みが外れたことだった。同時期にS&P500

指数は一二パーセントのリターンをあげている。この二〇一六年はカープの一八年のキャリアのなかで最悪の年だった。悪いムードのまま始まった二〇一七年も、一三・八パーセントの損失で終えることになる。カープは、初めて挫折したこのときの衝撃を率直に語ってくれた。「去年はひどい屈辱を味わった。きわめて個人的にとらえてしまい、頭に血がのぼった。それまでほとんど下げたことのない頭を一年中、下げてまわり、自信はぼろぼろだった。ぼくが悪いのか？　無能になったのか？　このまま負けるのか？」

過去には「とんでもないほど大きな」リターンを稼いだ時期もあったとカープは言う。「みなが秘伝のソースを知りたがる。あなたはなぜそんなにすごいのですか、って。あれは人を舞いあがらせる」。だが挫折に直面する。「空の上から地の底の底まで落ちたようだった。以前は不死身だと思われていたが、死ぬこともある生身の人間だと示すことになった」

一九八〇年代に育ったカープは、十代のころテレビゲームに夢中で、「不健康そのもの」の生活を送っていた。だがいまでは、むだに見える青春時代も投資家のキャリアを「かたちづくるうえで有効な」ものだったと考えている。「テレビゲームのいいところは、つねに死を意識させられるということ。プレイして、プレイして、プレイして死ぬ。またプレイして死ぬ」。現実的な害はない状態で「敗北や損失を受けいれることを学ぶ」場所だった。「しかも悩まなくていい。ただプレイしつづけるだけ。この点は投資も同じだ」

だが、人の金を動かす投資には「つねに監視され、つねに成績を他者と比較されるという苦しさがある」とカープは言った。短期的なリターンには投資家の才能や労働倫理、長期的な展望はあまり反映されない。「自分ではコントロールできないことで毎週、誰かに成績表をつけられる」

自分でコントロールできないというのは苦しいことだ。カープは論理的で一貫した投資プロセスに従ってきた。だが「プロセスと結果が結びつかない」ことに「非常に強い不快感」を覚えるようになった。カープは、動物にレバーを何度も押させ、そのつど、ちょっとしたいいものか電気ショックかをランダムに返し、やがて動物を「錯乱させる」科学実験を例にあげた。激しく変動する非合理的な市場で生きるトレーダーとして、彼はこの不運な生き物にわが身を重ねるようになった。「正気を失わせるほどのものすごいランダム性が市場にはある」とカープは言った。「この仕事を長く続けるには、ある種、マゾヒスティックでふつうとはちがう神経の持ち主でなければならない。自分を何度も拷問にかけるようなところがある。うまくいったときには最高の気分、だがしょっちゅうまちがう。何度もやり直さなければならない」

カープは、市場でも人生でも長く成功していくには立ち直る力《レジリエンス》が不可欠だと理解した。競技スポーツ選手だったカープは大学時代、アカデミック・オール・アメリカンとオール・アイビーのスカッシュ選手として活躍していた。だが二十代前半のときに生命の危険もある自己免疫疾患を複数発症し、医師からは三〇歳までに失明するだろうと宣告される。みなが驚いたことに、栄養や睡眠、ストレス管理の方法を根本的に変えたところ、完全に回復することができた。健康と持続可能な卓越《サステナブルエクセレンス》にこだわる彼は、トゥールビヨンのオフィスを設計するにあたり、ジムや瞑想室、栄養価の高い食品をストックしたキッチンなどを配置した。炭酸飲料のもちこみは禁止だ。人材採用の際には、元ＣＩＡの尋問のプロの力を借りて、挫折から立ち直る能力のある者を選んだ。

だが二〇一八年になり、カープはもう充分やったと考えるようになった。「投資の切れ味が鈍ってきた」し、インデックスファンドや自動取引がますます幅を利かせていく市場では自分の出る幕は小さいと感じた。あと二、三年は続けて高額な手数料を得ることもできただろうが、二流に甘んじてしがみつくのはいやだった。こうして彼はファンドを閉鎖し、約一五億ドルを出資者に返し、ヘッジファンドビジネスから手を引いたのだった。

二〇二〇年に再会したとき、カープはこう話してくれた。「トゥールビヨンでの最後の数年間は臨床的にうつ状態にあった。じつは、成功の絶頂にいたときも患っていた」。金も称賛も派手なライフスタイルも、どれも彼を幸せにはできなかった。「リタイア後の人生を何度も送れるくらい、充分な金を稼いだ。だがそれでも、いつもどこか空虚というか、魂が腐っていくような感覚があった」。短期の賭けに次々に打って出なければならないトレーダーの仕事に中毒になっているとも感じた。「値動きの読みあいに勝とうとするこのゲームは、依存性は高いが、実際には何もつくりださない」

カープは過去に人生を方向転換したことがある。二十代のころ、加工食品やアルコール、カフェイン、さらには化学物質を含むシャンプーやデオドラント品をいっさい使わない「ウルトラクリーン」なライフスタイルを実践し、健康を取りもどした。四十代になったいま、彼は再び人生をつくりなおそうとしている。「永続的な価値」をもつ何かを創出しようと決心し、持ち株会社を新たに立ちあげ、「人の健康的な生活に役立つ」企業を支援し育成する事業に乗りだしたのだ。まさに彼の強みを生かせる隙間市場《ニッチ》であり、クリーンな暮らしと持続可能性を重視する事業姿勢は彼の価値観に合致している。

カープは住む場所も変えることにし、マンハッタンを離れ、妻と子どもを連れてテキサス州オースティンに移住した。そこを選んだのは、「健康とウェルネスのメッカ」であり、「気候がよい」「自然に包まれた暮らし」「州法人税や個人の所得税がかからない」「くたびれたニューヨークの金融人が味わえなかった現実肯定感がある」土地だったからだ。彼が最も望んでいたのは金ではなく、バランスのとれた健康的な生活と、人を助けるという「理念に裏打ちされた」事業を展開する機会、そして自分の運命を自分でコントロールできる充足感だった。いま、彼はどんな気持ちでいる？「この二〇年間で最も健康で最も幸せに暮らしている」

株《ストック》とストイック

どれほど優秀で勤勉で慎重な投資家であろうと、失敗したり不運に見舞われたりするときはある。金融市場は人生の縮図であり、限りなく複雑で予測不可能な場なのだ。一九八五年に投資会社を設立したジョエル・グリーンブラットが最初にかかわった合併案件は、異国風の庭園やフラミンゴ園、水上スキーに乗ったサンタクロースが登場するショーなどの観光施設を運営するフロリダの〈サイプレス・ガーデンズ〉だった。サイプレスは買収されることに合意し、グリーンブラットは「かなりリスクの小さい」アービトラージ（裁定取引）を仕掛け、計画どおりに買収が成立することに賭けた。ある朝、ウォール・ストリート・ジャーナル紙を開いた彼の目に、サイプレスのメインパビリオンが陥没したとのニュースが飛びこんできた。取引は破綻し、グリーンブラットは「一セントでも多く稼ぎ駆られ、余裕のあるふりをすることもできなかった。グリーンブラットは、「正気を失うほどの恐怖にたい」スタート時期に大損害を被ることになった。グリーンブラットは、「正気を失うほどの恐怖に駆られ、余裕のあるふりをすることもできなかった」と振りかえる。

私たちはみな、ハムレットが言うところの「非道な運命の放つ矢弾《やだま》」にさらされている。逆境に立ちむかう力を身につけなければ、幸せで成功した人生を送りたいとう願いはかなわない。むずかしい時代に生きるモニッシュ・パブライは、二世紀のローマ皇帝であり、ストア派の哲学者であったマルクス・アウレリウスが自分用に書きとめたメモ——『自省録』として残っている——をもとに、彼の思考を模倣しようと試みている。アウレリウスは「すべての闘いのなかで最も偉大なもの」は、「何が起こっても圧倒されないようにするための闘い」だと考えていた。だが、どうやって勝てばいいのか?

肝心なのは、「つねに心を本来の状態に保つことで、一生をかけてこれに集中するべき」と彼は書いている。そのための鍵は、「何が起ころうと腹の底から歓迎する」「すべてが最善だと信じる」「人が何を言い、何を考え、何をするかを、勝手に心配しすぎない」ことだと。つまりマルクス・アウレリウスは、自分の力ではどうにもならないことでくよくよしたり、不平を言ったりするのは無益だと考えたのだ。その代わりに、自分の思考を研ぎ澄ませ、道徳的な義務を果たせるように高潔な行動をとることに集中した。「混乱は自分の内側から、すなわち自身のとらえ方によって生じるものだ」とアウレリウスは考える。「害を受けないようにすれば、害を感じることはない。傷つけられたと思わなければ、傷ついていないことになる。あなたの人生を破壊できるのは、あなたの人格を破壊したときだけだ。それ以外であれば、あなたを傷つけることはできない」。さらに彼は、「波が絶えず砕ける岩のようでありたい。岩は動かず、荒れた海もその周りでは静かになる」と書いた。

ジョンズ・ホプキンズ大学の大学院で哲学を学び、二〇一八年には、同大学の哲学科に七五〇〇万ドルを寄付すると発表したビル・ミラーのように、ストイック（ストア派的）な考え方に惹かれる一流の投資家は多い。金融危機の際にはミラーも過酷な状況に苦しんだが、ストイックながまん強さを備えていたおかげで、投資界から永遠に退場する事態にはならずにすんだ。

当時のミラーは同世代の投資信託マネジャーのなかでも傑出していた。彼の主要ファンド〈レッグ・メイソン・バリュー・トラスト〉は、一五年間連続してS&P500を上回っていたことで知られる。だが二〇〇八年に市場がクラッシュしたとき、彼はキャリアのなかで最悪の分析ミスを犯してしまう。惨事を避けるために連邦準備制度理事会（FRB）が資金投入の決断をすれば、大打撃を受けていた金融関連株の多くが急騰すると踏んだのだ。ベアー・スターンズ、AIG、メリルリンチ、フレディマック、カントリーワイド・ファイナンシャルなど、あぶない瀬戸際にいた銘柄を大量に購入したが、これらのメルトダウンは止まらなかった。二〇〇八年、バリュー・トラストは五五パーセントの損失を出す。彼の小規模なほうのファンドは六五パーセント落ちた。

投資家は逃げだした。ミラーの運用資産は約七七〇億ドルから八億ドルに激減した。事業の衰退に伴い、彼のチームにいた約一〇〇人が職を失う。信用取引で投資していたミラーは、直近の離婚時にすでに半分に減っていた純資産を、市場暴落でさらに八〇パーセント減らした。質素な家庭に育ち、「自分の金がなくなるのはたいして気にしない」ミラーだが、自分のせいで他者に害を及ぼしたことが苦しくてたまらなかった。「チームメンバーに辞めてもらわなければならなかったのがとくに申しわけなかった。クライアントに損をさせ、メンバーを失業させたのも、そもそも私が失敗したせいだった」

投資家になるまえ、軍の情報機関で数年間働いていたミラーは、自分のことを「感情的な人間ではない」と言う。株価が下がっても冷静で明るいままでいられ、むしろ、ほかの投資家の混乱に乗じて利益を得られる好機として歓迎する。だが二〇〇八年の金融危機のときにはプレッシャーに耐えられず、二〇キロ近く体重が増えてしまった。「ストレスがたまると、飲み食いに走ってしまう性分」なのだそうだ。「毎晩、サーモンとブロッコリーだけを食べて、ミネラルウォーターだけを飲むようなことはしなかった。耐えられる苦痛の量には限りがあるから、飲み食いは自分に許したんだ」

ミラーは人生のあらゆる場面で哲学を参考にする。二〇年前に初めてインタビューしたときには、ルートヴィヒ・ウィトゲンシュタインやウィリアム・ジェームズの思考法を学び、認識と現実の区別に役立てていると話してくれた。いま、キャリアや名声を積み、資産を築き、逆境にあっても心の平安を保っていられる彼は、「情緒の安定」を追求するエピクテトスやセネカといったストア派の哲学者に目を向け、「不幸に対する一般的なアプローチ」を意識している。「自分の身に起こることはコントロールできない。だが、それに向きあう自分の姿勢はコントロールできる。いいことでも悪いことでも、フェアなことでもアンフェアなことでもどうでもいいことでも、自分がどういう態度をとるかは選択できる」(1)

ミラーは最近、海軍中将だったジム・ストックデールが一九六五年にベトナムで撃墜され、戦争捕虜になったときの経験を綴った〝*Thoughts of a Philosophical Fighter Pilot*〟(哲学を知った戦闘機パイロットが思うこと）を読みなおした。火を噴く戦闘機から脱出し、パラシュートが敵地へ降りゆくさなか、ストックデールは「技術の世界を離れてエピクテトスの世界へ入ろうとしている」とつぶやいた。それから七年半を捕虜として生き、うち四年は独房に入れられ、二年は足枷《あしかせ》をつけられていた。拷問を一五回受けたという。

エピクテトスは奴隷として生まれながら、どのような状況にあっても自由な精神で生きる道を示した。健康や富や社会的地位など外部にあるものはコントロールできないが、一方で、自分の意思や感情、態度は全責任をもつことができると説く。「自身を破壊するのも、解放するのも、すべて自分自身なのだ」

看守に拷問され、自白を強制されることは防げない。だが、「内なる自分」を護るために果敢に闘うことはできる。銃を突きつけられて尋問部屋まで歩かされたとき、「恐怖をコントロールする、罪悪感をコントロールする」と自身のためのマントラを小声で唱えた。ストックデールはまた、捕虜になったアメリカ人は人前で敵方に頭《こうべ》を垂れたり、早い釈放に応じたりすべきではないと主張した。なぜなら、「克己的なストア派哲学に照らせば、最もつらい傷は、自分のなかにある善良な人間像を自分で破壊したときに受ける痛みだ」からだ。「人を犠牲者にするのは自分自身だ。すべては自分の心をどう律するかにかかっている」

キャリアで最悪の挫折に直面したミラーは、自分でコントロールできることに集中し、それ以外のことは手放そうとした。彼はメディアから叩かれ、ソーシャルメディアで嘲笑された。「ばかさかげんを人から書きたてられるのはいい気持ちはしない」と彼は言う。だが、ストア派哲学から学んだように、「人が自分のことをなんと言おうと、どう思おうと、自分でコントロールすることはできない。コントロールできるのは自分がどう行動するかだけだ」。彼がそのときとった行動は、「素直になり、正直になり、過ちを認め」て、壊してしまったものの修復に最善を尽くすことだった。「評判を回復することはたいして重要ではない。私にとって重要なのは、私が失わせてしまった顧客の金をなんとか取り戻すことだった」

ミラーは、「価値に比べて大幅に値が安い株を買うという戦略が、長期的にはうまくいく」ことを疑っていなかった。しかも、「安いものと高いもののちがいを見分けることができる」能力があることを二〇年以上にわたって証明してきた。だから彼は、まずは〈レッグ・メイソン〉で、次に新しく立ちあげた〈ミラー・バリュー・パートナーズ〉でこつこつと努力しつづけることにした。さらに、失敗を謙虚に反省し、ミューチュアル・ファンドを以前よりも広く分散させた。「過去の自分に比べて、リスクやまちがいに敏感になった」と彼は言う。「あれほど破滅的なまちがいをしでかすとは思っていなかったことを、いまは認められる」

金融危機以降、ミラーを信頼しつづけた投資家は大きな見返りを得た。ミラーの旗艦ミューチュアル・ファンド〈ミラー・オポチュニティ・トラスト〉は、その後の一〇年間で全米の全株式ファンドの上位一パーセントにランクインした。歩を同じくして、ミラー自身の財産も新たな高みへと飛躍する。メルトダウンの最中にヨットを売る（飛行機は売らなかった）などして調達した金を使い、株を買い増す度胸がいい方向に作用したのだ。

なかでも大きかったのは、二〇年以上にわたって保有しているアマゾン株が彼個人に莫大な利益をもたらしたことだ。二〇〇一年のドットコム・バブル崩壊後、ミラーは積極的にアマゾン株を買い増し、金融危機でアマゾン株が暴落した際にはオプション取引の掛け金を増やした。ベゾス一族以外ではいまや自分が最大の個人株主だと考えている。二〇二〇年に話を聞いた時点では、個人投資家としてのポートフォリオの八三パーセントがアマゾンだった。*

年数が経ち、金融危機のころを振りかえったミラーは、「当時の痛みと絶望はいまも消えない」と言う。それでも、解雇せざるをえなかった従業員のほとんどにすぐ新しい仕事が見つかったことと、「自分がゲームからも人生からも退場しなければならなくなるほどには」レバレッジをかけていなかったこと、そして「金を失い、暗闇のなかにいても、甲羅のなかで縮こまる亀のようにならずに、割安株を買いつづける強さがあったことを喜んでいる。

ミラーは、「自分にとっては、あの危機には浄《きよ》めの効果があった」とつけ加える。自分は「正しい、正しい、正しい」と思い、「人からもあなたはすばらしいと言われつづけているときに謙虚でありつづけるのはむずかしい。無意識のうちに態度に滲みでていた」と感じるそうだ。投資家として知られるようになると、「ご高説をお聞かせください」みたいな誘いがしょっちゅう来る。だがひとたび「大失敗をしでかし、市場で打ちのめされると、誰も寄ってこない。いやでも自分の内面と向きあい、過ちを直視し、向上できる道がないかを探るしかなくなる。うぬぼれをつぶすのにはかえっていい」

＊　ミラーの二番目に大きなポジションはビットコインへの巨大な投資だ。要するにこれは気の弱い人向けのポートフォリオではない。

嵐が過ぎさったいま、七十代に入ったばかりのミラーは、シンプルライフへと大幅に舵《かじ》を切った。二五億ドルの資産を運用しているが、かつての彼の投資額からすればかなり小さい。だがもう、おおぜいのアナリストを抱えて途方もない金を管理するような込みいったビジネスを構築する気はなく、息子を含めた信頼できる少人数の仲間と仕事をしたいと考えている。会社のオーナーであるミラーは、「隅々まで検査される」大企業のレッグ・メイソン時代にはなかった「非常に大きな自由」を手にしている。取締役会で承認を得る必要もない。ジーンズとTシャツがいまの仕事着だ。カレンダーはほぼ空白なので、仕事の本質に、つまり「顧客に、毎月価値を上乗せしていく」ことに集中できる。

車にガソリンを入れたり、民間航空会社の飛行機に乗ったり、フロリダとメリーランドにある自宅の内装をどうするか考えたりなど、仕事への集中を妨げるさまざまな不便は、ミラーの富が回避させてくれる。「私は自分の時間とその使い方をコントロールしている」と彼は言う。ブラックタイの催しに招待されても、タキシードを捨ててしまって新たに買う予定もないので、と言って丁重に断る。ミラーにとって、誰にも束縛されず、依存せず、義理を負わず、自分のやり方で生き、投資できることに勝るものはない。「まさに、これがベストだ」

私はミラーの話からふたつの貴重な教訓を得た。ひとつは、誰もが苦しんでいるということ。私自身が何かに悩んでいるときには、ミラーやカープ、パブライだけでなく、インタビューした人たちがみな、どれほどリッチで有名であろうと、それぞれにつらい思いを乗りこえてきたという事実を思いだし、少し気が楽になる。アレクサンドリアのフィロン〔紀元四〇年ごろ没〕のことばとされる古い言い伝えがある。「親切にしなさい。あなたが会う人はみな、厳しい戦いに臨んでいるのだから」。なんの苦労もせずに成功の階段をのぼりつづける者はいないし、誰もが哲学や精神世界や、家族、友人などのサポートを必要とするときがある。スーパーリッチになれば精神的な苦しみから解放されると夢見ていると、失望が待っている。チベット仏教の師でダライ・ラマにも教えを授けたディルゴ・キエンツェ・リンポチェはかつて言った。「快楽や富、栄光、権力、英雄として称えられることに幸福を求める者は、虹を捕まえて上着にしようとする子どものように無邪気に過ぎる」

ミラーから得た教訓のふたつ目は、「忍耐」というシンプルな美徳に大きな価値があるということだ。七年前、私はパブライに手紙を書いた。当時の彼は、最大の投資先である〈ホースヘッド・ホールディングス〉の破綻など、さまざまな問題に直面していた。彼からの返信には「マルクス・アウレリウスはいまも私のヒーローだ。逆境のさなかにいるときにはわからないが、逆境に直面することは祝福だ。やがて高みへと導いてくれるのだから」とあった。パブライの揺るぎない楽観主義は、『自省録』の輝かしい一節を思いださせた。「ゆえに、何かに苦しめられそうになったときには、この原則を思いだすがよい――そのこと自体はなんら不幸ではない。それに耐えて勝利することが真に偉大な財産となる」

「私は世界でいちばん豊かな人間だ」

成功した豊かな人生とは何かを考えるとき、最もそれを体現している投資家はアーノルド・バン・デン・バーグだと思う[2]。彼は億万長者でもなければ、天才でもない。ヨットも飛行機ももっていない。

だが、投資の世界で私がこれほど尊敬する人はほかにいない。過去四半世紀にわたってインタビューしてきた優れた投資家たちのなかから、もしひとりだけを手本に選べと言われたら、彼を選ぶ。彼に配られた手札はひどかったが、圧倒的な分《ぶ》の悪さをものともせず、金だけではない豊かな人生を手に入れた。

一九三九年、バン・デン・バーグは、アムステルダムのアンネ・フランクと同じ通りに住むユダヤ人家庭に生まれた。翌年、ドイツ軍がオランダに侵攻し、一四万人いたユダヤ人に襲いかかった。一九四五年の時点で生きのこっていたのは三万八〇〇〇人しかいなかった。バン・デン・バーグの両親は、ユダヤ人でない友人、ハンク&マリー・ブント夫妻が自宅の二重壁の裏につくってくれた秘密の小部屋に約二年間隠れていた。だがその場所には、ナチスがブント夫妻の家を検分にきたときに、もしアーノルドか兄のシグムンドが音を立ててしまったら見つかるというおそろしいリスクがあった。そうなれば、彼ら全員が強制収容所に送られ、おそらくは子どもが真っ先に殺される。そこで、バン・デン・バーグの両親は決死の賭けに出た。偽の身分証明書を使い、オランダの地下組織が息子たちをアムステルダムの外に脱出できるように手配したのだ。

この救出作戦には、チャーデン、グラシュ、クロムリンという命を賭《と》して小さい少年ふたりを護ろうとした三つの勇敢な家族がかかわり、次から次へと隠れ場所を移動させていった。半世紀後、オルガ・クロムリンというオランダ人女性が、アーノルドを列車と徒歩で田舎の村に連れていき、ほかのユダヤ人の子ども数名と一緒にキリスト教会の孤児院に隠すまでの経緯を振りかえる手紙を書いている。当時、彼女は一七歳、アーノルドは二歳だった。「降りる駅に列車が停まりかけたとき、ホームにヒトラー親衛隊《SS》が何人かいるのが見え、心臓が縮んだことをいまだに忘れられません」。ＳＳは自分たちの会話に夢中だったので、ユダヤ人の幼児とその命を救った勇敢な少女には注意を向けなかった。

バン・デン・バーグは六歳までその孤児院で暮らした。要らない子だから母親に捨てられたのだと長年信じていた。また、子どものいない農場の夫婦に預けられた兄シグムンドとの別れも心の傷となっていた。孤児院の環境は厳しく、食料も水も不足していて、バン・デン・バーグは空腹のあまり、畑で拾った植物を食べることもあった。「栄養失調で死にそうになった」と彼は言う。「六歳のころ、歩けなくなっていた私はほとんど這っていた。こうして生き延びたのはまさに奇跡だ」

一九四四年のある日、両親は息子アーノルドとシグムンドがどんなふうに暮らしているのかを訊こうと、隠れ家を出てレジスタンスの女性を訪ねようとした。外にいるときに空襲のサイレンが鳴り、近くの精肉店に避難した。だが、そこで働いていたナチスの協力者が、ふたりがユダヤ人であることに気づき、こっそり警察に通報する。ふたりは拘束され、尋問を受けたのち、アウシュビッツに送られた。

バン・デン・バーグ一族のうち三九人がホロコーストで落命したが、両親は生きのこった。[*] 戦後、両親はいったんブント家に戻り、そこから息子を引きとりに孤児院へ向かった。「両親の顔なんて憶えていないから、声をかけられても誰だかわからなかった。親なのかどうかもどうでもよかった。た

＊　兄のシグムンドも生き延びた。

だその場所から逃げだしたかった」とバン・デン・バーグは言う。「父は、あと数カ月遅かったら、私は死んでいただろうと言った。皮膚を突きやぶりそうに骨が浮きでていたから、骨折させてしまいそうで抱きあげられなかったと」

数年後、一家はアメリカに移住し、東ロサンゼルスの貧しく物騒な地域に家を借りた。「私は身体が弱く、痩せっぽちだった。弱い子はいじめの標的になりやすい」。彼が新しい学校に入学したとき、母親は皮の半ズボン《レーダーホーゼン》と長い靴下というオランダ時代の男子の服装を息子に着せ、そのせいで息子は初日から何度もいやがらせを受けた。彼が大きく変わるきっかけになったのは、高校時代に自転車置き場で喧嘩を吹っかけられたことだった。「銃殺隊のまえに立たされたとしても、このときほどこわくはなかっただろう。その男が殴り疲れるまで殴られた。私は文字どおりなんの抵抗もしなかった」

家に帰ってから顔の血を洗いながし、傷の状態を確認した。「なんと！　あれほどおそろしかったのに、それほどひどいことにはなっていない。もしやり返していたら、どうなっただろう。そうしたって、いまより悪くはなかったはずだ。そのとたん、闘うことへの恐怖が消えた、跡形もなく。驚くべき変化だった」

自分を護るために立ちあがろうと決意し、ボクシングを習い、先に手を出すメリットをすぐに悟った。ナチス、学校のいじめっ子、学校帰りの自分を狙った反ユダヤ主義者、さらには両親に対する怒りがあまりに強く、その怒りが彼を無敵のファイターにした。仲のいい三人の友だちはみな暴力的な家庭で育った喧嘩っぱやい子たちで、数えきれないほど多くのバトルで互いにかばい合った。母親は彼らをどなりつけ、ホースで水をかけたりした。だが、やがて彼らは年齢とともに丸くなり、八〇歳を過ぎたいまも親しくつきあっている。

バン・デン・バーグは、当時オリンピック種目だったロープクライミングで徐々に筋力をつけていった。半年間、毎日二時間の練習を続けたあと、新しい力を見せつけようと、クライミングをしたことがなかった宿敵とクライミングで勝負した。「完膚なきまでに打ち負かされ、恥ずかしさのあまり、その場で泣きそうだったし、もうやめようと思った。そのとき、何かが頭をよぎった。おまえは強くなりたくて、実際に強くなってきている。ここでやめてどうする」

革新的なクライミング技術を開発した他校のチャンピオンをコーチの指示で見学に行き、バン・デン・バーグはそのすばらしさに圧倒される。その後何カ月も、夜中に起きては鏡のまえでチャンピオンの動きを執拗に模倣し、精神と肉体に刻みつけた。つねに「ぼくがリーグのナンバーワンだ」と自分に言い聞かせた。その後、二〇フィート（約六一〇センチ）のロープを三・五秒でのぼって学校の記録を塗りかえ、リーグのチャンピオンに三回輝き、年上の大学生クライマーと全国大会で競いあうなど、スター選手へと変貌を遂げていった。彼にとって初めての成功体験であり、信念をもって努力しつづければ成しとげられると体感するきっかけとなった。

学業面では、彼はまだどん底にいた。感情的な問題を抱え、授業に集中できず、学習することが困難だった。「あまり賢くないという兆候が出つづけていたので、母は、戦争の影響ではないかと考えて高名な精神分析医に私を診てもらうことにした」。その精神分析医が、長年の栄養失調が子どもの発達に重要な時期の脳にダメージを与えたのではないかと推測するのを、バン・デン・バーグは漏れ聞いた。

「だから、自分はたいして頭がよくないというイメージをずっともっていた。もし、高校時代の成績表を見たらあなたは大笑いするでしょうね。最終学年のときに『自動車整備』を二時限、『体操』を二時限とっていた。自習するんだ。どんな？　もっぱら筋肉強化トレーニング《アイソメトリックス》に励んでいた。ほかに伴奏なしで歌う《アカペラ》科目もあったが、私は歌が下手なので、先生からクラスのハーモニーを壊さないように口だけを動かして声は出さないようにと指示された。どんな分野でも私には生まれつきの才能はない。ゼロ。これまで成しとげてきたことは、ほかの誰よりも努力が必要だった」

バン・デン・バーグの父親は、正直者だが息子がやり返すまで殴りつづける荒い人間で、一三歳になると息子たちに食費、衣服、娯楽費を自分で払わせた。バン・デン・バーグも芝刈りや洗車、新聞配達、ガソリン給油、ゴミ運搬の仕事を経て、放課後の四時間を木材工場で働くようになった。

車を買うための金を貯めていた一六歳のころには花売りの仕事も始め、しかも最も売れる交差点あたりの場所を勝ちとったためにけっこう繁盛していた。ある大雨の日、びしょ濡れになり、惨めで、運の悪さにがっくりしながら、それでも花を売りつづけていたら、車で通りかかった見知らぬ女性が、雨のなかにずっといたら風邪をひいてしまうと言って花を全部買ってくれた。その女性は自宅へ彼を連れていき、乾いたシャツを与え、温かいスープを飲ませてくれた。「彼女のことを忘れたことはない」とバン・デン・バーグは言う。「心を揺さぶられた。誰かの温かさで心を揺さぶられたとき、人は新しい自分になる」

どうにか高校を卒業した彼は、大学には進まなかった。印刷所で働いて現場主任に昇進したあと、保険会社に転職して戸別訪問で保険を売りあるき、のちに、金融サービス会社でミューチュアル・ファンドを販売した。その過程で、高校時代のガールフレンドと結婚したが、彼女は別の男に走ってしまう。失意の時期が数年間続き、彼は精神科医の診察を受けるようになった。大戦時にオランダにいたユダヤ人の子どもで生き延びた者はほとんどいなかったので、自分が生きているのは幸運なことだとわかってはいた。だが彼は自分の頭のなかに閉じこめられていた。「私は怒りの権化のような人間だった」。元妻への怒り、記憶に残るホロコーストへの激情と苦悩。

彼は長年、アムステルダムのあの一七歳の少女がなぜ救ってくれたのか理解できずにいた。なぜ「知らない子」のために「自分の人生を危険にさらす」ことができたのか。なぜ彼女の両親はそのような「自殺行為」を許したのか。バン・デン・バーグの精神科医は彼に言った。「簡単なことですよ。命のほうが理念よりだいじなら理念を曲げる。理念のほうがだいじなら、命を差しだす」。このことばは「私に大きな影響を与えた」とバン・デン・バーグは言う。彼に「自分の人生で何かをしたい」との思いが芽生え、命を救ってもらったことに値する理念をもって生きたいという強い願望が生まれた。

ファンドを売るようになってから、バン・デン・バーグは株式市場に魅了され、ある投資家がほかの人より高い成績をあげる理由を探りはじめる。ベン・グレアムに行きつき、その著書をよく読むようになった。資産を安く買うというグレアムの考えがすとんと腑に落ちた。敏腕ビジネスパーソンだったバン・デン・バーグの母親は、アウシュビッツに送られても物品を売買したり、看守に金を払って夫と自分にパンを多くもらったりして生き延びた。母親はつねづね言っていた。どんな品であれ、定価で買うのはばかげていると。バン・デン・バーグがそれを株に応用するのは自然ななりゆきだった。不誠実な同僚がきたない手を使って売上トップになるのを見た彼は、会社を辞め、自身の投資会社を立ちあげることにした。一九七四年、当時彼は三五歳だった。学歴はなく、経験もビジネスプランも事務所もなく、もちろん顧客もいなかった。

だが彼は、ロープクライミングのときと同じように、全身全霊でこの新しい仕事に取り組んだ。かかりつけの精神科医は、バン・デン・バーグがかつて、プロのスポーツ選手が日常的におこなっているメンタルを強くする戦略――明確な目標を決め、完璧にパフォーマンスをしている自分の姿を思いえがき、自分を導くことば《アファメーション》を言い聞かせて疑念や恐怖を払いのけ、揺るぎない自信を植えつける――を実践して勝利していたことを思いださせた。バン・デン・バーグは、潜在意識を利用するこうした技術に夢中になり、自分をモルモットにして実験を続けた。やがて、散らばりそうな意識を集中するために、毎日、自分に催眠術をかける術《すべ》を憶えた。自分には能力がないとか価値がないという否定的な思いこみを徐々に取りのぞき、気持ちを高揚させるアファメーションを心のなかに流しこんだ。ジェームズ・アレンなどの示唆に富む著作をむさぼるように読み、とくに一九〇一年刊行の『心が出した「答え」はいつも正しい』（三笠書房）は自分のバイブルとして何度も読みかえした。

キリスト教に加えて仏教にも造詣が深い、自由思想家のジェームズ・アレンをつうじて、バン・デン・バーグは、自身の精神状態に自分で責任をもつことを学ぶ。そして、ナチスを含め、自分を傷つけたすべてのものを赦《ゆる》し、自身を怒りから解放した。さらに、世界を変えるにはまず自分を変えることに集中するべきだと悟った。アレンは説く。「人は自分の考えによって、自分の人生を、世界を、宇宙を築いたり壊したりする。思考のパワーによって心の内に築いたもののとおりに、あなたの外側の生活や状況もかたちづくられていく。魂が邪《よこしま》で不潔で利己的なら、確実に不幸と破滅に引きよせられ、魂が純粋で無欲で高貴なら、同じくらい確実に幸福と繁栄に引きよせられる」

周囲の状況をなんとか改善しようと、バン・デン・バーグは自身の性格を改善することに真剣に取り組んだ。どこまでも真実を追求すると誓い、生涯にわたって、さまざまな精神修養の道から知恵を究《きわ》めていった。正直と誠実を信条とし、アレンの「徳を欠いた金持ちは本当は貧しい」という教えを胸に刻んだ。もはや、自分や他者を否定的にとらえる感情を脳内に居座らせてエネルギーを消耗することはなくなった。かつては恨みと敵意にまみれていたが、いまではポジティブな「私は愛情深い人間だ」のことばを繰りかえし言い聞かせ、自身を内部からつくりかえた。

彼には、大学を出たインテリの気取り屋のような懐疑心や冷笑的なところはない。自分の心を意識的にプログラムしなおすことで、黄金の未来を創造できると信じていた。彼という人間を際立たせているのは、何があっても動じない粘り強さと、自分をよりよくしたいという飽くなき熱意だった。

「死ぬその日まで、自分を向上させつづけたい。結局、私にとって最もだいじなのは次の三つだ――信念に妥協しない、いまの自分に満足せずになれる自分を目指す、けっしてあきらめない」

バン・デン・バーグは、投資の業界誌バロンズに掲載されていた、スリーピースをぱりっと着こなし、自信に満ちた表情でデスクの脇に立つ、ある著名投資家の写真を切りぬいて保管していた。その写真を毎日見て、マネーマネジャーとして成功した自分をイメージしていた。さらに、「年一五パーセントを超える損失はけっして出さず、平均として年一五パーセントの利益を目標に掲げた――彼はこの目標を三〇年以上にわたって達成している。ワンルームアパートの部屋を整理し、中央にデスクを置き、投資関連の書籍を周りに並べた。好きだったチェスも、集中のじゃまになるのでやめた。ゴルフを一度プレイしたが、「精神を束縛されるゲームだから、私には合わない」と判断した。ガールフレンドが夕食をつくると言ったときには、彼は勉強しなければならないからと言って断り、まるで修行僧みたいと非難された。

バン・デン・バーグは、常識を取りいれた、多くの場面で応用できる投資手法を開発した。そのなかのひとつは、数百件の買収案件を分析し、情報通の個人バイヤーがさまざまな種類の企業にどれくらいの金額を払うかという記録を作成したことだ。さらに、絶対に違反してはいけない実践的なルールをいくつか公式化した。たとえば、事業家的市場価値《PMV》よりも五〇パーセント以上安い価格でないかぎりは投資しない、価格がＰＭＶの八〇パーセントまで到達したら必ず売る、などだ。

堅固な規律と厳格な査定を貫き、彼は進むべき道を踏みはずすことがなかった。一九七四年の株価大暴落のあと、ほとんどの投資家は株を敬遠したが、価格が非常に低かったためバン・デン・バーグは迷わず買い、それが奏効して起業後一〇年間で大きなリターンを得ることができた。一方、一九八七年の株価急騰のときには、鉄のルールにのっとって株を売ったが、その代わりに買えるような安値のものは見つからなかったので買わなかった。増えつづけていた彼の顧客は、資産の半分が現金になってしまい、多くが憤慨する。だが彼はひるまず、自分に言い聞かせた。「規律を守るのは正しいことだ。この仕事を畳むことになるかもしれないが、いま自分は正しいことをしている。こう考えると、すっと気が楽になった」。直後に市場は暴落し、一日で二二・六パーセント値を下げた。「みながパニックになるなか、私は菓子屋にいる子どものようでいられた」

バン・デン・バーグの会社〈センチュリー・マネジメント〉が安定的に高い利益を出せるようになるまでには一〇年以上かかった。そのあいだ、彼は恋に落ちて再婚した。当時二万ドルの借金があり、自分ひとりでも生活は楽でなく、ましてや新妻アイリーンと彼女の子どもふたりを支えるのはたいへんだった。まもなく三人目の子どもが生まれる。一家はロサンゼルスの一四〇平方メートルの家にぎゅう詰めで暮らし、ガレージを追加のベッドルームとして使った。その後、テキサス州オースティンのつましい家を三五万ドルで購入し、以来、そこに住みつづけている。「この家を売るつもりはない。住みやすいんだ」

事業が拡大するにつれ、バン・デン・バーグは想像していた以上に裕福になり、有名になっていった。"The World's 99 Greatest Investors"（世界の偉大な投資家九九人）に載り、三八年間にわたって年平均一四・二パーセントの利益をあげつづけるという稀有な手腕を称えられた。大手の資産運用会社が次々に買収の話をもちかけてきて、もし同意すれば彼は一億ドル以上の現金を手にしただろう。だが、口のうまい求愛企業が、買収成立後も自社ではなく顧客の利益を考えて行動してくれるだろうか？　ある投資銀行から代表四人がやってきて会社を売るように説得されたとき、彼は言った。「どんな価格を提示されても売る気はありません。もし売る日が来たら、そのまえに会社を閉じます」

じつのところ彼は、金持ちになることそのものを願ったことはない。最初の目標は、一〇年間生活できるだけの二五万ドルの蓄えをつくることだった。「億万長者になろうなどとは思っていなかった」と彼は言う。「ただ経済的に自立し、誰からもひどい扱いをされなければそれでよかった。私にとっての贅沢とは、金や請求書や金銭的な行き詰まりを心配しなくていい生活のことだ」

彼の資産状況からすれば、そのライフスタイルは質素に過ぎる。「物質的なものを求めたことはない。大きな家にも興味はない。むしろ考えたくない」。厳格な菜食主義者でヨガに情熱を捧げるバン・デン・バーグは、高級レストランで贅沢な食事をするよりも、本に囲まれたオフィス内でビートルートのスムージーをするほうが好きだ。「着るものにも興味はない。スーツは三着だけ」。以前に長く日産マキシマに乗っていたのは、「車に求める価値が最大限に発揮されていたから」だった。子どもたちのひとりから、なぜメルセデスを買わないのかと訊かれ、派手な車を運転して「何かの主張」をしたくないからと答えた。「そういうものを好む人たちとはつきあいたくない」。数年前、妻からの説得にとうとう根負けし、一〇年乗ったアキュラをレクサスに買いかえた。「妻はその車に私が乗ることをとても喜んでいたので、いやだとは言えなかった。はじめは、運転するのがどこか気恥ずかしかった」

自分の経済的な未来が「完全に大丈夫だ」と思えたら、そこから先はいくら稼いでも彼にとってちがいはない。「いまもっているものに満足しているから、私は世界でいちばん豊かな人間だ」とバン・デン・バーグは言う。「豊かになれたと感じるのは、金が増えたからではなく、健康で、いい友だちに恵まれ、愛する家族がいるからだ。豊かさとは、健康と富、幸福、心の平穏があって初めて成りたつ。そういう人が豊かなのであって、金がたくさんあるだけでは意味がない」。彼は一〇〇〇万ドルをもっていたかつての顧客のことを思いだす。「つねにさらに多くの金を求め、金を節約するためにいつもコレクトコールで電話をかけてきた」

「人が最も必要とするものは愛だ——愛が少ないほど、物質的なものへ走るようになる」とバン・デン・バーグは言う。「何かの達成感のために、あるいは自身を評価する物差しとして彼らは金を求める。だが本当にだいじなのは愛されることと愛することだ。妻はわが家に金がいくらあるのかを知らない。その金をいかに他者のために使えるか、以外のことには関心がない」

夫婦がとくに力を入れているのは、虐待やネグレクトの被害に遭った子どもたちを保護する居住型療養施設だ。バン・デン・バーグと妻は、こうした施設で暮らす子どもたちのために数百人分の本や玩具を寄付し、妻アイリーンは二〇年間、子どもたちのそばで活動してきた。バン・デン・バーグはさらに、経済的困難を抱える多くの人たちに対しても、将来の収入が増えるように教育費を負担したり、病気の子どもの医療費を肩代わりしたりなど、小さいけれども当人にとってありがたい方法で静かに支援してきた。ほかの人を助けることができる状況は「金が私に与えてくれた最大の恵み」だとバン・デン・バーグは言う。

彼がほかの人たちとどのようにかかわっているかを数年にわたって観察してきた私が最も感銘を受けたのは、人を支え、助言し、鼓舞することに彼が心からの喜びを感じていることだった。私を含め、オフィスの床に深いリラックス状態で横たわる人の潜在意識に働きかけて、ポジティブな暗示をかけることを楽しんでいた。彼の息子のスコットが足首を捻挫してギプスだったにもかかわらず、彼の暗示を受けて砲丸投げ大会で優勝した話などを興奮気味に教えてくれた。バン・デン・バーグは恵まれない境遇にある子どもや大学生、受刑者たちに、自身がホロコーストや苦悩から得た教訓について話すのが好きだと言う。ジェームズ・アレンの著作『心が出した「答え」はいつも正しい』の特別篇など、人生の旅でおおいに助けとなった本を自費で再版して継続的に寄贈している。「相手が金持ちでもそうでなくても、人生を変える力のある本が贈り物としては最高だと思う。だから、私の趣味は本を贈ることだ」

バン・デン・バーグは、なぜ自分はホロコーストを生き延びたのだろうとよく考える。「運がよかっただけか？　たしかに私は統計上のひとりにすぎないから、そう言えるかもしれない。だがどういうわけか、私の人生には目的があってそのために生かされたのだといつも感じてきた。だから、ほかの人の人生も変えたい。私の考え方に合わせるのではなく、その人の人生をよりよくするために」

彼のオフィスのキャビネットには、彼にとっていちばん貴重な品であろう、彼が助けた人たちからの心のこもったたくさんの手紙がしまってある。友人や顧客や見知らぬ人やわが子からの手紙も交じっている。「これを見れば、誰かの人生になんらかのちがいをもたらすことができた喜びを感じる。誰にも奪うことのできない財産だ」と彼は言う。「かりに金をすべて失っても、このキャビネットを見てこう言える。『私の人生は無駄ではなかったようだ。人生を変えることのできた人たちがこんなにたくさんいる』」。バン・デン・バーグは手紙の山を指して言った。「これが私の銀行口座だ」

謝辞

私に経験を分けあたえ、奥深い知見を授けてくれた多くのすばらしい投資家のみなさん――彼らの忍耐力と包容力、寛大な精神がなければ、この本は存在していなかった。数日間をともに過ごしたこともある。数年にわたり、何度も話してくれた人もいる。うれしいことに、彼らは私を自宅やオフィスに招きいれ、旅先に同行させてくれ、挫折や困難について率直に話し、（いまでも忘れられない強烈なケースとして）私の潜在意識を書きかえようと催眠術をかけてくれたりした。賢く投資する方法や、合理的な思考法、逆境の乗りこえ方、幸せで充実した人生にする確率を高める方法など、彼らが体得した貴重な教訓を惜しみなく共有してくれたことに深い感謝を捧げる。

この本の価値を高めた、洞察力に富む投資家のみなさんのリストは長い。とくに、以下のかたがたにお礼を申しあげる。チャーリー・マンガー、エド・ソープ、ハワード・マークス、ジョエル・グリーンブラット、ビル・ミラー、モニッシュ・パブライ、トム・ゲイナー、ガイ・スピア、フレッド・マーティン、ケン・シュービン・スタイン、マシュー・マクレナン、ジェフリー・ガンドラック、フランシス・チョウ、タイラ・ザーフセン、トーマス・ルッソ、チャック・アクレ、李录《リールゥ》、ピーター・リンチ、パット・ドーシー、マイケル・プライス、メイソン・ホーキンス、ビル・アックマン、ジェフ・ビニク、マリオ・ガベリ、ローラ・ゲリッツ、ブライアン・マクマホン、ヘンリー・エレンボーゲン、ドナルド・ヤクトマン、ビル・ナイグレン、ポール・ラウンツィス、ジェイソン・カープ、ウィル・ダノフ、フランソワ・ロション、ジョン・スピアーズ、ジョエル・ティリングハスト、カイス・ザカリア、ニック・スリープ、ポール・アイザック、マイケル・ザパタ、ポール・ヤブロン、ホイットニー・ティルソン、フランソワ・マリー・ウォジック、サラ・ケッテラー、クリストファー・デービス、ラームディオ・アグラワル、アーノルド・バン・デン・バーグ、マリコ・ゴードン、ジャン・マリー・エベヤール。そして、いまは亡き五人の巨人、サー・ジョン・テンプルトン、アービング・カーン、ビル・ルエイン、マーティ・ホイットマン、ジャック・ボーグルに。

私の著作権エージェント、ジム・リバインが示してくれた温かさと有益な助言、果てしない情熱はすばらしく貴重で、いくら感謝してもしきれない。これ以上のパートナーはどこにもいない。スクリブナー社のエグゼクティブ・エディター、リック・ホーガンの底知れぬ知性、思慮深い編集作業、完璧を目指す姿勢にも深く敬意を表する。行動指針として「質《クオリティ》」の重要さを探究する『禅とオートバイ修理技術』が彼の愛読本だったことにも納得だ。スクリブナー社のナン・グレアム、ロズ・リッペル、コリン・ハリソン、本書の企画を採用してくれてありがとう。この本にかかわってくれたスクリブナー社のすばらしいチームの面々――スティーブ・ボルト、ダン・カディ、ベケット・ルエダ、ヤーヤ・ミセリに感謝する。私の敬愛する多くの著作者が集う聖なる地、スクリブナー社から本を出せたのは光栄の極みだ。

多くの友人や仲間からの助言や支えや励ましにはどう感謝を表現すればいいのかわからない。だがともかく始めてみよう。私にはもったいない友で、長年の私の英雄、ガイ・スピアに特別な感謝を贈る。ガイは人を助け、善意を広げることに喜びをもつ人物で、私は、モニッシュ・パブライやケン・シュービン・スタイン、ニック・スリープらとの縁を結んでもらったこと以外にも、数えきれない場面で助けられてきた。優れた作家のジョン・ガートナーは、私をモラル面で導いてくれただけでなく、本著作 *"The Ice at the End of the World"*（世界の果ての氷原）の才気あふれる企画書を見せてくれ、本書の企画書を作成するのにおおいに役立った。

親切なふるまいと気遣いと支援、そして友情に感謝する――マイケル・バーグ、マーカス・ウェストン、アイタン・ヤーデニ、アビィ・ナミア、ジェイソン・ツバイク、アラビンド・アディガ、トニー・ロビンス、マイケル・オブライエン、セシリア・ウォン、DJ・スタウト、ジリアン・ゾーイ・セガール、ニーナ・ムンク、ピーター・ソリアーノ、フレミング・ミークス、リチャード・ブラッドリー、ローリー・ハーティング、エメイ・ストーン、ローリー・スピア、サウラブ・マダーン、ニヒル・フーシーシン、クリス・ストーン、ラミン・バーラニ、マルリース・タライ、ビバリー・グッドマン、ウェイド・サビット、ナンシー・ダニノ、パイパー・ティアスドッター、マシュー・ウィンチ、ジェイミー・トゥルー、クレイグ・クラベッツ、ハワード・ドネリー、クリスチャン・メルク、ガウタム・バイド、シャイ・ダーダシュティ、サミュエル・フリードマン、デニス・トモポロス、リチャード・ウェルトハイマー、デイビッド・ワース、マリア・ボイド、トム・イーストン、チャールズ・カートレッジ、イーブン・ハレル、アラン・ダールメラトナム、シャロン・キャラハン、ヘレン&ジム・ニューベルガー、キャスリーン・ヒンジ、アンセラ・ナスタシ、ジョアン・キャプリン、ジョシユ・タラソフ、エリオット・トレクスラー、ラルフ・タウンゼンド、スティグ・ブロダーセン、プレストン・ピシュ、ケネス・フォーク、ヘッダ・ナードラー、ダニエル・ロース、マーク・チャップマン、オーリー・ヒンディ、カビール・セーガル、シャローム・シャラビ、イェリサ・キャストロデール、ランディ・スタンバリー、ジョン・ミハイエビッチ、ウィリアム・セイムディ、マイケル・シャアブ、デイビッド・メックナー、キャサリン・ブルース、スコット・ウィルソン、ルーシー・ウィルソン・カミングス、デビー・メリケン、ジェイコブ・テイラー、リチャード・クルップ、アンビ・カバノー、カレン・バーグ、ラブ・バーグ。

　気持ちよく集中できる執筆の場を提供してくれたこと以上に、私に多くの恩恵を与えてくれた〈アラインド・センター〉の友人たちに感謝する。創立者のマット・ラドマーは多くの点で手本《ロールモデル》であり、投資から瞑想まであらゆることで私は彼の知見を参考にしてきた。アラインド・センターの界隈のみなさんと過ごすのは楽しかった。一部のかたのお名前を記す——レティシア・レイズ＝ジェームズ、キャロライン・ホータリング、フェイリン・サンド、ヤーコポ・スーリッチォ、デイビッド・ジェーンズ、アリソン・ギルバート、アンディ・ランドルフ、クリスティン・カイエ、グウェン・マーキン、ダニエル・ゴールマン、デローネ・ミシェル、ダン・フライド。

　私の人生で偉大な授かり物のひとつは、すばらしい家族のなかに生まれたことだ。兄貴のアンドリュー・グリーンとその美しい妻ジェニファー・ハーシュル、私の姻戚たち——マービン・クーパー、ヨハナ・クーパー、ナンシー・クーパー、ブルース・メルツァー、ありがとう。

　最後に、あらゆることを可能にしてくれた家族五人に本書を捧げたい。母マリリン・グリーンは、

謝辞

私の執筆一日目から不屈の強さでサポートし、書きあげた章をいつも真っ先に読んでくれた。亡父バリー・グリーンは私の言語というものへの愛と投資への情熱をかきたててくれた。息子ヘンリー・グリーンは、この本を書き終わるまでずっと、才能豊かな文筆のパートナーとして欠くことのできない存在であり、裏づけのリサーチやインタビューの文字起こしやファクトチェック、さらには文章をもっと練る必要がある箇所の指摘などで、大きな力になってくれた。娘マデレーン・グリーンは、本書のアイデアや人物像で意見を交わすときにじつに深い忍耐力を発揮し、私がくじけそうなときには、鼓舞し、元気づけ、勇気づけてくれた。娘のほうが私の親に思えるときがあったほどだ。そして私の妻、誰よりも思いやりがあって親切なローレン・クーパー。妻と出会ったとき私は二二歳の若造だったが、人生で起こったすばらしいことはすべて、奇跡のような幸運の出会いから始まった。心からの感謝を捧げる。

訳者あとがき

日常的に投資に接しているかたはどのくらいおられるだろうか。本書のタイトル『一流投資家が人生で一番大切にしていること』を見て、自分とは無縁の話、と思われたかたもいるかもしれない。

まったくそんなことはない、、、、。

なぜなら本書は投資の指南書ではなく、投資をひとつの切り口にした、より賢く、より豊かに、より幸せに生きるための本だからだ（本書の原題は〝*Richer, Wiser, Happier*〟）。実際に投資をしているかたもそうでないかたも、投資に興味のあるかたもないかたも、手にとっていただく価値がこの本にはある。読み物として楽しいうえ、生き方に役立つインサイトが詰まっている。

投資や市場にまつわる用語の使用はわずかにとどめてあり、詳しくないかたでも問題なく読みすすめられる。文中に出てくる、たとえば「ロング／ショート」を聞いたことのないかたでも心配せずに読みすすんでほしい。

本書の魅力のひとつは、なんといっても、名だたる投資家がおおぜい登場することだ——文字どおりの億万長者たち。日本での知名度はさほど高くない人物も含まれているが、信念をもち、ときに市場の流れに背き、苦難を乗り越え、成功を収めた個性的な面々がそろう。章ごとに、中心となる投資家として一、二名を据え、その周りを数名から十数名の投資家が彩る。投資への向き合い方も、得意とする分野も一人ひとり異なる。そう、成功への道――そして幸福への道――はひとつではないのだ。

彼らは例外なく、自身の「原則」をもっている。本書は、彼らがたいせつにしてきた「原則」を、章のタイトル／サブタイトル（「模倣」「孤高」「シンプル」など）や、本文中の「四つの知恵」「五つの教訓」のようなかたちで惜しげもなく披露する。

華々しい成功譚だけでなく、大魚を逃した後悔や、破滅寸前まで追いこまれたときのしびれる感覚、実際に大損害を出して市場から去っていった投資家や、そのどん底から蘇《よみがえ》った投資家のトピックも出てくる。スリリングで飽きさせない。

ふたつ目の魅力は、著者自身のキャラクターにある。著者ウィリアム・グリーンは、英王室のウィリアム皇太子らと同じオックスフォード大学イートン校で学ぶも、高校生でありながら競馬に熱中して「洗練された英国紳士」になり損ね、アメリカに渡ってジャーナリストとなり、さまざまな媒体に金融関係の記事を執筆してきた。


著者のインタビューの旅は一九九〇年代にさかのぼる。三〇年近くにわたる著名投資家へのインタビューで得た膨大なデータを一冊の本にまとめたのが本書だ。きのうやきょうの思いつきでやみくもにアポをとって突撃したわけではない。長く深い歴史があるのだ。著者は、相手への尊敬の念、投資の極意を知りたいという情熱、そして自身の愛嬌《あいきょう》をもって、「変人」と呼ばれることも多い投資家たちの懐《ふところ》に飛びこみ、投資の（そして人生の）極意を聞きだしてきた。めったにインタビューを受けないことで知られる投資家や、インタビュー時点で一〇〇歳を超えていた投資家もいる。ときには彼らの自宅に招かれ、ときには同じプライベートジェットに乗り、ときには海外への旅に同行して。

長時間、ひたむきに向き合うからこそ、「どうもこの人は好きになれない」と感じた投資家にも行きあたった。当時の自分がそう思ってしまったことを、著者は率直に打ち明ける。あのときの自分は狭量だった、二〇年が経ったいまなら（当の投資家はすでに物故している）、それがわかる、もっと深く彼の話を聞いて学べたはずだったのにと悔いる。

投資家をめぐるさまざまなエピソードは、笑えるものあり、うーん……あまりこの人とは友だちになりたくないと思うものあり、ゴージャスすぎて異次元に感じるものあり、じつに多彩だ。日本の私たちになじみ深いものも数多く登場する。ある投資家はときおり京都の滝のほとりに隠棲し、ある投資家は日本文化に恋をし、ある投資家は『禅とオートバイ修理技術』を愛読し、ある投資家は『老子』の思想に共鳴する。ほかにブッダ、孔子、「カイゼン（改善）」などへの言及もある。

著者自身が、偉大な投資家たちから投資の極意を盗み、できれば自分もリッチになりたいという下心をもっていて、しかもそれを隠さない（さらに、その極意を読者にも伝えようと奮闘している）。文章からは茶目っ気のある人柄がうかがえ、ときおり、「話を聞いたあとで自分も〇〇の株を〇〇ドル分買った」のような情報開示が傍注として挟んである。

多くの投資家が口にするキーワードに「忍耐」がある。株は、手放さなければいつかはあがるのに（予想外の危機や破綻を除く）、それを待てない人が多すぎると。一方で、単純にそう言いきれない状況もある。個人の金ではなく、人の資産を運用するファンド・マネジャーは、「なぜさっさと売らないんだ」「なぜ○○を買わないんだ」と責めたててくる出資者の意向を無視することはできない。さもなければ契約を切られてしまうからだ。自分の感覚と、市場の見通しの確率と、手っ取り早く利益を出したい出資者の思惑とのギャップに苦しむファンド・マネジャーは、仕事を手数料稼ぎと割りきれない人ほど、悩みが深いのかもしれない。

著者は、インタビューの旅で得たインサイトを気前よく本書に注ぎこんでいるが、その太っ腹さは本文にとどまらない。ぜひ、巻末の「補足と参考文献」も読んでいただきたい。多くの書籍では、巻末の原注のページには著者が参考にした文献のURLや書誌情報などが羅列されるものだが、本書の「補足と参考文献」には、そのテーマではどの参考文献がいちばん役に立ったかとか、読むならこの順番がいいとか、本文に登場する投資家の人物像などがびっしり書きこまれている。読みやすさを考えて本文の分量を抑えつつ、読者に知らせたい情報をこうして巻末に大量に投下した彼のサービス精神に敬意を表したい。みなさんもぜひ受けとってほしい。ついでに言えば、前述した傍注も六〇近くあり、まじめな裏づけ情報だけでなく、軽口も交じっていて楽しいのでお目通しいただきたい。

訳者がとくに興味深く読んだ章をあげるとすれば、「習慣」「ほどほど」がテーマの第七章だった。章の中心人物、トム・ゲイナーの体重の話で始まる（減量はつねに、多くの人の興味をそそるテーマだ）。一〇〇パーセント子会社を一九社、一万七〇〇〇人の社員を率いる彼は、そのプレッシャーたるや、一日二四時間、週に七日、試合に出場しているようなものだと言う。その立場にありながら、天才である必要も、英知と経験を煮詰めた秘伝のソースも必要ない、納得できて自分に合った小さな習慣をコツコツとやり続ければそれでいい、その先に成功はついてくると言うゲイナーの話は多くの人にとって身近であり、じつに励まされる。

ウォーレン・バフェットの投資パートナーとして世界的に知られるチャーリー・マンガーを中心にした第八章も忘れがたい。先人の教え「逆だ、いつも逆からやるんだ」を守り、たとえば「いいファンドに賢く投資する」にはどうすればいいかを考えるときには、「だめなファンドにやみくもに突進する」にはどうすればいいかを細かく列挙し、その逆を行くように自分に言い聞かせる。数十年前、子どもの卒業式に招かれて壇上でスピーチした際には、「惨めな人生を送るための処方箋」として、「信頼を裏切りなさい、妥協を拒みなさい、恨みなさい、復讐しなさい、人を妬《ねた》みなさい、……」と、会場の卒業生たちに語りかけたのだそうだ。

さまざまな投資家がさまざまな先人たち――古代ローマやギリシャの哲学者、他領域の学者、先輩投資家のことばを胸に刻んでいる。本書にも多数登場するなかで、ここでは三つだけ紹介しておこう。どこにどんな文脈で出てくるか、見つけていただければ幸いだ。

「プロのアドバイスには用心しなさい。アドバイスの中身がそのプロ自身にとって都合がいい場合にはとくに」

「賢くあるための術《すべ》とは何に目をつぶるかを知る術にある」

「作戦計画の最大の敵は、完璧な計画への夢想なり」

最後に、訳稿に目を通して貴重な助言をくださった早川書房の石川大我氏と、校正担当の山口英則氏に深くお礼を申しあげます。

二〇二三年五月

補足と参考文献

本書『一流投資家が人生で一番大切にしていること』は、世界屈指の投資家たちに私がおこなったインタビューが基になっている。この本のために取材した方の数は40名を超え、そのほとんどが長時間、複数回にわたって話を聞かせてくれた。たとえばモニッシュ・パブライとは、彼のインド旅行に5日間同行し、カリフォルニアの自宅を訪ね、ニューヨークとオマハでも会い、電話でも数時間ことばを交わしている。同じくビル・ミラーとはメリーランドにある彼の自宅とオフィスで2日間過ごし、トム・ゲイナーにもバージニアで2日間、アーノルド・バン・デン・バーグにもテキサスで2日間取材した。また、過去にインタビューした投資業界のレジェンドたち――サー・ジョン・テンプルトン、ビル・ルエイン、マイケル・プライス、ピーター・リンチ、ジャック・ボーグルなど――の声もかなり取りあげている。

この本の特徴は、インタビュー相手の投資家のほとんどが、私が憧れている人たちだということだ。はじめは、自分の好みは措《お》いておいて、投資家として成功しているかどうかだけで執筆対象を決めていた。何度か書きはじめてはみたものの、人間的魅力に乏しい人たちの話はやがて書けなくなってしまった。身体が移植臓器を拒絶するかのような感じだった。長年優れた投資手腕を見せてきた投資家はたしかにすばらしいが、それでも私は、金儲けの才能にとどまらず、高い英知や価値観、知見を備えた人に強く惹かれる。こうしてこの本には、私たちがリッチになる手助けをしてくれるうえに、ものの考え方や生き方のヒントもくれる偉大な投資家が並ぶことになった。

当欄「補足と参考文献」も同じ気持ちで書いている。本書に詰まった事実や数値の出処をくまなく記録に残すことよりも、さまざまな補足資料をつうじて、読者のみなさんがより豊かに賢く幸せになるための旅に出る後押しをしたい。この気持ちがあったので、取材相手の投資家にはそれぞれの思索を深めるのに役立った本を紹介してもらった。以下のページでは、彼らの推奨図書に私のお勧めも添えて紹介していく。

序章　投資家は何を考えているのか

1.　2019年に亡くなったジャック・ボーグルについてさらに知るには、彼が著した投資関連本に何冊か目を通してみるといい。たとえば、*Common Sense on Mutual Funds*（刊行10周年記念版), Jack Bogle, John Wiley & Sons, 2009（邦訳『インデックス・ファンドの時代――アメリカにおける資産運用の新潮流』ジョン

・C・ボーグル著、井手正介監訳、みずほ年金研究所訳、東洋経済新報社、2000年）は、市場を上回る成績をあげるむずかしさ、相場を張ることに伴うリスク、投資家のリターンに過剰な手数料を課すことの見た目以上に大きな悪影響などについて丁寧に論じ、警鐘を鳴らしている。

私がいちばん好きな彼の著作は、*Enough: True Measures of Money, Business, and Life, Jack Bogle*, John Wiley & Sons, 2008（邦訳『人生のダイヤモンドは足元に埋まっている——強欲資本主義時代の処方箋』ジョン・C・ボーグル著、山崎恵理子訳、文響社、2021年）だ。章のタイトルが目を引き、たとえばある章は「『21世紀的価値』より『18世紀的価値』」〔邦訳書から引用〕だった。

20年前にボーグルを電話取材した際、彼は師と仰ぐウォルター・モーガンからの教えを熱っぽく語った。モーガンはファンド界のパイオニアで、ボーグルが固く守る「自制、名誉、義務、高潔」という昔ながらの価値観を、身をもって示した人物だ。受話器の向こうから音がしなくなったので、電話が切れたのかと思った。しばらくして、ボーグルは感極まってことばに詰まっていたのだとわかった。やがて彼は言った。「申しわけない。泣けてきてしまって。ウォルター（モーガン）のことが大好きだった。本当によくしてもらったし」。ボーグルは、彼が「信念をもった、高潔の士」と評するモーガンから大きな影響を受け、「株主は王様だ」との教えをいまもだいじに守っている。モーガンは、ある株主からあまりいいスーツをもっていないので一着もらえないかとの手紙をもらい、その株主に本当に一着送ったこともあるという。

投資哲学を固めるうえで、ほかにどんな人たちから影響を受けたのかを尋ねると、ボーグルは著名な作家の名をふたり——チャールズ・エリスとバートン・マルキール——をあげた。チャールズ・エリスは、1970年代に書いて反響を呼んだ「敗者のゲーム」という記事を下敷きにして、*Winning the Loser's Game, Charles Ellis*, McGraw-Hill, 1998（邦訳『敗者のゲーム［原著第8版］』チャールズ・D・エリス著、鹿毛雄二・鹿毛房子訳、日本経済新聞出版、2022年）として出版した。この本は名著として読み継がれることになる。バートン・マルキールは、*A Random Walk Down Wall Street*, Burton Malkiel, W.W. Norton & Company, 2020（邦訳『ウォール街のランダム・ウォーカー　株式投資の不滅の真理』井手正介訳、日本経済新聞出版、2019年）を著した。ボーグルはこの本を読んで、インデックスファンドの理論への信頼をさらに強固にした。

2. ビル・ミラーを紹介する私の記事（タイトル「ビル・ミラーの時代到来」）は、フォーチュン誌の2001年12月10日号に掲載された。記事では、同時多発テロ事件後に相場が大幅に下落したときも、果敢に買いを進めたミラーの先見性を取りあげた。当時、投資業界はミラーの投資をあざ笑っていた。儲けも出せない、つぶれそうな小売業者に5億ドルも注ぎこんでいると——その小売業者はアマゾンだったのだが。ミラーは私に言った。「アマゾンにはものすごいスケールメリットがある。やがてみんなにもわかる」。当時の記事で私はこう書いた。「もし彼の予想が外れたら、彼のキャリア最大の失敗と言われることになるだろう。だがもし、ミラー自

身が信じているとおりに予想が当たったら、アマゾンへの投資は史上トップクラスの優れた判断と称えられるだろう」。アマゾンの株価は10ドルから3000ドルへと上昇したが、ミラーはずっと手放さずにいる。

3. エド・ソープは、成功の確率を最大に、失敗の確率を最小にすることにこだわる合理主義者で、当初はギャンブラーとして有名だった。ベストセラーとなった *Beat the Dealer*, Edward O. Thorp, Blaisdell Publishing Company, 1962（邦訳『ディーラーをやっつけろ！』エドワード・O・ソープ著、増田丞美監修、宮崎三瑛訳、パンローリング、2006年）のなかで、カード・カウンティングによるブラックジャック必勝法を明かしている。近刊に、回想録の*A Man For All Markets*, Edward O. Thorp, Random House, 2017（邦訳『天才数学者、ラスベガスとウォール街を制す』エドワード・O・ソープ著、望月衛訳、ダイヤモンド社、2019年）があり、ルーレットやバカラなどのギャンブルだけでなく、オプション取引やワラント債取引といった投資に至るまで、あらゆる「賭け」について語っている。ソープについて尋ねると、ビル・ミラーは「彼は最高だね。バフェットも優れた投資家だが、エド・ソープのほうが一枚上手だと思うのは、ソープは誰も考えないことを思いつけるから。投資のパフォーマンスも安定していて、あまりでこぼこがない。しかも彼はなんでも自力で解きあかすことができるし、統計的裁定取引《スタット・アーブ》を発明したのも彼だった」

ソープの成功の秘訣は、ひとつには、ケリー基準〔賭けの最適なサイズを確率論で決定する数式〕を使いこなしたことにある。ソープは、「ケリー基準を活用して、リスクとリターンを天秤にかけて最善の条件を割りだすことができた。賭けすぎないようにする予防効果もある」と言っている。ウィリアム・パウンドストーンが著書 *Fortune's Formula*, William Poundstone, Hill and Wang, 2005（邦訳『天才数学者はこう賭ける――誰も語らなかった株とギャンブルの話』松浦俊輔訳、青土社、2006年）のなかでソープのとった戦略を、破滅のリスクがなく、高い確率で富を増やせる投資法だと述べている。リスクとリターンのバランスをとることの重要性を伝える教訓的な書としては、*When Genius Failed*, Roger Lowenstein, Random House, 2000（邦訳『天才たちの誤算　ドキュメントLTCM破綻』ロジャー・ローウェンスタイン著、東江一紀・瑞穂のりこ訳、日本経済新聞出版、2001年）もお勧めだ。著者のロジャー・ローウェンスタインは、レバレッジをかけすぎて破綻したヘッジファンド〈ロング・ターム・キャピタル・マネジメント（LTCM）〉の歴史をたどり、あやうく金融崩壊を引きおこすところだったドラマを詳しく書いた。エド・ソープはこのファンドに1000万ドルの投資を勧められたことがあるそうだ。だが手は出さなかったのは、このファンドのマネジャーたちは切れ者だが、傲慢で知られ、「あまりにも大きなリスクをとろうとしていた。彼らが破滅する可能性はかなり高いと私には思えた」からだ。

ソープはほかに、心理学教授のフィリップ・E・テトロックとジャーナリストのダン・ガードナーが書いた、*Superforecasting*, Philip Tetlock and Dan Gardner, Crown Publishers, 2015（邦訳『超予測力――不確実な時代の先を読む10カ条』土

方奈美訳、ハヤカワ・ノンフィクション文庫、2018年）も勧める。テトロックの見たところ、投資家にしろエコノミストにしろ、未来を読もうとする予言者たちは自分の能力を過信している。実際には、「平均的な専門家の予測精度は、チンパンジーが投げるダーツとそう大差ない」とテトロックは忠告する。ボーグルやソープのような百戦錬磨の投資の哲人から私たちは何を学べるだろうか。不変の教訓のひとつは、自信過剰に陥る可能性があることをつねに意識して戒めるべきだということだ。

第一章　ウォーレン・バフェットの模倣者

この章の基となったのは、モニッシュ・パブライに私がおこなったインタビューだ。彼の話をさらに聞きたければ、彼のウェブサイト https://www.chaiwithpabrai.com で、さまざまなスピーチの動画やポッドキャスト、ブログが楽しめる。彼の著作*The Dhandho Investor*, Mohnish Pabrai, John Wiley & Sons, 2007（邦訳『ダンドーのバリュー投資——低リスク・高リターン銘柄の発見術』船木麻里訳、パンローリング、2019年）もお勧めしたい。冒頭の段落でパブライは例のごとく、明言している。「私個人のオリジナルなアイデアはほとんどない。大半は既存のアイデアを拝借したものだ」

1.　〈ダクシャナ財団〉の詳細は、財団のウェブサイト https://dakshana.org で得られる。恵まれない環境にいる生徒たちにインド工科大学（IIT）や政府系医科大学入学をめざす機会を提供するこの取り組みは、貧困層の生活向上を助けるおそらく最も費用効率の高い方法ではないだろうか。月99ドルを24カ月寄付すれば、奨学生ひとりがダクシャナの2年プログラムを修了するまでの費用をまかなえる。
2.　パブライは「クローニング」ということばを、人の最高のアイデアや習慣を、恥じたり卑下したりすることなく堂々と借りる（ときには改良も加える）ことを指して使う。投資でもビジネスでも、さらには人生の成功をもたらすこの戦略を、どこでさらに学べるだろうか。紹介できる図書や資料は意外に少ない。私が、もうひとりの偉大なクローナーではないかと思っているティム・フェリスの著作を紹介しよう。ただしフェリスはクローニングということばは使っていない。フェリスの大部の著作*Tools of Titans*, Tim Ferriss, Houghton Mifflin Harcourt, 2016（邦訳『巨神のツール——俺の生存戦略』健康編、富編、知性編、川島睦保訳、東洋経済新報社、2022年）には、朝の過ごし方から運動、食事、生産性、富の築き方まで、世界の第一人者たちから得た実践的なアドバイスが詰まっている。

フェリスのポッドキャスト〈The Tim Ferriss Show〉には、さらに豊富な情報がある。私の好きなエピソードは、フェリスが友人のジョッシュ・ウェイツキンをインタビューしているものだ。ウェイツキンはチェスの全米ジュニア選手権の元チャンピオンかつ太極拳推手《すいしゅ》の元世界チャンピオンであり、*The Art of Learning*, Josh Waitzkin, Free Press, 2007（邦訳『習得への情熱——チェスから武術へ』吉田俊太郎訳、みすず書房、2015年）の著者でもある。現在はパドルサーフィンも

習得し、ファンド・マネジャーやトップアスリートたちに向けて、最高の心身状態でパフォーマンスができるよう、「いまに心を深くとどめ」、「あるがままの自分を表現する」精神を養うための指導をおこなっている。このふたつは、投資や執筆などの高度な頭脳労働でも欠かせない。パブライ、フェリス、ウェイツキンの３人とも、先人の有用なモデルを解体し、得られた知識を細部まで注意深く応用する点で共通している。

クローニングの例をほかにも探しはじめると、どの時代でも多くの偉人が、模範としている人物を意識的に見習い、その行動を真似ようとしてきたことがわかる。レフ・トルストイは1884年の日記にこう記している。「自分のための読書の輪をつくらなければならない。エピクテトス、マルクス・アウレリウス、ブッダ、パスカル、新約聖書。これは誰にとっても必要なことだ」。マルクス・アウレリウスは不朽の名著『自省録』の冒頭で、自身が観察した16人の望ましい気質について詳細なリストを掲げた。16人のなかには彼の養父、ローマ皇帝アントニウス・ピウスも含まれ、「人生の試練に耐え、洗練された、人の追従に乗らない人物」であり、情け深く、利他的で、勤勉で、けっして無礼を働かず、「うわべの印象だけで満足せず」、「見かけの栄誉に無関心」で、「つねにまじめで堅実であり、けっして俗悪に堕ちず、流行に流されない」人物と評した。同様に、哲学者のセネカは、尊敬する人物につねに自分が見られている意識をもつこと、そしてその人物によって示される基準に自分も到達できるよう試みることを勧める。

3. パブライが成功者となれたのは、ウォーレン・バフェットやチャーリー・マンガーの原則と習慣を模倣《クローン》したからだと言える。何年もまえにパブライが私に、「私と同じくらいこの本を楽しめるよう願っている。これまで読んだなかで最高の本ですよ」との書きつけを添えて、チャーリー・マンガーの貴重なスピーチや執筆原稿を集めた書、*Poor Charlie's Almanack*, Charles T, Munger, Donning, 2005をくれたことがある。投資手法に限らず、合理的な思考法をマンガーから深く学びたいのなら、この本は必読書と言えよう。繰りかえし読むに値する本だ。

バフェットを信奉する人にとって最初の試練は、大量の参考図書や資料のなかからどれを読むかを選ばなければならないことだ。選択の対象としてはたとえば、バフェットの友人キャロル・ルーミスが書いた、*Tap Dancing to Work*, Carol Loomis, Portfolio/Penguin, 2012（邦訳『完全読解　伝説の投資家バフェットの教え』峯村利哉訳、朝日新聞出版、2014年）や、*The Warren Buffet Way*, Robert Hagstrom, John Wiley & Sons, 1994（邦訳『株で富を築く――バフェットの法則［最新版］』ロバート・G・ハグストローム著、小野一郎訳、ダイヤモンド社、2014年）などがある。私個人としては、バフェットが年次報告書に書く「株主への手紙」を繰りかえし読むことにしている。これらは、https://berkshirehathaway.comで無料で読める（1995年以降の分が公開されている。さらにさかのぼりたい熱心な学習者は、編集者マックス・オルセンが定期的に更新して出版している、*Berkshire Hathaway Letters to Shareholders 1965-2019*, Explorist Productions, 2020で掘りさげるのもいいだろう。ビジネスや投資に関するバフェットの著作にどっぷりと浸か

ったら、このテーマでほかに読むべきものはもうないのではないか。知るべきことはすべてそこに書かれている。隠すことなく、目のまえに置かれているのだ。しかもMBAよりずっと安上がりだ。
4. パブライがつねに正直であろうとするようになったのは、*Power vs. Force*, David Hawkins, Hay House, 2002（邦訳『パワーか、フォースか（改訂版）』デヴィッド・R・ホーキンズ著、エハン・デラヴィ＆愛知ソニア訳、ナチュラルスピリット、2018年）を読んでからだ。いまは亡きホーキンズが書いたこの本は、ガイ・スピアやアーノルド・バン・デン・バーグにも大きな影響を与えた。精神科医、内科医を経てスピリチュアル指導者に転じたホーキンズは、人間のさまざまな行動様式がもたらすプラスとマイナスの作用について、そして、意識レベルを向上させる方法について明快に論じている。一節を引用しよう。「自分も含めて、生きとし生けるすべてのものに素直に優しさを示すと、変化をもたらす最強のパワーが生まれる。この優しさは、逆戻りすることがなく、反感を買うこともなく、喪失感や絶望感を生むこともない。自分の本来の力を高めてくれるし、それでいてなんらかの犠牲を求められることはない。ただし、その力を最大限に発揮するためには、優しさに条件をつけてはならず、欲得や見返りを前提とするような優しさであってはならない。優しさのもたらす効果はとらえがたいが、遠くまで届く」
　ホーキンズは自分を信奉する人たちに、彼が「非二元性への献身」と呼ぶ道を追求するよう説いた。また、*The Eye of the I*, David Hawkins, Hay House, 2001や、*I: Reality and Subjectivity*, David Hawkins, Hay House, 2003（邦訳『〈わたし〉真実と主観性』デヴィッド・R・ホーキンズ著、立花ありみ訳、ナチュラルスピリット、2010年）、*Truth vs Falsehood*, David Hawkins, Hay House, 2005などの本も書いている。彼はこうした書籍を、悟りを目指して「真摯に取り組むスピリチュアルな生徒たち」に向けた手引き書として執筆した。『パワーか、フォースか』ほどわかりやすい内容ではないが、いずれもすばらしい本で、読者の心の琴線に触れるだろう。私は最近、負の感情を手放すための実践テクニックが書かれた*Letting Go*, David Hawkins, Hay House, 2013も読んでいる。

第二章　孤独をいとわない

1. サー・ジョン・テンプルトンとの対話は1998年11月に、バハマにある彼のオフィスと自宅でおこなった。その後、電話でも話をしている。私が書いた記事「サー・ジョン・テンプルトン卿の秘密」はマネー誌の1999年1月号に掲載された。
2. ジョン・ロスチャイルドには、*The Davis Dynasty*, John Rothchild, John Wiley & Sons, 2001（邦訳『デービス王朝――ウォール街を生き抜く影の投資家一族』高本義治訳、パンローリング、2003年）という優れた著作がある。この本は、シェルビー・カロム・デービス、その息子のシェルビー・M・C・デービス、さらにその息子のクリストファー・デービスが、三代にわたり投資ビジネスでいかに成功を収めていったかを詳しくたどっている。一族の資産は、鋭い銘柄選びだけでなく、極端な倹約ぶりによっても築かれた。私とのインタビューでクリストファー・デー

ビスが話したところによると、祖父のシェルビー・カロム・デービスは「消費を背徳行為だと見なしていた」そうだ。13歳のころにクリストファーは、祖父とウォール街を歩いていて、ホットドッグを買いたいと大胆にも1ドルをねだったことがある。祖父は断り、「自分のように投資して長生きすれば、その1ドルは1000ドルになるんだ」と説いたという。クリストファーの父シェルビー・M・C・デービスも、無駄遣いをさげすむ考えを受け継いでいた。「私が交際している女性を父が気に入らないとすれば、理由はこうだった。『彼女は浪費家だ』」

3. テンプルトンは自由な発想で数多くの慈善事業をおこない、そのなかに、人の健康と祈りとの関係を探る科学研究への資金提供がある。研究の一例として、2006年のアメリカ心臓学会誌に「心臓バイパス患者における執り成しの祈り〔他者のための祈り〕の治療効果に関する研究――祈りを受けることの不確実性と確実性に関する多施設無作為試験」が掲載されている。〈テンプルトン財団〉は、「飽くなき好奇心をもって無数の発見を追い求める」という彼のビジョンを引きついでいる。財団のウェブサイト templeton.org によれば、財団の資金提供先は、最先端の遺伝子研究から、100万人に1人の数学的天才を育成する「天才育成構想」、デズモンド・ツツ大司教とダライ・ラマを描いたドキュメンタリー映画『*Act Like a Holy Man*（聖人のようにふるまう）』まで幅広い。2018年末の時点で財団の提供額は15億ドルに到達したが、寄付などによる資金はまだ30億ドル近く保持している。

4. テンプルトンが受けた型破りな教育の話はおもに、彼への取材に基づいている。加えて、彼について書かれた優れた書籍から、生い立ちについて触れている記述も参考にした。*Investing the Templeton Way*, Lauren C. Templeton and Scott Phillips, McGraw-Hill, 2008（邦訳『テンプルトン卿の流儀』ローレン・C・テンプルトン＆スコット・フィリップス著、鈴木敏昭訳、パンローリング、2010年）と、*The Templeton Touch*, William Proctor, Templeton Press, 2012 edition の2冊だ。

5. 戦時中の投資環境については、自身も著名な投資家だった故バートン・ビッグスによる、*Wealth, War & Wisdom*, Barton Biggs, John Wiley & Sons, 2008（邦訳『富・戦争・叡智』望月衛訳、日本経済新聞出版、2010年）が参考になる。彼は歴史が激動するなかでいかに資産を守るかについて賢明な教訓を引きだしながら、戦争の時代を興味深くも詳細に伝えた。一節を紹介しよう。「先行きが不透明なときほど分散投資をするべきだ。分散投資は、これまでもつねにそうだったように、『思慮深い投資家の原則《プルーデントマン・ルール》』の第一原則である。……サハラ以南のアフリカでは、何世紀ものあいだ、家畜が富の最も安全な保管場所だと信じられていた。だがそれも大旱魃《かんばつ》がやってくるまでの話だった」。ビッグスはまた、回想録 *Hedgehogging*, Barton Biggs, John Wiley & Sons, 2006（邦訳『ヘッジファンドの懲りない人たち』（望月衛訳、日本経済新聞出版、2010年）も書いていて、生きぬいていくための、捻《ひね》りを利かせた知見を惜しみなく披露している。一節を紹介しよう。「株式市場はサディスティックであまのじゃくで、豹変しやすい獣《けもの》だ。永遠なものなど何もない」

6. ローレン・テンプルトンとスコット・フィリップスは『テンプルトン卿の流

儀』のなかで、テンプルトンの空売り戦略について詳しく述べている。テンプルトンは空売りしたあとに株価が一定の割合で上昇した場合、売りポジションをただちに「買い戻す《カバーする》」という鉄の掟を打ちたてて、損失が膨らむ危険から身を護ったという。ローレン・テンプルトンはグーグル主催の「トークス・アット・グーグル」の場で2017年にスピーチしたとき、サー・ジョン・テンプルトン（彼女の大叔父にあたる）が4億ドルもの資金を空売りに充てていた可能性に言及した。彼女の説明によると、テンプルトンは、ロックアップ（売却制限期間）解除の7日前に株を空売りし、解除から10日後にカバーする戦略をとっていた。

7. 私はいま、テンプルトンの本を20年前よりずっと素直に読める。たとえば、*Wisdom from World Religions,* John Templeton, Templeton Foundation Press, 2002は、テンプルトンが「人が生きるうえでよりどころとするべきルール」と考えた200個の「永遠なる精神の原則」が詰まった、とりわけ貴重な本だといまの私は痛感する。数年前にこの本を読みかえしたとき、恥ずかしさで顔が赤らむのを感じた。自分がどれだけ心が狭く、彼からどれだけ学びそこねたかに気づいて、文字どおり大声でうめいてしまった。本の余白に私はこう書いた。「自分が賢いふりをしたばかだったとわかって、情けなさで笑う。やれプルーストだ、やれニーチェだと分析するのに忙しく、テンプルトンが伝えるたしかな知恵を見落としていた。私はあまりにも鈍くて偏っていて、彼の成功と喜びの裏にあるものが見えなかったのだ」

8. テンプルトンが「思考の制御」に魅了されたきっかけは子ども時代にある。母親の影響で、幸福や健康、成功、繁栄を実現するために「心の力《マインドパワー》」を重んじるニューソート運動の教えに沿って育てられた。テンプルトンの著作にはこの運動を率いた指導者たちのことばが多く紹介されている。たとえばユニティ教会のイメルダ・シャンクリンは「自分の心を支配した者は、世界を支配する」と説いた。テンプルトンは、彼の「友人であり、探究の仲間」であるグレン・モーズリーが書いた*New Thought, Ancient Wisdom,* Glenn R. Mosley, Templeton Foundation, 2006に序文を寄せている。ニューソート運動の中心人物は、テンプルトンが「天才」と呼ぶニューソートの著述者、アーネスト・ホルムズだ。ホルムズは「スピリチュアル・マインド・ヒーリング」を掲げ、「私たちは、心の状態に感応する精神宇宙に住んでいる。心の動きをコントロールできるようになれば、それだけ周りの状況も自然にコントロールできるようになる」と述べた。また、ホルムズは「人は経験を積み重ねていった先でいつか、私たちはみな、自分自身が天国なのか地獄なのかを自覚するようになるだろう」と予言した。

第三章　すべては変化する

1. 本章の冒頭に置いた引用文は、禅宗の瞑想と実践に関する鈴木俊隆の啓発的な対談集、*Zen Mind, Beginner's Mind,* Shunryu Suzuki, John Weatherhill, 1970（邦訳『禅マインド　ビギナーズ・マインド』鈴木俊隆著、松永太郎訳、サンガ、2012年）が出典だ。この引用部分のすぐあとに、鈴木はこう説明する。「『すべては変化する』ということ、『無常である』ということ、この永遠の真実をはっきりと理

解し、そこに平静さを見出すと、私たちは、涅槃にいるのです。すべては変化する、無常であるということを受け入れないと、完全な平静さ、平安というものがわかりません」（松永太郎訳）

無常の思想が投資家にどんな意味をもつか、私は字数を割いて書いたが、禅宗から拝借したい、もうひとつのだいじな思想に焦点を当ててもよかったかもしれない。それは「初心」つまり「ビギナーズ・マインド」だ。私たちはつねに「何に対しても開かれた」「空《くう》の心」をもちつづけるように努力すべきだと鈴木は説く。彼はこの受容の心構えが禅の実践における奥義だと考える。「心はいつも、先入観、主観的な意図、癖などに満ちていて、ありのままのものごとの姿に開かれていません。……誰かの話を聞くときに、自分自身の考えを持つべきではありません。自分の心にあることは忘れてしまって、ただ相手のいうことを聞くのです。……私たちの心は、ものごとをなんの難しさもなく、ありのままに受け入れなければなりません」（松永太郎訳）

私が出会ったなかでとくに思慮深いマネーマネジャー、マリコ・ゴードンは、投資家もビギナーズ・マインドをもちつづけるべきだと言う。「それはとてもだいじ。思いこみをせず、すべてを初めて見るつもりで見る、そしてひとつの見方にとらわれないようにするのです」。企業の調査を始めるとき、彼女は「なんの先入観ももたないようにする」と言う。「経営陣との面談では、自由に回答できる質問をたくさん投げかける。『XとYとZについて聞きだそう』という意図では臨みません。会いにいき、話をして、どんな会話になるかを見ます。私はただ、先方のビジネスに純粋に好奇心があるのです。村一番の大ばか者でけっこう。知らないことを恥とは思わない」

その率直な好奇心で思いがけないものをたくさん見つけてきたゴードンの推薦図書は、パンクバンドのベーシストを経て禅師となったブラッド・ワーナーによる、*Hardcore Zen*, Brad Warner, Wisdom Publication, 2003だ。ゴードンはほかに、*One God Clapping*, Alan Lew and Sherril Jaffe, Jewish Lights, 2001の共著者アラン・ルーの書いたものも好きだと言う。さらに、ジャン・ルイ・セルヴァン・シュレベールの*Art of Time*, Jean-Louis Servan-Schreiber, Da Capo Lifelong Books, 2000（初版の邦訳『時間術』J＝L・セルヴァン・シュレベール著、榊原晃三訳、新潮社、1985年）も、「時間とのつきあい方について、戦術的に考えるのではなく、より深くより瞑想的な戦略論として考える」ことをテーマにした本だとして推薦している。

2. T・ロウ・プライスのこの小論文*"Change—the Investor's Only Certainty"*は、チャールズ・エリスとジェームズ・バーティンが編纂した*Classics: An Investor's Anthology*, Charles Ellis and James Vertin, eds., The Institute of Chartered Financial Analysts, 1989に収められている。この本は、ジョン・メイナード・ケインズやベンジャミン・グレアム、フィリップ・フィッシャー、ロイ・ニューバーガーなど、金融界の巨人たちの論文を特集していて、なかでも読みごたえがあるのが、エリスの書いた、株式投資に長期間かかわりつづけることの精神的なむずかしさに

関する論文だ。「問われるのは、投資家が実際に耐えられるのか、という点だ。問題は市場にあるのではなく、私たちや私たちの認識、その認識に対する私たちの反応にある。だからこそ、投資に参加する顧客一人ひとりが、自身や所属組織が市場変動に対してもっている忍耐力を、現実的に把握できるようにすることが重要なのだ」。このほか、テンプルトンが「世界規模の投資」について1984年におこなったスピーチでは、結びのことばに脳を揺さぶられる。「日々ひざまずき、自分の恵まれた境遇——何倍にも膨らんでいくその恵まれた境遇——に感謝していないのなら、あなたにはまだ見えていないものがたくさんある」

3. 「ハワード・マークスの覚書」は、オークツリーの無料アーカイブ www.oaktreecapital.com/insights/howard-marks-memos にあり、30年以上さかのぼって閲覧できる。登録しておくと、最新の覚書が投稿されるたびにメールで通知を受けとれる。投資の世界でもたまには、栄養たっぷりな無料ランチがあるのだ〔英語には「無料のランチはない＝ただほど高いものはない」という諺がある〕。

4. 私が気に入っている投資関連本のひとつが、ハワード・マークスの*The Most Important Thing Illuminated,* Howard Marks, Columbia University Press, 2013（旧版の邦訳『投資で一番大切な20の教え——賢い投資家になるための隠れた常識』貫井佳子訳、日本経済新聞出版、2012年）で、クリストファー・デービス、ジョエル・グリーンブラット、ポール・ジョンソン、セス・クラーマンが注釈をつけている。もしあなたが市場研究に熱心で、「将来起こりうる結果」に合わせてポートフォリオのポジションを賢く調整する方法を知りたいのであれば、マークスの２冊目の本、*Mastering the Market Cycle,* Howard Marks, Houghton Mifflin Harcourt, 2018（邦訳『市場サイクルを極める——勝率を高める王道の投資哲学』貫井佳子訳、日本経済新聞出版、2018年）も読むべきだろう。この本では、信用のサイクルやデット（debt）のサイクル、「投資家心理の振り子」といったテーマについて深い考察がされている。１冊目ほど軽い読み物ではないが、市場を理解するための確固とした枠組みを提供してくれる。この２冊の内容を彼の覚書が補完しているので、そちらの熟読もお勧めする。覚書には、マークスが現状においてリスクとリターンをどのように天秤にかけているかが書かれている。これは、循環的な景気変動が極点に近づいているときにとくに貴重で、過剰な恐怖や強欲に陥らないように彼が導いてくれる。

5. この章では、ミシェル・ド・モンテーニュの叡智をふたつ引用した。いずれもサラ・ベイクウェルのすばらしい著作 *How to Live, or, A life of Montaigne in one question and twenty attempts at an answer,* Sarah Bakewell, Chatto & Windus, 2010 から引いたものだ。モンテーニュも、優れた投資家がそうであるように、世間の喧噪を避けてひとりで考えることの重要性を知っていた。ベイクウェルは、モンテーニュの書斎を、奇妙なオブジェや思い出の品々が詰まった「驚異の部屋」と呼び、彼の次のことばを紹介している。「言わせてもらえば、家のなかに、ひとりでこもれる場所、ひそかに自分の好きなことができる場所、身を隠せる場所をもたない御仁は気の毒だ」。ベイクウェルの本には、何事も疑ってかかることの重要性を取り

あげた章がある。その章の副題は、ソクラテスの一節から着想を得てこうつけられている。「私が知っているのは自分は何も知らないということだけだ。しかもそれさえも確信がもてない」

6. 投資や人生における運が果たす役割は、ナシーム・ニコラス・タレブの強烈に独創的な著書、*Fooled by Randomness*, Nassim Nicholas Taleb, Thomson/Texere, 2004（邦訳『まぐれ——投資家はなぜ、運を実力と勘違いするのか』望月衛訳、ダイヤモンド社、2008年）の中心的なテーマだ。マークスもこの本をよく引きあいに出す。タレブは才気あふれる闘争的な懐疑論者で、私にとってはこわいほどの知性の持ち主だ。彼から厳しく批判されるのではないかと、私はびくびくしてしまう。だが、運や不確実性、リスクに関する私たちのいい加減な思いこみや勘違いを、彼ほど容赦なく指摘できる者はいない。たとえば、『まぐれ』のなかで、彼はこう言ってのける。「私たちは、それはすばらしい戦略だとか、あの起業家には“ビジョン”があるとか、このトレーダーは才能があるとかの印象をよくもつが、考えてみると、彼らの過去のパフォーマンスの99.9パーセントは運、ただ運によるものだったとわかることもまた多い」

タレブの著書のなかでも、*Antifragile*, Nassim Nicholas Taleb, Random House, 2012（邦訳『反脆弱性——不確実な世界を生き延びる唯一の考え方』望月衛監修、千葉敏生訳、ダイヤモンド社、2017年）ほど、いい意味で私を揺さぶったものはない。この本は、あらゆる投資家が答えるべき重要な問い——どうすれば自分のポートフォリオと人生をより強靭なものへと変化させられるか——を私に考えさせてくれた。タレブは簡潔に忠告する。「もろいものは時間とともに崩れていく」。実際、タレブの著書にはどれも貴重な洞察が含まれる。たとえば、*The Black Swan*, Nassim Nicholas Taleb, Random House, 2007（邦訳『ブラック・スワン——不確実性とリスクの本質』望月衛訳、ダイヤモンド社、2009年）のこのくだり。「意思決定をするときには、確率（見当がつかない）よりも、結果（見当がつくかもしれない）のほうに焦点を当てるべきだ。不確実性を考えるときの本質がそこにある」。あるいは、*Skin in the Game*, Nassim Nicholas Taleb, Random House, 2018（邦訳『身銭を切れ——「リスクを生きる」人だけが知っている人生の本質』望月衛監修、千葉敏生訳、ダイヤモンド社、2019年）にある次の記述に注目してほしい。「破滅を含むような戦略では、利益が破滅のリスクを補うことはけっしてない」。エド・ソープからウォーレン・バフェット、ハワード・マークスまで、凄腕のすべての投資家たちと同様に、タレブの投資哲学はある重要な認識が基となっている。「だいじなのは生きのこること」

7. 念処経《ねんじょきょう》について学術的に掘りさげたい場合には、ジョーゼフ・ゴールドスタインの著書、*Mindfulness*, Joseph Goldstein, Sounds True, 2013を読むといい。仏教徒にもそうでない人にも役立つ知恵が詰まった、価値ある1冊だ。ゴールドスタインは、欧米におけるマインドフルネス瞑想の秀でた指導者で、その著書は「覚醒への実用的なガイド」と呼ばれる。瞑想と覚醒について別の見方を与えてくれるダニエル・イングラムの*Mastering the Core Teachings of the Buddha*, Daniel Ingram,

Aeon Books, 2018もお勧めだ。副題に「徹底的にダルマを追究した書」とあり、これは警告であり誘惑でもある。この本を紹介してくれたヘッジファンド・マネジャーのジョシュ・タラソフにとって、瞑想の習慣は、投資家として心の平静を保つための中心的な役割を果たしている。

第四章　倒れない投資家

1. ベンジャミン・グレアムの生涯については、ジョー・カーレンによる伝記 *The Einstein of Money*, Joe Carlen, Prometheus Books, 2012に詳しい。また私は、1977年に金融アナリスト研究財団から刊行されたレポート*Benjamin Graham: The Father of Financial Analysis*もおもしろく読んだ。グレアムの弟子アービング・カーンが共著者のひとりとして加わったこのレポートは、CFA協会の厚意によりオンライン上で無料で閲覧できる。グレアムの生涯に親しみを込めて触れながら、カーンが恩師の性格や高い知的能力について述べている。一節を紹介しよう。「彼（グレアム）の思考の速さはすさまじく、複雑な問題を聞いただけですぐに解決してしまうので、ほとんどの人は呆気にとられるばかりだった。記憶力もその広さと深さが並外れていて、ギリシャ語、ラテン語、スペイン語、ドイツ語で読書ができた。さらに驚くのは、スペイン語の正式な教育を受けたわけでもないのに、スペイン語の小説を英語の文芸作品に翻訳したところ、アメリカの出版社が出版を決めたほどの出来映えだったことだ」

グレアムがグレアム・ドッドと共同で著した*Security Analysis*, Benjamin Graham and David Dodd, The McGraw-Hill Companies Inc., 1934（邦訳『証券分析』ベンジャミン・グレアム＆デビッド・L・ドッド著、関本博英＆増沢和美訳、パンローリング、2002年）は、威風堂々とした大部の書だ。マーケル社の共同ＣＥＯトム・ゲイナーは、1934年刊行の第1版を推奨する。その理由は、ギリシャ、ラテン文学への情熱と、「なぜ人は勝利と絶望の時期に決まって同じことをするのか」のテーマについて世情につうじた見方が盛りこまれ、「これこそがベン・グレアムの声と視点を真に伝える」書だからだ。

グレアムのもうひとつの名著 *The Intelligent Investor*はより手にとりやすい。金融コラムニストのジェイソン・ツバイクが新たな注解を加えた改訂版 *The Intelligent Investor*, Benjamin Graham & Jason Zweig, Harper Collins, 2003（邦訳『新 賢明なる投資家』上・下、ベンジャミン・グレアム＆ジェイソン・ツバイク著、増沢和美＆新美美葉＆塩野未佳訳、パンローリング、2005）が出ている。また、ツバイクとロドニー・サリバンの編集で、グレアムが書いた論文（およびいくつかのインタビュー）を集めた*Benjamin Graham: Building a Profession*, Benjamin Graham, Jason Zweig and Rodney N. Sullivan (ed.), McGraw Hill, 2010（邦訳『グレアムからの手紙　賢明なる投資家になるための教え』ベンジャミン・グレアム著、ジェイソン・ツバイク＆ロドニー・N・サリバン編、長尾慎太郎監修、和田真範訳、パンローリング、2013年）もある。

2. マシュー・マクレナンは古代から現代まで歴史全般に強い関心があり、歴史を

学べば学ぶほど、「不確実性を受けいれ」て、思いがけない混乱が起こっても資産を護れるように備えておくべきとの意を強くした。彼が「多くの知恵を吸収した歴史書」としてあげるのは、トゥーキュディデースの*History of the Peloponnesian War*, Thucydides, Penguin Classics (Revised Edition), 1972（旧版の邦訳『戦史』上・中・下、トゥーキュディデース著、久保正彰訳、岩波書店、1966年、他）で、この本はスパルタ（伝統主義的で禁欲的、軍国主義的な社会）の台頭が、いかに「不安定さを生みだし」、アテネ（「アメリカに似た、繁栄志向社会」）の権勢を脅かし、戦争へ進んでいったかを詳しく述べている。マクレナンは、1900年代初頭に新興国ドイツが台頭し、栄光に陰りが見えはじめていたイギリスと対立したのと同様に、中国の台頭がアメリカの優位を脅かしている現状にも、よく似た不安定化の要素があると感じている。歴史上で繰りかえされてきたこうしたパターンは、「未来に再び起こることのひな型になるとはかぎらない」が、地政学的、経済的なリスクの気配に無関心であってはならないと気づかせてくれる。マクレナンはさらに言う。「ちなみに、トゥーキュディデースは自分の金山を所有していたらしい。だから、有効な防衛手段をもっておくメリットは、彼も知っていたはずだ」

3. 混乱や破壊に比較的耐性のある「持続性のある企業」に投資するマクレナンの戦略は、物理とエントロピー増大の原理を学び、「物事は時間とともに無秩序に向かう」という思考を得たことに一部由来している。また、生物学の知恵も取りいれている。たとえば、彼は経済をダーウィン的な生態系ととらえていて、ほとんどの種がやがて絶滅するように、すべての企業は衰退か死滅の運命にあると考えている。

この考えをさらに深めたいかたには、ロバート・ハグストロームの*Investing: The Last Liberal Art*, Robert Hagstrom, Texere, 2000をお勧めする。物理学、心理学、哲学など、さまざまな分野からその知見を引きだしている。「生物　新種の起源」と題した章でハグストロームは、進化論的フレームワークを投資に当てはめ、変化と適応を繰りかえす金融市場で効果が持続する戦略を見つけることがいかにむずかしいかを述べる。「より多くの参加者が同じ戦略を使うようになればなるほど、その戦略の収益性は落ちていく」と彼は記す。「先発の戦略は明らかに非効率になっていき、ついには淘汰される。するとそこに新しいアイデアを携えた別の参加者が入ってくる。資本がシフトし、新しい戦略が一気に動きだし、再び進化のプロセスが始まる」。第7章でポール・ラウンツィスが指摘するように、バフェットが天才であるひとつの理由は、経済環境の変化に合わせて、戦略に固執せずに彼自身が進化しつづける点にある。

マクレナンは、スティーブン・ウルフラムによる1197ページもの怪物級の大書*A New Kind of Science*, Stephen Wolfram, Wolfram Media, 2002にも影響を受けた。「複雑性の分野における先駆的な思想家」とマクレナンが評すウルフラムは、黒色か白色のセルの並びで構成されるセル・オートマトンに関する実験を、コンピューター上で何百万回もおこなった。ウルフラムが決めたいくつかの単純なルールを実行するうちに、そこには多様で複雑なパターンが現れる。彼の本にはこうした予測できない複雑さの（しばしばランダムに見える）パターンの画像が多数掲載され、

マクレナンの言う、私たちは不確実性を予期し、「尊重すべき」だとする信念の「知的バックボーン」となった。

4. 自分の人生において不確実性とどう向きあっているのかをマクレナンに尋ねたところ、セネカやマルクス・アウレリウスなどのストア派の哲学者の教えに学び、「自分の平静を乱すのは何かを熟考する」ことが「非常に有意義」だと気づいた、という答えが返ってきた。彼はこうも言った。「ヘラクレイトスのことば『パンタレイ』すなわち『万物流転』は、すべてのものは流動的であるとするこの概念を指すのだと思う。私はこのことについてよく考える。世のなかを見ていて思うのは、自分の外側にあるものは流動するのだと受けいれられれば、自分の内面の平静を保つことに集中できる。だが、周囲を見ると、多くの人は正反対のことをしている。外側の変化を自分の思いどおりにしようとする。なんとか予測しようとする。有利な位置に立とうとする。その結果、内面が混乱してしまう。よって、ヘラクレイトスのことばは、ごくシンプルな行動の切り替えを促しているところもあると、私は思う。流動的で、複雑で、不確実なものを、冷静に受けいれる覚悟はあるかと問うているのだと。もし、答えがイエスなら、自分の内面の平静に思う存分向きあえるようになるだろう」

そのためには実際に何をする必要があるのか。私自身、平静を保とうと必死にやってきた者として、敢えて初歩的な提案をいくつかしたい。マクレナンのように、私もストア派哲学、とくにセネカ、エピクテトス、マルクス・アウレリウスの著作に慰めと広い視野をもらった。これについては後述する。

マインドフルネス瞑想もおおいにためになった。私に響くのは、元ヘロイン依存症でその後、マイケル・ジョーダンやコービー・ブライアントの瞑想コーチになったジョージ・マンフォードによる手法だ。マンフォードは、《Ten Percent Happier（いまより10パーセント幸せになる）》というアプリ上で、いつ見てもすばらしい講習をおこなっている。さらにこのアプリには、ジョーゼフ・ゴールドスタインやシャロン・サルツバーグらが講師を務める瞑想講座もある。私は、マンフォードの著書 *The Mindful Athlete*, George Mumford, Parallax Press, 2015 も気に入っている。「刺激を受けても反応せずに済む、自分のなかの落ち着ける地点、つまり台風の目のような穏やかな場所」にたどり着くためのさまざまなノウハウを教えてくれる。人生の嵐のさなかにあって冷静で安定した状態でいられる力は、プロのスポーツ選手と同様に、一流の投資家にとっても必須のように思う。

サルツバーグら多くの指導者が教える「慈悲の瞑想」も、感情だけでなく脳の神経経路に大きなプラスの影響を与えることがある。信じられない人は、細胞遺伝子学のキャリアを捨てて仏僧になったマチウ・リカールの著書*Happiness*, Matthieu Ricard, Little, Brown and Company, 2003（邦訳『Happiness 幸福の探求　人生で最も大切な技術』竹中ブラウン厚子訳、評言社、2008年）を一読してほしい。リカールは「外的条件の影響があったとしても、苦しみとは基本的に、安寧と同じように、心の内的な状態を指す」と書いている。「このことを理解することは、生きがいのある人生を送るための重要な前提条件である」

ダニエル・ゴールマンとリチャード・デビッドソンによる*Altered Traits*, Daniel Goleman and Richard Davidson, Avery, 2017（邦訳『心と体をゆたかにするマインドエクササイズの証明』藤田美菜子訳、パンローリング、2018年）など、マインドフルネスを科学的に探究し、こうした古来の教えの実践が心や脳、身体に広い影響を及ぼすことを紹介する本もある。同様に、テキサス大学オースティン校のクリスティン・ネフ准教授は、仏教から借用した概念「自分を慈しむこと（セルフ・コンパッション）」の心理的な恩恵を研究している。ネフ准教授とクリストファー・ガーマーによる*The Mindful Self-Compassion Workbook*, Kristin Neff and Christopher Germer, The Guildford Press, 2018（邦訳『マインドフル・セルフ・コンパッション　ワークブック』クリスティン・ネフ&クリストファー・ガーマー著、富田拓郎監訳、大宮宗一郎&菊地創&高橋りや&井口萌娜訳、星和書店、2019年）では、この研究をもとに、セルフ・コンパッションが、精神力、回復力、心の安寧を築くのにいかに役立つかを解説している。

第五章　シンプルは究極の洗練

1. ジョエル・グリーンブラットは、投資に関する本を3冊書いている。私ならまず、*The Little Book That Beats the Market*, Joel Greenblatt, John Wiley & Sons, 2005（邦訳『株デビューする前に知っておくべき「魔法の公式」――ハラハラドキドキが嫌いな小心者のための投資入門』藤原玄訳、パンローリング、2006年）を読む。銘柄を選択する技について、人生で身につけた合理的思考の本質が凝縮されている。シンプルさのお手本ともいえる本。

グリーンブラットの2作目*The Big Secret for the Small Investor*, Joel Greenblatt, John Wiley & Sons, 2011は、前作ほど売れたわけではないが、市場を上回るリターンを望む人なら目を向けるべき不愉快な真実を明らかにする。「ほとんどの投資家にとって、企業の価値を見きわめるなど論外なこと。この分野で優れた仕事をするのはとてもむずかしい」と表現している。「専門家に代わりにやってもらうのはどうか？　いや残念ながら、手数料の存在と投資ビジネスの慣行によりミューチュアル・ファンドのアクティブ運用マネジャーのほとんどが市場を下回るリターンしか出せていない」。多くの投資家にとっての解決法はインデックス投資だとグリーンブラットは述べているが、時価総額加重型の一般的なインデックスファンドは割高銘柄を必要以上に多く保有する一方で、割安銘柄が少なすぎると注意を促す。

キャリアの初期には、*You Can Be a Stock Market Genius*, Joel Greenblatt, Fireside, 1999（邦訳『グリーンブラット投資法――M&A、企業分割、倒産、リストラは宝の山』奥脇省三訳、パンローリング、2001年）という、スピンオフ、合併、倒産など専門性の高いニッチな分野への投資について、教養あふれる内容でありながら楽しく読める手引書も書いている。専門性の深いところでも渡りあっていける高度な分析スキルをもつ投資家にとって貴重なガイドとなるだろう。ハーバード・ビジネススクールを卒業し、業績好調な投資会社を運営している友人は「この本のおかげで1000万ドル稼いだ」と言っていた。それを聞いた私の妻は、あな

たも読んだのにたいして効果はなかったみたいね、と皮肉った。

2. グリーンブラットの社会還元への関心の多くは教育改革に向けられた。非営利チャータースクールを運営する広域（そして政治的な議論のある）ネットワーク〈サクセス・アカデミー〉の立ちあげも支援している。同アカデミーの詳細については、www.successacademies.org を参照のこと。彼は、ダニエル・ローブ、ジョン・ペトリ、イェン・リウなど著名なマネーマネジャーとともに、同アカデミーの理事を務めている。近刊*Common Sense: The Investor's Guide to Equality, Opportunity and Growth,* Joel Greenblatt, Columbia Business School Publishing, 2020 のなかで、こうしたチャータースクールを立ちあげたのは、他の多くの低所得地域でも応用できる優秀な学校のモデルを提示するためだったとしている。「貧困、低所得、マイノリティ世帯の生徒でも、適切な支援があれば、優秀な成績をとれることを示せるだろう」

その成果はどうだったか。グリーンブラットによると、サクセス・アカデミーの45 校の生徒は 2019 年、ニューヨーク州で実施された数学と英語の試験できわめて優秀な成績を収め、「〈サクセス〉は州内トップとなり、裕福な世帯が住む郊外の全学区を上回った」。サクセス・アカデミー校の多くはニューヨーク市の最貧地域にあり、生徒の 75 パーセントが経済的に恵まれない生活環境にあることを考えると、この成果は予想以上にすばらしかった。

3. マイケル・ミルケンが投獄されるきっかけとなった 1980 年代のジャンク債スキャンダルについては、信頼できる書として*Den of Thieves,* James Stewart, Simon & Schuster, 1992（邦訳『ウォール街――悪の巣窟』ジェームズ・ステュアート著、小木曽昭元訳、ダイヤモンド社、1992 年）を勧める。ミルケンは長年のロビー活動を経て 2020 年に大統領恩赦を与えられたが、それに値するかどうかは改めて考えてほしい。

4. コカ・コーラのような優良企業への合理的な投資法については、*Value Investing From Graham to Buffett and Beyond,* Bruce Greenwald, Judd Kahn, Paul Sonkin and Michael van Biema, John Wiley & Sons, 2001（邦訳『バリュー投資入門――バフェットを超える割安株選びの極意』ブルース・グリーンウォルド&ジャッド・カーン&ポール・ソンキン&マイケル・ヴァンビーマ著、臼杵元春&坐古義之訳、日本経済新聞出版、2002 年）が専門的な議論を展開している。具体的には、ロジャー・ローウェンスタインによる第一級の伝記 *Buffett: The Making of an American Capitalist,* Roger Lowenstein, Random House, 1995（邦訳『ビジネスは人なり　投資は価値なり　ウォーレン・バフェット』ビジネスバンク訳、総合法令出版、1998 年）に、バフェットが「バークシャーの市場価値の 4 分の 1 ほどの資金をコカ・コーラに投じ、過去のどの銘柄と比べても」最大の投資となった理由が詳しく書かれている。ローウェンスタインが見るところ、コカ・コーラは価格決定力を有し、鉄壁の守りとユニークな知名度を備えたシンプルな企業だったという。株価は割高に思われたものの、同社の収益力も相当高かったため、「バフェットにしてみれば、シボレーの値段でメルセデスを手に入れるような感覚」だった。グリ

ーンブラットが指摘するように、賢い投資の秘訣はシンプルさにある。「価値を見きわめて、できるだけ安く買う」

第六章　ニックとザックの大冒険

1.　ニック・スリープとカイス・ザカリアが指摘するように、ロバート・パーシグの*Zen and the Art of Motorcycle Maintenance*, Robert Pirsig, William Morrow and Company, 1974（邦訳『禅とオートバイ修理技術』ロバート・M・パーシグ著、五十嵐美克訳、ハヤカワ文庫NF、2008年）は、タイトルからすれば意外だが、忍耐強く投資をしようと考えている人にとっても、ファンドやビジネス、芸術作品や慈善事業など、永続的な価値をもつものを生みだそうとしているすべての人にとっても、重要な意味をもっている。パーシグは第1部で、本のテーマをどのように探求していくつもりかを説明している。「急ぐことはしたくない。急ぐことそのものが、この20世紀に毒のように広がった姿なのだから。急いで何かをおこなおうとすれば、その何かをだいじに思う気持ちが薄れ、ほかの何かに気をとられることになる。私はゆっくりと、しかも注意深く隅々まで突きとめていきたいのだ」

スリープは、「この本を読んだあと、『どう考えるか』という課題に目覚め、すべてが変わった」と振りかえる。たとえば、「正しく考えることによって、どんなふうに投資家として向上できるのか」と自問するようになった。「考え方を考える、これがやるべきことなんだ」。スリープが言うように、パーシグは何が「真実」で「重要」で「知的誠実」なのかを追求することに力を注ぎ、「クオリティの高い」行動とはどういうものかを明らかにする。

スリープはもう1冊、私にとって予想外の本をあげた。*A Place of My Own*, Michael Pollan, Penguin Books, 2008の著者マイケル・ポーランが自宅裏の林のなかに、「本を読んだり、執筆したり、空想にふけったりする場所」として、自ら設計した秘密基地を「自分の不器用な手で」ひとつずつ組みたてていく物語だ。スリープは言う。「この本で好きなのは、何かを丁寧に、自分ひとりの力で黙々と築くことについて、穏やかに静かに思索を深めているところだ。著者ポーランは資料を読みこみ、工程を楽しんでいる。彼にとって小さなカルマの神殿ともいえるこの美しい建物に、彼の旅の過程がはっきりと表れている。そこには崇高で静謐な哲学がある。当時は意識していなかったが、いま思うと、ザックとぼくはこんなふうに行動していた」

スリープはほかに、デズモンド・ツツ大司教とダライ・ラマの1週間にわたる会話から生まれた*The Book of Joy*, Dalai Lama, Desmond Tutu and Douglas Carlton Abrams, Avery, 2016（邦訳『よろこびの書――変わりゆく世界のなかで幸せに生きるということ』（ダライ・ラマ&デズモンド・ツツ&ダグラス・エイブラムス著、菅靖彦訳、河出書房新社、2018年）も推奨している。この本には、人生を肯定する知恵、茶目っ気のあるユーモア、人の喜ばしい回復力《レジリエンス》が詰まっている。チベットからの亡命経験についてダライ・ラマはこう語っている。「個人的には、亡命生活の50年を好ましく思っている。より有益で、より多くの学びの機会を得て、人生

の経験を深めることができているからだ。ある角度から見ると悲惨で悲しいことでも、ちがう角度から見ると、自分に新しい機会をもたらしていると感じられる。だからすばらしい。私が嘆き悲しんでいないのはそのためなのだ。チベットの諺にもある。『友がいる場所はどこでもあなたの国であり、愛を受けとる場所はどこでもあなたの故郷である』」

2. スリープとザカリアが、ブルームバーグの端末を椅子のない低いサイドテーブルに置いたのは、不自然な体勢をとらなければならないように仕向けて、すぐに消えるニュースやデータを見つづける時間を短くするためだった。デジタル情報に絶えず注意を逸らされるいまの時代に、いかに集中力を保ち、自分の頭で「考える」かというテーマについてはいろいろな著作が刊行されているが、そのなかで私がベストだと思うのは、ジョージタウン大学のコンピュータサイエンスの教授であるカル・ニューポートが書いた、*Deep Work*, Cal Newport, Grand Central Publishing, 2016（邦訳『大事なことに集中する――気が散るものだらけの世界で生産性を最大化する科学的方法』門田美鈴訳、ダイヤモンド社、2016年）と、*Digital Minimalism*, Cal Newport, Portfolio/Penguin, 2019（邦訳『デジタル・ミニマリスト――スマホに依存しない生き方』池田真紀子訳、ハヤカワ文庫NF、2021年）だ。ニューポートは、自身が提唱する「ディープ・ワークの仮説」を次のように説明している。「ディープ・ワークをおこなう能力は、現在の経済状況下ではますます『希少』になり、その分、ますます『価値が高く』なっている。結論としては、この能力を磨き、働き方の核にできる少数の人だけが成功することになるだろう」。このことばは、バフェットやマンガー、スリープ、ザカリアなど、とりわけ高い成功を収めた投資家全員に当てはまる。

3. 経済的に成功するための秘訣は、ひとつには、すぐにも満足を得たいと逸る気持ちを抑えられるかどうかだ。遠い将来に備えて貯金することや、投資商品を頻繁に売り買いせずに長く保有していられることもこれにあたる。企業に対しても同じことが言える。2001年のバークシャー・ハサウェイ社の株主総会で、チャーリー・マンガーが言ったように、「優良な企業のほとんどは、『きょうの我慢は明日の利益』の姿勢で取り組んでいる」のだ。

また、子ども向けの寓話のなかにも、「お楽しみはあとで」のたいせつさがよく登場する。トーマス・ルッソとこの話をしたあと、彼からメールが届いた。「『きょうのジャムは少なく、明日のジャムは多め』〔『不思議の国のアリス』に出てくる話のもじり〕とか、『３びきの子ぶた』などは、思慮深い大人になるように『目先の満足に飛びつかない』ことを植えつける子ども向けの物語だ。だがいまの社会では、意思決定者が明日のジャムを犠牲にしてきょうのジャムを増やそうとする要因が次々に生まれている。短期主義とは反対の立場に行ければ、投資機会は格段に多くなる。私は幸い、長期的な視点を受けいれてくれる投資家に恵まれてきた」

また、心理学の世界でも、「楽しみを先送りできる能力があるかないか」がよく取りあげられる。1960年代におこなわれた「マシュマロ・テスト」がよく知られていて、この実験では数百人の幼稚園児たちがおやつの数をどう決めるか――いま

すぐひとつ食べるか、研究者が戻ってくるまで数分間待ってふたつもらうか——を見る。スタンフォード大学の心理学チームは、マジックミラー越しに、園児たちが誘惑と葛藤している様子を観察した。実験を企画したウォルター・ミシェルは、*The Marshmallow Test*, Walter Mischel, Little, Brown and Company, 2014（邦訳『マシュマロ・テスト——成功する子・しない子』柴田裕之訳、ハヤカワ文庫NF、2017年）のなかで、追跡調査の結果を詳しく紹介している。「未就学のときに楽しみを長く先延ばしにできた子ども」はそうでない子どもに比べ、大人になってからも「長期的目標を追求し、達成する」ことに長け、「より高い教育を受け、肥満指数がかなり低い」ことが判明した。

コロンビア大学でミシェルに師事したマリア・コニコバは、2014年、ニューヨーカー誌にかつての師についての記事（「自制心を研究する心理学者の奮闘」）を寄稿した。「ミシェルの一貫した主張によれば、満足を先送りできるかどうかは、抗《あらが》う対象や避けたい行動へのとらえ方を変える力がその人にあるかどうかにかかわっている。鍵となるのは、人を取りまく環境のなかの『ホット』な側面——人を目標から遠ざけるものをミシェルはこう名づけた——を『冷やす《クール》』力を身につけることだ」。ミシェルの冷却テクニックのひとつは、欲望の対象を心のなかで無害となる距離まで遠ざける様子を想像することだった。対象物を解釈しなおす——たとえば、「マシュマロを菓子ではなく雲だと想像する」——ことも衝動を抑える方法として紹介されている。

第七章　ハイパフォーマンスを生む習慣

1.　さらにポジティブな習慣を身につけたいと思ったら、ほかにどんな本を読むべきか。私が読んできたなかで最も役に立ったのは、*The Power of Habit*, Charles Duhigg, Random House, 2012（邦訳『習慣の力』チャールズ・デュヒッグ著、渡会圭子訳、早川書房、2017年）だ。デュヒッグは、習慣形成の神経科学と心理学の研究をもとに、「新しい習慣が根づくのは、まず、きっかけとルーチンと報酬が結びつき、次に欲求が生まれ、行動のループを活性化するからだ」と述べ、たとえば、「毎朝ジョギングする習慣をつけたいのなら、シンプルなきっかけ（朝食のまえにスニーカーの紐を結ぶ、ウェアをベッドの横に置いておく、など）と、報酬（ランチに好きなものを食べる、走行距離を記録して達成感に浸る、ジョギング中に分泌されるエンドルフィンで恍惚感を味わう、など）を選んでおく。脳が報酬を期待するようになって初めて、つまり達成感や恍惚感を求めるようになって初めて、毎朝、無意識のうちにシューズの紐を結ぶようになるのだ。きっかけは、行動のルーチンを始動するだけでなく、その先の報酬への欲求を生みだすものでなければならない」

モニッシュ・パブライとガイ・スピアは熱烈なサイクリストで、ロングライドの動画、写真、統計データなどをフェイスブックでよくシェアしている。ふたりがなぜこんな手間をかけるのかと私はつねづね不思議に思っていた。だが、いまはわかる。彼らは自分たちに達成感という心理的な報酬を与え、運動を続けようという気

持ちを高めていたのだ。じつは私も、COVID-19（新型コロナウイルス）の影響でほとんど家にいるあいだに、オンラインフィットネスサービス〈ペロトン〉のエアロバイクに夢中になり、世界中から数十チームが出場するオンライン競技会に参戦するまでになった。汗まみれで達成した記録をチームメイトとシェアするのが毎日の大きな楽しみだった。

2. トム・ゲイナーは、まさにこの四原則を毎年、マーケル社の年次報告書に載せている。くどいかと訊かれれば、たしかにくどい。だが、そこがポイントだ。投資家トム・ゲイナーの強さの背景には、有効性が実証済みの、実用的で統制のとれたプロセスを30年以上にわたって適用しつづけてきた過去がある。彼の年次報告書のアーカイブは、www.markel.com で閲覧できる。この年次報告書を毎年読む価値があるのは、ゲイナーがこれまで、謙虚さ、誠実さ、長期的な思考、継続的な改善、顧客サービスを重んじ、真摯に取り組んできた成果が読み取れるからだ。彼のような人物とつきあっていると、知らないうちに少しずつよい影響を受ける気がする。

3. 投資から運動、栄養に至るまで何事においても、ゲイナーは「徹底してほどほど」を鉄則としている。長続きしそうもない極端な戦略はとらない。彼の考え方は、アリストテレスが唱えた、永続的な幸福は「中庸」と呼ばれる調和のとれた状態にあるという古代の教えにつうじるものがある。

ルー・マリノフの著書*The Middle Ways*, Lou Marinoff, Sterling Publishing Co., 2007によると、ユークリッド幾何学を学んだアリストテレスは、自然の美しさに感銘を受け、「人間の行動も“正しい”比率を礎とするべき」と確信したという。アリストテレスによれば、「運動の過剰も不足も身体の強さを損ない、飲食の過剰も不足も健康を損なう。釣りあいのとれた量であれば、健康な身体をつくり、増強し、維持することができる。であれば、穏健さと勇敢さのあいだにも、ほかの徳の場合にも、同じことが言えるのである」。

マリノフは、アリストテレスもブッダも孔子も、「極端な主義に走ると、自分の、そして他者すべての幸福、健康、調和が妨げられることを認識していた」と論じている。これら賢人の知恵を現代に当てはめ、マリノフは「快楽と利益を何よりも追求する物欲至上主義者は不幸なままだ。モダニズムの否定を何よりも追求する宗教至上主義者は不幸なままだ。ブッダの説く『中道』に沿い、節度を保って日々を暮らし、苦しんでいる他者に心を寄せることができれば、人はこのような極端な状態に陥らずに済む」と述べた。

ゲイナーの「徹底してほどほど」の哲学には、実用的な知恵がたくさん詰まっている。それでも、多くの人から見て、彼にはやり過ぎなところがある。ゲイナーに教えられて私も『マイケル・ジョーダン　ラストダンス』を観てみた。マイケル・ジョーダンとプロバスケチーム〈シカゴ・ブルズ〉を題材にしたすばらしいドキュメンタリー・シリーズだ。ゲイナーがジョーダンに触発されたわけがすぐに納得できた。執拗なまでの努力と勝利への強い意志が、ジョーダンをあれほどの高みに押しあげたのだ。投資もバスケットボールに似て、最高レベルの競争がおこなわれている世界なので、単純に才能だけでは充分とはいえない。ピーター・リンチがビル

・ミラーに言ったように、「相手を打ち負かす唯一の方法は、相手よりも懸命に取り組むことだ」。

第八章　愚行をつぶす

1.　チャーリー・マンガーへのインタビュー中、人生を台無しにしかねない「ありふれた愚行」を避けるすべを、うちの子たちでも学べるような本を2、3冊推薦してほしいと頼んだことがある。すると彼はこう答えた。「では、*"Poor Charlie's Almanack"*（かわいそうなチャーリーの暦）はどうかな」。マンガーの「機知と知恵」を集めたこの本は、「ありふれたミス」を犯すまいと真剣に考えている人にとって、貴重なリソースになる。1986年に、卒業式の場で生徒たちに贈ったすばらしいスピーチ「みじめな人生を送るための処方箋」も収録されている。

また、マンガーは、故ギャレット・ハーディンの薫陶を受けて、「逆転」というメンタルの習慣を鍛えたと私に語った。マンガーと同様に、ハーディンは問題をまず逆から見る。問題が発生する可能性がどこにあるかを見きわめ、悲惨な結果を回避することに努めた。生態学者であるハーディンは*Filters Against Folly*, Garrett Hardin, Viking, 1985をはじめ、数多くの著作を残している。送電網の故障などさまざまな災害のリスクを比較検討するなかで書いた一節がある。「この不確実な世界で私たちが唯一確信できるのは、人間は信頼できないということだ」

人間は誤りを犯す生き物であることを悲喜こもごもに描いた著作としてはほかに、進化生物学の第一人者ロバート・トリバースによる*The Folly of Fools*, Robert Trivers, Basic Books, 2011がある。自分を欺こうとする人間の能力がいかに高いかが書かれていて、トリバースの主張によれば、人間は自分に都合のいい、誤った情報を記憶し、他人を操る手段としてその誤情報を使っている。「他人に嘘をつくために、自分自身に嘘をつく」のだ。トリバースもマンガーやハーディンと同じく、私たちがいかにまちがいを犯しやすいか、自分の心のありようにいかに警戒すべきかを読者に気づかせようとする。それでもまだ自分の判断を信じたいという人は、ディートリッヒ・デルナーの*The Logic of Failure*, Dietrich Dörner, Metropolitan Books, 1996（邦訳『人はなぜ失敗するのか』近藤駿介監訳、ミオシン出版、1999年）を読んでみてはどうか。心理学者のデルナーが記すところによれば、人は複雑な判断を迫られると、本来なら予測も回避もできたはずの失敗へ突きすすむ場合がある。私がもっている版の表紙には、上品な身なりをした紳士がふたり、脱線列車を点検している古い写真が使われている。

2.　マンガーの思考をもっと知りたい人には、手始めとしてトレン・グリフィンの*Charlie Munger: The Complete Investor*, Tren Griffin, Columbia University Press, 2015（邦訳『完全なる投資家の頭の中――マンガーとバフェットの議事録』長尾慎太郎監修、井田京子訳、パンローリング、2016年）を推奨する。簡潔な文章のなかに、市場や人生で合理的にふるまう方法についての知見が詰まっている。熱心なマンガー信奉者ならば、ピーター・ベベリンの個性的な書にも挑戦してみるといいだろう。重厚で難解だが、読む価値のある*Seeking Wisdom*, Peter Bevelin, PCA

Publications, 2007 と、もう 1 冊、*All I Want to Know is Where I'm Going to Die So I'll Never Go There*, Peter Bevelin, PCA Publications, 2016 を紹介しておく。

3. フィデリティの〈ロー・プライスト・ストック・ファンド〉の運用マネジャーとして 30 年以上にわたってすばらしいリターンをあげてきたジョエル・ティリングハストは、*Big Money Thinks Small*, Joel Tillinghast, Columbia University Press, 2017（邦訳『ティリングハストの株式投資の原則――小さなことが大きな利益を生み出す』長尾慎太郎監修、藤原玄訳、パンローリング、2018 年）を著している。一般投資家の役に立つ指南書で、「ミスを避けて」成功を目指すための常識に沿ったアドバイスがふんだんに盛りこまれている。この本の締めくくりには、マンガーやパブライ、グリーンブラット、マークスたちが言いそうな、シンプルだが洞察に満ちたことばが記してあった。「何よりだいじなのは、支払う額よりもはるかに大きな価値をもつ投資先を探しつづけることだ」。投資の偉人たちの投資スタイルはそれぞれ異なるかもしれないが、みな、この基本原則を共有している。

4. マンガーは、『フランクリン自伝』をはじめとするベンジャミン・フランクリンの著作に傾倒している。自称「伝記オタク」の彼は、カール・バン・ドーレンやウォルター・アイザックソンらが書いたフランクリン関連書籍も読みこんでいる。私がマンガーに、フランクリンを手本にすると愚行をどのように減らせるかと尋ねたところ、こんな答えが返ってきた。「フランクリンからはさまざまなことを学んだ。自制心をもつこと、頭のよさをひけらかさないこと、あまり議論をふっかけたりしないこと、など。で、わかったのだが、フランクリンは私よりもうまくやれたようだ。彼は克服できたのに、私はいまだに人を怒らせてしまう」

フランクリンの著書 *Poor Richard's Almanack*, Benjamin Franklin, 初版は 1732 年（教訓を抜粋して説話集にした邦訳『プーア・リチャードの暦』真島一男監訳、ぎょうせい、1996 年）を読んだとき私は、ビジネスや人生に対するマンガーの哲学の一端を垣間見た気がした。たとえば、フランクリンは次のようなことばを残している。「ごまかしや裏切りは、正直になるだけの知恵をもたない愚か者の流儀である」「金のある悪党は太った豚のようなもので、死んで動かなくなるまでよいことをしない」「犬と寝る者はノミと起きる」「空の袋はまっすぐに立たない」「ガラスと磁器と名声にはすぐにひびが入り、けっして元通りにはならない」「愛されたければ、愛し、愛される人になりなさい」「もし富が自分のものだと言うのなら、あの世にもっていくがよい」「この世で最も高貴な問いは“自分は世界にどんな徳をなせるか”だ」

マンガーの自宅にはフランクリンの胸像と、「史上最高の国家建設者だったかもしれない」と言われる、シンガポールの初代首相リー・クアンユー（2015 年没）の胸像が飾ってある。だが「著名な故人」から学ぶ際、マンガーが注目するのは、彼らの美点や功績だけではない。欠点や失敗にも関心を向ける。むしろ、こちらのほうにこそ教訓がちりばめられている。マンガーによれば、フランクリンは「唯一残された息子との折りあいが悪かった」そうだ。「この息子は王党派だったため、溝はあまりに深く、けっして埋まらなかった。彼は最後には息子と口をきくことも

なかった。これは興味深い話だ。フランクリンのほうが私（マンガー）より腹を立てていたわけだから。私はフランクリンよりもうまく、怒りの感情を克服した。気に食わない相手に対しても、さほど腹を立てたりしない」

エピローグ　富の向こう

1. 人生のどんな局面でも困ったら哲学に頼ることにしているビル・ミラーは、幅広く本を推薦してもらいたいときにうってつけの人物だ。彼が紹介してくれたストア派哲学の本のなかで、私はとくに、行動派のジェームズ・ボンド・ストックデール副提督が書いた、変わったタイトルの本 *Thoughts of a Philosophical Fighter Pilot*, James Bond Stockdale, Hoover Institution Press, 1995 にほれこんだ。さらにミラーの助言で、私はマルクス・アウレリウスの『自省録』、エピクテトスの『語録』、セネカの『道徳書簡集』などの清々しい学びの書にも巡りあうことができた。ミラーの愛読書であるブライアン・マギーの*Confessions of a Philosopher*, Bryan Magee, Random House, 1998（邦訳『哲学人――生きるために哲学を読み直す』ブライアン・マギー著、近藤隆文訳、日本放送出版協会、2001 年）もおもしろい。西洋哲学をめぐる著者自身の人生行路が描かれている。

20 年前、ミラーは私に哲学者のウィリアム・ジェームズも紹介してくれた。ジェームズの著作は*Pragmatism and Other Writings*, William James, Penguin Books, 2000 などにまとめられている。ジェームズは、ハーバード大学で心理学を教えた先駆者であり、人が現実を誤って認識してしまうこと――投資家の誰もが直面する重要な課題だ――について、画期的な観察をおこなった。

1890 年代、ジェームズは「人間におけるある盲目性について」と題した講演をおこなった。ノースカロライナ州を訪れた彼は、山間にある小屋とその周囲の「無残な姿」に衝撃を受けたという。「森はひどく荒らされていました。『改善を加える』との名目で森の存在を抹殺してしまったあとは、まるで潰瘍みたいなおそろしい光景でした。自然美の喪失を償うべき人工美はいささかもありませんでした」。だがその後、ある山岳住民の助言により、ジェームズは、この荒廃した風景を見る地元の人々の目は自分とは異なっていることを理解する。彼らにとって、「小屋は自分と妻と子どもたちの安住の地」で、開墾地は「奮闘の記憶をよみがえらせる象徴であり、務めと努力と成功を謳いあげる存在だった。私は開墾者たちの生活に根差した理想が見えていませんでした。開墾者たちがもし、私のケンブリッジでの室内に閉じこもった奇妙な学究生活を覗き見たら、私の生活に根差した理想がきっと見えなかったことでしょう」

ミラーにとって、教訓は明確だった。私たちは先入観をもたないようにつねに用心するべきであり、他者がこのような心の罠に陥ったときに生まれるチャンスをうまく利用しなければならない。アマゾンの株式を 15 パーセント買った理由を 2001 年にミラーから聞いたとき、彼は、ジェームズの本のおかげで、投資家仲間の目を曇らせていた先入観に邪魔されずに、利益が出ていなかったこの書籍販売業者の将来性を見通すことができたと語った。

ジェームズについてもっと知りたい場合は、ルイ・メナンドの*The Metaphysical Club*, Louis Menand, Farrar Strauss and Giroux, 2001（邦訳『メタフィジカル・クラブ――米国100年の精神史』野口良平・那須耕介・石井素子訳、みすず書房、2011年）が参考になる。4人の偉大な思想家、ウィリアム・ジェイムズ、チャールズ・サンダース・パース、オリバー・ウェンデル・ホームズ・ジュニア、そしてジョン・デューイの思想を取りあげている。メナンドはこう記す。「4人とも、思想は『向こう側で』発見されるのを待っているのではなく、自分たちが生きているこの世界に取り組んでいくために自分たちで工夫してつくりだす、フォークやナイフ、マイクロチップのような道具のひとつなのだ、と考えていた」

2. 2015年に初めて会って以来、アーノルド・バン・デン・バーグと私は互いに何冊もの本を贈りあってきた。なまけものの私を気遣って、彼はトランポリンも届けてくれた。いま、私の書斎には、彼の気に入りのタイトルが山積みになっている。一部を紹介すると、*The Wisdom of Your Subconscious Mind*, John Williams, Prentice-Hall, 1964（邦訳『思いどおりの自分を創る法　潜在意識を活かす知恵』ジョン・K・ウィリアムズ著、桑名一央訳、実務教育出版、1977年）、*The Biology of Belief*, Bruce Lipton, Mountain of Love Productions, 2008（邦訳『思考のすごい力　心はいかにして細胞をコントロールするか』ブルース・リプトン著、西尾香苗訳、PHP研究所、2009年）、ジョイス・ファーン・グラッサーのCore Healing, Joyce Fern Glasser, Heart of the Golden Triangle Publishers, 2007、リチャード・ウェザリルの*Right is Might*, Richard Wetherill, Humanetics Fellowship, 1991、ジェームズ・アレンの著作を完全収録した*Mind Is the Master*, James Allen, Penguin Group, 2010などがある。

バン・デン・バーグをかたちづくってきたこうした書に共通するテーマは、私たちの意識が私たちの現実を決める、という信念だ。バン・デン・バーグは半世紀にわたり、自分の考えを改め、潜在意識に働きかけ、内面から変わるためのさまざまなテクニックを試してきた。すべては、彼がいちばん気に入っている本*From Poverty to Power*, James Allen, 1916（初版）（抄訳『心が出した「答え」はいつも正しい――願いを叶える「引き寄せ」の法則』〔2016年〕、『幸せはいつも目には見えない――「心のガラクタ」を捨てると奇跡は訪れる』〔2017年〕、ともに「引き寄せの法則」研究会訳、三笠書房）から学んだことに帰結する。120年前にジェームズ・アレンが書いている。「外側にあるものにはほとんど意味がない。それはあなたの意識の状態が反射しているだけだから。内面こそが重要であって、外側にあるものはすべて内面によって姿も色も変わるのだから」

一流《いちりゆう》投資家《とうしか》が人生《じんせい》で一番大切《いちばんたいせつ》にしていること

2023年6月20日　初版印刷
2023年6月25日　初版発行

＊

著　者　ウィリアム・グリーン
訳　者　依田光江《よだみつえ》
発行者　早川　浩

＊

印刷所　株式会社精興社
製本所　大口製本印刷株式会社

＊

発行所　株式会社　早川書房
東京都千代田区神田多町2―2
電話　03-3252-3111
振替　00160-3-47799
https://www.hayakawa-online.co.jp
定価はカバーに表示してあります
ISBN978-4-15-210251-5　C0033
Printed and bound in Japan
乱丁・落丁本は小社制作部宛お送り下さい。
送料小社負担にてお取りかえいたします。

ハヤカワ・ノンフィクション

実力も運のうち 能力主義は正義か？

THE TYRANNY OF MERIT

マイケル・サンデル

鬼澤 忍訳

46判上製

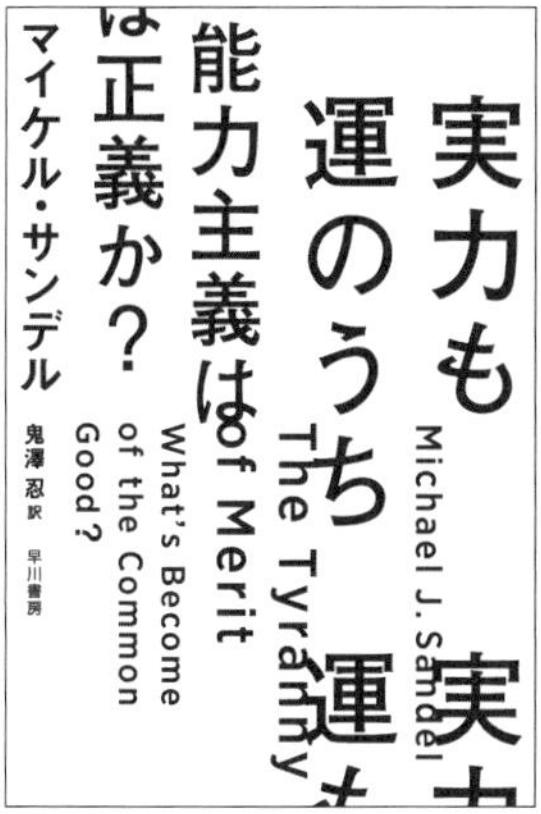

サンデル教授の新たなる主著！

出自に関係なく、人は自らの努力と才能で成功できる——こうした能力主義《メリトクラシー》の夢は残酷な自己責任論と表裏一体であり、勝者と敗者の間に未曾有の分断をもたらしている。この難題に解決策はあるのか？　ハーバード大の超人気教授の新たなる主著。解説／本田由紀